심리학의 모든 것

심리학의 모든 것

ⓒ 들녘 2008

초판 1쇄 발행 2008년 12월 25일
초판 2쇄 발행 2009년 6월 17일

지은이 페터 카이저 · 코리나 오넨-이제만
옮긴이 박규호
펴낸이 이정원
책임편집 선우미정
펴낸곳 도서출판 들녘
등록일자 1987년 12월 12일
등록번호 10-156
주소 경기도 파주시 교하읍 문발리 파주출판단지 513-9
전화 마케팅 031-955-7374   **편집** 031-955-7381
팩시밀리 031-955-7393   **홈페이지** www.ddd21.co.kr
ISBN 978-89-7527-822-8 (03180)

※ 값은 뒤표지에 있습니다. 잘못된 책은 구입하신 곳에서 바꿔드립니다.

심리학의
모든 것

박규호 옮김

페터 카이저 · 코리나 오넨-이제만 지음

들녘

행복한 삶을 위한
총체적 심리 전략

사람은 누구나 인생에서 성공을 거두고 최대한의 만족과 건강을 누리며 살고 싶어 한다. 또 어려움이 닥쳤을 때 이를 잘 극복하고 자신을 보호하며 체면이 손상되는 일 없이 살아가기를 바란다.

심리학은 지난 100여 년 동안 일상생활을 영위하는 데 필요한 여러 가지 지식과 전략을 발전시켜왔다. 하지만 일상에서 이 자료들은—우리가 경험한 바에 따르면—직장과 가정 안에서나 친지들 사이에서 또는 여가활동을 할 때 조금밖에 활용되지 못한다. 대중매체 역시 넘쳐나는 심리학적 상식들을 제공하지만 독자는 그런 정보들이 과연 믿을 만한 것인지, 어떤 것이 실제로 자신에게 필요한 정보인지 판단하기 어렵다.

심리학적 지식을 실생활에서 활용하려면 먼저 문제가 되는 생활조건과 그에 담긴 심리적 · 사회적 메커니즘을 포괄적으로 파악해야 한다. 무엇이 문제이고, 해결의 실마리는 어디에 있는지를 충분히 이해했을 때 비로소 합리적인 결정을 내리고 침착하게 행동해나갈 수 있다. 우리는 무엇을 안다고 해서 그대로 실행하지 못한다. 감정은 빈번히 길을 가로막고, 자신이 바라던 대로 행위하는 것을 방해한다. 스스로를 신뢰하지 못하거나 지나치게 예민해서 혹은 남에게 무리한 요구를 하고 싶지 않기 때문에 원래 하고 싶었던 대로 하지 못하는 경우도 허다하다. 다른 사정들도 있을 것이다. 때로 중요한 측면을 제때 알아차리지 못하거나 잊어버린 탓에 많은 것을 놓치기도 한다. 사람들은 또 종종 자신에게 불리하게 행동한다. 다르게 행동할 능력이 없어서, 더 나은 생각이 떠오르지 않아서, 아니면 문제가 무엇인지를 충분히 잘 알지 못해서다. 그래서 우리는 자기 자신을 수수께끼로 여기게 되고 불만에 빠진다.

정말로 성공하기 위해서, 다시 말해 "원래 되고자 하던 사람이 되기 위해서"는 지침서 한두 권을 읽는 것만으로 충분하지 않다. 그 안에 담긴 내용을 어떻게 구체적으로 적용시킬 것인지, 이때 어떤 심리적 과정들이 진행되며 어떤 영향을 미치는지를 상세하게 알아야 한다. 추가적 지식과 설명이 필요한 것이다. 그런 다음에야 비로소 개인에 맞는 전략을 개발하여 자신의 의도를 실현해나갈 수 있다. 목표 달성의 여부가 사람 자체에만 달려있는 경우는 별로 없다. 그러므로 항상 그에게 어떤 자원이 필요한지, 장애 요인은 무엇인지, 그가 사회나 지역의 어떤 상부구조와 연결되어 있는지를 소상히 규명해야 한다. 사회학과 심리학의 관점들은 이때 많은 도움이 된다.

우리는 수십 년간 다양한 사람들을 만났고 그들과 더불어 심리치료 경험을 쌓았다. 내담자 중에는 부부도 있고 가족도 있었으며 각 분야의 전문가와 리더들도 많았다.

이 책은 그들과 상담한 내용을 토대로 집필한 개괄적인 안내서로서 일상생활을 더 나은 방향으로 가꾸고 조절해나가는 데 실질적인 도움을 줄 것이다. 독자들은 이 책에서, 개별적인 주제에 대한 정보를 비롯해 수많은 생생한 사례와 깊이 있는 문헌예시를 얻을 수 있고, 제시된 정보와 설명을 통해서 자신의 의문점을 해결하고 문제를 더 깊이 이해할 수 있을 것이다. 또 심리학적 전략과 가능성들을 접하고 그 이용법을 배우며, 이를 통해 자신의 행동과 체험 영역을 확장시키고, 관심이 가는 주제를 가족이나 배우자와 함께 생각해보면서 문제를 해결해나갈 수 있을 것이다(이런 접근방식은 가까운 사람들과의 관계를 개선시키는 데 특히 효과적이다).

심리학적 지식과 전문적인 전략들을 타인과의 관계에 적용시킬 때, 상대방에 대한 배려와 책임감 같은 '태도'는 인격 존중 못지않게 중요하다. 하지만 무비판적 태도와 혼동해서는 안 된다(6장과 7장 참조).

이 책의 본문은 총 일곱 개의 장으로 구성되었다.

1장은 지각, 행위/사고/문제해결, 학습과 기억, 동기와 동기부여, 성격, 자아, 생활 콘셉트와 모델링, 정서, 역량, 의사소통 등과 같은 기초적이고 본질적인 심리개념들을 설명한다. 특히 심리사회적 현상을 이해하는 데 토대가 되는 기능들을 사례별로 언급했다.

2장에서는 성장 초기부터 노년에 이르는 삶의 발달과정을 기술한다. 인간의 기본 욕구, 신체의 노령화, 정신적 능력 등을 다루며, 특히 건강하고 쾌적한 삶을 위한 결정적인 구조와 과정을 설명하는 데 주안점을 둔다.

3장은 사회생활에서 중요한 인간관계를 조명한다. 주요 과제는 가정 및 다양한 가족관계의 기능방식, (부분적으로 무의식적인) 파트너 선택의 메커니즘, 친구 또는 이웃 관계의 형성 등이다.

4장에서는 직장생활의 여러 측면, 즉 기업의 구조와 운영과정, 다양한 능력과 리더십, 모빙, 일과 생활의 균형 등과 관련된 시스템적 이해를 시도한다. 우리는 여기에 독자들이 자신의 직장생활을 잘 이해할 수 있도록 '시스템적 다수준분석(systemic multi level analysis)'이라는 심리학의 방법을 도입했다.

5장은 건강과 질병에 관련된 광범위한 영역을 다룬다. 건강은 개인의 역량일 뿐만 아니라 발전과제이기도 하다. 건강을 촉진시키고 질병을 방지할 수 있는 방법과 더불어 각종 정신질환에 대해서도 상세하게 설명한다.

6장의 주제는 삶의 질을 높이려면 어떤 실제적인 지침을 따라야 하는가이다. 생활계획, 시간관리, 느낌의 집중(포커싱), 긴장완화, 자기관리 등 다양한 방법을 소개하고, 일상을 가꾸는 데 중요한 역할을 하는 성공요인들(섬세한 감수성, 타인에 대한 존중, 갈등조정능력 등)에 대해서도 언급한다.

마지막 7장은 심리학 사용안내서다. 어떻게 하면 전문적으로 심리학의 도움을 받을 수 있는지, 어떤 방법과 전략이 있는지, 또 자신에게 적합한 전문가나 기관을 찾으려면 어떻게 해야 하는지를 구체적으로 설명한다.

이제, 인간심리와 공동생활의 다양한 영역들로 산책을 떠나보자. 사람의 마음을 들여다보는 일이 점쟁이한테만 가능한 것은 아니다. 학습을 통해서도 충분히 가능하다. 자신과 남을 잘 이해하면 인생에 대한 '통찰'은 더욱 깊어지고, 그만큼 삶의 질도 좋아진다.

차례

프롤로그   행복한 삶을 위한 총체적 심리전략

1장
먼저 알아야 할 심리학 개념들

1 지각은 정보처리 기능이다 14

2 모든 행위에는 반드시 의도가 있다 24

3 기억의 메커니즘 31

4 동기에 따라 결과가 바뀐다 40

5 중심 특성들의 조합이 '성격'이다 48

6 자존감이 삶의 질을 좌우한다 54

7 일상의 나침반, 생활콘셉트 57

8 무의식적인 정서 vs 의식적인 감정 61

9 역량은 학습이 가능하다 68

10 의사소통은 정보와 시각의 교환이다 73

2장
라이프 사이클 심리학

1 발달은 출생 전부터 시작된다 90

2 유아기_기본욕구가 고착되다 93

3 아동기_사회성과 가능성이 개발되다 104

4 청소년기_양가감정과 모순 109

5 청년기_전문성과 독립을 요구받다 112

6 중년기_생의 전망이 바뀌다 116

7 노년기_삶의 질을 위하여 124

4장
직장 생활의 만족도 끌어올리기

1 기업은 감정이 없는 시스템이다 210

2 경영 스타일을 파악하라 214

3 모빙_직장 내의 왕따 219

4 일과 생활 사이에서 균형 유지하기 222

5 노동환경을 분석하라 230

3장
행복한 삶을 위한 인간관계

1 근원적이고 총체적인 시스템, 가족 138

2 가족의 형태는 다양하다 146

3 사랑에 접근하기 156

4 반드시 알아야 할 파트너 선택의 기준 167

5 인간관계를 좌우하는 파트너십 174

6 참을 수 없는 이혼의 가벼움 189

7 인생의 활력소, 친구 195

8 우연한 만남으로 형성된 네트워크 201

5장
건강 심리학

1 건강을 이해하는 열쇠, 역동성 238

2 건강하게 오래 살려는 본능 242

3 스트레스는 치명적인 독소 249

4 건강은 누구나 추구한다 254

5 삶의 질 향상시키기 256

6 현대인의 정신장애 260

6장
삶의 질을 개선하는 전략

1 방향이 정확해야 계획을 세울 수 있다 304

2 시간 관리의 테크닉 309

3 마음의 평정 유지하는 법 315

4 포커싱 훈련 320

5 긴장 완화에도 테크닉이 필요하다 324

6 안구운동 329

7 성공적인 삶을 위한 전제 조건들 332

8 지식과 감정을 공유하는 네트워크 367

7장

심리학 지식을 생활에 적용하기

1 건강과 발달을 촉진해주는 심리요법 370

2 심리상담의 여러 가지 주제들 383

3 심리진단 387

4 갈등을 관리하고 조정하기 394

에필로그   개인의 역량이 삶의 품질을 좌우한다 402

참고문헌   404

찾아보기   416

Psychologie
für den Alltag

1장

먼저 알아야 할 심리학 개념들

1 지각이란 정보처리 기능이다

지각이란知覺 perception이란 감각기관을 이용해서 주변세계의 정보를 받아들이고 처리하는 것이다. 이를 통해 우리는 올바른 방향을 찾아 나가고, 위험을 피하며, 자신의 욕구가 충족되거나 침해당하지 않도록 조처한다. 이때 지각은 의식에 의해 처리되는 '명시적explicit' 지각과 의식에 포착되지는 않지만 행동을 통제하고 기억에 저장되는 '묵시적implicit' 지각으로 구분된다. 슈퍼마켓 안에 흐르는 가볍고 조용한 음악은 대부분의 사람들에게 직접 지각되지는 않아도 구매행위에 적지 않은 영향을 미친다. 가령 슈퍼마켓의 음악이 행동을 통제하는 것이다. 하지만 집에서 의식적으로 CD를 들을 때 우리의 지각은 음악에 집중한다.

어떻게 지각하는가

지각은 일상생활에 중요하게 작용하는 일정한 법칙성에 지배된다. 그렇지만 자극이나 정보를 수동적으로 받아들이지 않고 언제나 '능동적으로 처리'한다. 예를 들어 이웃에게 인사했는데 아무런 반응을 보이지 않는다고 치자. 우리는 금세 기분이 나빠진다. 인사를 하면 답해야 한다는 예절규범이 지켜지기를 기대한 탓이다. 그런데 알고 보니, 그 이웃은 눈이 침침하고 귀도 잘 안 들리는 사람이다. 당연히 이해의 폭도 달라진다. 여기서 근본적인 물음이 제기된다. 바로 '무엇을'이 아니라 '어떻게' 지각하는가의 문제다. 심리학은 인간의 지각활동이 개인의 심리구조와 기본욕구에 따라서 얼마든지 달라질 수 있다고 말한다.

인간의 기본욕구는 뇌의 구조와 결합되어 있다. 쾌락은 좇고 싶어 하지만 불쾌나 고통은 피해가기를 원한다. 또 자신의 존재가치를 입증하고 싶어 하고, 안정감과 인간적 유대를 얻고자 애쓴다. 적응과 통제에 대한 바람도 기본욕구에 속한다. 삶의 각 상황마다 추구해야 할 목표들은 이런 욕구를 통해서 생겨난다. 간단히 말해서 우리는 어떤 상태에는 도달하기를 원하지만 어떤 상태는 피하고자 노력한다('동기부여' 참조). 인간의 지각 역시 그런 방향으로 맞추어진다.

자동필터를 장착한 지각

오늘날 우리는 정보의 홍수에 노출되어 있다. 뇌의 제한된 능력으로는 주변에서 쏟아져 들어오는 온갖 자극을 한꺼번에 처리할 수 없다. 앞뒤를 동시에 살필 수도 없고, 상황의 모든 측면을 똑같이 고려할 수도 없다. 어쩔 수 없이 선택을 해야 한다. 하지만 정작 중요한 정보를 얻기란 쉽지 않다. 부지런히 찾아다녀야 할 경우가 더 많다. 그러려면 무엇이 중요한지 먼저 알아야 한다. 제대로 된 지각필터를 갖추어야 한다는 뜻이다. 사람들은 자신이 알고 있는 것, 주의를 끄는 것만을 지각한다. 예를 들어 낯선 도시를 여행하는데 마땅한 안내자가 없다면 아무리 좋은 볼거리가 있어도 그냥 지나치게 된다. 뇌는 종종 자발적으로 선택한다. 이때 주로 익숙한 자극에 방향을 맞춘다. 하지만 우리는 대체로 이런 선택과정을 전혀 알아차리지 못한 채 행동한다. 알지 못하는 볼거리보다는 코에 익숙한 소시지 굽는 냄새를 좇아 발걸음을 옮기게 되는 것도 그 때문이다. 이처럼 지각은 항상 필터링된다(책 뒷부분에 있는 참고문헌 목록에서 2002년에 출간된 Goldstein의 저서 참조-이후부터는 'Goldstein 2002'의 방식으로 표기함).

지각은 종종 우리를 기만한다

지각은 언제나 특정한 관점에서 출발한다. 우리는 다른 사람 앞에 혹은 뒤에, 아주 가까이 혹은 멀리 떨어져 서 있을 수 있다. 가까이 있을 때는 멀리 떨어져 있을 때와 다른 측면을 지각한다. 멀리서는 사람의 모습이나 움직임만을 인식하지만 가까이 있을 때는 냄새, 옷 모양, 피부색 등도 알 수 있다.

중요한 것은 우리가 타인과 마주치게 될 때의 상황이다. 스트레스 상태에 있을 때는 소수의 제한적인 정보만을 받아들이고 처리한다. 반면 휴가 중에나 나이트클럽에서 사람을 만날 때는 관심이 가는 상대를 적극적으로 관찰하게 된다. 이때는 주로 자신에게 중요한 의미를 갖는 특징들(나이, 성, 외모 등등)을 고려한다. 지각하는 내용도 상황에 따라 달라진다(Goldstein 2002). 가령 월드컵이 벌어지고 있을 때의 축구경기장과 아무도 없는 축구경기장은 전혀 다른 모습으로 각인된다. 똑같은 사람도 그가 우리를 좋아하는지 아니면 피하고 싶어 하는지에 따라 완전히 다른 사람으로 다가온다. 피곤하거나 몸이 아플 때는 자신에게 더 많이 집중하기 때문에 주변을 평소보다 조금밖에 지각하지 못한다. 무엇인가를 초조하게 기다리는 사람에게는 시간이 더디게 흐른다. 하지만 행복한 시간은 대개 너무 빨리 지나간다. 시간의 흐름마저 상이하게 지각되는 것이다. 우리는 옷차림이 단정하거나 인상이 좋은 사람을 만나면 신뢰감을 느낀다. 그래서 간혹 착각에 빠지거나 기만당하기도 한다(Argyle 1979). 하지만 다른 사람뿐만이 아니라 자신의 심리 안에 자리 잡은 메커니즘이 우리를 속일 수도 있다.

정보를 걸러내는 뇌

뇌는 자아상과 일치하지 않거나 자존감을 위협하는 부정적인 정보를 "걸러내고자" 한다. 그럼으로써 우리가 믿고 싶어 하는 것만큼 자신이 잘나지 않았다거나 인생이 그렇게 쉽고 안전하지 않다는 따위의 불편한 인식을 피하게 해준다. 해변으로 나갈 때는 일광욕의 위험성을 잠시 잊어버리고, 여행을 준비할 때는 사고여부를 먼저 생각하지 않는다. 사람들은 대개 기분을 망치고 싶지 않아서 위험요인들을 잠시 억누르거나 "망각"하고, 가능한 위험과 장애들을 실제보다 약화시켜서 생각한다. 아예 부정하는 경우도 많다. 안 그러면 전혀 다른 방식으로 행동해야 하기 때문이다. 명백한 교통법규 위반을 "약간 비신사적인 행동"쯤으로 해석하거나 운동신경이 민첩한 것으로 간주하여 그것이 범법행위란 사실을 덮어버린다. 누군가와 다툼이 벌어지면 타인에게 책임을 떠넘긴다. 심리학에서는 이런 행동을 "투사projection"라고 부른다(Thomä/Kächele 2006).

"과거의 부담스런 기억"이 끼어들면 문제는 더욱 복잡해진다. 어린 시절 경험한 질병이나 두려움이 현 상황에 작용하면 과거와 현재가 혼란스럽게 뒤섞인다. 부하직원들이 직장상사를 대할 때 필요 이상으로 "고집"을 부려 업무능률이 저하된다는 연구사례도 많다. 요인은 어린 시절 학교에서 겪은 권위문제 때문이다. 이런 종류의 '투사'는 공동 작업을 심각하게 위협한다. 가족이나 부부 사이에서도 옛 상처를 건드리는 바람에 문제가 완전히 다른 방향으로 진행되는 경우가 종종 발생한다. 투사를 최대한 빠르고 정확하게 인식하는 일은 대단히 중요하다. 그래야만 상황을 원위치로 되돌리고 갈등의 불필요한 증폭을 막을 수 있다. 이것이 어떻게 가능한지는 나중에 자세히 살펴보도록 하겠다(1장10 참조).

지각하는 것이 모두 진실은 아니다

인간의 지각은 사실을 있는 그대로 받아들이지 않는다. 그보다는 제 나름의 이미지를 구성하여 그것을 '진실로 여긴다'. 심리학은 주변세계에서 객관적으로 확인 가능한 현실과 그에 대한 주관적 경험을 구분하여 후자를 개인적 '생활세계'라고 이른다(Kaiser 1982). 인간은 자신이 현실로부터 구성한 이미지가 얼마나 유효하고 쓸모 있는지를 항상 확인하고 검사하며, 필요한 경우 적절히 타협한다. 그러므로 공동생활이나 사회조직 안에서 (예를 들어 가족이나 직장에서) 다양한 지각과 관찰방식을 서로 비교해보는 일은 매우 중요하다. 똑같은 상황이라도 바라보는 시각과 받아들이는 비중이 서로 다르기 때문이다. 우리는 대개 세계와 사물에 대한 관찰방식을 자기 자신과 동일시한다. 그래서 타인과 지각내용이 다를 때면 갈등에 빠진다. 이럴 때 어떻게 하면 대화를 건설적인 방향으로 이끌어 공통점을 도출해낼 수 있는지는 나중에 다루도록 한다.

먼저 지각의 개별적인 통로들을 정확히 살펴보자. 지각은 주변세계의 자극을 통해서 작동하는 감각기관의 종류에 따라서 다음과 같이 구분된다(Oerter/Montada 2002).

보기_눈을 통해서 색깔, 밝기와 명암대비, 형태, 윤곽, 움직임 등을 인식한다. 이러한 지각방식을 바탕으로 공간적 관계도 지각한다. 또 얼굴이나 동작을 보고 다른 사람을 알아본다. 우리는 다음과 같은 요소들을 통해 타인과 시각적으로 소통한다.

- 행동
- 눈매
- 동작
- 몸짓
- 제스처
- 피부색
- 옷차림

듣기_귀를 통해서는 음파를 감지한다. 귀는 마음대로 여닫을 수가 없다. 원하든 원하지 않든 소리에 노출된 채 살아갈 수밖에 없다. 귀는 다음과 같은 경우에 아주 중요하다.

- 대화를 나눌 때
- 음성 신호와 지시를 인식하기 위해서(자명종, 기차의 도착)
- 음과 멜로디와 리듬을 구분하기 위해서(언어, 문학)
- 소음에 너무 시달려서 건강을 해치거나 중요한 정보와 그렇지 않은 정보를 더 이상 구별할 수 없게 될 때

더듬기_피부의 촉각을 통해서 수용체^{receptor}들이 전해주는 다음과 같은 정보들을 인식한다.

- 단단함과 부드러움, 거침과 매끄러움, 뜨거움과 차가움의 차이(온도 수용체를 통해서)
- 이동, 속도, 누름/밀침, 당김, 공기유입(안면에 있는 3차

신경을 통해서)

- 진동
- 접촉(아기를 안아주는 등의 신체접촉)
- 물체의 압력이나 저항(타박상 따위에서 보호하고, 기계장치를 다룰 때 중요하다)

맛보기_혓바닥에 난 미뢰$^{gustatory\ calculus}$를 통해서

- 음식의 품질을 검사하고
- 독성을 감지하고
- 먹는 즐거움을 만끽한다.

냄새 맡기_후각은 감정과 밀접하게 연결되어 있다. 예를 들어

- 상대방에게 호감을 갖거나 아기를 돌보거나 성욕을 느끼는 등의 감정은 음식에 대한 욕구와 마찬가지로 우리 몸에서 분비되는 방향물질(페로몬)의 영향을 받는다.
- 부패한 물체 따위에서 느끼는 역겨움은 위험을 경고하는 신호다.

운동감각적 지각_신체의 각 부위에 있는 수용체를 통해서 몸의 동작과 자세, 팔다리의 위치 등을 지각한다.

시간 지각_시간 지각은 정보들 사이의 인지적 관계를 통해서 이루

어진다. 이 지각방식을 통해서 우리는

- 사건의 시간적 순서(순차적 지각)
- 사건들 사이의 시간 간격
- 시간의 길이, 즉 사건의 지속시간

을 지각할 수 있다.

그밖에 특수한 경우가 하나 더 있다. 바로 자기지각과 타자지각이다.

타인에게서 피드백 구하기

인간의 지각은 오류를 저지르거나 착각할 수 있다. 자신의 성격을 지각할 때도 마찬가지다. 여기에는 몇 가지 이유가 있다. 첫째, 우리는 뇌구조 상 자아의 중요한 영역을 의식적으로 지각하지 못한다. 특정한 성격이나 집착방식, 신경심리적 구조 따위의 유전적이고 유아기적인 각인imprinting 등이 그렇다. 특정한 뇌구조를 지닌 탓에 남보다 쉽게 자극받고 흥분하는 사람들은 지각 방식도 다르다. 인간의 자아와 삶을 지배하는 것은 바로 이런 요인들이다. 하지만 어떻게 해서 그렇게 되었는지 알지 못할 뿐더러 비교해볼 만한 다른 자아를 갖고 있는 것도 아니다. 결국 우리가 다른 사람이 된다는 것은 있을 수 없는 일이다(LeDoux 2003).

둘째, 자아 이미지는 개인의 기본욕구와 목표뿐만 아니라 사회적 · 가족적 이상에 걸맞은 당위 관념을 통해서도 각인된다. 실제로 우리는 자신에 대해서 경험하는 내용과 그에 대한 자체평가를 통해서 '이상ideal image'에 비교되는 '실상real image'을 만들어낸다. 하지만 이런 식으로 형성된 실상은 신뢰할 만한 것이 못 된다. 인간에게는 자신을 매우 선별적으로 그리고 편향적으로 관찰하려는 성향이 있기 때문이다. 반면에 이상은 주입된 —마찬가지로 선별적이고 편향적인— 사회적 인습에 의존한다. 이처럼 실상과 이상은 공존하기 힘든 두 가지 이미지로 남아 대립하기 마련이다(Schütz 2003).

여기 두 자녀의 어머니가 있다. 평소에 그녀는 자신이 육아와 가사의 이중고에 시달린다고 생각한다. 그래서 조금 쉬고 싶을 때는 아이들에게 TV를 보게 한다. 하지만 어머니의 이상적인 이미지는 이와는 다른 모습이다. 문제는 여기서 발생한다. 그녀는 육아에서 느끼는 이중고와 일시적인 포기의 감정이 서로 어울리지 않는다고 믿는다. 친구나 다른 어머니와 대화할 때 TV시청 문제만 나오면 흥분하는 것도 실은 그 때문이다. 이상은 종종 실상과 강력하게 구분되고 싶어 한다.

자신의 성격에 대한 '타인의 판단'은 대개 본인의 판단보다 믿을 만하다. 동료나 친지는 우리를 다른 사람과 비교할 수 있고, 우리가 특정한 상황이나 조건 하에서 어떻게 행동하는지를 관찰할 수 있기 때문이다. 타인과 활발하게 교류하고 거기서 피드백을 많이 얻는 사람은 대체로 자신에 대해 더 잘 알며 더 많은 것을 지각한다(대표적인 예가 배우와 정치가들이다). 자기자각은 주로 선의를 지닌 타자지각에서 나오는 피드백에 의존한다. 이상과 전형적인 역할이미지에 대해서는 뒤에서 자세히 다루겠다(1장6 참조).

지각은 주변세계에 능동적으로 반응한다. 객관적 현실과 반드시 일치하지 않는다. 지각은 항상 무의식적인 신경심리적 설정, 주관적 가치평가, 주변의 제약 따위에 영향을 받는다. 지각필터와 시각(관점)은 행위뿐만 아니라 이어지는 상황에 대한 지각에도 영향을 미친다. 지각은 결코 객관적이지 않다.

자신의 지각내용이 정확하고, 유용하고, 건설적인지의 여부는 항상 타인과의 대화와 검사절차를 통해서 해명되어야 한다. 눈에 보이는 모습은 기만적일 때가 많다.

2 모든 행위에는 반드시 의도가 있다

행위action는 유의미성과 목표지향성의 여부에 의해 행동behavior과 구분된다. 행위가 타인과 관련되는 것을 '사회적 행위'라고 하는데, 이는 다른 사람의 행동에 맞추어질 때 의미를 획득한다. 사회학적 관점에서 보자면 인간의 행위에는 항상 의미가 있다. 그리고 행위의 의미는 기저에 깔린 의도나 목표를 통해서 생겨난다. 추상적이고 일반적인 규칙(규범, 법률)에 맞추어진 사회적 행위는 특별히 '공동체적 행위'라고 부른다.

사고와 행위의 관계는 조금 특별하다. 사고는 행위에 기여할 수 있지만 반드시 그래야 하는 것은 아니다. 사고란 어떤 수단을 통해서 목표에 도달할 것인지 혹은 어떻게 문제를 해결할 것인지 숙고하는 것을 말한다. 목표에 이르는 길을 이미 알고 있다면 우리는 개별적인 일에만 집중하여 모든 것을 처리할 수 있다. 이때 기존의 지식을 참고하게 되는데 이를 '재생산적^{reproductive}' 사고라고 한다(Funke 2006). 해법을 아직 알지 못하는 어려운 과제의 경우에는 반대로 '생산적^{productive}' 사고가 필요하다. 여기서는 목표에 도달하기 위한 방법과 수단이 탐색된다. 심리학은 오래 전부터 인간의 사고를 연구해왔으며 성과도 많이 거두었다. 그 덕택에 효율적이고 창조적인 사고가 어떻게 기능하는지, 이때 고려되어야 할 점이 무엇인지 등에 대한 지식도 축적하게 되었다(Dörner, 1989).

문제해결의 단계

정확하게 사고하고 문제를 성공적으로 해결하려면 필요한 단계들을 순차적으로 밟아나가야 한다. 첫 단계는 출발상황에 대한 분석이다. 자신이 어디에 서 있고 어떤 전제에서 출발하는지 모르면 효과적인 계획을 세울 수 없다. 그러므로 주어진 상황이나 문제를 최대한 정확하게 조사해야 한다. 기업경영에 관한 결정을 내리려고 한다면 제일 먼저 다음과 같은 물음을 던져보자.

- 어떤 업종 또는 부서와 관련된 결정인가?
- 해당 업종 · 부서는 어떤 성격의 조직인가?
- 여기서는 어떤 업무가 이루어지는가?
- 직원들에게는 어떤 능력이 요구되는가?

- 모든 업무가 성공적이고 효율적으로 처리될 수 있도록 역할과 과제가 정해지고 배당되었는가?
- 직원들의 능력은 각자에게 맡겨지는 과제와 역할을 감당하기에 충분한가?
- 지휘계통은 잘 잡혀있는가? 누가 무엇을 결정하며, 건너뛰어서 안 되는 사람은 누구인가?
- 사용할 수 있는 수단이나 자원에는 어떤 것들이 있는가?
- 해당 업종·부서는 자체적으로 어떤 역동성을 지니고 있는가? 전 직원이 반드시 유의해야 하는 해당 업종·부서의 특성은 무엇인가?
- 직원들 간의 불화로 인해 단합에 어려움이 있지 않은가?

이 같은 조사에는 미래의 변화에 대한 평가도 포함된다. 실제로 많은 일들은 상황이 벌어지기 전에 예고된다. 따라서 일처리에 대한 예측도 가능하다. 경영진이 해당 분야와 관련된 제반 사실과 조건에 대해서 충분한 정보를 확보한다면 억측에 빠지거나 요행을 기대하는 일없이 미래에 대한 올바른 진단을 내놓을 수 있다. 이때 사용되는 방법이 '확률추정'이다. 확률추정을 이용하면 어떤 직원이 아이를 낳거나 연금생활자가 되거나 또는 어떤 작업기계의 사용수명이 얼마나 오래갈지 등에 대해 미리 예측할 수 있다. 이런 요인들은 대부분 노동세계의 구조에 기인하는 것으로 쉽사리 방향이 바뀌거나 개인이 영향을 미칠 수 있는 것이 아니다. 이와 관련하여 심리학에서는 사회학에서처럼 '다수준성multi level character'이라는 개념을 사용한다.

시스템으로 생각하기

신문에는 매일같이 오존층 파괴가 심각해진다거나 연금생활자의 수가 증가한다거나 건강보험 재정이 악화된다는 기사가 실린다. 이런 변화는 직접 지각되지 않아도 쉽사리 납득하고 받아들일 수 있는 것들이다. 그 영향을 피부로 느낄 수 있기 때문이다. 하지만 개인으로서 우리는 '거시수준 macro level'에서 '시스템적 systematic'으로 진행되는 변화 앞에서 무기력하다. 개인이 직접 영향력을 행사할 수 없는 영역이기 때문이다.

시스템은 서로 밀접하게 연결된 여러 가지 요소들로 구성된다. 개별적인 부분들은 상위의 시각에서 보면 특정한 목적과 의미를 띤 단위로서 주변과 구별된다. 시스템은 또 개별적 요소들의 패턴, 관계, 상호의존성으로 이루어진 구조를 통해서 유지되는데, 이 같은 구조는 국가나 생태계 ecosystem 가족, 노동시장처럼 개인이 쉽사리 들여다볼 수 없다. 시스템은 특별한 역동성을 지니고 고유의 규칙을 따르는 구조물이다. 게다가 각 시스템 사이에는 좀처럼 인식하기 힘든 상호작용이 존재한다. 국가와 생태계의 관계가 그렇다.

우리는 기업이나 지역공동체(중위 수준 meso level: 미시 수준과 거시 수준의 중간 수준)의 발전에 직접적인 영향력을 행사하기 어렵다. 하지만 의식적으로 행동할 수는 있다. 중위 수준의 시스템과 결합된 현상들이 우리에게 어떤 영향을 미치는지 알 수 있으며, 필요한 경우 '예측적 사고'를 통해서 불이익을 방지할 수도 있다. 그 같은 일에 남다른 능력을 가진 사람은 정당에 가입하거나 협회나 시민단체에 참여하여 발언권과 영향력을 행사할 수도 있다. 필요하다면 의회나 법조계로 진출하여 영향력을 확대시키는 것도 가능하다(Kaiser, 1993).

어떤 경우든 더 높은 수준에서 영향력을 발휘하려면 올바른 출발점부터 찾아야 한다. 그렇다면 어떻게 시스템 안으로 들어갈 수 있을까? 시스템의 구조를 꿰뚫어보고 그에 상응하는 결과물을 얻게 해주는 사고를 '시스템적 사고systemic thinking'라고 한다. 현대생활에서 특히 강조되는 사고방식이다. 한편 다양한 수준의 시스템관계에 대한 분석은 '시스템적 다수준분석systemic multi level analysis'이라고 부른다(Kaiser, 1993). 이를 통해서 특정한 상황에 대한 연구가설을 개발하고 장차 전개될 변화에 대한 확률추정을 유도해낼 수 있다. 확률추정은 삶 전반에 대해 생각보다 훨씬 많은 것을 예측하게 해준다. 그러므로 주요 분야에 대해 상황을 점검하고, 앞으로 발생할 변화의 추이를 좇는 것이 좋다. 분석이 세분화되고 포괄적으로 진행될수록 미래에 어떤 결정을 내릴 때 더 나은 토대를 마련할 수 있다. 이때 다음 사항이 요구된다.

미래의 비전을 개발한다_문제의 대안은 무엇이며 바람직한 미래의 모습은 어떤 것인지 질문을 던져보면 훨씬 더 쉽게 일을 처리할 수 있다. 장래에 대한 즐거운 예감으로 기분이 좋아진다는 장점 외에 갈등요인을 감소시키는 효과도 있다. 당면한 문제의 미로에서 벗어나려면 앞으로 추구해야 할 상위목표가 무엇인지 정확히 파악해야 한다. 이때 3년이나 5년 뒤 자신에게 가장 바람직한 삶의 모습을 머릿속에 구체적으로 그려보는 게 좋다. 주요한 생활영역에 필요한 최고의 시나리오를 그려내어 방향설정을 위한 장기목표를 세우는 것이다. 각각의 개별적인 생활영역(직장, 인간관계, 취미생활 등등)마다 중요한 상위목표들을 설정하고, 이에 도달하기 위한 기준을 하나씩 정립해나간다. 이때 목표를 최대한 명확하게 정해야 한다. 그래야 나중에 달성 여부나 정도를 판단할 수 있다. 그밖에 개별적 측면들을 가능한 한 상세하게 기술한 다음 다른 참여자들(파트너, 직원, 동료)에게 보여주고 우선순위에 대해 의견을 구한다. 만족스러운 미래를 위한 공통적 토대가 얼마나 확보되었는지 신속하게 파악할 수 있으며, 잘만 되면 모두의 마음에 드는 목표도 찾아낼 수 있다. 합일점을 찾지 못하여 문제해결이 힘들어지면 곧바로 후퇴하는 방안도 모색해본다.

목표의 우선순위를 정한다_가장 중요한 영역에 대한 장기적인 상위목표가 설정되고 우선순위가 정해져야만 중단기적인 목표들도 의미를 갖는다. 그렇지 않으면 상위목표와 맞지 않는 후순위 목표들을 설정하게 되어 엉뚱한 방향으로 나갈 위험이 있다.

다양한 행동방안들을 수집한다(브레인스토밍)_주요 영역에 대한 장기목표와 중단기 목표를 정하고 나면 곧바로 그것에 도달할 수 있는 방안을 마련한다. 이때에도 단계별로 접근하면서 필요한 자원과 해야할 일(장애요인 제거, 각자의 업무경계 설정, 오류의 최소화 등)을 논의하는 것이 바람직하다.

예상되는 결과를 가늠한다_원하는 방법을 찾고 나면 그에 따르는 개인적 부담, 위험요인, 부작용 등을 미리 검토한다. 이것은 장기 목표와 중단기 목표에서 확연히 다르게 나타난다(예를 들어 잦은 출장은 가정생활에는 부정적이지만, 직장경력에는 긍정적으로 작용한다).

자원은 어떻게 마련할 것인가?_어떤 자원들이 사용 가능한지, 새로 마련해야 할 것과 없애야 할 것은 무엇인지 등을 다음 단계에서 조사한다.

부족한 자원을 보충할 방법을 마련한다_지식이나 역량이 부족하다면 국제적으로 검증된 방법과 프로그램의 도움을 받을 수 있다(6장2 참조). 지원을 위한 물질적 · 시간적 조건이 여의치 않다면 부족한 자원을 어디서 마련할 것인지 신속하게 대책을 마련한다.

전체 과정의 피드백과 문제 해결_목표 도달 과정에 각자의 실행 영역이 차별화되어 있을수록 작은 성공에도 쉽게 주목할 수 있고, 차이

사고와 문제해결은 사회적 행위의 구성요소들이다. 재생산적 사고는 이미 알고 있는 기존의 지식기반과 관계되고, 생산적 사고는 그것을 창조적으로 변형한다. 이때 사고를 구성하는 데 도움을 주는 몇 가지 처리단계에 유의한다. 출발상황에 대한 분석이 끝나면 앞으로 전개될 발전가능성 및 자신의 행위(비행위)에 따른 위험요인과 부작용 등을 평가한다. 사회 현실은 항상 다수준성을 지니므로 반드시 '시스템적 사고'의 틀에서 이를 고려해야 한다. 문제를 성공적으로 해결하려면 미래에 대한 비전과 목표의 우선순위를 마련하고, 가능한 대안들을 검토하고, 결정에 따른 결과를 예측해보라.

나 어긋남을 인식하고 교정하기가 수월하다. 참가자들이 확실한 행동을 보여주지 못하면 추가적 처리방안이 요구되는 장애나 갈등이 발생할 가능성도 높아진다(6장7 참조).

3 기억의 메커니즘

학습이란 경험한 내용을 기억에 저장하는 것이다. 뇌는 우리가 의식하지 못하는 동안에도 끊임없이 학습한다. 새롭게 알려진 사실에 따르면 기억은 주의를 가장 많이 끄는 일을 저장한다. 학습하거나 유념해야 할 내용이 아니라 어느 순간 각별히 우리의 관심을 끈 사건이 기억 속에 저장되는 것이다. 정보를 받아들이는 신경구조는 기억을 담당하는 신경구조와 다르다. 기억내용들은 뇌의 다양한 영역에 분산되고, 개인적으로 의미가 큰 내용일수록 그만큼 더 강하게 뇌에 각인된다(Spitzer 2002).

받아들인 정보는 일단 '감각등록기sensory register'로 전달된다. 감각등록기에는 많은 정보들이 도착하지만 아주 짧은 시간 동안만 저장된다. 이곳에 들어온 정보는 중요도에 따라 선별되어 '단기기억short term memory'으로 보내진다. 이곳의 저장 용량은 그리 큰 편이 아니다. 동시에 일곱가지 요소를 18초 동안만 저장할 수 있다. 하지만 단기기억의 용량은 특별한 기억방식을 통해서 좀 더 확장된다. 가령 운율을 맞춘 문장은 청각기억을 돕는다. 오래 전부터 학생들은 이런 청각기억을 이용해서 중요한 역사적 사건이 발생한 연도나 이름을 외우곤했다(단어연상). 발견법^{heuristic}도 기억이나 방위탐지에 도움이 된다. 책을 볼 때 본문을 읽기에 앞서 목차나 찾아보기 등을 먼저 훑어보면원하는 내용이 어디쯤 있는지 쉽게 찾을 수 있다. 또 사람의 이름은특정한 이미지와 연결시킬 때 쉽게 외워진다. 예를 들어 "메르켈"이란 이름의 남자를 만났을 때 메르켈 현 독일총리를 떠올리면 절대로잊어버리지 않게 된다. 상상력을 자극하는 재미난 이야기를 이름과연결시키는 것도 좋은 방법이다.

정보를 그룹으로 분류하면 대략 7개의 묶음('결집chunks')으로 구성할 수 있다. 특정한 스포츠용품에는 구체적으로 어떤 물건들이 있는지 또는 구급상자에 어떤 물건이 들어가는지 잘 알고 있는 사람이라면 개별적인 물품을 일일이 외울 필요가 없다. 그냥 "테니스용품"이나 "구급상자"로 기억하면 된다.

충분히 자주 혹은 의미 있게 경험하는 중요한 정보와 사건은 '장기기억^{long term memory}'에 각인된다. 정보는 일종의 서류철에 정리되어이곳에 보관되며 필요할 때마다 뽑아서 사용할 수 있다. 우리는 이것을 '학습'했다고 말한다. 그러나 학습을 장기기억으로 이해한다고해서 망각이 곧 학습내용의 삭제를 의미하는 것은 아니다. 망각이란오히려 정리가 부정확하고 애매하게 이루어진 탓에 나중에 정보를다시 찾아내기 어려운 상태를 말한다.

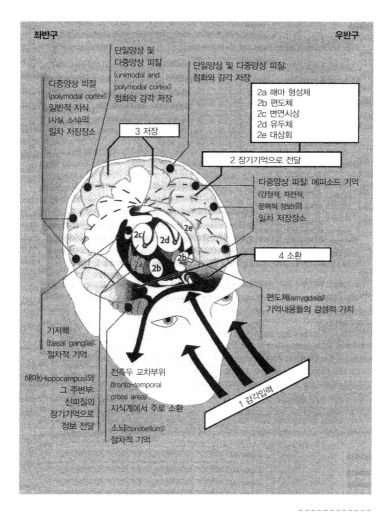

좌반구

우반구

다중양상 피질
(polymodal cortex):
일반적 지식
(사실, 소식)의
일차 저장장소

단일양상 및
다중양상 피질
(unimodal and
polymodal cortex):
점화와 감각 저장

단일양상 및 다중양상 피질:
점화와 감각 저장

3 저장

2 장기기억으로 전달

2a 해마 형성체
2b 편도체
2c 변연시상
2d 유두체
2e 대상회

다중양상 피질 에피소드 기억
(감정적, 자전적,
문맥적 정보)의
일차 저장장소

2c 2d 2e

2a 2b

4 소환

편도체(amygdala):
기억내용들의 감성적 가치

기저핵
(basal ganglia):
절차적 기억

해마(Hippocampus)와
그 주변부:
신피질의
장기기억으로
정보 전달

전측두 교차부위
(fronto-temporal
cross area):
지식계에서 주로 소환

소뇌(cerebellum):
절차적 기억

1 감각입력

그림 1 뇌 부위와 기억체계 (Markowitsch 2002, 104쪽)

장기기억체계는 다양한 형태로 구분된다. 각 체계는 서로 밀접하게 연결되어 있으며, 의식적으로(명시적으로) 접근할 수 없는 것들도 있다(그림 1 참조).

이미지나 언어를 저장하는 '에피소드 기억'은 특별한 사건의 정보를 담는다. 시공간적 지점을 확인할 수 있는 정보들이다. 가까운 사람과 관련되었거나 개인적으로 의미 있는 사건이 여기에 속한다. 또 과거에 벌어졌던 사건에 대한 기억도 담당한다.

'지식 기억'에는 주변세계와 그로부터 획득한 사실에 대한 정보가 저장된다. 이것은 의미, 개념, 이름, 지식 등의 저장을 담당하는 '의미 기억'으로서 기술되기도 한다. 고도로 복잡한 사실에 대한 지식도 여기 저장된다. 아이는 성장하면서 일상생활에서 얻는 경험들을 언어를 통해서 파악하고 이성적으로 처리하기 시작한다. 기억이 언어를 통해서 습득되면 나중에 다시 불러내거나 말로 표현하기가 수월하다.

'절차 기억'에는 운동능력과 행위의 연속 및 그에 속한 규칙 등이 저장된다. 행위 과정과 신체 협력반응을 인지하는 것도 이 같은 방식에 의존한다. 피아노를 연주하거나 자동차를 운전할 때 또는 갓난아기가 신체의 움직임을 조절할 때 등이다.

'점화priming'는 지각된 패턴이나 체험된 상황의 공통성을 저장한다. 이를 통해서 우리는 어딘가에 불이 붙거나 갑작스런 통증이 찾아왔을 때 재빨리 반응할 수 있다.

'조건화conditioning'는 도구적 학습 또는 자극–반응 학습을 통해서 이루어진다.

'도구적 학습'은 우리가 (피)하고자 하는 행위의 결과에 기초한다. 이런 조작적 조건화는 다음의 네 가지 차원에서 이루어진다.

- 성공과 보상은 행동을 강화시킨다.
- 가벼운 피해는 우리의 행동을 "부정적으로 강화"시킨다.
- 성공 가능성의 부재는 활동을 마비시키고, 우리는 행동을 멈추게 된다("소멸").
- 불편한 경험이나 처벌의 위험은 행동을 억누르게 만든다. 하지만 주차금지 위반의 예에서 관찰되듯 위험이 사라지면 종종 같은 행동이 다시 나타난다.

'자극-반응 학습'(고전적 조건화)에서는 중립적 자극(예를 들어 빛신호)이 본능적 반응을 유발시키는 자극(음식, 통증 등)과 함께 가해진다. 중립적 자극은 반복된 경험을 통해서 특정한 반응(침 흘리기, 도피등)을 유발한다. 생명체는 자신을 최대한 보호하기 위해서 그때까지 중립적이었던 지시자극을 조기경보체계에 편입시킨다. 그 덕택에 우리는 주변의 위험요인에서 분출되는 자극에 빠르게 반응할 수 있다. 이를 '조건화된 자극'이라 부른다.

이 과정은 이반 파블로프의 유명한 실험을 통해서 널리 알려졌다. 실험에서 파블로프는 자신의 개에게 먹이 대신 빛신호의 자극을 통해서 단시간 안에 침 흘리는 반응을 불러일으키는 데 성공했다. 이 효과를 즐겨 사용하는 곳이 광고회사다. 광고사는 제품광고가 나가는 동안 편안하고 쾌적한 상황을 반복적으로 보여준다. 그리고 나면 사람들은 얼마 뒤부터 그 제품만 보아도 편안한 느낌을 받게 된다.

무의식적 기억

경험은 뇌 안에서 특정한 신경고리나 신경망의 형성을 유도한다. 이 과정은 이미 모태 안에서부터 시작된다. 자궁 속에서 태아는 탯줄로 모태와 연결되어 어머니의 경험에 참여한다. 그래서 임신부가 흥분하면 태아도 같이 흥분하고 긴장하는 등 스트레스를 받는다. 이런 일이 빈번히 그리고 강도 높게 발생할수록 관련 신경망이 잘 만들어진다. 태아 때 그런 경험을 많이 한 사람은 불쾌한 자극에 대단히 예민해지게 된다. 소위 "풀 자라는 소리까지 다 듣는" 사람이 되어서 남들보다 훨씬 급하고 격하게 반응한다(Grawe 2004).

인간의 뇌는 몇몇 요구에 일정한 방식으로 반응하도록 맞추어져 있다. 강도가 높거나 반복되는 행동들은 뇌 안에 잘 저장되었다가 필요할 때마다 자동적으로 나온다. 뼈저린 체험의 결과로 습득한 행동이나 완벽하게 몸에 익은 습관이 자면서도 가능한 것은 그 때문이다. 이 같은 자동화는 이른바 '신경심리적 도식$^{neuropsychic schema}$'이 형성됨으로써 가능하다. 즉 최소한의 지시자극으로 유발된 뒤 하위 프로그램을 불러들여 자발적으로 활동하는 것이다. 형성과 소멸을 담당하는 신체적 과정들은 무의식적으로('묵시적'으로) 진행되기 때문에 의식적 기억에는 담겨 있지 않다. 단지 특정한 상황에 대해 특별히 강하게 반응한다는 사실 정도가 인지될 뿐이다.

자동화의 원인은 사건을 재구성함으로써 규명할 수 있다. 유난히 쉽게 불안해지는 사람의 과거를 조사해보면 어머니가 임신기간 중에 심한 스트레스를 겪었다는 사실이 드러난다. 태아 때 이미 위협에 반응하고 경계상태에 돌입하도록 "학습"된 것이다. 이러한 "프로그래밍"은 적절한 심리학적 처방을 받거나 생활방식을 개선하여 바꿀 수 있다 (Bauer 2002; 6장 참조).

물론 개선된 신경심리적 도식이 새롭게 형성된다고 해서 좋지 못한 예전의 도식이 완전히 소멸되는 것은 아니다. 단지 비활성화될 뿐이다. 비슷한 상황에 처하면 옛 패턴이 다시 나타나기도 한다. 어릴 적에 정신적 외상을 입어 쉽게 예민해지는 사람은 조용하게 생활하고 주의 깊게 행동하는 것이 좋다. 자극적이거나 흥분된 생활방식은 가급적 피해야 한다.

관찰을 통한 학습

우리는 모든 것을 직접 경험하면서 살아갈 수 없다. 오히려 다른 사람의 경험으로부터 더 많은 것을 배운다. 이 같은 학습방식을 우리는 모델학습이라고 부른다.

외부에서 관찰된 여러 가지 사례들은 우리를 자극하여 남들에게 똑같이 행동하도록, 또는 똑같은 행동을 하지 못하도록 만든다. 최근에 영화나 드라마의 폭력장면이 관객에게 폭력을 부추긴다는 보고가 많이 나오고 있다. 그런 부류의 영상을 자주 접하게 되면 우리의 무의식은 폭력을 정상적인 문제해결 방식으로 여길 수도 있고 심지어 매력적인 모범으로 삼게 될 소지가 많아진다는 연구 결과가 발표되었다(Mietzel 2001).

학습능력을 향상시키는 기억훈련들

기억력을 향상시키려면 우선 기억에 각인되어야 할 재료가 우리에게 얼마나 중요한지, 그와 관련하여 어떤 '의구심'을 갖고 있는지 먼저 물어야 한다. 뇌는 지속적이고 유희적으로 학습한다. 그러나 오직 자신의 주의와 관심을 끄는 것만을 대상으로 삼는다. 만일 학습재료보다 다른 것이 더 흥미롭게 보인다면 우선순위를 다시 검토할 필요가 있다. 우리는 대개 긍정적인 매력을 느끼거나 위험을 경고해주기 때문에 의미 있다고 여기는 자극에 끌린다. 이런 자극에 대한 반응으로 '도파민' 호르몬이 다량 분비되면 자극이 신경회로에 전달되어 학습이 가능해진다. 즉 주의를 충분히 기울이면 주제에 집중할 수 있고 학습능력도 향상시킬 수 있다. 또 덜 중요한 사항들을 잠시 밀쳐두거나 배제시킬 수도 있다. 수도승들의 경우를 생각해보자. 어떤 종교에 속하든 그들은 수천 년 전부터 속세와 동떨어진 생활을 해왔다. 본질적인 것에 집중하기 위해서다. 심지어 그들은 인간의 기본욕구조차 일정한 시간과 장소에서 해결했다.

학습에서는 '보상체계'도 중요하다. 보상체계는 복잡한 학습재료를 좀 더 손쉽게 파악할 수 있는 분량으로 나눈다. 그래서 과제를 하루나 일주일 단위로 처리해나갈 수 있게 만들어준다. 책을 여러 장으로 나누듯이 처리할 과제도 유의미한 단위로 구분하여 분류할 필요가 있다. 크고 작은 각 단위에는 일정한 시간이 할당된다. 미처 예상치 못한 사건이 발생하거나 마지막 수정과 재작업을 해야 하는 경우에 대비해서 충분한 완충시간을 계산에 넣는다. 시간계획에 따라 과제를 진행하면 항상 느긋하고 기분 좋은 상태로 작업할 수 있으며, 전체 작업이 완료되기 전에도 최소한의 성공체험을 할 수 있다. 이때 느끼는 기쁨은 도파민의 분비와 결합된 것으로 나름의 보상가치를 갖는다. 실제적 보상이 없어도 열심히 일하는 것은 그 때문이다. 심지어 어떤 사람들은 이런 방식으로 착취를 당하기도 한다.

좋은 기분을 유지하려면 우선순위를 명확히 하는 것 외에도 자신의 기본욕구를 주의 깊게 살펴야 한다. 녹초가 될 정도로 일하지 말고 즐거운 기분이 남아 있을 때 일을 멈추는 게 좋다. 마지막으로 느낀 감정이 기억에 남아 있다가 다음번에 일할 때 즐겁게 시작할 것인지 싫증내면서 시작할 것인지를 결정하기 때문이다.

학습 내용을 최대한 유지하려면 학습이 끝난 뒤에 그냥 잠자리에 들어야 한다. 다른 활동을 하면 그 전에 학습한 내용이 장기기억에 저장되는 데 방해가 된다. 스트레스 연구에 따르면, 집중력은 최대한 45분 이상 지속될 수 없다. 따라서 그 전에 휴식시간이 주어져야 한다. 일이 특별히 힘들거나 어렵다면 10분 간격으로 휴식시간을 가진다. 신경생리학적으로 가장 바람직한 휴식은 물을 많이 마시고(하루에 2리터), 자주 신체의 긴장을 풀고, 몸을 움직이는 것(특히 앉아서 일하는 경우)이다. 막간 휴식은 3~4분 정도가 적당하다.

주의력을 분산시키는 활동은 자제한다. 정신위생학적으로 볼 때 일하면서 전화를 하거나 라디오를 듣는 등의 활동은 도움이 되지 않는다. 그런 활동은 하루 일을 마감하는 시간에 '보상'으로서 선사하도록 한다. 물론 하루의 일과를 모두 처리했을 경우이다.

학습 및 유지 효과를 향상시키려면 학습된 내용을 규칙적으로 활용하고 다른 사람들과 학습재료에 대해서 자주 이야기를 나누는 것이 좋다. 자신이 학습 내용을 잘 이해하고 유지하고 있는지 확인할 수 있기 때문이다. '피드백'을 활용하면 발전 정도를 가늠하고 스스로를 자극하는 데 도움이 된다.

Psychologie für den Alltag

경험이 단기적 혹은 장기적으로 뇌에 저장되는 것을 학습이라고 한다. 학습은 지식을 체계적으로 저장하고 필요한 경우 언제라도 불러내 사용할 수 있도록 도와준다. 망각이란 지식을 다시 불러낼 수 없을 때, 뇌가 저장된 곳을 찾을 수 없는 상태를 말한다. 우리가 의식적으로 접근할 수 있는 장기기억체계는 에피소드기억, 지식기억, 절차기억, 점화 등 여러 가지 형태로 구분된다. 학습 자체는 다양한 차원에서 이루어진다. 도구적 학습은 우리의 행위에 기초하며, 고전적 조건화로서의 자극-반응 학습은 무의식적 기억에 저장된 자극에 기초한다. 우리는 관찰을 통해서도 학습할 수 있고, 적절한 보상체계를 통해서 학습능력을 개선시킬 수도 있다.

4 동기에 따라 결과가 바뀐다

동기는 충족되는 것을 목표로 삼는 지속적인 욕구다. 일차적 동기에는 양식, 물, 생명, 건강, 체온조절, 번식, 양육과 같은 선천적 욕구들이 포함된다. 심리적인 기본욕구와 기타 동기들은 모두 일차적 동기와 밀접하게 연관되어 있다. 이것은 다시 '상징적' 동기와 '도구적' 동기로 나누어진다. 사회적 책임감이나 자기개발을 위한 노력 등은 상징적 동기에 속한다. 도구적 동기는 중요한 목표에 도달하기 위한 수단과 방법을 찾으려고 노력하는 것을 말한다. 가령 살기 위해서 직업을 원하는 것이 이에 속한다(Hacker 2005).

'동기부여'란 동기와 결부된 목표를 실제로 추구하게 만드는 것이다. 우리는 대개 생계가 보장되고 자의식을 느낀다는 이유로 직업에 애착을 갖는다. 그렇다고 일을 통해 날마다 큰 기쁨을 얻는 것은 아니다. 휴가를 즐긴다거나 그냥 편히 쉬기를 원할 수도 있다. 직업에 대한 동기부여가 다른 동기/동기부여에 지배당하는 경우다. 이때 직장 일을 위한 애초의 동기부여는 '반대동기'를 통해서 제거된다.

동기부여는 '내재적 동기부여'와 '외재적 동기부여'로 구분된다. 전자는 내부의 동기에 근거하고, 후자는 외부의 자극과 유혹에 근거한다(Rheinberg 2004). 외재적 동기부여는 외부의 자극이 약해질 때 사라진다.

심리 기능을 조정하는 네 가지 기본욕구

심리적 기본욕구들은 뇌 안의 고유한 신경회로와 결합되어 있다. 이 신경회로들은 서로 촘촘한 망을 이루고 있어서 한 가지 기본욕구가 위협받으면 함께 활성화된다(Grawe 2004). 심리적 기본욕구는 다음과 같다.

- 정향(orientation)과 통제(control)의 욕구
- 쾌락추구와 불쾌회피의 욕구
- 자아확인 욕구
- 애착(binding) 욕구

인간의 심리적 기능은 근본적으로 이 욕구들을 충족시키려는 방향으로 설정된다. 주어진 정보와 기대가 일치하면 도파민뉴런은 새로운 시냅스 결합을 통해 학습을 수월하게 해준다. 도파민은 뇌에서 자극의 전달을 활성화하고 촉진시키는 신경전달물질이다. 반면에 불쾌한 충격은 통제욕구를 발동시켜서 도파민뉴런의 활동을 억제한다.

'신경심리적 도식'은 일종의 "조절프로그램"이다. 우리는 이것을 기본욕구를 충족시키고 자신을 실망시키지 않기 위해서 개발한다. '신경심리적 도식'에는 다음과 같은 기능이 있다.

- 긍정적 목표와 만족을 추구한다('접근 도식'): 어떤 사람이 친근하게 다가오면 우리는 즐거운 마음으로 그를 받아들인다. 이런 경우 별로 오래 생각하지 않고 웃고 이야기하면서 자동적으로 올바르게 행동한다. 이때 내부에서는 애착, 접촉, 자아확인에 대한 욕구와 연결된 신경심리적 도식이 작용하며, 우리는 자신의 행동을 '즉흥적'이고 '자연스러운' 것으로 느낀다. 이러한 '접근 도식'은 무의식적으로 작용한다.

- 상처, 실망, 위험을 피한다('회피 도식'): 퉁명스럽거나 위험해 보이는 사람을 만나면 우리는 본능적으로—다시

말해서 활성화된 회피 도식에 의거해서— 뒤로 물러선다.

자존감에 손상을 입거나 통제력을 상실하거나 불쾌감이

나 고통을 경험하고 싶지 않기 때문이다(Kaiser 2007).

개별적인 신경심리적 도식에는 그에 상응하는 기대와 행동방식 그리고 적절한 뇌신경망이 결합되어 있다. 뇌신경망은 발달과정에서 점점 더 세분화된다. 어릴 때부터 개인적 욕구를 무리 없이 충족시켜 온 사람은 '접근 도식'이 발달하여 고무적인 성공경험을 많이 하게 된다. 이런 체험은 개인의 발전이나 건강에 도움이 된다. 반면, 위협적이거나 실망을 많이 안겨주는 환경에서 자란 사람은 '회피 도식'을 발달시킨다. 회피 도식을 지닌 사람은 의심이 많고 폐쇄적이다. 강력한 회피 도식은 아무런 위협이나 해가 없는 상황에서도 긍정적인 욕구충족을 방해한다. 이 도식이 발달한 사람은 지나치게 비사교적이 되거나 '필연적으로' 좋은 관계를 파괴시킨다. 다른 사람들과 함께 있거나 가까워지는 것을 견디지 못하기 때문이다. 당사자의 의도가 나빠서가 아니라 무의식적인 신경심리적 회피 도식이 작용하는 것이다. 심리학에서는 이것을 '애착장애'라고 부른다. 소위 '정상인'의 3분의 1 이상, 그리고 우울증 환자의 백퍼센트가 크고 작은 애착장애에 시달린다(Grawe 2004; 5장6 참조). 하지만 이런 성향을 제때에 명확히 인식하는 것만으로도 많은 실망과 상처를 피해갈 수 있다. 애착장애를 지닌 까다로운 사람을 대하는 법에 관해서는 나중에 자세히 다루겠다(6장7 참조).

좌절을 많이 경험하면 부정적 감정이 강화되면서 이에 상응하는 생리적 현상이 나타난다. 좋지 않은 호르몬이 분출되고 신경증적 반응이 일어난다. 충족되지 못한 욕구로 인한 긴장, 즉 욕구와 현실 경험 사이의 괴리는 '회피학습'의 토대가 된다. 당사자는 타인과의 접촉을 최대한 빨리 끝내거나 아예 회피함으로써 마음의 부담에서 벗어나고자 노력한다. 회피 도식이 강하게 발달할수록 정서적 욕구를 충족시키기 어려워진다.

생애 초기의 경험은 훗날의 삶에 큰 영향을 미친다. 극도로 예민하고 스트레스와 분노에 쉽게 노출되며 감정을 조절하지 못하는 성격은 일상생활을 제대로 통제하지 못하고, 매사를 나쁜 쪽으로만 받아들인다. 생각과 감정도 부정적이다. 신경의 흥분패턴은 뇌 안에서 시간이 갈수록 점점 더 복잡하게 발달하고 결국 강력한 신경심리적 도식을 형성하게 된다. 이러한 부정적인 도식이 우울증과 같은 정신장애를 일으킨다(5장6 참조).

유전자는 어떤 영향을 미치나?

쉽게 흥분하거나 화를 잘 가라앉히지 못하는 성격에는 유전의 영향도 있다. 하지만 전적으로 유전적 성향 때문만은 아니다. 유전자가 발달에 미치는 영향은 발달과정에서 겪는 외적 조건과 경험에 종속될 때가 많다(LeDoux 2003).

인간의 발달은 모태에서 이미 시작된다. "회피 기질"의 유전적 성향은 예를 들어 임신부의 감정 상태가 불안정해서 태아가 스트레스를 받을 때 발현된다. 특히 원치 않은 임신이라거나 배우자나 가족과의 갈등이 심할 경우 발생한다. 이때 어머니와 아기의 신경세포 안에 스트레스 유전자가 작동하여 둘의 몸을 경계상태로 가져가는데, 이런 일이 강도 높게 자주 발생하면 고도의 흥분상태가 지속된다. 그러면 뇌는 강력한 아드레날린과 코르티솔의 분비로 손상을 입는다. 이렇게 손상된 뇌는 흥분과 스트레스에 더 취약하게 반응함으로써 악순환에 빠진다.

태아의 손상은 임신기간 중이나(태아기) 출산과정에서(주산기) 종종 발생한다. 주로 산소결핍, 스트레스 혹은 그와 비슷한 병증이 원인이다. 태아시기에 손상을 입은 아이는 나중에 극도로 예민한, 돌보기 힘든 아이가 된다("울고 보채는 아이"; Petermann et al. 2004 참조). 하지만 이런 아이도 어머니가 너무 민감하게 반응하지 않고 애정과 끈기를 갖고 섬세하게 보살핀다면 얼마든지 개선될 수 있다. 뇌는 탄력적으로 반응할 뿐만 아니라 시간이 지나면서 충분히 변할 수 있기 때문이다.

즐겁고 기분 좋은 '애착경험'은 심지어 다 자란 성인에게도 긍정적인 변화를 가져온다. 새로운 경험은 새롭고 긍정적인 신경심리적 도식을 발생시킨다. 그래도 옛 도식이 소멸되지 않고 비활성화의 상태로 남아 있다가 나쁜 경험을 통해서 다시 나타날 수 있다. 어린 시절 정신적 외상을 입은 사람은 특히 예민하고 상처받기 쉬우므로 자기 자신을 좀 더 주의 깊게 보살피고 조심스럽게 대해야 한다.

실패의 경험

직장이나 파트너십처럼 개인적으로 중요한 영역에서 실패를 경험하면 자아확인, 절제, 불쾌회피를 향한 욕구도 한 풀 꺾인다. 이런 일이 지속적으로 발생하면 우리는 매사에 한층 더 의기소침하게 반응하게 되고 동기부여도 줄어든다. 이 과정을 우리는 "내적 해고"라고 부른다(그림 2 참조). 내적 해고가 진행되는 방식은 특징적이다. 주변과의 관계가 악화되고 동료들과 갈등이 잦아지면서 직장에서의 상황을 점점 더 부정적인 시각으로 보게 된다. 오직 직장밖에 모르던 사람이라면 나쁜 감정이 더 심하다. 동료들과의 사이도 점점 멀어져 결국 완전히 마음을 닫게 된다. 그리고 처음부터 일과 회사와 동료에게 문제가 있었다는 식으로 생각한다. 긍정적인 기억은 사라지고 모든 게 부정적인 방향으로 다시 기록되는 것이다. 결국 그는 이런 방식으

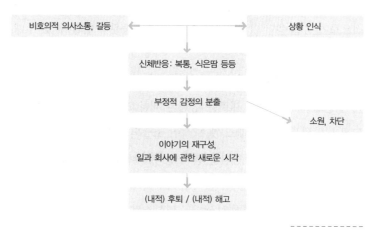

그림 2 내적 은퇴 과정 (Kaiser 2002; Schneewind 2002에 의거하여 작성)

로 점점 강력하게 내면의 '후퇴'를 단행하다가 완전한 '은퇴'를 준비하게 된다. '인간관계'에 실망하여 주변사람들과 소원해질 때도 비슷한 과정이 나타난다 (3장7 참조).

흥미도 없고 동기부여도 안 될 때

일과 학습에서 능률이 오르는 것은 기본욕구가 충족되고 개인적 관심사와 현 상태가 맞물려 돌아갈 때다. 일에 흥미가 없거나 반감이 들면 그 즉시 무엇이 문제인지 정확히 살펴야 한다. 방법은 간단하다. 설정된 목표가 자신을 비롯한 다른 참여자들의 기본욕구와 실제로 일치하는지를 처음부터 다시 묻는 것이다. 종이와 연필을 준비해서 현재 자신이 처한 상황이 개별적인 기본욕구들을 얼마나 충족시키고 있는지 적는다. 그러고 나서 이를 최적화시키는 방안이 무엇이고, 어디서부터 시작하는 것이 가장 손쉬울지 숙고한다.

동기부여의 수준을 지속적으로 높게 유지하려면 중요한 기본욕구들을 최대한 많이 충족시킬 수 있는 방식으로 생활과 관계를 설정해야 한다. 참여자들의 내적 만족과 건강이 타인과의 관계를 원만하게 만들어주기 때문이다. 그러므로 자신과 타인을 모두 존중하고 고무시키는 방향으로 관계를 이끌어가는 것이 중요하다.

정신건강과 동기부여를 최적화하는 방법으로 규칙적인 집중력 훈련이 있다(6장4 참조). 먼저 자신이 현재 어떤 욕구(동기부여)를 가지고 있으며 어떤 것이 가장 중요한지 조사해야 한다. 그러면 우선순위를 정하기가 한결 수월해진다. 이때 자신의 중장기 목표가 어떤 모습인지, 그리고 그것이 자신에게 얼마나 중요한지를 머릿속에 그려본다(1장 2 참조).

자신이 원하는 바가 명확해지면 다른 참여자들(직원, 동료, 친구)에게 그들의 욕구와 바람이 무엇인지를 묻는다. 그리고 나서 자신의 욕구와 소망을 밝힌다. 다른 사람의 뜻을 수긍하고 이해한다는 입장을 밝힌 다음 모두의 관심과 소망을 조정하는 것이다. 이때 상호공통점을 찾아내고 상대방이 인간적으로 존중받고 있다고 느끼도록 한다. 특히 문제 영역에서 상대방의 목표와 욕구가 자신의 것과 상충할 때 필요하다.

Psychologie für den Alltag

욕구는 우리의 행위와 체험에 근본적인 영향을 미친다. 이때 지속적인 목표를 지닌 안정적인 동기와 욕구는 일시적인 동기부여와 구별되어야 한다. 우리가 지금 이 순간 무엇을 원하거나 원하지 않게 되는 것은 동기부여에 달려 있다. 생활을 영위할 때 주요 욕구들을 고려하고 스트레스를 피하는 일은 건강과 안정을 위해서 매우 중요하다.

5 중심 특성들의 조합이 '성격'이다

"성격personality" 개념은 역할, 가면, 특성 등의 의미를 지닌 라틴어 "페르소나persona"에서 유래한다. 고대 연극에서 배우들은 특정한 역할이나 유형을 나타내는 가면을 쓰고 무대에 등장했다. 심리학에서 말하는 성격은 한 개인을 다른 사람과 구별하는 안정된 심리적 특성의 총합이다. 여기에는 사고와 행위, 감정, 관심과 성향, 의견 등이 포함된다. 한편으로 성격은 견해, 이상형, 행동방식의 형태로 주변세계의 지각에 관여한다. 성격은 중심적 특성들의 고유한(유일무이한) 조합이다.

가장 보편적으로 인정되는 성격모델은 5요인 모델^{Five Factor Model}이다. 이 성격모델은 여러 문화권에서 인간을 기술하는 데 사용하는 다양한 범주를 포괄한다(Amelang/Bartussek 2006; 그림 3 참조). 이 모델의 다섯 가지 요인은 광범위한 설문조사를 통해 얻은 답변을 통계학적 방법('요인분석')으로 평가하여 얻어낸 것들이다(McCrae/Costa 1999; 그림 3 참조). 이 모델은 또한 각국의 개별적인 문화를 뛰어넘는 타당성을 확보했다. 그밖에 알려진 다른 성격모델들은 5요인 모델의 보편적 구조 안에서 종합된다. 성격의 중요한 특성 다섯 가지는 다음과 같다.

- 정서적 불안정성(신경증)
- 외향성, 사교성, 교제욕구, 긍정적 감정의 표출, 자기현시욕구
- 새로운 경험에 대한 개방성, 교양
- 친화성, 붙임성
- 조심성, 성실성

개별적인 특질들은 "극단적 낮음"과 "극단적 높음" 사이를 오간

그림 3의 표 (세로쓰기, 성격의 5요인 모델)

성격특성의 발달

	양성	음성
신경증 반대극: 정서적 안정성	소심, 긴장, 신경질적, 불안, 걱정 많은, 예민한, 흥분 잘하는, 겁 많은, 불안정, 용기 없는, 자신감 없는, 감정적, 우울, 민감, 불안	안정적, 조용, 활동적, 평화, 에너지, 소극적
외향성 반대극: 내향성	다변, 단호, 신중, 수줍은	과묵, 신중, 수줍은, 소극적, 사교적, 모험적, 사교적, 관대, 충동적
개방성 '지성' 또는 '교양'으로 부를 수도 있다	폭 넓은 관심, 기발, 상상력 풍부, 이지적, 독창적, 예술적, 영리한, 청량한, 재치, 현명, 교양, 다면적, 열린, 심미적, 진보적	습관적 관심, 일면적 관심, 간단, 단순무사, 같이 없는
친화성	동정, 상냥, 마음 위한, 따뜻한, 관대, 인색, 신뢰, 친절, 신뢰, 조심스러운, 사색적, 성실, 겸손한, 성미한, 꾸밈없, 관용적, 유화적	치기른, 불친절한, 호전적, 냉정, 책임, 배은망덕, 정황, 실제적
조심성	준비된, 세심한, 무정신, 계획적, 효율적, 무책임, 신뢰할 수 없는, 잘 잊어버리는	부주의, 무질서, 경박한, 무계획, 믿음직, 성실, 책임감, 책임직, 용의주도, 능력 지향적, 끈기

그림 3 성격의 5요인 모델 (Schuler 2004, 304쪽)

다. 성격적 특성은 유전적 성향을 토대로 환경과의 상호작용 속에서 성장 초기에 이미 발달하며, 그 이후에는 비교적 안정적인 상태를 유지한다. 그러나 개별적인 성격특성은 계속해서 발달한다. 2003년 스리바스타바^{Srivastava} 연구팀은 사람들이 나이가 들수록 점점 더 친화적이고 성실하며 정서적으로 안정된다는 연구결과를 발표했다. 반면에 외향성과 개방성은 나이에 반비례하는 것으로 나타났다. 하지만 30세 이후의 변화는 청소년기 때보다 훨씬 완만하게 진행된다.

성격특성의 발달은 남녀에 따라 차이가 난다. 일반적 성격검사 결과를 보면 친화적인 면에서는 여성이, 정서적 안정의 측면에서는 남성이 우세하다. 하지만 성격검사가 주로 검사대상자의 언급에 의존하는 까닭에 이것이 사실과 정확히 일치한다고 말할 수는 없다.

화목하고 고무적인 가정환경과 또래친구들과의 좋은 관계는 성격 발달에 긍정적으로 작용한다. 기후와 같은 환경요인도 성격에 영향을 미친다. 버클리 대학의 올리버 존^{Oliver John} 연구팀은 날씨가 나쁜 날이 많은 지역에 거주하는 사람들이 정서적으로 더 불안정하다는 사실을 확인했다(John 2005). 인구밀도가 높은 지역에 사는 사람들은 좀 더 열려 있고 교양수준도 높은 편이지만, 덜 사교적이며 참을성도 떨어진다. 다양한 인종그룹이 모여 사는 지역의 사람들도 개방적이다. 이처럼 주변 환경은 성격특성의 발달에 영향을 미친다. 한편으로 우리는 자기 성격에 맞는 환경을 찾아가기도 한다. 개방적인 사람들은 인구밀도가 높고 인종이 다양한 지역에 더 강하게 끌리는 경향이 있다. 연구결과에 따르면 사람들은 자신의 성향이나 자아상과 일치하고, 자신에게 보상가치를 제공하는 환경을 찾아간다고 한다('개인-환경 적합모델'). 하지만 인간은 성격특성의 발달을 통해서만이 아니라 정보를 처리하는 방식을 통해서도 구분된다. 지능검사는 개인의 차이를 파악하는 데 도움이 된다. 이를 테면 공간적 표상능력이 뛰어난 사람이 있는 반면 언어적 역량이 뛰어난 사람도 있다.

어떤 성격특성이 앞에 위치하는가에 따라 '자아개념self concept'도 다르게 발달한다. 예를 들어 정서불안, 내향성, 부끄럼 등은 커플관계나 부부관계를 실패로 이끄는 '위험요인'으로서 간주된다. 반대로 파트너십은 관계에 유리한 성격 발달을 통해서 개인을 안정적으로 만들어준다. 나이어Neyer와 아젠도르프Asendorpf는 장기간에 걸친 실험을 통해 일정한 파트너와 동거하는 젊은이들이 정서적으로 안정되고 자신감 있다는 것을 보여주었다. 그들은 다른 사람과의 접촉을 즐기며 매사에 더 성실했다. 이런 특성은 파트너와 헤어진 뒤에도 계속 유지되었다. 반면에 만족스럽지 못한 관계를 맺거나 아예 그런 관계를 갖지 못한 사람들은 불안정한 성격을 드러냈다. 정서불안 수준이 높으면 건강과 수명도 위협을 받는다(Horwitz et al. 1996).

성격과 커플관계의 상호연관성에 관한 조사결과는 성별에 따라 약간 다르다. 두 파트너의 외향성과 정서적 안정성이 파트너십에 필요한 의사소통방식에 중요한 역할을 한다면, 남성들에게는 추가적으로 친화성과 성실성이 요구된다. 이때 의사소통능력과 감정의 섬세함 같은 역량은 파트너십을 성공적으로 유지하는 데 대단히 중요하다(Kaiser 2007).

성격은 부모교육의 성공여부에도 영향력을 행사한다. 성숙하고 정신적으로 건강한 사람일수록 부모로서의 역할을 제대로 지각한다. 이런 부모는 처음부터 단호하고 확고한 태도로 자녀를 교육한다. 이들의 교육은 온화하고 책임감 넘치며, 명확하고 조화로운 규칙과 체계를 지향하고, 아이들의 성장을 자극하고 촉진시킨다. 자의식이 확고한 자주적인 부모일수록 건설적인 방식으로 자녀를 대한다. 이들은 더 많은 온정과 포용력과 지원을 통해 아이와 긍정적인 관계를 발전시킨다. 반면에 우울하고 침체된 성격의 어머니들은 자녀에게 확고한 모습을 보여주지 못한다. 일관성이 떨어지고 자주 벌을 주는 경향이 있다. 문제는 벌의 강도와 횟수는 계속 늘어나지만 막상 아이와 정면으로 충돌하게 되면 오히려 뒤로 물러선다는 점이다. 우울한 성격의 어머니들은 기분이 나쁠 때가 많다. 이런 경우 아이들은 부정적인 감정으로 대응하거나 예민하게 반응한다.

수많은 조사결과가 입증하듯이 다섯 가지 성격특성과 직무수행능력 사이에는 본질적인 관계가 있다. 그래서 각 기업에서도 인력을 채용할 때 성격검사를 심리학적 보조방법으로 많이 사용한다.

'성격'은 일생동안 별로 바뀌지 않는 한 사람의 안정된 특성 전체를 포괄하는 개념이다. 성격특성은 유전적 성향과 초기경험을 토대로 발달되며, 성장과정에서 겪는 여러 가지 경험을 통해서 굳어진다. 대부분의 성격특성들은 5요인 모델을 통해 탐구할 수 있다.

성격은 여러 특징들의 조합을 통해서 유일무이한 것으로 발달한다. 따라서 성격특성은 인간관계와 커플관계에 큰 영향을 미친다.

6 자존감이 삶의 질을 좌우한다

'자아'는 성격, 삶에 대한 실제적 태도, 내적 모델과 도식 등 한 인간을 구성하는 모든 것을 망라한다. 그리고 환경과의 상호작용 속에서 끊임없이 발달한다. 타인에 의해 관찰될 수는 있지만 복잡성으로 인해 단편적으로밖에 인식되지 못한다. 타인은 우리를 다르게, 대부분의 경우 자신보다 훨씬 더 다층적으로 지각한다. 그래서 자아상과 남들이 보는 모습 사이에 괴리가 발생하는 것이다. '자아인식'은 예로부터 인간의 큰 관심사였다. 기원전 4세기경에 그리스 델포이에 건축된 아폴론 신전 입구에는 "네 자신을 알라!"는 문구가 적혀 있다. 인간은 성찰을 통해 보다 광범위하게 자아상을 이해하고, 복잡한 관찰방식도 체득하게 된다. 또 새로운 활동공간을 열어갈 수도 있다. 자아체험과 심리요법의 가능성은 바로 여기서 나온다(7장 참조).

자아상은 타인에 의한 피드백을 통해서 발달한다. 이러한 피드백은 특히 가족 안에서 먼저 이루어진다. 인간은 누구나 자신에 대한 경험을 축적하며 살아간다. 이때 자아상은 평가를 위해 동원된 표준 기대치를 포함한다. 기준을 충족시키는 아이들은 부모로부터 인정을 받게 되고, 훗날 이러한 감정을 스스로 부여하게 된다. 개인에 대한 감정이 차츰 발달한다는 뜻이다. 피드백과 기준이 어떤 것인가에 따라 다음과 같은 평가들이 가능하다.

- "나는 너무 뚱뚱해."
- "나는 빨리 계산하는 걸 제일 못해."

- "나는 테니스를 좀 더 잘 쳐야 해."
- "스키는 반에서 내가 최고야."

위의 문장들은 자아상이 신체, 교과목, 스포츠 등 특정영역과 관련되어 있음을 보여준다. 능력과 기술이 문제되는 경우에는 '역량의식' 또는 '자기효과체험' 등과 같은 말도 사용한다(Bandura 1977). 이처럼 자아상과 자존감은 영역별로 차이가 난다. 그러나 각기 다른 표준치가 적용되는데도 불구하고 적합성 여부를 검토하지 않은 채 이를 그대로 받아들이는 경우가 많다. 개인적 조건에 전혀 적합하지 않은 기준들을 함부로 적용하기 때문이다. 가령 자신을 슈퍼모델이나 스포츠스타와 비교한다고 치자. 자신의 모습이 좋게 보일 리 없다. 지나친 요구는 비현실적일 뿐만 아니라 자아확인의 욕구에도 불리하게 작용한다. 평가기준을 조심스럽게 선택하는 것은 자신과 타인을 존중하고 신중하게 대하는 태도에서 비롯된다. 지나치게 높은 요구는 공정하지 못한 행동으로 우리 자신과 타인의 기를 꺾을 따름이다. 북돋우되 지나침이 없어야 한다.

우리는 다양한 자아상들에서 총체적 자아상을 얻어낼 수 있다. 개별적인 생활영역에서 이루어지는 이런저런 자기평가들을 총합하여 얻은 일반적인 평가를 자존감이라고 한다. 자아존중은 정신적 안정과 만족감, 그리고 삶의 질을 좌우한다. 라인하르트 타우슈^{Reinhard Tausch}의 연구결과에 따르면 자존감이 강한 사람은 쉽게 기가 꺾이지 않고, 거짓이나 속임수를 잘 쓰지 않으며, 남을 별로 의심하지 않고, 권력에 대한 의지가 강하다. 자존감이 강한 청소년일수록 대학 진학률이 높고, 법체계와 갈등을 덜 일으킨다. 가족이나 동년배들과의 관계도 훨씬 좋다.

자기 자신에게 다음과 같이 말할 수 있다면 자존감이 강하다는 뜻이다(Tausch 1998).

- "나는 내가 아주 가치 있는 사람이란 걸 알아."
- "나는 여러 가지 능력을 갖추었어."
- "나는 내 자신을 존중해."
- "나는 뭐든지 잘 해낼 수 있어."
- "나는 아무런 두려움도 없으며 자유로움을 느껴."
- "나는 다른 사람들과의 관계에서 만족과 안정감을 느껴."
- "나는 나의 불완전함까지도 존중해."
- "나는 다른 사람들이 나의 모든 것을 좋게 생각하리라
  고 기대하지 않아."

유년시절에 애착욕구와 통제욕구에 상처를 받으면 자아상의 발달에 문제가 생긴다. 어릴 때 궁핍을 경험했던 사람은 쉽게 자기비하에 빠진다. 심한 경우 긍정적인 피드백을 얻을 수 있는 관계까지도 기피한다. 아이가 정서적으로 불안하면 주변 사람들도 쉽게 거부 반응을 보인다. 아이에게 긍정적인 성공체험을 기대할 수 없기 때문이다. 이것은 다시금 아이의 부정적 자아상을 한층 더 강화시키고 결국 악순환이 되풀이된다. 그런데 부정적 자아상을 지닌 사람에게도 자아를 확인하고자 하는 은밀한 욕구가 있다. 이런 사람은 자신과 비슷한 특성을 지닌 다른 사람에 대해서는 긍정적인 평가를 내리면서도 정작

자신을 부정적으로 여긴다. 또 이들은 자신을 강력한 모범이나 이데 올로기와 동일시함으로써 스스로를 높이려고 한다. 1990년에 스완 Swann의 연구팀은 한 가지 실험을 했다. 사람들에게 아주 짧은 시간만 주고 협력파트너를 결정하도록 요구한 것이다. 그랬더니 실험대상자들은 모두 그 전에 긍정적으로 평가했던 사람을 파트너로 선택했다. 하지만 시간을 충분히 주고서 파트너를 결정하도록 하자 자아확인을 위한 은밀한 욕구들이 나타났다. 자존감이 약한 대부분의 실험대상자들이 그 전에 부정적으로 평가했던 사람을 파트너로 선택함으로써 내면에 감추어진 부정적인 자기평가를 드러낸 것이다.

Psychologie
ür den Alltag

성격특성은 개인적 '자아'를 규정한다. 한 사람의 지각 방식은 주변사람들의 시각과 피드백에 결정적으로 의존한다. 이를 통해서 자아상이 생겨나며, 자아상은 다시 자존감에 반영된다. 자존감은 자신이 지닌 욕구들을 세심하게 보살핌으로써 발달시킬 수 있다.

7 일상의 나침반, 생활콘셉트

일상의 '생활콘셉트'와 '모델링'은 삶의 질과 인간관계에 특히 중요하다. 생활콘셉트와 모델의 총합은 바로 개인의 고유한 문화다. 개인의 생활콘셉트는 삶의 개별적인 영역이나 단편적인 측면에 관계하는데, 여기에는 한 가족이 살아오면서 내린 인생에 대한 해석이 담겨 있다. 생활콘셉트는 영화의 시나리오와 같아서 각자의 역할과 과제, 질서·인습에 대한 가치판단, 우선순위, 이념 등을 포함한다. 이때 실생활에 적용되는 생활콘셉트는 비현실적인 소망과 구별된다(Kelly 1986). 일상생활을 제대로 영위하고 안정된 경험을 쌓으려면 합리적인 생활콘셉트와 모델링이 필요하다. 그래야 포스트모던적인 일상에 불협화음이 일어도 적절히 대처할 수 있다.

한 개인이 주변문화를 이해하고 타인을 존중하는 태도는 그가 실제로 어떤 인간상을 품고 있느냐에 따라 달라진다. 생활콘셉트의 유용성도 그것이 공동생활에 얼마나 유익한지, 공동생활에 참여한 모든 사람들의 근본적인 욕구를 얼마나 잘 충족시키는가에 따라 결정된다. 목표에 부합하는 생활콘셉트가 설정될수록 삶의 질과 복리가 증진된다.

국가질서나 법체계와 같은 사회문화적 모델들은 대체로 개인의 생활콘셉트에 긍정적인 영향력을 행사한다. 물론 일부 서로 대립하는 구석도 있다. 가정에서 행해지는 체벌을 예로 들어보자. 사회가 체벌자체를 지탄하고, 국가는 법을 통해 체벌을 금지하고 있다. 체벌이 아이에게 해로운 영향을 미친다는 것쯤은 누구나 알고 있다. 그럼에도 불구하고 가정 내의 체벌은 여전히 정당한 것으로 간주된다.

생활콘셉트의 영향은 종종 '전통'과 '인습'에서도 나타난다. 부시와 숄츠가 2천 명 이상의 청소년을 상대로 실시한 설문조사(2006년)

결과는 전통적인 형태의 가족과 커플관계에 대한 젊은 층의 호응이 높다는 사실을 보여준다. 실험대상자 대부분이 낭만적인 사랑을 커플관계의 기본으로 꼽았으며, 전체의 3분의 2정도는 심지어 교회에서 결혼식을 올리고 싶어 했다. 하지만 이혼의 가능성을 원칙적으로 배제해야 한다는 의견은 거의 없었다. 바람직한 결혼생활을 위한 조건으로는 관용, 상호존중, 감정적·성적 충실, 여자의 직업활동을 제한하지 않는 파트너십 등을 내세웠다.

가족구성원이나 기업근로자들은 주변 환경의 영향을 많이 받는다. 그래서 이와 관계된 생활 및 협동 콘셉트나 모델링에서 좀처럼 벗어나지 못한다. 여기서 이탈하게 되면 갈등을 느끼거나 수치심 혹은 죄책감을 갖기도 한다. 모델링의 적합성 여부는 당사자가 그것의 발전과 적용에 얼마나 기여했는가에 달려있다.

생활과 협동의 콘셉트에는 공동욕구를 충족시키고 공동목표에 도달하기 위한 행동체계와 통제모델이 담겨 있다. 이에 따라 우리는 외부세계와의 일상적 소통에 필요한 적응능력을 갖추게 된다. 사회의 각 시스템들은 내부구조를 외부의 요구에 탄력적으로 적용시킬 수 있도록 조직되어야 한다. 제대로 작동하는 시스템에서는 권력관계, 역할구조, 의식절차 등이 항상 주어진 조건과 도전에 맞추어 새롭게 변한다. 가령 가정에서 누가 병에 걸리면 그가 맡았던 과제는 곧바로 다른 구성원에게로 넘어간다. 기업에서는 경험을 많이 쌓은 근로자일수록 자율을 누린다.

새로운 상황이 발생했다고 해서 무조건 오래된 생활콘셉트나 역할콘셉트를 변화시킬 필요는 없다. 하지만 근로자들이 기업 안에서 서로 모순된 작업콘셉트나 모델링을 지닌 채 계속 일하게 두는 것은 좋지 않다. 이때 기업의 모델링은 현실적이고 차별화되어야 한다. 협동작업과 공동생활은 본질적으로 공동의 콘셉트와 모델링에 기초하여 이루어진다. 그러므로 이것들이 각 구성원의 기대를 얼마나 충족시킬 수 있는지 유념하는 게 좋다. 충성과 상호협력을 기대하는 상사나 동료라면 자신의 경험을 토대로 일종의 "관계장부"를 작성하는 것도 도움이 될 것이다(Boszormenyi-Nagy & Spark 1982).

직장이나 집에서 의견교환이 충분히 이루어지지 않는다고 불평하는 사람들이 많다. 관습이나 틀이 대화를 대신하는 탓이다. 사람들은 그런 것들을 당연한 것으로 받아들인다. 가정에서 익숙한 습관과 틀에 적응한 사람은 일찍부터 그에 상응하는 신경심리적 도식을 발달시킨다. 이런 도식은 개인의 경험이 복잡한 신경심리적 네트워크와 결합될 때 생겨나는 것으로 세상에 태어나기 전부터 이미 만들어진다. 그것들은 나중에 묵시적이고 무의식적인 구성요소로서 생활콘셉트와 내적모델을 형성한다. 말하자면 일종의 소프트웨어로서 유전자

생활콘셉트는 실생활의 다양한 모델과 이상형들이 조합되어 만들어진다. 이는 신경심리적 도식을 배경으로 무의식적으로 이루어지는데, 우리는 이런 작용을 통해 특정한 감정이나 강박에 쉽게 사로잡힌다. 실생활에서 자주 나타나는 생활습관이나 행동방식은 생활콘셉트의 형태로 저장된다. 생활콘셉트는 행동을 자동적으로 만들기 때문에 특별한 계기가 주어지지 않는 한 비판적 성찰이 불가능하다. 모델링은 사회적, 종교적 규범과 가치관의 영향을 많이 받는다.

의 활동(유전자발현)을 조절하고, 다양한 뇌 영역의 신경회로들을 서로 연결시켜 정신과 신체의 여러 가지 활동을 통제하는 것이다.

8 무의식적인 정서 vs 의식적인 감정

많은 연구자들은 감정^{feeling}을 정서^{emotion}의 '의식적' 부분으로 파악한다. 정서적 과정은 선천적인 구조 상 부분적으로 '무의식적'이다. 정서가 현상 전체라면, 감정은 의식적으로 체험되고 사고에 의해 평가된 정서의 일부분이다. 인간의 뇌 안에는 다른 모든 고등동물과 마찬가지로 접근시스템과 회피시스템이 존재한다. 이 두 가지 시스템은 기본욕구에 따라 정해진 목표와 연결되어 있다. '접근시스템'은 욕구충족을 담당하고, '회피시스템'은 위험회피와 목숨유지 및 부상방지를 담당한다. 욕구를 충족시킨 경험은 쾌적하고 편안한 정서를 갖게 하지만, 욕구를 거스른 경험은 불편한 정서를 불러온다. 이처럼 정서와 감정은 '긍정적'이거나 '부정적'일 수 있고, '강도' 역시 다양하다. 정서는 독자적인 생명력을 지닌다. 무의식적이거나 또는 일부가 의식에 직접 연결되지 않은 신경구조에 의해 조절되기 때문이다. 또 특정한 자극에 대해 —마치 영화처럼— 자기역동성을 갖는 신경심리적 증후군이다. 이 증후군은 일단 탄력을 받으면 쉽게 멈추지 않는다. 흥분하지 말고 마음을 가라앉히라는 호소 따위는 좀처럼 통하지 않는다. 그러므로 정서가 안정된 건강한 생활을 하려면 불쾌한 감정이 발생하지 않도록 노력해야 한다. 이 책 후반부에는 이런 경우에 사용할 수 있는 신뢰할만한 심리학적 처방들이 소개되어 있다(6장과 7장 참조).

정서의 자기역동성은 생존을 위해 필수적이다. 위험이 닥쳤을 때 우리는 번개처럼 빨리 반응한다. 오래 망설일 여유가 없기 때문이다. 그래서 '도피반사'처럼 자동으로 반응하는 것이다. 신경세포(뉴런)가 활성화되면 자극전달을 향상시키는 전달물질인 글루타민산염이 방출된다(식료품에 흔히 첨가되는 글루타민산염은 맛의 체험을 "강화"시키는 작용을 한다). 자극이 강하면 세포핵 안의 유전자가 발현되어 다음 단계의 활동을 유발시킨다. 인접한 뉴런들은 이런 식으로 서로를 활성화시킨다. 뇌는 총소리가 들리거나 뱀이 눈에 띄거나 눈에 무엇이 닿는 등의 "위험" 정보를 1,000분의 1초 단위의 빠른 시간 안에 '감각시상'과 '감각피질'로 보낸 뒤, 거기서 다시 뇌의 "경보센터"인 '편도체'로 전달한다. 그러면 편도체는 공간방향감각을 담당하는 '해마'와 협력하여 걸맞은 응급조치를 취한다. 이에 따라 우리는 도망치거나 싸울 태세를 갖춘다. 이 과정은 주로 아드레날린과 코르티솔 분비를 통해 이루어진다. 아드레날린과 코르티솔이 분비되면 해당 신경망 내부의 자극전달이 원활해지고, 스트레스 유전자들이 활성화되며, 심장박동과 혈압이 상승하여 근육의 혈액공급이 증가한다. 동시에 소화조직처럼 당장에 덜 중요한 영역의 활동은 제한된다. 이 모든 과정은 어떤 일이 벌어지는지 의식적으로 파악하기 전에 이루어진다. 신경생리학의 촬영기법을 이용하면 이 과정을 직접 관찰할 수 있다. 이처럼 우리는 무언가에 겁을 집어먹거나 긴장하는 즉시 진화과정에서 선천적으로 획득한 방식에 따라 재빨리 반응한다. 학습을 통해 익히는 것은 단지 두려워해야할 대상이 '무엇'이냐 하는 것뿐이다.

편도체는 경보센터 역할을 맡아 위험신호에 자동으로 반응한다. 특히 두려움이나 분노를 드러내는 얼굴표정은 의식이 지각하기 전에 알아차린다(Morris et al. 1996, 1999; Grawe 2004). 주관적인 감정만으로도 편도체의 반응을 불러일으킬 수 있다는 뜻이다. 이처럼 감수성이 고도로 예민하게 발달한 것은 아무래도 위험에 대한 조기 인식이 생명과 직결된 문제이기 때문인 것 같다. 실험에서도 화를 잘 내는 남성의 얼굴표정이 특히 빠르게 감지되는 것으로 밝혀졌다(William 2006). 적의 공격을 피해 도망가는 것은 인류의 탄생 이후로 줄곧 생명과 직결된 주요 사안이었다. 편도체가 손상되면 외부에서 전달되는 비언어적 신호(몸짓, 표정)에 대한 감수성을 잃게 되는데, 이는 곧 사회적 방향감각을 상실했음을 의미한다. 온전히 기능하는 편도체는 상대방이 표현하는 아주 미세한 신호(노여움, 불만 등등)까지도 놓치지 않고 받아들여 내부에서 경보를 울린다. 이런 일이 빈번히 그리고 강도 높게 발생하면 지속적인 스트레스에 노출되어 심각한 손상을 입을 수 있다(5장4 참조).

인간의 몸은 자신을 최대한 보호하기 위해서 중립적으로 작용하던 지시자극을 조기경보 시스템에 편입시키기도 한다. 그러면 우리는 위험요인의 주변자극에 재빨리 반응하여 경계태세에 돌입한다. 이를 '조건화된 자극'이라 부른다. 이 과정은 이반 파블로프의 실험을 통해서 널리 알려졌다. 실험에서 파블로프는 자신의 개에게 먹이 대신 빛 신호의 자극을 통해서 단시간 안에 침 흘리는 반응을 불러일으키는 데 성공했다(1장3 참조).

첫 번째 경보가 울리면 모든 정보가 감각피질, 해마, 전전두엽 피질로 이루어진 신경망 안에서 정확히 분석된다. 이곳에서 경보해제를 발령해야만 편도체가 억제신호를 내보내고 다시 안정을 찾게 된다.

묵시적으로 조절된 흥분경험은 의식적으로 지각되고 처리된 정보와 결합해 장기기억에 특별히 잘 저장된다. 흥분경험은 주의를 많이 끈다. 그래서 우리는 크게 감동 받은 일에 대해서는 사소한 내용까지도 생생하게 기억한다. 편도체가 특별한 강화를 통해서 명시적 기억에 작용했기 때문이다. 그렇게 되면 우리는 들뜬 기분 속에서 즐거운 체험을 주로 기억에 담는다("기분의 일치"; LeDoux 2003 참조). 당시의 기분과 일치하지 않는 기억은 떠올리기가 힘들고 때로 왜곡되어 나타난다. 우리의 기억이 실제 사실과 어긋나는 이유다. 스트레스도 주의력을 방해한다. 스트레스를 받으면 뇌가 편파적으로 작동한다. 스트레스 호르몬인 코르티솔이 해마의 작용을 억제하고, 명시적 기억체계가 기억내용을 제대로 떠올리지 못하도록 방해하기 때문이다. 해마는 지속적인 스트레스를 받으면 크기가 줄어들어서 기억장애를 일으킨다(역행성 기억상실증). 전전두엽 피질도 스트레스 호르몬의 방해를 받는다. 그래서 스트레스를 받으면 사고력이 떨어지고 결정을 잘못 내리곤 한다. 또 피드백 고리를 통해 편도체가 계속 활성화되어 스트레스는 점점 더 커진다. 스트레스 요인에 지나치게 집중하면 주변 상황까지도 장기기억에 강하게 각인되고, 스트레스와 관련된 자극을 더욱 예민하게 받아들이는 스트레스 기억이 발달한다 (LeDoux 2003). 스트레스 기억이 발달하면 불안감이 점점 증폭되어 결국 병적인 형태로 발전한다. 이 같은 증상은 일반적으로 성폭행이나 고문을 당한 사람들에게 흔히 나타난다.

편도체가 위협적 자극에 활성화되어 신경심리적 회피시스템에 경보를 울리면 흥분이 고조되고, 의식은 점점 더 강하게 정서적 형태를 띠게 된다. 이때 외측·내측·복측 전전두엽 피질의 이성 활동은 정서적인 신경심리적 과정에 예속된다. 이 과정을 통해서 우리는 선택과 관점에 맞추어 지각된 특정한 자극에만 주의를 집중하게 된다. 시선을 오로지 뱀에게만 고정시킨 토끼처럼 되는 것이다(1장1 참조). 이 상황에서는 다른 정보나 지시자극이 억제되거나 아예 전달되지 않는다. 그래서 치명적인 오판에 이르기도 한다. 예를 들어 시험공포증이 심한 사람은 시험을 망칠지도 모른다는 두려움에 사로잡힌 나머지 시험관의 질문을 곡해하여 엉뚱한 답을 내놓기 일쑤다. 시험공포증이 우려하던 사태를 활성화시킨 예다. 이를 "자기실현적 예언"이라고 한다.

회피시스템과 결합된 정서가 피해의 방지 또는 최소화에 맞추어져 있다면 접근시스템의 정서는 즐거움, 애정, 안정감과 같은 긍정적인 목표를 겨냥한다 (1장4 참조). 이때 우리의 주의력은 신경심리적 과정을 통한 목표달성에 초점을 맞춘다. 가령 한창 배가 고플 때 맛있는 냄새가 나면 뇌는 즉각적으로 여기 반응한다. 그러면 더 이상 하던 일에 집중할 수 없게 된다. 일에 몰두할 때조차도 우리는 모든 세부사항을 똑같이 기억할 수 없다. 자아확인, 개인적 이득, 쾌락 등의 욕구가 있는 곳에 주의를 돌리게 되는 탓이다. 토론이 벌어지고 있다고 치자. 주의력이 신경심리적 통제에 놓여 토론자들의 정서상태가 변하면 대화는 점점 객관성을 잃게 된다. 토론은 더 이상 사실을 따르지 않고 주관적 만족을 중심으로 전개된다. 토론자들이 객관성을 유지하려고 안간힘을 써도 소용없다. 말이 계속될수록 득보다 실이 많아질 뿐이다. 쌍방이 모두 제대로 이해받지 못한다고 느끼기 때문이다. 우리에게는 합리성에 대한 일종의 미신이 있다. 물론 신경심리학에 대한 인식과는 어긋난다. 신경심리학은 인간의 모든 활동영역에서 잠시도 멈추지 않고 작용한다. 그러므로 우리는 인간의 정서적 현실을 좀 더 타당한 방식으로 고려하고, 인간관계에 작용하는 정서적 측면에 주의를 기울이고, 적극적으로 대응해야 한다. 이런 태도야말로 '총체적 방식'이다. 무의식적 정서 또한 엄연히 인간의식의 일부이기 때문이다.

특정한 정서를 발달시키는 능력은 개인에 따라 천차만별이다. 성향, 어린 시절의 경험 등에 따라 사람들은 각기 다른 기질과 성격특성과 신경심리적 도식을 만들어낸다. 어릴 때의 경험이 긍정적이었다면 기질에 균형이 잡히고, 성격도 정서적으로 안정되며, 사교적이고 타협적이며 신뢰할 만하고 개방적인 사람이 된다. 신경심리적 도식이 긍정적인 목표를 지향한 덕분이다. 이는 한편으로 그 사람이 발달과정에서 자기 자신, 주변세계, 공동생활 등을 주위의 기대와 판단기준에 부합하도록 모델링했다는 뜻이기도 하다(1장7 참조).

의식적 모델링과 신경심리적 도식이 서로 일치하지 않을 때 정서적 갈등과 모순된 감정이 생겨난다. 예를 들어 어떤 사람이 예의범절을 잘 지키려하고 이를 남에게도 요구하지만, 동시에 어린 시절의 나쁜 경험 때문에 부분적으로 애착장애를 보이고 타인에게 공격적이라면, 그 사람은 일상생활에서 쉽게 문제에 부딪히게 된다. 이런 모순된 불일치는 대부분 의식되지 않지만 폭넓게 나타난다. 자신의 안전을 위해서라도 우리는 자신과 타인을 대할 때 이 같은 현실을 고려하면서 자신에게 다음과 같은 질문을 해보는 것이 좋다.

- 특정한 지시자극(신경심리적 도식)에 정서적으로 어떤 일정한 반응을 보이지 않는가?
- 그럴 때 혹시 그와 다르게 반응하고 싶다는 생각이 들지 않는가? (모델링)
- 특정한 지시자극이 다른 사람에게는 어떤 반응을 일으키는가?
- 다른 사람은 그 자신이 어떻게 반응한다고 주장하는가? (참여자의 자아상)
- 자신은 타인의 어떤 반응을 내심 기대하는가? (모델링과 그에 따른 기대)

생활 중에 이런 물음을 규칙적으로 던지고 가까운 사람들과 의견을 교환하면 삶의 질을 높일 수 있다. 또 분노와 스트레스를 유발하는 실망과 환멸을 최소화시킬 수도 있다. 우리 자신과 다른 사람에 대한 잘못된 기대를 바로잡는 데 도움이 되기 때문이다.

정서는 부분적으로 무의식적 과정으로 진행된다. 반면에 감정은 의식적이며 사고를 통해 판단할 수 있다. 정서는 뇌의 신경구조를 통해서 무의식적으로 조절된다. 정서는 최소한의 자극만으로도 벌써 신경심리적 도식과 그에 상응하는 반응을 불러일으킨다. 이 반응은 복잡한 증후군으로 발전할 수 있다. 따라서 특정한 눈빛이나 표정만으로도 우리는 스트레스를 발생시키고 상황을 삽시간에 악화시킬 수 있다. 정서를 받아들이는 감수성은 특정한 기질과 성격특성에 따라 달라진다.

9 역량은 학습이 가능하다

심리학에서는 역량^{competence}을 자신의 역할, 생활영역, 생활상황을 조망하고 이를 만족스럽고 사회적인 방식으로 가꾸고 통제하는 학습 가능한 능력이라고 정의한다(Kaiser 1982). 이것은 다시 내용적·방법적·사회적 역량으로 구분된다. 여기서는 사람들의 생활현실에 방향을 맞추어 역할이나 생활·실용 영역의 요구와 관련지어 설명하겠다(그림 4 참조). 애착 연구의 사례에서 보았듯이 부모가 일정한 역할 요구를 충족시켜야만 그들의 자녀도 안정된 애착유형을 발달시킬 수 있다. 그러려면 부모가 그에 상응하는 성격특성, 긍정적 애착유형, 지식과 기술의 적절한 조합 등이 전제된 일정한 역량을 갖추어야 한다. 신체적 조건 또한 중요하다. 이 같은 역량과 조건을 충분히 갖추지 못한 사람은 전문가의 도움을 받아 자신의 역할을 최적화시킬 수 있는 전략을 익혀야 한다(3장 참조). 다음으로 인간적 역량의 제반 요소들을 자세히 살펴보도록 하겠다.

개인적 역량의 주요 구성요소들

신체적 적합성
성격특성(성격 5요인, 지능)
개인적 특징(예를 들어 낙천적, 다혈질, 스트레스)
회복력
건강상태
지식(전제조건, 구조, 사건의 경과, 개입시점, 위험요인 등등에 관한)
가치, 규범, 규칙: 도덕적 판단의 수준
역할, 과제, 한계에 대한 대처
모델링
시스템적 사고와 문제해결
사회적 기술(의사소통, 감정이입, 관계형성)
자기관리(예를 들어 시간분배, 속도, 건강)
위임
주의력, 사려 깊은 행동
역량의식

그림 4 개인적 역량의 주요 구성요소들 (Kaiser 2007)

건강한 신체도 역량

맡은 바 역할과 기능을 다하고 과제를 제대로 처리하기 위해서는 신체적 조건과 건강 이외에도 나이에 맞는 발달수준이 요구된다. 이 것은 삶의 각 단계와 영역에 따라 다르다. 예를 들어 병력病歷이나 신체장애는 출산능력을 침해하며, 간질병과 보행장애는 어린 아이 나 노인을 돌보는 일을 힘들게 만든다. 아이들은 일정한 정도 이상 성장하고 육체적 활동능력을 갖추어야만 집안이나 정원 일에 참여 할 수 있다.

신체적 조건이 개선될 수 있는지, 또는 요구조건이 신체조건에 맞 게 조정될 수 있는지의 여부는 경우에 따라 다르므로 개별적으로 규 명되어야 한다. 불임사례를 보면 신체적 상태가 언제나 겉보기와 같 지 않음을 알 수 있다(Onnen-Isemann 2000). 불임으로 판명되어 아 이를 입양했다가 뒤늦게 임신에 성공하는 경우도 많다. 수정에 문제 가 있을 때는 당사자들의 심리사회적 배후를 밝히는 것이 필요하다. 어떤 경우든 가족끼리 책임을 따지거나 비난하는 것은 불임문제를 해결하는 데 아무런 도움이 되지 못한다. 시스템적 사고와 문제해결 전략은 이런 상황을 피하는 데 요긴하게 작용한다.

'어떻게?'를 인식하기

시스템적 사고와 문제해결은 대부분의 결정절차에서 항상 중요하 다. 시스템적 사고란 집안이나 기업이 어떻게 돌아가고 있으며 특정 한 상황에 어떻게 반응하는지를 명확히 인식하는 것이다. 시스템은 개인보다 훨씬 복잡하며, 고유한 규칙과 원칙에 따라 작동한다. 시스템적 문제해결에서는 명확한 목표와 우선순위를 정하고, 행동의 결과와 부작용에 대한 현실적 평가를 내리는 것이 무엇보다 중요하다. 가족이나 기업과 같은 사회시스템 안에서 성공적으로 기능하는 능력을 우리는 '시스템능력'이라고 부른다(2장4 참조). 구성원의 입장이 상이할 때 각자의 특성을 충분히 살리려면 공동의 모델링을 발전시켜야 한다. 다른 사람의 입장이 되어(역할 바꾸기) 그 사람의 정서를 느끼는 능력도 중요하지만, 한편으로는 상대방의 고유한 생활콘셉트와 모델링을 파악할 수 있어야 한다.

갈등이 생겼을 때 많은 사람들은 이해와 동의의 차이를 잘 구별하지 못한다. 상대방에게 좀 더 깊은 이해를 구하고자 할 때 사람들은 흔히 자신의 입장을 너무 성급하게 의문시한다. 이럴 때는 모델링을 정확히 규명하고, 필요한 경우 변경시킬줄 아는 능력이 요구된다. 모델링은 흔히 질시나 환멸 같은 정서적 문제들의 출발점이 되기 때문이다. 그리고 나면 문제를 효과적으로 해결하고 갈등을 조정하는 데 필요한 적절한 전략을 제시할 수 있다 (Fisher/Ury 1984; 6장과 7장 참조).

반드시 갖추어야 할 사회적 기술들

사회적 기술은 구성원들 사이에서, 특히 세대 간의 섬세한 의사소통과 관계형성을 위해 반드시 필요한 전제조건이다. 아래의 기술 역시 구성원과 소통하는 역량에 속한다.

- 정서 전반과 무의식적 부분에 대한 노련한 대처능력
- 비언어적 신호들의 의미에 대한 지식
- 정서 표현에 통용되는 단어들의 자유로운 구사
- 문제해결에 초점을 맞춘 대화 (Sachse 2002; 3장3 참조)
- 긍정적이고 비판적인 관심에 대한 균형 잡힌 태도;
  5:1 규칙 - 긍정적 피드백 5회에 비판적 상호작용 1회
- 자기관리(시간분배, 속도, 건강관리)
- 정서조절 전략(분노, 화)
- 책임(위임)
- 주의력, 사려 깊은 행동
- 역량의식

이 같은 기술들은 요구에 따라 가정에서 개별적으로 훈련할 수도 있다(3장 참조).

가정의 기능과 관련해서는 가족적이고 개인적인 요소들 외에도 과거와 현재에서 작용하는 외부적 조건들이 중요하다.

Psychologie für den Alltag

역량은 생활의 여러 상황을 가꾸고 통제하기 위한 학습 가능한 능력이다. 이것은 다시 내용적·방법적·사회적 역량으로 분류된다. 하지만 그에 앞서 역량은 특정한 생활영역과 사회적 역할 안에서 발생하는 요구에 부응해야 한다. 역량은 항상 개인의 발달수준, 건강, 외적 조건 등에 종속되어 있다. 이때 시스템의 차원은 각별한 의미를 갖는다. 사회적 삶은 가족, 기업, 단체 등과 같은 시스템의 맥락에서 이루어지며, 시스템은 다시 사회 전체와 관련되기 때문이다.

10 의사소통은 정보와 시각의 교환이다

'상호작용interaction'이 매순간의 일방적 또는 교차적 영향을 의미한다면, '의사소통communication'은 정보와 관찰방식의 교환을 말한다(Baade 2006). 의사소통은 상호작용의 특수한 경우다. 상호작용은 굳이 목표 지향적이거나 의도적일 필요가 없으며, 생명이 없는 대상과의 사이에서도 발생할 수 있다. 돌뿌리에 걸려 넘어진 경우 이것은 일방적으로 가해진 상호작용이다. 반면 유리잔을 바닥에 떨어뜨려 깨뜨린 것은 교차적 상호작용에 속한다. 오존층 파괴나 정부결정 같이 우리가 직접 관여하지 않는 거시적 사건들도 마찬가지다. 인문학에서는 의사소통을 생명체들 사이에서만 이루어지는 정보교환으로서 이해한다.

상호작용과 의사소통에서 얻은 경험들은 공동생활에 대한 생각이나 구성원들 간의 상호기대에 대한 생각을 점점 더 확고하고 안정적인 것으로 만들어준다. 이때 기본욕구를 충족시키는 방식과 정도에 따라 특정한 정서가 발생하는데, 이 정서는 모델링이나 신경심리적 도식들과 결합되어 점점 더 강력해진다.

사회적 역할(예를 들어 교사로서나 판사로서의 역할)은 낯선 사람들 사이에서도 특정한 역할관계로 이어질 수 있다. 여기서도 역할의 모델링은 역할담당자에 대한 기대를 통해서 결정된다. 역할담당자의 태도는 그가 자신의 역할을 어떻게 이해하느냐에 따라 달라진다. 의사소통과 관계는 역할에 대한 파트너들의 모델링이 일치할 때만 제대로 기능한다.

다른 사람과의 경험이 어떤 식으로 이루어질지는 우리의 지각에 의존되지만, 한편으로 상호이해의 규칙, 상징, 신호 등이 얼마나 명확하게 기능하느냐에 따라 달라지기도 한다. 이때 중요한 것은 우리가 어떤 "안경"을 끼고서 다른 사람과의 의사소통이나 관계를 바라보는가 하는 점이다. 주의력이 집중되는 방향을 결정해주기 때문이다.

뇌는 정보를 미리 분류하여 의식적으로 선택한다. 이해 여부는 바로 여기에 달려있는 것이다. 상대방의 첫인상에서 뇌는 눈 깜짝할 사이에 그가 위협적인지 흥미로운지를 검토하고 진단을 내린다. 이때 얼굴 생김새나 신체적 특징, 제스처, 표정 같은 자극들이 결정적인 역할을 한다.

정보와 시각이 서로 교환되는 의사소통 과정은 쉽게 방해받을 수 있다.

- 정보에는 결함이 있을 수 있다(오류, 불완전, 부정확 등등 – 문장론의 문제).
- 전달에 장애가 발생한다: 정보가 수신자에게 전달되지 않거나 불완전하게 전달된다.
- 수신자가 정보를 사용할 수 없거나 불충분하게 사용한다(선택적 지각과 처리).
- 피드백 또는 되물음이 올바르게 이루어지지 않는다.
- 선택된 개념이나 기호의 내용과 의미가 일치하지 않는다 : 이해곤란(의미론의 문제).

- 의사소통의 품질과 개선 가능성에 대한 의사소통이 부족하다(메타커뮤니케이션).
- 상호 영향관계에 대한 고려가 부족하다(화용론의 문제).

의사소통 과정의 특징

의사소통에는 다양한 측면이 있다. 이를 자세히 들여다보자.

의미_내용은 수신자에게 서로 다른 의미를 지닌다. 중요하거나 중요하지 않을 수 있고, 흥분되거나 지루할 수 있으며, 기쁘거나 고통스러울 수도 있다. 사람들은 대개 수신자가 우리의 말을 받아들일 준비가 되어 있는지 충분히 살피지 않는다. 때로는 이해를 구하기 위해 지나치게 높은 비용을 지불하거나 관계를 그르치기도 한다.

관계진술_의사소통 문제에서 '관계진술'은 필수적이다. 우리가 '언제' '어떻게' 무엇을 말하고 행하느냐는, 우리를 어떻게 평가할 것이며 우리와의 관계에서 어떤 것을 기대할 수 있는가에 대한 정보를 제공한다. 1장8에서 보았듯이 편도체는 특정한 표정 신호에 자동적으로 반응한다. 어떤 사람이 두통 때문에 언짢은 표정으로 쳐다보더라도 상대방은 이를 자신과 관련된 신호로 해석하여 재빨리 경계경보를 발동시킨다.

자기표현_ '자기표현'은 행위자에 대한 정보를 제공한다. 일정한 특징, 이를테면 전문용어나 방언, 직업복 등을 통해서 특정 주민집단의 소속감이나 우월감 따위를 드러내기도 한다.

가령 경찰관은 직업적 권한의 외적 표시로서 제복을 착용한다. 불안을 느끼는 사람은 눈에 띄지 않기 위해 지나치게 소극적이 되거나, 아니면 자기감정을 극복하고 안정을 찾거나 다른 사람들을 사전에 미리 제압하기 위해 과장된 몸짓과 태도를 취하는 게 보통이다.

외적인 체면치레를 통해 상대방에 대한 존경심을 드러내는 경우도 많다. 면접 시험장에서의 옷차림이나 몸가짐 등이 그렇다. 그 결과 호감을 얻거나 비호감을 사게 된다. 사회에 통용되는 예절이나 특정한 관습은 존중하는 것이 좋다. 그렇지 않을 경우 많은 사람들에게 부정적인 정서를 불러일으키고, 이는 본인에게 불리하게 작용한다.

우리는 종종 의식하지 못하는 가운데 자신에 대한 정보를 노출한다. 얼굴이 붉어지거나 말이 헛나오는 경우, 혹은 잘 모르고 규칙을 어기는 바람에 불이익을 당하는 경우 등이다.

호소_ 우리는 마음에 품고 있는 바람이나 두려움을 미묘한 신호를 통해서 '간접적으로'(묵시적으로) 또는 명확한 단어를 사용하여 표현한다. 어떤 '호소^{appeal}'가 화자의 의도대로 이해되는지 여부는 다른 문제다. 점잖은 요구는 쉽게 간과된다. 그렇다고 노골적으로 요구하면 부적절하다고 거부당하거나 무시되기 일쑤다. 그러므로 자신의 바람을 직접적으로 밝히되 교섭을 통해 결말을 짓는 것이 쌍방 모두에게 유리할 때가 많다.

연속행위_특정한 행동이 진행되는 방식은 모델링과 불문율을 통해서다. 여기서 상대방에 대한 기대가 생겨난다. 문을 열고 나가면서 뒤따라오는 사람을 미처 알아채지 못하고 그냥 닫으면 무례한 행동으로 받아들여진다. 대화상대에게 질문을 했는데 아무런 대답도 없다면 이 또한 질문자의 기대를 실망시키는 행동으로 간주된다.

'시간적' 특징(연속과 간격)은 의사소통의 품질을 말해준다. 어떤 사람이 아주 간단하게만 대꾸하면 우리는 이를 '퉁명스러움'으로 받아들인다. 말을 할 때 너무 짧은 간격으로 대답이 튀어나오면 대부분의 사람들은 이를 초조함과 결부시킨다. 반대로 간격이 너무 길면 무관심하거나 불확실한 것으로 해석할 수 있다.

디지털과 아날로그_의사소통은 디지털적(언어적) 과정과 아날로그적(비언어적) 과정으로 진행된다. 언어적 수단을 통해서는 의미의 미세한 뉘앙스를 표현하기가 힘들다. 반면에 비언어적 신호는 훨씬 이해하기 쉽다. 기본적 정서에 대한 표현방식들은 심지어 문화적 경계를 초월하여 소통할 수 있다.

상호이해는 언어적 메시지가 적절한 제스처와 표정을 통해서 효율적으로 강조되고 정서적 메시지와 결합될 때 가장 잘 기능한다. 이때 언어적 표현과 비언어적 표현이 서로 일치하지 않으면 혼란이 발생한다. 하지만 상황(예를 들어 사고를 당했을 때)과 의사소통(예를 들어

"축하하네!"와 같은 언급)이 '불일치'하면 역설적인 표현으로 받아들여진다("불일치적 의사소통"; Schulz von Thun 2005 참조).

'역설'은 비언어적 메시지와 언어적 메시지가 서로 반대되는 의미를 띠는 경우다. 어떤 사람이 행동과 몸짓을 통해서 거부의 신호를 보내면서 동시에 입으로는 도움을 청할 때, 또는 눈물을 흘리면서도 혼자 조용히 있고 싶다고 말할 때, 상대방은 어떻게 반응해야 할지 난감하다. 이럴 때는 어떤 행동을 취하든 항상 틀릴 수 있다.

그래서 역설적 메시지는 주변 사람들을 힘들게 만든다. 정서가 무의식적으로만 흐르고 의식적 표현에는 담겨지지 않을 때 이런 메시지가 발생한다. 이런 경우에는 가급적 조심스럽게 상대방에게 자신이 어떻게 하면 좋을지 묻는 편이 훨씬 더 낫다.

대칭적 행동과 보완적 행동_상대방이 큰 소리로 말할 때 똑같이 큰 소리로('대칭적') 대답하는 경우와 작은 소리로('보완적') 반응하는 경우에 나타나는 효과는 전적으로 다르다. 상대방이 분노에 차서 고함칠 때 거기에 맞서 함께 고함을 지른다면 갈등은 증폭된다. 또 새로운 문제에 직면하게 된다(대칭적 상승).

하지만 방어적 자세를 취하면 스스로 죄책감을 드러내는 꼴이 된다. '죄책감'의 신경심리적 도식은 대부분의 사람들에게 뿌리 깊이 박혀 있다. 어릴 때 자주 꾸지람을 듣고 벌을 받아서 기본욕구에 상처를 입은 탓이다(1장4 참조).

'죄책감'의 신경심리적 도식은 과거의 패턴에 따라 작동하기 때문에 현재 상황과는 별로 상관없는 반응을 불러일으킨다. 당사자들이 의식하지 못하는 과거의 억압이 작용하는 것이다. 그들은 현재의 실제적 상황과 옛 감정의 현재적 '전이transference' 사이의 차이를 인식하지 못한다. 방어적 태도를 취함으로써 공격자에게 자신을 얕잡아 보고 공격해도 괜찮다는 신호를 무의식적으로 보내는 것이다. 본인들이 그런 생각을 조금도 품고 있지 않을 때도 마찬가지다. 공격자에게 중요한 것은 오직 눈에 보이는 행동뿐이다! 이럴 때는 대칭적 행동이 되었건 보완적 행동이 되었건 차라리 상호작용의 패턴을 포기하는 게 낫다.

타인의 분노를 이해하기 위해 노력하면서 가령 "지금 몹시 화가 났나요?"라고 묻는 것도 한 가지 방법이다. 그렇게 하면 상대방의 분노 뒤에 감추어진 것을 쌍방 모두에게 분명히 드러내줄 수 있다. 자신의 약점을 노출하지 않으면서도 상대방이 고함을 통해서는 아무 것도 해결할 수 없음을 스스로 인식하게끔 도와주는 효과를 볼 수 있다(6장과 7장 참조).

원인부여_우리는 보통 '귀인歸因'을 통해서 다양한 방식으로 현실을 '설명'한다. 귀인오류attribution error가 광범위하게 발생하는 이유는 다른 사람에게 너무 많은 의미를 부여하거나 어떤 상황에 너무 작은 의미만을 부여하기 때문이다. 또 자신의 잘못을 환경의 책임으로 돌리거나 성공의 원인을 자신에게서만 찾는 탓이기도 하다(Kalicki 2003).

성공적인 의사소통_의사소통의 '성공' 여부를 결정하는 요인은 다양하다. 낼리니 암베디Nalini Ambady, 로버트 로젠탈Robert Rosenthal, 크리스티아네 트라미츠Christiane Tramitz는 '대인지각person perception' 실험을 통해서 타인에 대한 첫 판단이 0.05~3초 사이에 내려진다는 사실을 밝혀냈다. 그 이후에는 이미 내려진 판단을 좀 더 섬세하게 다듬을 뿐이다. 상대방이 믿을 만한지 아니면 위협적인지에 대한 판단은 특히 빠르게 이루어진다. 생존에 관련된 문제이기 때문이다. 조기경보체계가 뇌 안에 설치된 것도 그런 이유에서다. 이 경보체계는 묵시적으로implicit 조절된다. 우리가 상황을 이해하기도 전에 경험기억은 벌써 그 대처법을 지시한다. 많은 경우 아주 적은 정보만으로도 판단이 가능하다. 낼리니 암베디와 로버트 로젠탈은 사람들에게 교사의 강의를 30초 동안만 들려준 뒤 평가하도록 하는 실험을 했다. 이때 실험대상자들이 내린 판단은 나중에 전체 강의를 다 들은 사람들이 내린 판단과 거의 일치했다.

잠재적인 섹스파트너는 우리의 뇌 안에서 특별한 정서적 평가를 불러일으킨다. 이때 뇌의 접근중추는 상대방이 섹스파트너로서 가능한지 여부를 검토한다. 이와 관련하여 크란츠Kranz와 이샤이Ishai는 이성애자와 동성애자의 뇌를 자기공명영상단층촬영기MRT로 관찰하는 실험을 실시했다. 이 영상장치는 뇌혈관의 흐름과 활성화 정도를 가시적으로 드러내준다.

성적 관심이 고조된 사람의 사진에는 보상중추와 전전두엽 피질의 활동이 눈에 띄게 강화되어 나타났다. 이때는 이성 간에는 육체적 매력이 강하게 작용하고 있었으며, 이는 종족번식과 밀접하게 관련된 것으로 예측된다.

여성의 경우는 커다란 눈과 작은 코가 높은 점수를 받는다. 풍만한 가슴과 골반은 출산능력의 징표로서 여겨진다. 그에 반해 남성의 경우는 잘 발달한 근육, 각진 얼굴, 당당한 태도 등이 뛰어난 부양능력을 상징한다. 날렵한 동작, 맑은 눈동자, 윤기 나는 머릿결, 매끈한 피부는 남녀 모두에게 매력요인으로 작용한다. 이런 특징들은 유전자 확산의 중요한 전제조건인 건강을 드러내주기 때문이다(Argyle/Henderson 1986; Buss 2004).

여성들은 남성의 얼굴을 보고서 그가 아이를 기르기에 적합한지 여부를 '인식'하며, 그에 따라 생활파트너로서의 매력을 평가한다. 반면에 순전히 성적인 만남을 −특히 가임기간 중에− 원할 때는 근육질의 외모를 보고서 남성호르몬이 왕성하게 분비되는 파트너를 골라낸다.

즉 그때그때의 우선순위에 따라 상이한 파트너타입을 선호하고, 순간적 기준에 의거해서 직관적으로 '선택'한다는 뜻이다. 이때 땀에 들어 있는 방향물질 '페로몬'이 중요한 역할을 한다. 페로몬은 의식의 문턱 아래쪽에서 지각된다. 남성의 유전자풀이 여성의 그것과 다를수록 남성의 페로몬은 여성에게 더욱 매력적으로 작용한다. 유전적 차이는 유전질병을 피하기 위한 중요한 전제조건이며 성공적인 번식을 위해 간과해서는 안 될 아주 결정적인 요인이다.

지각과 첫인상은 의사소통의 지속 여부와 방식을 결정한다. 상호작용의 파트너, 시스템, 상황에 대한 지각이 얼마나 선택적이고 주관적으로 이루어지는가 하는 점은 이미 살펴보았다. 의사소통이 성공적으로 지속되고 좋은 관계가 형성되려면 정서적 평가, 언어적 신호와 비언어적 신호의 일치, 공감 등이 특히 중요하다(Kaiser 2007). 부부의 경우에는 긍정적 태도, 개방성, 사랑, 애틋한 마음, 정서적이고 실질적인 지원이 특히 건설적으로 작용하며 관계에 도움을 많이 주는 것으로 나타났다(그림 5 참조).

긍정적 태도	듣기 좋게 말하기, 주의 깊게 듣기, 자신의 매력을 의식하기, 농담하기, 인정하기, 존중하기, 비판하지 않기.
개방성	모든 것에 대해 자유롭고 허심탄회하게 말하기
애정	사랑스럽고 부드럽게 대하기, 성에 적극적이기, 관계와 공동의 미래를 강조하기.
지원	든든한 뒷받침이 되어주고 또 상대방에게도 요구하기, 신의를 지키기.

그림 5 부부관계를 촉진시키는 의사소통 전략(Kaiser 2007)

가트맨^{Gottman}의 연구에 따르면 부부들의 의사소통은 긍정적 상호작용과 부정적 상호작용의 비율이 최소한 5:1이 넘을 때 가장 원활히 이루어진다고 한다(5:1원칙). 부정적인 경험이 자주 쌓이면 관계가 흔들린다. 가트맨의 연구팀은 실험을 통해서 이혼위험을 높이는 일련의 의사소통패턴을 발견했다.

첫째 단계의 특징은 상호비난, 거부, 반대 등이다. 이 상태는 시간이 흐르면서 둘째 단계로 이행하는데, 이 단계에서 부부는 상대를 존중하지 않고 경멸하며 조롱하고 비꼬는 말투를 사용한다.

셋째 단계의 특징은 방어적 태도와 책임전가다. 방어적 태도는 본래 자기보호의 일환이지만 부부문제에서는 의사소통을 더욱 어렵게 만들 뿐이다.

넷째 단계에서는 대화가 비언어적 신호에 의해 중단되는 일이 점점 더 자주, 그리고 빨리 나타난다. 다섯째 단계에 이른 부부는 더욱 심하게 면박을 주고받고 핏발을 세우면서 말 그대로 전쟁상태에 돌입한다. 이 지경에 이르면 더 이상 차분하게 대화를 나누거나 판단을 내릴 수 없다. 갈등만 심화될 따름이다. 그 결과 부정적 감정과 흥분이 홍수를 이루게 되어 회피도식만 발달하게 된다.

비판					
	경멸				
		방어			
			차단		
				전쟁	

그림 6 가트맨의 단계별 이혼위험 모델(Gottman 1994,1998)

부모와 자식 간의 의사소통에는 따스한 마음과 깊은 이해심이 작용한다. 실수와 잘못을 인정하고 더 나은 행동을 이끌어내기 위해 노력하는 등 타인과의 관계에서보다 유리한 측면이 많다(Ulich et al. 2002). 하지만 차갑고 메마른 감정으로 대하면 냉혹함과 공격성을 발달시키게 된다. 스코트[Scott]의 연구팀은 문화비교 연구를 통해서 부모의 바람직한 지원과 자녀의 자존감 사이에 뚜렷한 상관관계가 있음을 확인했다.

체벌을 자주 가하거나 아이를 잘 돌보지 않는 부모 밑에서 자란 아이들은 대체로 적대적인 행동을 보였다. 명확한 의사소통과 분명하게 표현된 기대, 원활한 피드백, 자율성 함양, 정서적 애착, 섬세한 감정, 개방적 태도 등은 자녀가 부모의 집에서 벗어나 감정적으로 독립하고 자립심을 발전시키는 데 큰 도움이 된다. 가족의 대화문화 촉구는 유엔의 인권헌장(UN 1948)에도 확실하게 나와 있는 사항이다.

의사소통의 방식은 가정이나 부부사이 혹은 팀 내에서 어떤 결정을 내려야 할 때 특히 중요하다. 결정을 내리고 문제를 해결하기 위해서는 좋은 전략을 찾아내는 일도 중요하지만, 그에 못지않게 어떤 구성원이 어떤 영역에 얼마나 큰 영향력을 지니고 있는지도 반드시 고려해야 한다. 문제의 실질적 해결은 구성원의 의욕과 역할에 달려 있기 때문이다. 또 해당 문제에 대한 구성원의 역량과 관심도 중요하다. 예를 들어 장난감이나 과자를 구매할 때 아이들에게 무엇을 살 것인지 스스로 결정하도록 참여를 유도하는 것도 매우 의미있는 일이다.

'책임과 기여도'는 참여자에게 어느 정도의 영향력을 부여할 것인지 결정한다. 이때 과거에 해당 가족구성원의 기여가 얼마나 유용했는지, 가장 최근에 내려진 결정에서 그에게 어느 정도의 우선권이 주어졌는지 등이 중요하게 작용한다(Boszormenyi-Nagy/Spark 1982). 구매결정을 내릴 때 부부들이 주로 나누는 대화를 조사한 결과 에리히 키르흘러Erich Kirchler의 연구팀은 다음과 같은 다양한 전략이 있음을 확인했다.

- 갈등회피_권한과 역할의 분담을 통해서 각 파트너는 누가 어떤 결정을 어느 정도의 범위 내에서 내릴 수 있는지를 정해놓는다. 이 같은 합의사항은 결정의 순간에 상대방에게 다른 욕구가 생겼을 때도 우선적으로 지켜져야 한다.

- 문제해결_실질적인 문제해결 방안을 통해서 상황을 분석하고 결과를 가늠한다.

- 설득_가치관의 차이로 의견이 엇갈리는 상황이라 객관적인 토론이 불가능할 때는 설득 전략을 사용한다. 이때는 상대를 압박하고 불평을 늘어놓는 방법도 불사한다.

- 협상_양보와 그에 따른 보상을 놓고서 최대한 유리한 조건을 이끌어내기 위해 서로 협상을 벌인다.

관계의 친밀도, 신뢰와 협력 정도에 따라 구성원들은 다양한 전략을 구사한다. 협력과 양보의 자세는 좋은 관계를 촉진시키는 데 매우 효과적이지만 경우에 따라 자기 이익을 포기하도록 요구하기도 한다. 상대방과의 관계를 바람직하게 유지하기 위해서는 합의^{consensus}의 원칙에 따른 해법을 모색하는 편이 더 낫다. 이때 객관적 평가는 '주고받기'의 균형과 공평성에 의해 뒤로 밀려나게 된다.

상호작용은 일방적 혹은 쌍방적 영향관계로 이해된다. 이때 당사자의 의도성 여부는 고려되지 않는다. 반면에 의사소통은 정보와 시각의 의도적 교환을 의미한다. 여기서는 메시지의 내용과 전달방식이 모두 중요하다(비언어적 의사소통). 이 두 가지 요소는 자신과 남을 바라보는 시각, 관계, 의미, 기능과 의도 등 참여자에 대한 여러 가지 정보를 제공한다. 참여자들이 상호작용과 의사소통에서 쌓은 공동의 경험은 그들의 관계를 결정한다. 관계는 경험과 그에 따른 모델링, 앞으로의 만남에 대한 기대 등에 의해 형성되거나, 사회적 역할을 통해서 만들어진다. 예를 들어 참여자가 판사인지 경찰관인지에 따라 의사소통의 방식이 정해지는 것이다.

2장

라이프 사이클 심리학

발달은 평생에 걸친 과정이다. 인간은 라이프 사이클 안에서 끊임없이 변한다. 변화는 특히 출생과 입학, 취직과 은퇴, 결혼과 이혼 등과 같은 이행과정을 통해서 발생한다. 이러한 과정들은 사회적 요구와 규범에 영향을 많이 받으므로 '규범적 변화'라고 부른다. 반면에 '비규범적' 변화는 거주지 이전이나 결혼처럼 개인적인 사건이나 전쟁, 자연재해 같은 외부적 사건에 의해 일어난다. 사람들은 이런 변화로 인해 생겨난 도전을 '발달과제'로서 받아들이는데, 이것은 자원과 취약성에 따라 다양한 모습을 띠며 또한 각기 다른 방식으로 해결된다(그림 7 참조). 이때 중요한 것은 당사자가 새로운 요구에 얼마나 적절하게 대처할 수 있는가 하는 점이다.

비규범적 변화에서는 개인의 역량이 문제가 되므로 당사자들 대부분이 심한 스트레스와 위기상황을 겪는다. 건강과 생계에 장기적인 후유증이 생기지 않도록 하려면 심리요법을 받는 것이 좋다('위기개입'). 특히 자식을 키우는 데 따르는 위험부담을 최소화해야 하는 부모들에게 중요하다. 아이의 발달은 지속적으로 일어나는 과정이지만 몇 가지 단계로 구분할 수 있다.

- 출생 이전의 발달
- 유아기
- 초기 아동기, 취학 전 시기(만 2세에서 5세)
- 중기 아동기, 취학 초기(만 6세에서 8세)
- 후기 아동기(만 8세에서 12세)

이제 태아기와 출생 직후의 발달단계를 살펴보도록 하겠다.

중/후기 아동기 (만 6–12세)	청소년기 (만 12–18세)	성인 초기
1. 신체적 숙련	1. 또래집단과 좀 더 성숙한 관계	1. 파트너 선택
2. 긍정적 자아상	2. 성 역할의 획득	2. 결혼(동거)
3. 또래집단과 교류	3. 신체의 수용과 사용	3. 가정 형성
4. 성 역할 연습	4. 부모로부터 분리	4. 가족적 의무
5. 읽기와 쓰기	5. 커플관계와 가정을 위한 준비	5. 생계 영위
6. 일상의 처리	6. 직업을 위한 준비	6. 직업활동
7. 도덕적 판단력	7. 도덕적 자율	7. 직업적 의무
8. 자율	8. 사회적 책임	8. 사회적 통합
9. 사회적 적응과 역량		

그림 7 중기 아동기에서 성인 초기까지의 발달과제와 그 성과 사례들(Havighurst 1982; Dreher/Dreher 1985)

1 발달은 출생 전부터 시작된다

유전적 유산과 사회적 유산은 가족 내에서 세대를 걸쳐 전해진다.

유전과 사회적 유산

유전적 정보는 생식과정에서 부모의 염색체로부터 자녀에게 전달된다. 유전적 공통점이 가장 많은 것은 일란성 쌍둥이며, 다른 형제들은 유전자의 절반만을 공유한다. 유전의 비율이 높음에도 불구하고 많은 특성은 후손에게 직접 전달되지 않는다. 부모의 유전자가 자녀에게서 새롭게 배열되는 과정을 통해 새로운 '창발적인' 특성들이 생겨난다. 어떤 행동의 특징적 성향이 유전을 통해 전달된 것이라면,

다른 많은 특성들은 출생 전 시기와 유아기 그리고 그 이후 시기의 발달 과정에서 형성된 것으로 보아야 한다. 직업적 혹은 정신적 관심과 재능, 창의력, 보스기질, 낙관적 태도, 개방성(외향성), 자제력, 스트레스 저항력, 용모 등이 여기에 속한다. 유전적 성향은 때때로 몇 세대를 건너뛰어 나타나는 경우도 있다. 그래서 여러 세대에 걸친 집안 내력을 추적하면서 유전의 영향을 살펴보는 것은 아주 흥미로운 일이다. '가족적·사회적 유산'과 그밖의 발달조건들은 유전적 성향의 작용에 결정적인 역할을 한다.

'유전자'는 신경세포의 발달과 결합을 조절하는 단백질을 만든다. 여기에는 만인에게 공통적인 '종 특유'의 유전자 외에 개인의 유일무이한 특징을 이루는 '개체 고유'의 유전자(0.5퍼센트 미만)도 있다. 유전자는 방사능이나 유독성 물질에 의한 손상을 통해서 비유전적 발달장애를 일으킬 수 있다. 많은 유전자들이 발달과 성격에 명백한 영향을 미치지 않더라도 후천적 경험과 결합하여 다양한 방식으로 작용할 수 있는데, 이를 '유전자 발현'이라고 한다(Bauer 2002; LeDoux 2003). 그밖에도 특정한 전달물질('신경전달물질')을 통해 전해진 외부 자극에 의해 기능을 개시하거나 멈추는 유전자도 있다(스트레스유전자 등). 일명 세로토닌 전달자 유전자는 우리가 그 발현에 영향을 미칠 수 있는 유전자다(Lesch et al. 1996). 세로토닌 전달자 유전자('짧은' HTT−대립인자)가 제대로 기능하지 못하면 흥분이 잘 가라앉지 않는다. 이런 성향을 지닌 갓난아이는 더 자주, 더 오래 울고 보챈다. 그래서 '힘든' 아기로 낙인찍히고, 돌보는 사람은 쉽게 지쳐 짜증을 내기 쉽다. 심지어 그 뒤로는 아이를 섬세하게 대하지 않게 될 가능성도 커진다. 그러면 아이는 지속적으로 기본욕구에 손상을 입고, 스스로를 '보호'하기 위해 회피적이거나 방어적인 태도를 발전시키게 된다. 이로 인한 아이의 애착장애는 나중에 정신장애로 발전할 수 있다.

유전적 성향의 발달·형성·활동이나 '뇌'의 구조는 개인의 삶과 발전을 특징짓는 외부적 조건과 우연적 사건에 종속된다(그림 8 참조).

유전의 영향으로 쉽게 기분이 나빠지거나 흥분하는 사람들도 많다. 원인은 세로토닌 대사에 있다. 세로토닌은 우리 몸에서 만들어지는 진정제의 일종이다(Tellegen et al. 1988). 이런 성향이 얼마나 강하게 작용하느냐는 외부 자극을 통한 조절 유전자의 활성화 여부에 달려있다. 유전적 원인에 따른 발달장애로는 자폐증, 만 3세 이전에 나타나는 정신장애, 정신분열증세로 이어지는 발작 등이 있다. 정신장애는 인간관계와 실생활에 심각한 손상을 초래한다(6장 참조). 조울증(양극성 장애)은 대부분의 경우 유전적 정신장애에 속한다. 유전적 요인은 심각한 우울증('주요우울증'), 불안장애, 공황장애, 공포장애

그림 8 성향, 환경, 시냅스(LeDoux 2003, 13쪽)

등에서도 작용하며, 주의력결핍과 과잉행동 장애도 유전적 원인 때문에 발생하는 경우가 많다. 약물중독이나 공격·범죄 행위 등에서도 유전적 요인이 의미 있는 역할을 하는지는 아직 확실하지 않다. 다만 그런 행동을 보이는 사람들이 신경심리적 흥분이나 정서적 불안에 대해 극도로 예민한 것은 사실이다(Petermann et al. 2004). 그러므로 중독은 유전적 성향에 기인하는 사회적 행동일 가능성이 크다.

2 유아기 : 기본욕구가 고착되다

뇌의 기본구조와 조절능력은 출생 전에 모태 안에서 그리고 출생 직후에 발달한다. 이 과정은 손상을 입기가 매우 쉽다. 임산부가 임신기간 중에 나쁜 경험을 하거나 아이가 출생 직후에 기본욕구에 대한 통제 불능의 좌절을 겪으면 스트레스호르몬이 규칙적으로 분비된다. 지속적으로 과다하게 분비되는 코르티솔은 뇌에 손상을 입힌다. 의식적 기억과 시공간의 방향감각을 담당하는 해마 조직이 상처를 입거나 부분적으로 완전히 죽어버리는 것이다. 그러면 당사자는 과도한 정서적 반응에 쉽게 빠져든다. 해당 영역의 시냅스는 이런 과정을 통해서 점점 더 높은 전달력을 띠며 강화된다. 생후 10개월이면 영속적인 뉴런구조가 이미 완성되어 스트레스 상황에 대한 일정한 반응방식을 고착시킨다(Bauer 2002). 유아기에 지속적인 스트레스를 받으면 뇌의 회피시스템이 점점 쉽게 활성화되고, 평생 동안 스트레스에 취약해진다. 이 같은 발달장애는 결국 부모의 사회적 생활환경 때문에 초래되므로 흔히 사회적 유산이라고 일컫는다.

임신기간 중에(태아기) 혹은 출산 때(주산기) 발생한 부작용으로 아기가 손상을 입어 자극에 지나치게 예민해지거나 돌보는 사람을 힘들게 만드는 경우도 드물지 않다. 출생 직후, 아기나 산모가 입원치료를 받아야 하는 경우에 둘이 떨어져 지내야 하는 일이 자주 발생한다(아직도 많은 병원과 부모들이 아기가 초기 발달단계에 지니는 특수한 욕구들을 제대로 인식하지 못한다). 이 때문에 외상적^{traumatic} '애착상실'과 정서적 결핍상태가 발생하여 뇌의 신경세포 결합에 장애가 생기고 면역체계가 손상된다. 유아기의 스트레스 경험은 신경망을 통해 묵시적 기억체계에 저장된다. 그래서 의식적으로 기억해낼 수는 없지만 평생에 걸쳐 경험과 행동을 지배한다. 예를 들어 유아기에 학대나 폭행을 당한 경험이 있는 사람은 그렇지 않은 사람에 비해 해마가 쪼그라들어 있다. 이런 사람은 스트레스를 받는 빈도가 여섯 배나 더 높고 우울증에도 잘 걸린다(Heim et al. 2000). 뚜렷한 이유 없이 갈등을 일으키고 사람을 의심하게 되는 수가 많다.

만 3세 이전의 경험을 의식적으로 기억해내기란 불가능하다. 그래서 유아기의 체험을 나중에 '의식'으로 불러내려는 시도는 항상 실패하게 마련이다. 그렇다고 해서 유아기의 문제가 치료요법을 통해 해결될 수 없다는 뜻은 아니다(7장 참조). 아무리 좋지 않은 기질이나 나쁜 경험을 지닌 아이라고 해도, 섬세하고 역량을 갖춘 어머니가 애정과 신뢰 속에 아이를 규칙적으로 돌보고 떼쓰는 것을 함부로 받아주지 않는다면 긍정적이고 바람직하게 자랄 수 있다. 세로토닌 전달자 유전자의 짧은 HTT-대립인자에서는 최적화된 사회화조건이 마련될 때에만 세로토닌 기능이 활성화된다. 특정한 시점에서 긍정적인 애착과 통제를 경험한 아이는 스트레스를 잘 견디고 긍정적인 신경 조절 메커니즘을 발달시킨다. 이런 아이는 좋은 유전적 성향을 타고났지만 잘 돌봐주지 않는 어머니를 둔 아이보다 더 큰 저항력을 유지하며 살아간다(Grawe 2004). 부모가 보다 섬세한 감수성으로 자녀를 양육할 수 있게끔 도와주는 특수교육과정은 아이의 좋지 않은 유전자 발현을 조기에 차단하고 바람직한 발달을 촉진시키는 데 바람직하다.

아이의 발달조건은 생활환경, 자원, 가족의 유전적 취약성에 따라 달라진다. 모두 사회적 유산으로서 아이의 발달에 영향을 미치는 것들이다. 임신부가 아직 미성년이거나 아이의 아버지가 남편이 아닌 경우에는 임신기간이 처음부터 부담과 고통의 연속일 수밖에 없다. 끊임없는 갈등과 자기의혹을 겪을 뿐만 아니라 낙태나 자살까지도 생각하게 된다. 임신부의 마음이 편치 않으면 태아도 스트레스를 받는다. 조기출산도 아기와 산모에게 스트레스와 위험을 발생시키는 원인이다. 2004년 독일에서는 48,983명의 신생아들이 조기출산으로 세상에 태어났다(전체의 6.9퍼센트; DESTATOIS 2006a). 태아가 출산 중에 사망하는 경우 중 조산아가 차지하는 비율이 30퍼센트이며, 신생아 사망의 경우는 70퍼센트에 육박한다(Friese et al. 2000). 조산 위험을 높이는 요인으로는 질병감염, 생식의학적 시술, 고령출산, 다태아 임신, 자궁기형 등이 꼽힌다. 임신부가 커피를 지나치게 많이 마시거나 마약이나 니코틴을 섭취하는 것도 위험하다. 그밖에도 부부간의 갈등, 임신에 대한 거부반응, 심신의 위기, 생활고 등도 태아의 발달에 나쁜 영향을 미친다. 조산아에게는 뇌출혈이 자주 발생하여 잘못하면 평생을 장애아로 살아갈 위험도 크다.

아이가 '원치 않는 특징'을 보일 때도 발달의 기회가 나빠진다. 예를 들어 집안에서는 대를 이을 아들을 원했는데 딸이 태어난 경우, 그 아이에게는 종종 아들로서의 성역할이 강요되기도 한다. 그러면 원래의 성역할에 따른 발달은 저해되고 아이는 자기부정과 열등감에 쉽게 빠지게 된다(Petermann/Petermann 2002; Kaiser 2007).

자녀가 둘 이상이면 부모는 과제를 분담해야 한다. 남편이 집안일을 잘 거들지 않을 경우 가정생활에 대한 여성의 불만이 증폭되기 때문이다. 크레프너는 장기간의 조사를 통해서 배우자가 집안일을 잘 돕지 않을 때 여성들이 자녀에게 더 냉정하고 신경질적으로 반응한다는 사실을 밝혀냈다(Kreppner 1989). 반면에 협력적인 아버지는 아이에게 좋은 모범으로 작용하며 가족관계를 원만하고 풍요롭게 만든다. 아이들이 서로 사이좋게 지내서 부모의 부담을 덜어주면 가정생활에 대한 부모의 만족도가 점점 높아진다. 이것은 다시금 아이들에게 긍정적으로 작용한다.

가정에서 모든 자녀들을 똑같이 대하기란 거의 불가능하다. 이는 부모의 의도와는 별로 관계가 없다. 주로 가족 내 각 구성원들의 상이한 심리상태에 기인하는 탓이다. 가족구성원들의 심리상태는 아이의 성별과 선호 여부, 외모와 성격, 가정의 상황 등에 의해 영향을 받는다. 예를 들어 사랑하는 가족을 막 잃은 가정은 새로 태어난 아이에게 줄 수 있는 기쁨과 애정이 상대적으로 덜하다. 아이는 좋지 않은 출발점에서 삶을 시작하게 되는 것이다.

아이의 모든 감각기관은 태내에서 이미 발달된다. 태아는 보고 듣고 맛과 냄새를 알며, 무엇보다도 감정을 느낀다. 갓 태어난 아기도 약 20센티미터까지 선명하게 볼 수 있다. 이는 아기가 젖을 먹을 때 어머니의 얼굴이 보이는 거리에 해당한다. 처음에 아기의 모든 감각은 기본욕구의 충족 여부에 맞추어진다. 무언가 하나라도 충족되지 못하면 아기는 곧 불편함을 느끼고 울음을 터뜨린다. 예를 들어 배가 고파서 울 때 어머니가 들어 올려 젖을 물려주면 아기는 곧 기분이 좋아져 안정을 되찾고 어머니에 대한 좋은 경험을 얻는다. 이런 과정을 통해서 부모는 좋은 경험을 전해주는 사람으로서 아이에게 각인된다. 그리고 특정한 얼굴, 특정한 냄새와 동작이 기분 좋은 경험과 결합되어 있음을 배운다. 이런 종류의 만족감 이외에 흥미로운 자극까지 함께 받을 수 있으면 아이의 능력은 더욱 빠르게 발달한다. 아이에게 다정한 목소리로 말을 걸어주는 것도 아이의 발달을 촉진시킨다. 가령 지금 무슨 일이 벌어지고 있으며, 어떤 옷을 입히는지, 함께 무슨 일을 할 것인지 따위를 시시콜콜하게 설명해주면 좋다. 이런 말과 동작은 항상 똑같은 방식으로 조심스럽고도 자연스럽게 이루어져야 한다(Grawe 2004; Kaiser 2007).

아이를 돌보는 '의식'의 반복은 신뢰감과 안정감을 전해준다. 이런 감정은 '애착'과 '근원적 신뢰' 발달을 위해 중요하다. 아이가 하루에도 몇 번씩 부모의 관심 한가운데 놓여 있음을 경험하게 되면 아이는 자신이 중요하게 받아들여지고 있다고 느끼고 차츰 자신감을 키워간다. 아이의 기분이 좋은 것도 부모에게는 일종의 '보상'이다. 부모는 나름대로 인정받은 느낌을 갖게 되고 조심스러운 가운데 자신감을 얻는다. 부모의 든든한 보살핌을 감지하면 아이는 더욱 적극적으로 주변세계를 탐구하고 새로운 동작을 연습한다. 이때 아이에게 필요한 것은 직접적인 도움이 아니라 다치지 않게 지켜봐주는 보호의 눈길이다. 아이는 실험과 탐구를 통해 세계를 확인하고 새롭고 복잡한 기술들을 익혀간다. 자기 몸에 대해서도 마찬가지다. 아이는 가만히 누워만 있지 않고 몸을 뒤집어 배를 대고 엎드린 자세로 바동거리며 탐구를 계속해나간다. 이제 발달초기에 중요한 의미를 갖는 기본욕구들을 자세히 살펴보겠다.

욕구를 전달하고 통제한다

정향orientation과 통제control의 욕구는 초기 발달단계에서 매우 중요하다. 질식이나 압박을 피하여 제대로 숨을 쉬고 신체의 안전을 확보하기 위해서다. 또 어머니의 젖을 찾아가기 위해서도 중요하다. 자신의 욕구가 부모에게 충분히 전달될 수 있다는 경험은 유아기의 아이에게 삶의 조망, 의미, 통제와 관련된 '응집성coherence 감정'을 발달시킨다(Erikson 1973; Antonovsky 1997). 이를 통해서 쾌적한 경험을 하고 자신의 작용능력에 대한 감정(역량의식)을 얻게 된다. 젖먹이 아기의 욕구충족은 전적으로 부모에게 달려 있다. 갓난아기는 오직 부모의 도움을 통해서만 불쾌, 고통, 두려움, 허약, 추위 등의 부정적 상태를 통제할 수 있다. 이에 실패하면 아기는 자신이 무기력하며 통제력을 상실했다는 감정에 휩싸인다. 다른 기본욕구들의 손상 역시 통제력 상실을 의미한다.

아이가 처음부터 안정감, 친근함, 포만감, 따스함의 욕구들을 충족시키는 즐겁고 만족스러운 경험만 하게 되면 세계에 대한 '근원적 신뢰'가 형성된다. 자아, 삶, 주변세계에 대해서 긍정적 모델이 생겨나는 것이다(Erikson 1973).

본능으로서의 쾌락 추구

음식섭취나 체온과 신체기능 유지를 위한 생리적 욕구가 충족되면 쾌감을 느끼지만 그렇지 못했을 때는 불쾌감을 느낀다. 누구에게나 마찬가지다. 긍정적 만족감을 담당하는 신경심리적 접근시스템은 왼쪽 배외측 전전두엽 피질과 왼쪽 복내측 전전두엽 피질에 있다(1장 3, 그림 1 참조). 원활한 자극전달을 담당하는 도파민은 쾌적한 흥분을 유발하고 강화시킨다. 흥분의 강화작용은 예전에는 보상체계에 귀속된 것이었다. 도파민 시스템은 오늘날 내재적 동기부여의 토대로 간주된다(1장4 참조).

부정적 정서와 회피반응을 담당하는 회피시스템은 오른쪽 배외측 전전두엽 피질, 오른쪽 복내측 전전두엽 피질, 편도체, 시상하부, 교감신경계, 대뇌피질 등 다양한 뇌 영역에 위치한다. 회피시스템과 접근시스템의 형성에는 기질과 성격특성에 작용하는 여러 가지 유전자들이 관여한다. 접근시스템은 사회적 개방성(외향성)의 근본적 토대를 제공하며, 회피시스템은 정서불안이나 부정적 성향의 발달에 영향을 미친다(Grawe 2004). 부정적 성향은 신생아부터 이미 작용하여 떼를 잘 쓰고 나쁜 감정에 쉽게 사로잡히게 만든다. 이런 아이는 돌보기가 힘들뿐 아니라 나중에 애착장애, 부정적 자존감, 정신장애를 나타낼 수도 있다. 이를 교정하려면 부모가 섬세한 감수성으로 아기를 돌보아야 한다. 도움을 받을 수 있는 특수 교육프로그램도 있다(Grawe 2004; Brüggemann 2006).

긍정적인 자아상 확립하기

애착욕구와 통제욕구의 손상은 자아상의 발달에 큰 영향을 끼친다. 어린 시절 궁핍을 경험한 적이 있는 사람들에게 나타나는 강한 자기비하 경향도 이와 관련이 있다. 그들은 심지어 긍정적 피드백을 얻을 수 있는 관계조차 기피하며 끊임없이 자신의 부정적 자아상을 확인하려고 애쓴다. 초기의 애착경험 때문에 불안정한 행동을 보이는 아이는 부모에게도 성공체험을 주지 못한다. 따라서 부모는 쉽게 아이에게 거부반응을 갖게 되며, 이것은 다시 아이의 부정적 자아상을 키우는 데 기여한다. 자존감이 부족한 사람은 나중에 성공적인 모범이나 집단, 이데올로기 등에 기대어 자신을 높이려는 성향을 보인다.

애착 욕구가 손상되면 불안정해진다

애착은 소수의 타인과 강렬한 감정을 동반하는 밀접한 관계를 맺는 것을 뜻한다. 이 관계는 지속적이고 배타적이며 교환될 수 없다. 이 선천적 욕구는 삶에서 중요한 기능을 수행하며 보호와 안전을 제공한다. 믿음직한 부모가 보호와 안전을 제공하면 아기는 마음껏 주변에 대한 호기심을 충족시킬 수 있다. 위험이 닥치더라도 부모의 보호를 통해 빠르게 안정을 되찾고 다시 새로운 탐험에 나설 수 있다. 이런 행동방식이 생존에 유리하다는 사실은 여러 문화권에서 입증된 바 있다(Glger-Tippelt 2002). 이것을 담당하는 선천적 애착 시스템은 생후 1년 동안 발달한다. 이 기간에 아기는 부모에 대한 강한 정서적 애착을 획득하는데 보통 울기, 따라다니기, 포옹하기 등 구체적 행동방식이나 신호를 통해 드러낸다. 보호와 밀착을 확보하기 위한 전략들은 초기부터 발달하여 생후 7~8개월쯤 나타난다. 영국의 발달심리학자 메리 에인스워스는 가정의 일상에서 한 살짜리 아이들이 부모에게 보이는 애착행동을 연구했다(Ainsworth et al. 1978). 일생 동안 지속되는 애착유형은 대체로 다음과 같이 구분된다.

- 안정적 애착유형
- 불안정적-회피적 애착유형

- 불안정적–상반적 애착유형
- 파괴적 또는 혼동적 애착유형

애착유형에 대한 이러한 분류방식은 수많은 실험을 통해서 타당성이 입증되었다(Brisch/Hellbrügge 2005).

애착관계는 아이를 돌보는 소수의 보호자 몇 사람에게 국한된다. 어머니와 아버지에 대한 애착의 정도는 완전히 다르다. 아버지가 오랜 기간 규칙적으로 돌보기 과제를 떠맡을 '경우'에만 아이는 부모 모두에게 동일한 애착관계를 형성한다(Howes 1999).

아이의 애착행동은 보호자가 아이를 얼마나 정성껏 보살피느냐에 따라 달라진다. 부모의 애착유형이 불안정하고 우울증 같은 정신장애를 겪고 있다면 아이는 편안하고 균형 잡힌 환경을 얻거나 만족감과 안정감을 경험하기 힘들다. 화가 났을 때 어머니가 조용히 달래주어도 흥분을 가라앉히기는커녕 감정이 나쁜 쪽으로 고조될 가능성이 높다. 아이는 울음을 통해서 어머니의 편안한 품을 확보하려고 애쓰지만 이런 노력은 대개 실패로 돌아간다. 때때로 심한 좌절감을 경험하기도 한다. 어머니는 어머니대로 스트레스를 받아 아이 돌보기가 힘에 부친다고 느끼며 화가 치민다. 양쪽 모두 기분이 상하고 갈등은 더욱 고조된다.

부모와의 애착관계에서 얻는 정서적 경험은 상응하는 신경심리적 조절장치들을 더욱 강화시켜 점차 '신경심리적 도식'으로 자리 잡게 만든다(Bauer 2002; Grawe 2004). 이때 뇌에서는 기능장애가 발생할 수 있다. 신경계의 부정적 흥분패턴이 반복해서 활성화되면, 당사자를 부정적 정서에 취약하게 만드는 신경망이 만들어진다.

애착장애를 지닌 부모는 자녀에게 따뜻하고 진심 어린 애착경험을 제공하지 못한다. 런던에서 실시된 실험에서 전체 사례의 75퍼센트가 부모의 애착유형과 자녀의 애착유형이 일치하는 것으로 밝혀졌다(van Ijzendoorn 1995).

부모가 안정적 애착유형을 지니면 자녀들도 대체로 안정적 애착유형을 지닌다. 반대로 불안정하고 회피적인 애착유형을 지닌 부모들은 자녀의 정서적 부담이나 애정에 대한 욕구를 지각하고 응답할 능력이 없다. 그래서 자녀들의 정서 역시 불안정해진다. 애착욕구를 충족시키지 못하는 아이들은 거듭해서 좌절을 경험한다. 심지어 부모에게 거부반응을 보이거나 애착관계 자체를 회피할 수도 있다.

애착장애를 지닌 어머니들은 자신의 사연에 얽매여 빠져나오지 못하는 경우가 많다. 부모에 대한 이상화, 분노, 의존감정 등이 서로 뒤섞인 탓이다. 어떤 어머니들은 배우자의 지원과 도움을 통해 이런 나쁜 경험들까지도 자신의 삶과 자아상 안으로 통합시키는 데 성공하기도 한다. 반면에 자율적인 어머니들은 대체로 부모와 화목하며 균형 잡힌 관계를 맺는다.

이런 관계는 그들로 하여금 어린 시절에 지녔던 감정을 충분히 지각하고 수용하도록 만들어준다. 긍정적이거나 부정적인 애착경험과 생활사건(이별, 사고, 금전손실 등등)은 원래의 애착모델을 다른 방향으로 뒤바꾸어 놓는다. 내면화된 애착유형은 발달과정에서 점점 굳어져 인간관계를 선택하고 형성하는 개인의 성격특성으로서 자리 잡는다.

생후 9~13개월 사이의 아이는 대상과 접촉하는 '놀이'를 좋아한다. 이런 식으로 아이는 주변세계를 탐구하고 적합한 모델을 만들어낸다.

인간적 유산에는 유전정보뿐만 아니라 사회적 유산도 포함된다. 즉 유산이란 개인에게 미치는 외부적 영향 전체를 말한다. 이 두 가지는 인간의 발달에 작용하여 신경심리적 과정을 발생시킨다. 유전적 성향과 사회적 경험을 토대로 인간의 뇌는 지속적으로 발달하고 변화한다. 이때 바람직하지 않은 성향과 발달조건은 정신장애로 이어질 수 있다.

정향과 통제 욕구, 쾌락과 회피 욕구, 자아확인과 애착 욕구 등 처음부터 뇌 안에 심어져 있는 기본욕구들은 유아기의 발달에 중요한 역할을 한다. 기본욕구의 손상은 나중에 타인과 관계를 맺을 때 심각한 문제를 일으킬 수 있으므로 중요하게 다루어야 한다.

3 아동기 : 사회성과 가능성이 개발되다

다양한 시각 경험하기

만 2~3세는 아이가 점차 사회성을 획득하는 시기다. 두 살이 되면 아이는 잘 돌아다니기 시작한다. 키가 자라는 속도가 둔화되고 근육이 발달하며, 뼈가 단단해지고 몸동작은 민첩해진다. 활동량이 증가하면서 주변을 더욱 자세히 탐구하게 된다. 인지적 발달(사고와 언어)

과 사회적 발달이 촉진되고, 동기부여가 잘 되고, 놀이가 다양해진다. 사고의 발달은 구체적인 상황에 대한 직관적·행위적 사고에서 출발하여 두 살 끝 무렵이 되면 표상능력(이미지, 도식, 상징)에 기초한 사고로 이행한다. 세 살 끝 무렵에는 벌써 상황에 대한 판단과 예측적 사고가 가능해진다. 이런 '전조작기pre-operational period'의 사고에서는 부적절한 일반화와 자기중심적 태도가 두드러진다. 이것은 타인과의 사회적 교류 안에서 다양한 시각을 경험함으로써 극복될 수 있다 (Piaget 1969).

발달 단계	발달 과제
유아기(만 0~2세)	애착 형성, 감각운동지능과 간단한 인과법칙, 운동 기능
아동기(만 2~4세)	운동 조절, 언어 발달, 판타지와 놀이, 운동 기술 발달
취학 초기(만 5~7세)	성역할 발달, 도덕범주 습득, 행위역량, 집단적 놀이

그림 9 아동기의 발달과제

사고·언어·놀이·사회적 관계는 동시에 발달한다. 이제 아이는 여러 단어로 구성된 문장을 만들고, 지각된 대상의 이름을 부를 줄 안다. 만 네 살이 되면 모국어로 기본적 문장을 구사할 수 있다.

생후 13개월쯤이면 장난감을 가지고 놀기 시작한다. 장난감 놀이는 취학 전 시기까지 활발하다가 점차 시들해진다. 만 4세가 되면 아이는 다른 아이들과 무리지어 놀기 시작한다. 아이의 주된 '사회적 관계'는 부모자식 관계에서 차츰 다른 아이들과 그때그때 맺어지는 관계로 옮아간다. 이 단계에서 얻은 경험은 성격과 발달을 더욱 세분화·차별화시킨다(Oerter/Montada 2002; Petermann et al. 2004).

　취학 전 시기에 아이는 또 한 번 빠른 성장을 보인다. 팔다리가 쑥쑥 자라고 몸은 날씬하고 허리가 잘록해진다. 몸 대비 머리 크기와 얼굴 비율이 변하고 젖니가 빠진다. 다른 아이들과의 경쟁을 통해 좋고 나쁨의 척도를 경험해나가면서 아이는 점점 더 빠르게 규칙을 이해하고 능력에 대한 현실적 판단을 내리게 된다. 규칙과 역할에 따른 놀이는 모델링, 의도, 목표의 발달을 촉진시킨다. 간단한 윤리규범을 의식하고 여기에 자신을 맞춰나간다. 또 사회적 발달의 틀 안에서 타인과 접촉하고 집단의 일원이 되는 법을 배운다(Joswig 2006).

취학 초기는 새로운 경험의 장

　학교는 요구만 하는 곳이 아니라 아이들의 발달에 중요한 역할을 담당한다. 따라서 늦게 취학하는 것은 발달에 불리하다(Oerter/Montada 2002). 이때부터 지식, 기술, 주변경험이 모두 새롭게 정리된다. 그 전에 쌓은 지식은 익숙한 맥락에서 벗어나 더 높은 차원으로 재편되는데, 언어의 습득과 세분화가 특히 중요한 의미를 띤다. 아이는 개념을 특성에 맞추어 정의하는 법을 배워나간다. 이전에는 대상을 목적과 용도에 따라 불렀다면, 이제는 그것을 특성에 따라 부른다. 이 시기의 끝 무렵이 되면 범주에 따라 개념들을 분류한다. 예를 들어 소를 포유동물로 이해할 수 있게 된다. '사고의 구체적 조작'이 이루어져 지각능력이 세분화되고 분석적으로 작동한다. 지식은 점점 더 풍부해지고 자세하게 정돈된다. 신체가 발달하여 놀이나 운동을 할 때 몸놀림이 민첩해진다.

학생으로서의 사회적 위상은 아이에게 자아의 가치상승을 의미한다. 자존감을 확인하게 되는 것이다. 다양한 과목을 경험하면서 아이의 '자아상'은 세련되게 다듬어지기 시작한다. 여자아이들이 주로 부모의 판단에 의존해서 자신을 평가하는 반면, 남자아이들은 대체로 경험과 성공에 대한 기대에 의지한다. 교사의 피드백은 학생의 자기평가에 강한 영향을 미친다. 그러므로 교사가 평균에 방향을 맞추어 아이들을 대하는 것은 바람직하지 않다. 아이들은 자신의 개별적인 성취와 향상을 자세하고 정확하게 경험할 수 있어야 한다(Oerter/Montada 2002).

학생시절 여러 교과목과 생활영역에서 다양한 성취를 경험해보는 것은 좀 더 보편적인 자아상을 확립하는 데 도움이 된다(1장6 참조). 이런 체험은 학습과 성취를 위한 동기부여로서 긍정적으로 작용한다. 아이들은 또래 친구를 사귀어 새로운 경험을 쌓고 사회적 역량을 촉진시킨다. 교실에서 '동류집단'과 어울리는 가운데 아이는 자신의 모델링과 자아상을 다른 아이들과 비교하게 된다. 이때 사회적 행동의 옳고 그름을 판단할 수 있는 기준이 발달한다. 이것은 아래의 능력들이 합해져서 만들어진다.

- 사회적 감수성
- 인간관계에서 발생하는 신호의 해독
- 자기 행위의 결과에 대한 평가
- 타인에 대한 적절한 반응

역량의식의 발달

만 9~12세 사이에 아이는 어엿한 학생으로 성장한다. 이 시기에는 아이의 사고체계가 경험적 사고에서 이론적 사고로 (구체적 조작기에서 형식적 조작기로; Piaget 1969) 이행된다. 범주적 사고의 빈도가 높아지고, 지각과 사고는 구체적인 직관에서 풀려난다. 아이는 읽기, 쓰기, 셈하기와 같은 기초적 기술들을 마음대로 구사하며, 일상생활에서는 점점 더 자립적이 된다. 이때 일정한 교양과 부를 갖춘 부모 밑에서 풍부한 자극을 받으며 자란 아이와 그렇지 못한 환경에서 자극을 별로 받지 못하며 자란 아이의 편차는 더욱 벌어진다. PISA(학업성취도 국제비교) 연구에 따르면 가정환경이 열악한 학생들은 학교 성적이나 상급학교 진학률이 다른 학생들에 비해 뒤떨어지는 것으로 나타났다(Prenzel 2005).

이 시기에 이르면 아이들이 어떤 과목이나 주제에 관심을 갖는지 파악할 수 있다. 또 아이들 스스로 자신이 무엇을 잘 하는지 가늠하게 된다. 역량의식(자기능력체험)도 발달한다. 아이는 점점 더 자립적이 되어 부모의 품에서 벗어나며, 또래친구들을 중요하게 여기고, 사회집단에 적응하고, 도덕적 기준들을 갖게 된다.

여자아이들과 남자아이들은 처음에는 잘 어울리지 못하지만 사춘기를 거치며 점차 이성에 끌리기 시작한다. 부모가 편안함을 주지 못하고 가정이 제 기능을 다하지 못할수록 아이들은 일찍부터 집 밖에서 마음 붙일 곳을 찾는다. 이성친구를 사귀는 경우도 많다. 이런 아이들은 일찌감치 성을 경험하여 '10대 임신'이라는 문제를 일으키기도 한다. 부모의 관심이 모자라고 집에서 충분히 대화를 나누지 못하는 아이들은 성과 임신, 가족의 의미 등에 대한 가정교육이 부족할 수밖에 없으며, 자신과 주변의 안녕을 진지하고 중요하게 여기지 않게 된다. 관련 연구에 따르면 이혼가정의 아이들은 결혼이나 커플관계에 대해서 긍정적인 이미지를 갖지 못한다. 이들은 타인과의 관계에서 별로 기대하는 것이 없고 지레 잘못될 걱정부터 한다(Fthenakis 1998).

아동기는 유아기, 취학 전 시기, 취학 초기, 후기 아동기를 모두 포괄한다. 이 시기에 아이는 신체적으로 뿐만 아니라 사회적으로도 발달한다. 유일한 관계 상대로서 부모의 의미가 서서히 감소하고, 점점 더 또래집단에 마음을 두게 된다. 아이들은 또래집단을 통해서 사회적 정체성과 자존감을 발달시킨다. 뇌의 작용도 점점 분석적으로 바뀐다. 그밖에도 아이는 타인에게 민감하게 반응하고, 인간관계를 형성하고, 자기 행위의 결과를 스스로 가늠한다. 후기 아동기에 들어서면 아이는 자신의 행동과 태도를 일반화시키고 이론적으로 사고하기 시작한다.

4 청소년기 | : 양가감정과 모순

사춘기가 빨라지면서 아동기에서 청소년기로 넘어가는 시점도 빨라졌다. 이제는 만 열 살을 전후로 청소년기가 시작된다. 이 시기에는 질적으로나 양적으로 매우 이질적인 발달과정이 진행된다. 청소년기는 보통 3기로 세분된다(Oerter/Montada 2002).

- 초기 청소년기(만 11~14세)
- 중기 청소년기(만 15~17세)
- 후기 청소년기(만 18~21세)

각 시기에 따라 특수한 발달과제가 주어진다. 발달과제는 개인적 욕구와 사회적 요구를 이어주는 매개체로서 기능한다. 청소년기는 아이들에게 다양한 처리능력을 요구하므로 아동기의 발달을 결산하는 한편 앞으로 주어질 요구에도 대비해야 한다. 청소년기의 발달과제는 다음과 같다.

- 친구들과 교류하기
- 신체변화와 외모 받아들이기
- 친밀한 관계 쌓기
- 부모의 품에서 벗어나기
- 학업과 소질계발에 힘쓰기
- 파트너십과 가정에 대한 모델링
- 자아상의 개발
- 세계관의 개발
- 장래에 대한 비전의 개발

먼저 신체적 발달을 보자. 여자아이들은 12세 전후로, 남자아이들은 14~15세 무렵에 성장촉진이 이루어진다. 팔다리가 몸통보다 빨리 자라기 때문에 행동할 때 굼뜨고 부자연스러운 동작이 나타난다. 신체 비율도 그다지 조화롭지 않다. 두드러진 특징은 성적 성숙과 호르몬의 변화다.

　급격한 신체변화는 심리적인 불안감을 초래한다. 하지만 이런 불안감은 시간이 흐르면서 차츰 건설적으로 해결된다. 만 14세에 이르면 아이들은 서서히 다른 사람의 관점에서 관찰하는 법을 배우고, 과거와 미래를 자기관찰 안으로 끌어들여 고유한 인생관과 미래상을 발전시킨다. 청소년기의 아이들은 부모로부터 벗어나 동성과 이성 또래들과 더 자주 어울린다. 하지만 이 관계는 그다지 강력하고 지속적이지 않다. 자신만의 관심을 만들어나가지만, 공부에 대해서는 상반된 감정을 갖는다. 따라서 종종 학교의 요구에 저항하게 되는데, 여자아이들보다 남자아이들이 반감을 더 많이 갖는다. 이러한 불일치는 고등학교를 졸업하고 상급학교에 진학하거나 직업을 갖게 될 무렵이면 거의 사라진다. 개성과 사고력도 발달한다. 가능성에 기초한 사고 능력과 다양한 의미맥락에 대한 일반화 능력이 생기고 정보의 수용이나 처리 능력도 개선된다.

　청소년기에는 성격과 역량이 아직 충분히 발달하지 않은 채로 다양한 요구와 직면한다. 이 시기의 아이들에게는 가족이나 다른 사람들의 보호와 지원이 절실히 필요하다. 정서적으로 혼란스러운 상황에서 이를 극복할 역량이나 외부의 지원이 부족할 때 아이는 '발달장애'의 위험에 노출된다. 청소년기의 발달장애는 대개 스포츠나 교통수단을 이용한 위험한 행동, 알코올과 약물 섭취, 성적 탈선 등의 형태로 나타난다. 무분별하고 안전하지 못한 성적 접촉은 억눌린 발달과정을 겪은 청소년들에게서 빈번히 관찰된다. 극단적인 경우 '자살'에 이르기도 한다. 자살은 남성 청소년의 경우 세 번째로 높은 사망원인이다. 교통사고보다 더 높은 수치다. 청소년은 성인의 관심과 보호를 필요로 한다. 그러므로 어른들은, 자립욕구는 강하지만 상처받기 쉬운 자존감을 지닌 청소년들의 성향을 세심하게 살펴야 한다. 도발적인 행동과 반항은 어른에 대한 공격이 아니라 내적 불안의 표현이다. 현재의 상태와 욕구를 가리키는 지시행위인 것이다(5장 참조). 어른들은 규칙과 한계에 대한 아이들의 반항심을 이해하면서 개성과 자존감을 높이 평가해야 한다. 억압은 문제를 악화시킬 뿐이다.

청소년기는 세 시기로 구분된다. 각 시기에는 신체적 발달 이외에도 다양한 심리적·사회적 발달 단계들이 진행된다. 청소년기에는 사회적 정체성, 개성, 성역할과 성정체성이 강하게 형성된다. 이와 결합된 요구들을 충족시키기 위해서 청소년들은 부모와 가까운 친지들의 지원을 필요로 한다. 이전의 발달단계에서 긍정적인 애착경험을 쌓은 청소년들은 주변의 도움을 좀 더 쉽게 받아들일 수 있다.

5 청년기 : 전문성과 독립을 요구받다

성인 초기(청년기 혹은 포스트 청소년기라고도 함)는 성인으로서의 삶을 위한 기초적 토대가 마련되는 시기다. 직업교육은 이미 완료되었거나 아니면 대학교육의 형태로 계속 진행된다. 학교를 마치고 시작된 직장생활과 여기서 요구 받는 전문성은 새로운 발달과제로 부각된다. 또 다양하고 특수한 도전에 직면하게 된다. 대개 부모의 집에서 벗어나 독립하거나 짝을 찾아 결혼하고 가정을 이룬다.

가장 큰 도전, 파트너 선택

파트너십과 가정은 대다수 사람들에게 삶의 가장 중요한 의미를 제공한다. 프리드리히 부슈와 볼프-디터 숄츠가 실시한 설문조사에 따르면 2천 명 이상의 설문대상자들 대부분이 "낭만적 사랑"을 파트너십의 가장 기본적인 토대로 꼽았다(Friedrich W. Busch/Wolf-Dieter Scholz 2006). 전체의 3분의 2가 교회에서 결혼식을 올리고 싶어 했지만 이혼의 가능성을 배제하지는 않았다.

자녀는 두 명을 원한 사람이 가장 많았다. 설문대상자들은 커플이 함께 살거나 자녀가 있는 경우를 일반적인 가정으로 간주했다. 가정을 꾸리는 생활방식은 생활의 모든 부문에서 높은 점수를 받았다. 좋은 결혼생활의 기준으로는 관용, 상호존중, 용서하는 마음가짐, 정서적 충실, 성적 충실, 여자의 직장생활이 가능한 파트너십 등이 꼽혔다.

성인 초기에는 커플관계가 더욱 심화되고 시간이 지나면서 대부분 가정을 이룬다. 가정을 이루는 것이 불가능하거나 바람직하지 않게 여겨질 때는 새로운 방향설정을 모색한다. 요즘 대부분의 커플은 중간단계나 시험단계로서 혼전동거에 들어간다. 로제마리 나베-헤르츠의 설문조사에서는 혼전동거 생활을 하는 사람들 중 4분의 1가량이 현재의 파트너가 아닌 다른 상대와 결혼하고 싶다고 답했다(Rosemarie Nave-Herz 2002). 하지만 설문에 응한 사람들이 물음에 얼마나 솔직하게 답했는지가 의문이다. 또 다른 4분의 1은 동거기간 중에 관계가 깨졌고, 일부는 결혼의 형식을 원칙적으로 거부했다. 나머지는 아이를 원하거나 이미 가졌을 때 결혼하고 싶어 했다.

'파트너 선택'은 커플관계의 성공을 가름하는 결정적 요인이다. 그러므로 여기서는 폭넓은 시각이 강조된다(3장 참조). 파트너가 생기면 두 사람의 관계를 가꾸고 심화시키는 데 필요한 새로운 도전에 직면하게 된다. 공동생활, 가치와 규범, 관심, 가계와 일상생활에 대한 모델링뿐만 아니라 파트너의 가족이나 친구를 자신의 관계영역 안으로 받아들여야 하기 때문이다. 이때 의사소통을 원활히 하고 당면한 상황들을 적절히 처리해나가는 역량과 성격은 물론이거니와 출신가정의 가족적 기능수행력도 중요한 역할을 한다.

커플관계에서 '부모자식 관계로의 이행'은 대부분 과도기적 위기를 동반한다. 사이가 좋은 커플도 첫 아이가 태어나고 반 년 정도는 그로 인한 도전과 압박 때문에 서로 만족하지 못하는 경우가 많다. 파트너십이 직면하게 되는 도전에 대해서는 나중에 좀 더 자세히 다루겠다(3장5 참조).

직장은 삶에서 두 번째로 중요한 영역

직장생활은 삶에서 두 번째로 중요한 영역이다. 그래서 사람들은 어릴 때부터 어른이 되면 일을 해야 한다는 사실과 그것이 자신이나 가족에게 어떤 영향력을 행사하는지 충분히 경험하면서 미리 준비를 한다. 특정한 직업에 대한 욕구와 재능은 세대를 이어가며 전해지고 다듬어진다. 성실, 정확, 신뢰, 유연성 등 근로생활의 기반을 이루는 태도와 기초역량들은 가정과 학교에서 일찍부터 학습된다(Hoff 2002). 개인적인 직업 경로는 구조적 환경과 노동시장 정책에 의존한다. 그들은 대부분 시장이 그들에게 제시하는 직장을 받아들인다. 최근의 여러 연구들은 직장생활의 특성이 개인의 생체심리와 사회적 건강에 얼마나 강력하게 작용하는지를 분명하게 보여준다. 노동조건이 덜 자율적일수록, 그리고 제한과 압박이 클수록 근로자의 건강상태와 건강전망은 더욱 나빠진다. 도전적인 활동일수록 근로자의 인성, 동기부여, 직업적 관심, 사회문화적 관심이 발달된다.

성인 초기에는 서로 모순된 직업적 · 가족적 요구와 대면해야 할 경우가 자주 발생한다. 젊은 나이에 가정을 이루고 아이를 갖게 되면 여성들은 대개 직업에서의 발전을 뒤로 미루고 출산과 육아에 집중한다. 사회와 노동세계는 어린 자녀를 둔 젊은 가정의 욕구를 별로 고려하지 않는다. 하지만 아이는 지속적이고 믿을 만한 관심이 부족하면 애착장애를 일으킬 위험이 크다. 심리학과 신경생물학에서 새롭게 규명된 출산 전후의 발달에 관한 연구에 따르면, 출산을 앞둔 젊은 부부에게 충분한 유예기간과 물질적 안정을 제공하는 일은 아이의 건강을 위해서 대단히 중요하다. 그래야 젊은 부부들이 스트레스 없이 최대한 좋은 기분과 마음가짐을 갖고서 집중적으로 아이를 돌볼 수 있기 때문이다. 아이에게는 '두 사람'의 부모가 모두 필요하지만 젊은 어머니들은 직업적 끈을 잃고 싶어 하지 않는다. 그러므로 아이들의 바람직한 발달을 위해 투자하고자 한다면, 사회는 젊은 부모와 그들을 고용한 기업이 근로시간과 근로조건을 가정의 욕구에 맞출 수 있도록 더 많은 기회와 가능성을 제공해야 한다. 부모가 어린 자녀를 항상 곁에 두고 돌보는 문화에서는 아이가 악을 쓰며 울고 떼쓰는 소리나 애착장애 따위는 찾아보기 힘들다.

Psychologie für den Alltag

성인 초기에 사람들은 나머지 삶을 꾸려나가기 위한 기반을 닦는다. 출신가정과 점차 멀어지는 대신 가족 이외의 사람들과 관계를 맺게 된다. 지속적인 커플관계를 맺거나 자기 가정을 꾸미려고 노력한다. 대부분의 사람들은 여기서 삶의 의미를 찾는다. 성인 초기의 가장 큰 도전은 파트너 선택이다. 이때 관계능력과 애착능력이 매우 중요한 역할을 수행한다. 그밖에도 이 시기에는 직업적 진로에 대한 결정이 이루어진다.

6 중년기 : 생의 전망이 바뀌다

성인 중기는 대부분의 사람들에게 많은 변화가 찾아오는 시기다.

살아갈 날이 짧아지면서 삶의 전망도 바뀐다. 부모님이 돌아가시고, 자신도 점차 늙은 세대에 속하게 된다. 처음에 품었던 직업이나 가족에 대한 생각은 좀 더 현실적인 목표에 자리를 내어주게 된다. 기대했던 만큼 삶에 만족하지 못하는 경우도 많다.

여성에게 나타나는 폐경은 이 시기에 찾아오는 대표적인 위기다. 폐경과 함께 여성들은 실존과 육체적 능력의 한계를 상대로 새로운 형태의 싸움을 벌이기 시작한다. 여성의 사회적 위상은 남성들보다 더 강력하게 육체적 매력과 결합되어 있다. 그래서 육체적 변화를 동반하는 노화과정은 그들에게 곧 사회적 위상의 상실을 의미한다. 오늘날에는 사람들이 예전보다 천천히 늙기 때문에 여가와 소비 활동도 30대까지는 아직 역동적이다. 이런 생활방식을 더 이상 유지할 수 없을 때 자기 삶의 유한함을 직시하게 되고 위기감에 사로잡힌다. 이런 감정은 '중년의 위기midlife crisis'로 발전한다.

변화를 모색하라

성인 중기는 우리가 직업적으로 얼마나 성공했으며 앞으로 어떤 것들을 더 성취할 수 있는지 알게 해준다. 사람들은 대부분 30대 중반까지 진로를 확정짓는다. 어떤 사람은 고위직에 올라 정상을 바라보며 인생의 절정을 만끽한다. 물론 사회적으로 성공했다고 해서 모든 소망이 다 채워지는 것은 아니다. 직장에서의 성공이 오히려 가족이나 파트너십 또는 건강의 손실을 초래하는 경우도 허다하다. 또 다른 사람은 직업적·사회적 위상에 변화가 없거나 심지어 기존의 지위를 잃기도 한다. 특히 실업이나 회사의 경제적 어려움은 곧바로 직업적 불확실성으로 이어진다. 직업적으로 새로운 방향설정이 필요한 중년의 나이는 노동시장에서 젊은 층과 경쟁할 때 불리하게 작용한다. 생활과 경력을 설계할 때는 이 같은 위험을 함께 고려해야 한다.

가정의 영역에서도 새로운 방향설정의 기회가 줄어든다. 파트너의 선택과 더불어 삶의 나머지 여정은 급속히 생겨나는 심리적·사회적·물질적 애착으로 인해 장기적으로 고착되기 쉽다(3장4와 3장 5 참조). 이것은 관계가 그다지 만족스럽지 못한 경우에도 마찬가지다. 유감스럽게도 적극적인 노력을 통해서 관계를 개선시킬 가능성은 별로 없어 보인다. 설사 인식한다 해도 실천에 옮기기가 어렵다(3장과 6장 참조). 관계에 대한 불만이 커지면 당사자들은 종종 파트너를 바꾸어 해법을 찾으려한다. 하지만 그것이 자녀, 건강, 장래의 삶에 미칠 영향과 위험은 별로 고려하지 않는다(Kaiser 2007). 실제로 자녀들이 집을 떠나는 탈부모기post parental period에 부부의 이혼율이 두 번째로 높다는 사실이 보고되었다(DESTATOSIS 2006b).

이 시기에는 육체적 능력이 차츰 감소하고 질병에 걸리거나 사고로 몸을 다치는 일이 늘어난다. 그런 일을 겪을 때마다 우리는 자신이 예전과 달라졌음을 뚜렷이 실감한다. 성인 중기가 시작될 무렵의 건강상태는 당연히 다가올 10년 뒤보다는 훨씬 좋을 것이다. 그러나 심리적 느낌은 연장자에 비해 결코 좋지 않다. 프랑수아 회프링어와 파스칼리나 페리−실로는 이 사안을 다룬 비교연구에서 인생 후반기에 증가하는 육체적 부담이 심리적 안정을 통해서 어느 정도 상쇄될 수 있다는 것을 확인했다(François Höpflinger/Pasqualina Perrig-Chiello 2001). 이런 작용은 나이가 많아짐에 따라 강화된다.

심순환계 질환이나 암, 정신장애는 오늘날 가장 널리 퍼진 질병이다. 정신장애를 일으키는 이유로는 생활방식과 가정생활의 질 문제를 들 수 있다(Hurrelmann et al. 2004). 많은 사람들은 이 연관성을 너무 늦게 인식하거나 받아들이려 하지 않는다. 익숙한 생활이 위험에 처할지도 모른다는 두려움 때문이다. 안타까운 일이지만 주변에서 유능한 의사를 찾기도 쉽지 않다. 충분한 심리학적 소양을 갖추었을 뿐만 아니라 환자가 생활방식의 변화에 대해 느끼는 저항감에 효과적으로 대처할 줄 알고 동기부여도 잘 된 의사들이 드문 탓이다. 건강문제에 대한 해법을 치료에서 예방으로 바꾸는 구조적 전환이 이루어질 전망도 아직 요원하다(5장 참조).

건강, 직업, 파트너십은 일단 확고하게 정해지고 나면 우리의 삶에 큰 영향력을 행사하게 되고, 나이를 먹어갈수록 점점 더 심해진다. 또 결정이 내려질 때마다 선택도 달라진다(Höpflinger-Perrig-Chiello 2001). 이 연령집단의 인구통계학적 비중이 높아짐에 따라 노동인구의 노화현상도 갈수록 심각해지는 상황이다. 고령근로자들의 위상과 전망도 바뀌고 있다. 젊은 노동력이 감소할수록 나이와 경험이 많은 직원들에 대한 기업의 의존도는 높아질 수밖에 없다. 따라서 고령의 활동인력이 직장에 더 오래 머물면서 자신의 의미와 위상에 대한 만족도를 유지해나갈 가능성도 높아진다. 직업 재교육을 받거나 새로운 방향을 설정할 때는 반드시 이 같은 사실을 고려해야 한다.

중년 여성들의 직업활동 비율 역시 점점 높아지는 추세다. 하지만 50세가 넘어서면 실직이나 질병으로 직업활동을 포기해야 하는 경우가 늘어난다. 소득 상황은 나이가 들수록 호전된다. 부양가족의 수가 줄어들기 때문이다. 교육수준이 낮으면 일반적으로 소득수준도 더 낮지만, 교육을 더 많이 받았다고 반드시 돈을 많이 버는 것은 아니다. 이 연령대의 소득 격차는 교육수준이 높은 층에서 더 심하다.

이 시기에는 흔히 이혼이나 실업으로 인한 위기 또는 질병 때문에 삶의 전망을 잃게 되기도 한다. 중년에 실업자가 될 위험은 교육수준과 강하게 결합되는데, 통합이 잘 된 가정은 이런 위험성을 낮출 수 있다.

프랑수아 회프링어와 파스칼리나 페리-실로는 성인 중기의 생활방식을 네 가지로 구분했다.

- 전통적 생활방식. 사회적 통합과 경제적 안전장치가 특징이다.
- 포스트모던적 생활방식. 높은 사회적, 경제적 통합이 특징이다. 부부가 모두 직장에 다니며 주말부부나 원거리부부로서 생활하는 비전통적 생활형태가 여기에 속한다.
- 사회적, 가족적 통합을 특징으로 하지만 사회경제적 위상이 취약한 생활방식
- 사회경제적 위상이 분열된 생활방식

사회적 통합이 잘 이루어져 있는 경우 경제적 열세가 반드시 공동

체의 배제를 의미하지는 않는다. 또 파트너십이나 가정의 파탄이 반드시 사회적 몰락으로 이어지는 것도 아니다. 중년의 시기에도 얼마든지 비전통적 생활형태로 이행할 수 있다. 하지만 이 시기에 경제적 궁핍과 가족적 애착의 붕괴가 동시에 진행되면 시너지효과를 일으켜 사회적으로도 몰락할 수 있다.

관계의 키포인트, 유연성

40대와 50대에 이르면 자식들은 대개 집을 떠나 각자의 가정을 꾸린다. 따라서 부모의 생활도 바뀐다. 부부는 이제 둘이서만 생활하게 되고, 홀어미나 홀아비로 자식을 키운 사람은 혈혈단신으로 살아가야 한다. 특히 전업주부나 어머니들은 자식의 분가와 더불어 자신의 중요한 역할과제와 의미원천을 잃게 된다(Kaiser 2007). 하지만 이런 상황은 당사자들이 자식을 온전히 떠나보내지 못하거나 다른 의미원천을 찾지 못할 경우에만 심각한 문제로 부상한다.

기대수명이 상승함에 따라 탈부모기는 이제 인생에서 가장 오래 지속되는 시기가 되었다. 세대 간의 관계 역시 더욱 중요해졌다. 자녀수가 줄어들면서 가정에서 여러 형제들이 함께 살아가는 일이 드물어졌기 때문이다. 성인 중기의 부모들은 점차 할아버지와 할머니가 되어 손자손녀들에게 중요한 역할을 하게 된다. 물론 그때까지 자식들과 서로 잘 이해하는 관계를 유지해왔을 경우에 그렇다. 독일노령연구센터의 조사에 따르면 40세에서 85세 사이의 여성 약 21퍼센트와 남성 약 15퍼센트는 월평균 35시간 정도를 손자손녀와 함께 보내며, 이들에게 일 년에 약 220억 유로의 용돈을 준다(독일노령연구센터DZA 2002; Künemund/Motel 2000).

성인들도 40대와 50대까지는 적어도 아직 한쪽 부모(대부분 어머니)가 살아계신 경우가 대부분이다. 마르츠 시들리크는 대체로 모녀관계가 부자관계보다 더 밀접하게 유지된다는 사실을 밝혀냈다(Marc Szydlik 2002). 전체 여성의 15퍼센트와 전체 남성의 8퍼센트는 돌봐야 하는 가족이 있으며, 이들이 보살피는 대상의 51퍼센트는 직계부모이거나 남편이나 아내의 부모. 공간적 거리가 멀면 관계가 소원해질 위험이 있다. 멀리 떨어져 사는 자식은 부모를 보살피기가 힘들 뿐만 아니라 마음도 점점 멀어질 수 있다. 부모의 금전적 지원이나 유산에 대한 기대는 부모자식 간의 접촉 기회를 높이고 관계를 촉진하는 역할을 한다.

프랑수아 회프링어와 파스칼리나 페리-실로는 성인 중기의 사람들을 상대로 이제까지 살아오면서 가장 긍정적인 체험이 무엇인지를 조사했다(François Höpflinger/Pasqualina Perrig-Chiello 2001). 응답자들은 할아버지·할머니가 된 것, 첫사랑, 결혼, (여자의 경우) 임신, 자식의 출산 등을 우선으로 꼽았다. 노령화, 폐경, 자식의 출가에 대해서는 상반된 반응을 보였고, 가장 부정적인 체험으로는 부모의 노쇠와 죽음을 들었다. 부모의 죽음은 종종 장기간에 걸친 후유증을 남긴다. 심한 경우 생활의 위기를 초래하기도 한다. 하지만 다수의 사람들은 이 시기의 삶을 전체적으로 만족스럽게 생각했다.

성인 중기의 여성과 남성은 대부분 소가족 단위로 또는 단둘이서 살아가면서 분가한 자식이나 자신들의 부모·친지와 활발한 접촉을 유지한다(다지역적 다세대가족). 사망률이나 재혼과 관련하여 남녀 간에는 노년으로 갈수록 가계나 생활 형태에 점점 더 차이가 난다. 홀로 사는 성인 중기의 남자들은 직장이나 사회생활에서 아웃사이더의 경향을 보인다. 반면에 여자들은 능력이 뛰어난 사람일수록 이 시기에 혼자서 당당하게 살아간다. 특히 고위직에 오른 중년의 여자들 중에 자식 없이 살아가는 경우가 눈에 많이 띄는데, 그것은 이들이 전통적인 어머니 역할에 대해서 숙고한 결과 가정과 높은 수준의 직업활동이 서로 화합할 수 없다는 판단을 내린 결과다(Onnen/Isemann 2006).

인생의 중반기를 반드시 위기의 시간으로 볼 필요는 없다. 문제해결을 위해 어떤 전략과 자원을 사용하느냐에 따라 이 시기에 대한 평가도 달라진다. 이때 변화에 적극 대처하는 유연성이 필요하다.

중년기의 사람들은 대부분 젊은 세대와 늙은 세대 사이에 끼어 있다. 자식이 어른이 되어가는 것을 지켜보면서 자신의 역할을 할아버지나 할머니로 전환한다. 동시에 떠맡아야 할 책임도 더 늘어난다. 일부는 그들의 늙은 부모에 대한 책임이고, 일부는 손자손녀에 대한 책임이다. 또 그들은 처음으로 자신의 삶에 대한 전체적인 평가를 내리며 다음과 같은 물음을 던진다. "나는 직장에서 무엇을 이루었고 개인적으로는 어떤 인간이 되었는가?" "나의 현재 위상은 어떤가?" 더 이상 인생의 모든 기회가 자신에게 열려 있지 않으며, 몇 가지는 이제 변경할 도리가 없다는 사실이 차츰 명확해진다. 신체적 능력은 저하되고, 몸은 점점 더 외부의 자극이나 충격에 취약해진다. 삶에 대한 사소한 불만도 중년의 위기로 이어질 수 있다.

7 노년기 : 삶의 질을 위하여

노년은 인생의 마지막 시기다. 직업활동을 그만두는 시점에서 시작해 죽음으로 마감된다. 대부분의 사람들은 60대가 되면 일선에서 물러나고 평균 20년 정도 더 산다(그림 10 참조). 노년에 이르면 능력이 하강곡선을 그릴 뿐이라는 통념과 달리 오늘날 우리는 새로운 역량을 다시 개발하는 발달과정에 주목한다. 인생의 마지막 시기에 어떻게 하면 삶의 질을 극대화시킬 수 있을까?

사망표			남은 기대수명		
			2001/2003	2002/2004	2003/2005
0세	남자	년	75, 59	75, 89	76, 21
	여자	년	81, 34	81, 55	81, 78
20세	남자	년	56, 27	56, 55	56, 85
	여자	년	61, 87	62, 07	62, 28
40세	남자	년	37, 12	37, 37	37, 63
	여자	년	42, 28	42, 46	42, 66
60세	남자	년	19, 84	20, 05	20, 27
	여자	년	23, 92	24, 08	24, 25
65세	남자	년	16, 07	16, 26	16, 47
	여자	년	19, 61	19, 77	19, 94
80세	남자	년	7, 14	7, 24	7, 35
	여자	년	8, 57	8, 64	8, 72

그림 10 독일의 기대수명(DESTATIS 2006)

삶은 중단되지 않는다

선진국에서는 기대수명이 계속 상승하고 있다. 2005년에 태어난

여자아이들의 평균 기대수명은 대략 82세, 남자아이들은 76세에 이른다. 현재 60세인 여성은 24년은 충분히 더 살 수 있고, 같은 나이의 남성은 20년을 더 살 수 있다.

여성의 기대수명이 남성보다 높은 것은 여성이 스트레스에 강할 뿐만 아니라 직장생활의 압박이나 사고의 위험에 비교적 덜 노출되어 있기 때문이다. 특히 군인, 선원, 광부, 건축노동자 등과 같이 힘들고 위험한 직업은 대부분 남성들이 담당한다. 이런 위험집단에 속하면서 60대에 도달한 사람은 이미 육체적으로 많이 혹사당한 상태이므로 대체로 기대수명이 짧을 수밖에 없다. 건설노동자들의 평균수명은 63세에 불과하지만 지식인층의 경우 평균보다 훨씬 길다. 성직자는 평균보다 5년을 더 살고, 전문기술자, 의사, 교사도 수명의 전망이 좋다. 반면에 화학자, 예술가, 심리학자, 저널리스트는 지식인층 가운데 가장 수명이 짧다.

기대수명에는 소득상황도 중요한 역할을 한다. 60세의 남성 중 소득수준이 가장 높은 층과 가장 낮은 층의 수명은 13년이나 차이가 난다(DESTATIS 2006; 'Die Zeit' 2006). 이는 직업 별로 건강의 부담이 다르기 때문이다. 운동부족, 흡연, 알코올섭취, 특히 스트레스는 질병의 위험을 높여 기대수명을 단축시킨다.

지혜는 계속 자라날까?

미국에서 실시된 노년의 지능발달에 관한 연구(Schaie 1995)에 따르면 60세에서 75세 사이의 참가자들 중 절반 이상이 지능검사에서 아무런 손실이나 감퇴를 보이지 않았다. 약 10퍼센트 정도는 심지어 능력이 향상된 것으로 나타났다. 하지만 80세가 넘은 참가자들에게서는 거의 예외 없이 뚜렷한 감퇴현상이 나타났다. 90세 이상의 참가자들 중에는 단지 5퍼센트만이 70세의 평균적 수준을 능가하는 정신적 능력을 보였다. 이처럼 빠르게 한계에 부딪히기는 하지만 대부분의 노인들은 훈련과 새로운 사고전략을 습득함으로써 정신적 능력을 향상시킬 여지를 보인다. 물론 정보처리, 사고, 기억 등의 민첩성과 정확성은 꾸준히 감퇴하지만 말이다.

지각속도는 나이가 들수록 점점 떨어진다. 하지만 '귀납적 사고'(개별적 경우들의 규칙성 인식)와 같은 지능영역은 40대에 이르러서야 비로소 최고 수준에 도달한다. 노인들의 정보 처리속도가 떨어지는 것은 그들이 줄어든 기억용량을 보완하는 기억전략을 사용하기 때문이다. 노인들의 뇌 조직은 확실히 예전과 다르다. 하지만 뇌 조직에 병적인 변화가 발생해도 정신적 능력은 그다지 크게 손실되지 않는다. 뇌 조직의 변화로 인한 능력 감퇴를 수십 년간 축적된 경험과 다양한 지식이 보완해주기 때문이다. 이것은 경험이 일천한 젊은 층에 비해 확실한 장점이다(Freund/Baltes 2002). 노인들이 적절한 '인지훈련'을 통해서 정신적 능력을 발달시키고 손실을 보완할 수 있다는 사실은 다양한 영역에서 증명된다.

노인의 '지혜'는 80세까지 계속 자라난다. 여기서 지혜는 삶의 실제적 측면에 관한 지식을 뜻한다. 성찰적 인생경험에 의해 형성되는 것으로 생활의 복잡한 문제들을 판단할 때 균형감각을 유지하게 해준다. 파울 발테스의 연구팀은 어떤 사람이 얼마나 지혜로운지를 알게 해주는 실험방법을 개발했다(Baltes/Staudinger 2000). 실험대상자들에게 생활의 각종 힘겨운 상황을 설명한 다음 그것을 극복하는 방안을 서술하도록 주문했다. 그리고 나서 이들이 작성한 해결방안을 여러 명의 전문가에게 보여준 뒤 정해진 기준에 따라 점수를 매기게 했다. 이때도 80세 이상의 실험대상자들에게서는 나이로 인한 뚜렷한 능력감퇴 현상이 나타났다.

노화 지연시키기

여러 가지 노인질환의 발병은 진화과정에서 그것들을 제거할 수 있는 기회가 없었던 탓이다. 초창기의 인간은 노인이 될 때까지 생존하지 못했다. 대부분 30대에 이르러 사망했다. 인간의 유전자에 담긴 생물학적 잠재력은 나이가 들수록 감소된다. 모든 생명체 안에는 생물학적으로 프로그래밍된 유효기간이 있기 때문이다. 인간의 유효기간은 대략 130년 정도다(Baltes 2003). 나이를 먹을수록 질병에 취약해지는 것은 인간이 그런 병들을 극복해낼 만큼 진화하지 못했기 때문이다. 그래서 대다수 노인들이 살아가는 시간의 3분의 1 정도를 고통 속에서 보내는 것이다. 사람은 늙어갈수록 더 많은 도움을 필요로 한다. 물론 몸 상태가 계속 나빠지기 때문에 마침내 남의 도움조차 쓸모없어지는 순간이 온다. 개인적으로 아무리 노력한다고 해도 노화과정을 근본적으로 막을 수 없다. 신체의 탄력은 감소하고 질병에는 더욱 취약해지기 마련이다. 그러므로 신체의 기능을 회복시키고 정상적으로 유지하는 데 많은 자원을 투입해야 한다. 예를 들어 전과 비슷한 내용을 학습하려면 훨씬 더 많은 노력과 시간을 들여야 한다. 꾸준한 훈련과 바람직한 생활방식은 노화작용을 늦추고 삶의 질을 높이는 데 효과적이다.

변화를 적극 수용하라

인생을 교육시기, 가정-직장의 시기, 은퇴시기로 나누는 전통적인 분류법은 더 이상 효용성이 없다. 노년인구가 증가하면서 많은 사람들이 오랜 시간 건강을 유지하면서 활동하고, 자신을 개발하고, 사회생활에 참여하게 되었다. 독일의 경우 대학교수의 퇴임연령을 오래 전에 68세로 연장했고, 많은 나라들은 근로활동의 연령제한을 아예 없애버렸다. 하지만 연령제한이 반드시 나쁜 것만은 아니다. 한편으로 개인의 보호에 기여한다는 장점이 있다. 평생을 바쳐 일하고 난 뒤에 더 이상 일할 능력이 없음을 공개적으로 증명해야 하는 상황을 피할 수 있기 때문이다(Baltes 2003).

정년퇴직은 종종 이제까지 지켜온 위상과 권위를 모두 상실하는 충격요인으로 작용한다. 당사자는 자신을 잉여적 존재로서 느끼거나 자존감을 훼손당한다. 새로운 역할이나 자아상을 받아들이기도 쉽지 않다. 관계규정이나 파트너와의 익숙한 역할분담 모두 근본적으로 변하기 때문이다. 그러므로 서로의 관계를 새롭게 규정하고 의미원천을 찾아내는 법을 배워야 한다. 은퇴한 뒤에 동호회나 종교모임 혹은 봉사단체 등에 적극적으로 참여하여 새로운 과제를 떠맡는 것은 바람직한 변화과정에 속한다.

파트너 사이에도 문제가 발생하기 쉽다. 여성은 전과 똑같이 집안일을 하는데 여기에 은퇴한 남자가 갑자기 끼어들어 간섭하게 되면 갈등이 발생한다. 또 신체적 노화와 그로 인한 매력의 감소는 자칫 부부관계를 '탈성애화'로 이어가기도 한다. 노년을 섹스와 무관한 시기로 바라보는 사회 분위기도 이런 위험을 부추긴다.

한쪽 파트너가 병이 들어 보살핌을 필요로 하는 경우도 많다. 노인이 되면 활동이 점점 줄어들고 집에서 보내는 시간이 많아진다. 대다수 노인들은 힘이 들어도 최대한 오래 자기 집에 머물며 독립적인 생활을 영위하고자 노력한다. 이것은 자의식과 역량의 유지에 도움이 된다(Textor 2006).

대부분의 노인은 가족과 가까운 관계를 유지한다. 손자손녀를 돌봐주거나 돈이나 부동산을 선물하고 유산을 물려주기도 한다. 65세 이상의 노인들 중 3분의 2는 규칙적으로 가족들과 접촉한다. 이때 딸과의 관계가 아들과의 관계보다 대체로 더 가까우며, 할머니가 할아버지보다 관계에 더 적극적이다. 하지만 대부분의 노인은 자식들과 너무 가깝게 지내는 걸 원하지 않는다.

70~85세의 노인 가운데는 파트너를 돌봐야 하는 사람들이 많다. 이 경우 돌보는 사람은 항시 대기 상태에 있어야 한다. 여기 소요되

는 시간도 젊은 층에 비해 거의 두 배나 된다. 게다가 이 시기의 노인들에게는 손자손녀를 돌보는 일도 중요하다. 85세까지의 노인 중 5분의 1과 55~69세까지의 노인 중 거의 4분의 1(24퍼센트)은 이 과제를 떠맡는다. 아이를 돌보는 시간은 천차만별이다. 매일 하루 종일 함께 지내는 경우도 있고 요일별, 혹은 주기적으로 잠깐씩 돌봐주는 경우도 있다. 40~85세까지의 여성은 21퍼센트가 아이 돌보는 일을 매달리는 반면 같은 나이대의 남성은 15퍼센트에 그친다(독일노령연구센터DZA 2001).

노인들은 대체로 다른 사람과 접촉하기를 꺼린다. 게다가 나이가 들수록 가까운 친구와 친지들이 점점 더 많이 사망하기 때문에 사회적 접촉의 기회도 더욱 줄어든다. 그래서 많은 노인들이 외로움을 느낀다. 친구나 친지와 접촉이 크게 줄어든 마당에 자식마저 멀리 떨어져서 살거나 자주 찾아오지 않으면 노인들은 심한 스트레스를 받는다.

자립적인 삶을 위한 전략

노년의 삶의 질은 무엇보다도 다음 네 가지 요인에 의해 결정된다 (Esslinger/Heppner 2006).

- 육체적 컨디션
- 사회적 관계
- 정신 건강
- 신체기관의 기능수행력

무엇보다 중요한 것은 노년에도 가능한 한 오래도록 자립적인 삶을 유지하는 것이다. 그러기 위해서는 자신의 가능성을 최대한 촉진시키며 모자란 점을 보완하고, 이 시기에 당면하는 문제들을 효과적으로 처리할 수 있는 전략을 구사해야 한다. 울프 오스왈드는 노년의 자립이 기억훈련과 신체단련을 통해서 오래 유지될 수 있다는 사실을 증명했다(Oswald 1998). 기억훈련과 신체단련은 심신의 건강을 촉진시키는 데 효과적이다.

건강은 삶의 질을 일정 수준으로 유지하는 데 중요하다. 육체적 컨디션은 과체중, 나쁜 식습관, 중독성 행동 등의 영향을 강하게 받는다. 사회적 관계의 변화는 살아가는 동안 사람들이 떠맡았던 역할이나 생활의 위기(이혼, 실업 등등)로 인해 발생한다.

사교적 수완이나 의사소통 능력에 따라 사회적 접촉은 손쉬운 일이 될 수도, 힘겨운 일이 될 수도 있다. 의사소통 능력은 다시금 주의 깊게 보고 듣는 능력에 영향을 받는다. 사회적 통합은 외로움과 소외를 막아준다. 반면에 생활의 위기와 스트레스, 노인성 우울증 등은 정신건강을 해친다. 모든 신체기관이 제대로 작동하기 위해서는 정신건강과 육체적 저항력이 뒷받침되어야 한다. 신체 수행능력은 일상적 활동, 사회적 교류, 고무적인 성공체험 등을 통해서 건강하게 유지된다(Hurrelmann et al. 2004).

베를린 노령연구센터의 연구결과에 따르면 노인들의 사고력, 지적 능력, 성격, 사회적 역량 등은 연령이 높아짐에 따라 생물학적인 차이를 보인다. 하지만 평균적인 생활만족도에는 격차가 크게 벌어지지 않는다. 물론 나이가 많아짐에 따라 부정적인 방향으로 크고작은 변화들이 진행된다. 가령 85세 이상의 노인들은 —특히 노인복지시설에서 생활하는 경우— 긍정적인 정서를 보이거나 외부를 통제하려는 성향을 드러내는 일이 거의 없다. 육체적 고통이 심해지고 혼자 있는 시간도 늘어나지만, 이들은 전체적으로 볼 때 나이가 좀 더 적은 노인들과 비슷한 만족감을 느끼며 살아간다. 이는 스스로 요구수준을 낮춤으로써 건강상태나 정신적 능력의 변화에 적응한 덕택이다 (예를 들면 자기보다 상황이 더 나쁜 다른 노인들을 떠올린다). 전략적으로 다른 생활영역이나 주제로 관심을 돌리기도 한다('탄력적 적응'; Freund/Baltes 2002).

대부분의 노인들은 만성질환에 시달린다. 한꺼번에 여러 가지 건강문제를 해결해야 하는 경우도 있고, 전문적인 치료를 필요로 하는 심각한 질병도 있다('다중질환'). 자신의 질환에 얼마나 잘 대처하느냐는 개개인이 건강과 질병에 대해서 얼마나 제대로 알고 있느냐에 달려 있다. 올바른 지식을 통해서만 필요한 자원을 구하고, 몸 상태에 맞는 적절한 행동을 취할 수 있기 때문이다. 이때 물을 충분히 마시고, 균형 잡힌 식사를 하고, 적당한 운동을 하는 것은 정신건강을 보살피는 일 못지않게 중요하다. 긍정적이고 건강한 태도로 생활하고, 적절한 동기를 부여함으로써 욕구에 상응하는 행동방식을 찾는다면 성공한 셈이다. 이때 평소의 좋지 않은 생활습관이 건강에 도움이 되는 행동을 가로막을 수 있다는 점을 기억해야 한다('건강 동기부여'). 건강을 위한 동기부여가 부족하면 치료, 다이어트, 훈련프로그램 등이 실패할 확률도 높아진다('응종 문제').

노인에게는 다양한 전문기관의 도움이 필요하다. 이때 노인들의 심리적 욕구를 충족시키기 위해서 의료나 요양의 측면 외에 심리사회적 측면도 함께 고려해야 한다(Heuft et al. 2005). 노인 세대의 사고방식, 가치와 규범은 물론이고 생활습관, 기호, 거부감 등도 세심하게 살피는 게 좋다. 노인들은 대부분 다중질환과 특수한 기능장애를 앓고 있다. 노화과정은 개인에 따라 다르게 진행된다. 그래서 이들을 보살피는 일은 전문가에게조차 결코 만만하지 않다. 노인들은 대개 고집이 세고 비협조적이므로 무엇보다 노련한 전문가의 도움이 필요하다.

자신에게 맞는 지원 시스템 찾기

자립적으로 살아갈 수 없는 노인들에게도 적당한 지원과 보살핌이 가능하다. 여기 제시하는 방법들에도 각각 장점과 단점이 있다.

- '가사생활 도우미'는 힘든 집안일을 처리해준다(장보기나 기타 다른 활동). 하지만 믿을 만한 사람을 찾기가 어렵다. 그럴 때는 전문 알선업체의 도움을 구한다. 이때 낯선 사람이 개인적 영역에 들어와 일하고 '봉사'하는 것을 싫어하는 노인도 많다는 점을 고려해야 한다.
- 상호 도움의 원칙하에 또래의 노인이나 다른 연령대의 사람들과 '공동거주'를 하는 방법이 있다. 여기서는 병들었을 때 도움을 주는 것 이외에도 인간적인 관계를

맺을 수 있다는 장점이 있다. 함께 거주할 사람은 물론 노인이 직접 고르겠지만, 그렇다고 지속적으로 좋은 관계가 유지된다는 보장은 없다. 신중하게 선택하고 전문가의 조언을 구하는 것이 바람직하다. 공동거주의 경우에도 필요에 따라 전문도우미를 요청할 수 있다.

- '방문보건서비스'는 자유롭게 선택하고 바꿀 수 있다. 가사와 보건의료의 서비스 범위는 당사자가 직접 정한다. 의사가 처방한 서비스는 의료보험에서 비용을 부담한다. 하지만 의료보험의 비용지급 규정이 매우 까다롭기 때문에 봉사시간이 불과 몇 분밖에 걸리지 않는 개별적인 서비스들에 대해서만 보험적용을 받을 수 있다. 따라서 그 밖의 비용을 직접 지불할 능력이 없는 사람은 편안하고 쾌적한 서비스를 받기 힘들다. 보건복지부, 건강보험공단 등 전문기관에서 정보를 얻도록 한다.

- '양로원'은 복지혜택이나 간병서비스 수준에 따라 차이가 많이 난다. 조그만 병실로 이루어진 양로원이 있는가 하면 아파트형 양로원도 있다. 대부분의 양로원은 공동라운지를 사용할 수 있고 각종 행사에 참여할수도 있다. 여러 세대가 뒤섞여 사는 아파트 단지와 달리 이곳의 환경은 노인집단에만 맞추어져 있다. 그래서 청소, 식사, 간병 서비스를 필요할 때마다 손쉽게 받는다. 노환이 심해져 더 이상 거동할 수 없게 되는 사

람은 요양시설로 거주지를 옮길 수 있다.

● '요양원'은 지속적으로 전문적 보살핌이 요구되는 노령의 환자들을 위한 시설이다. 주로 치매환자나 침대에서 일어나지 못하는 노인을 대상으로 한다.

양로원이나 요양원으로 들어가는 것은 소위 '전인구속적 시설total institution'에 몸을 위탁한다는 뜻이다. 자립성을 빼앗길 뿐 아니라 수입의 대부분을 여기에 쏟아 붓게 된다. 그러나 노인들 가운데 윤택하게 생활할 수 있는 사람은 얼마 되지 않는다. 대개는 돈이 별로 없으므로 풍족하지 못하게 살아간다. 노년의 빈곤은 곧잘 우울증으로 이어진다. 노인들이 정신적 유연성을 요구하는 새로운 환경에 부응하기란 말처럼 쉬운 일이 아니기 때문이다. 이처럼 전환의 위기에 있는 노인에게는 가족이나 심리전문가의 지원이 절실하다. 하지만 이런 지원이 부족하거나 아예 없는 노인시설이 더 많다.

양로시설이 늘어나긴 했지만 전문 도우미나 간병인의 공급문제는 여전히 심각하다. 비용 때문이다. 이런 시설을 이용하는 노인들에게 가장 중요한 것은 적시에 양질의 서비스를 받는 일이다. 하지만 적절한 심리사회적 보살핌을 제공할 수 있는 전문 간병인이나 의사들은 거의 찾아볼 수가 없다. 사람들은 흔히 노인이 되면 동기부여가 부족해진다고 말한다. 스스로를 돕거나 적극적으로 여가활동에 참여하지 않는다고 주장한다. 그러나 노인들의 비협조적 태도 이면에는 두려움이 숨어 있다. 전문가(전문적 양로시설)라면 반드시 이를 인지해야 한다. 그 같은 능력은 양로시설의 품질을 평가하는 중요한 척도이기도 하다(5장 참조). 노인을 보살피는 서비스가 일정 수준에 도달하기 위해서는 이에 상응하는 건강보험료 규정이 마련되어야 한다.

역량의 변화와 감퇴는 노년기의 특징이다. 과학적 연구결과에 따르면 우리의 지적 능력은 나이를 먹을수록 줄어드는 게 아니라 바뀌는 것이다. 80세까지는 그렇다. 예를 들어 지각속도는 확실히 전보다 떨어지지만 귀납적 사고 능력은 중년기에 최고조에 이른다. 또 건강하고 활기찬 생활방식과 의료기술의 발달은 신체적 노화를 늦추어준다. 나이에 따라 노인의 삶의 내용과 기대치도 바뀐다. 노인들은 대체로 가족과 밀접한 관계를 유지하며 살아가지만, 친구나 친지들과는 별로 접촉하지 않으려고 한다. 따라서 교제범위도 축소된다.

일선에서 물러나 연금생활을 하거나 양로원이나 요양원에 들어가는 것은 이들에게 종종 큰 충격으로 작용한다. 이런 경우 사회적 조건과 생활환경은 새롭게 조정되어야 하며, 가족이나 전문 인력이 적절하게 지원해야 한다. 당사자의 나이가 많을수록 도움의 손길은 더욱 절실하다.

3장

행복한 삶을 위한 인간관계

1 근원적이고 총체적인 시스템, 가족

가족은 최소한 두 세대 이상을 포괄하는 사회적 집단이다. 어느 사회나 문화권을 막론하고 널리 퍼져 있는 가장 근원적인 제도이자 총체적인 시스템이다. 가족은 개인적·집단적 기본욕구들을 충족시켜준다.

기본 욕구를 충족시켜주는 성역

가족은 어느 사회에서나 다음과 같은 기능을 수행한다.

정서적 안정에 대한 구성원들의 욕구 충족

성의 규제_모든 사회는 구성원들의 성적 행동을 제한하고, 누가 누구와 성관계를 해도 괜찮은지 정해놓는다(실제 구속력은 천차만별이다). 가까운 친족 간의 성관계에 대한 금지, 즉 근친상간 금기는 거의 모든 사회에 적용된다.

구성원의 충원_이 기능은 자식의 출산과 사회화에 관련된 것이다. 사회화는 자신이 속한 공동체의 기대와 요구에 부응하는 능력과 태도를 기르는 사회적 학습행위다. 사회화 과정에서 각 구성원은 사회적 역할을 연습하고 구성한다. 사회화는 개인의 사회적 행위역량을 길러준다. 가정은 거의 모든 사회에서 유아기의 사회화에 근본적인 역할을 수행한다.

사회화는 어른들의 도움 없이는 아직 생존할 수 없는 아이들이나 환자, 노인들에게 보호와 보살핌을 제공한다.

개인의 사회적 정착_사회는 다양한 사회적 역할과 위상으로 구성된 복잡한 네트워크다. 사람들이 자기 역할을 떠맡고 그와 결합된 요구를 충족시키기 위해서는 합당한 동기부여가 주어져야 한다. 예를 들어 독일을 비롯한 여러 나라에서는 이와 관련하여 직업적 기회균등의 원칙을 강조한다. 모든 사람은 교육시스템을 통해서 ―능력의 원칙에 입각하여― 똑같은 가능성을 가져야 한다. 그럼에도 불구하고 개인이 사회에서 차지하는 위치는 가족을 통한 사회화의 영향 등으로 인해 출신가문의 위상에 강하게 의존한다. 사회화는 부모의 직업적 위상이나 민족적 소속과 밀접한 관계에 있다(Nave-Herz/ Onnen-Isemann 2007).

문화에 따라 다른 가족의 구조

가족이 갖는 대부분의 기능들은 어느 사회에서나 공통적으로 발견된다. 실현 방식만 다를 뿐이다. 가족은 부모의 번식력, 유전적·사회적 유산, 남녀의 생체심리사회적 특성과 같은 생물학적 상태에 기인한다. 하지만 가족의 삶은 자연적 구속이 아니라 물질적 조건과 사회적 규범에 의하여 결정된다.

가족의 영역은 세계 어디를 막론하고 사회적 권위나 제도화된 규율과 의무에 연결되어 있다. 그리고 이러한 규율의 준수 여부는 종교적 인물이나 법적 정당성을 획득한 인물들에 의해 감시된다. 가족구조는 개인과 가족의 권력구조, 지역적·지리적 특성, 종교적 전통 등을 통해서 다양화되었다. 따라서 가족문제를 일반화시키는 것은 대부분의 경우 의미가 없다(Therborn 2004). 다만 아래 기준에 따라 가족구조를 —다문화적 관점에서— 구분지어볼 수 있다.

배우자의 수

유럽에서는 문화적으로나 법적으로 일부일처제만 통용된다. 일부일처제란 결혼이 오직 한 사람의 남성과 한 사람의 여성 사이에서만 이루어질 수 있다는 뜻이다. 반면에 일부다처제나 일처다부제를 허용하는 사회도 있다. 유럽도 예전에는 부차적 관계의 형태로 이런 결혼방식을 '비공식적'으로 허용했다(Kaiser 2003, 2007).

가구의 결합

부부와 두 사람이 낳은 자식만 함께 사는 가족을 핵가족이라고 한다. 이것은 유럽, 미국, 캐나다, 오스트레일리아, 뉴질랜드 등에 가장 널리 퍼져 있는 가족형태다. 핵가족은 이제 다른 나라에서도 가장 많은 퍼센트를 차지한다. 반면 '확대가족'은 먼 친척이나 가족이 아닌 사람들이 여럿이 함께 살거나 각각 가정을 꾸린 두 형제가 한 집에 모여 사는 형태다.

가족 내 세대

가족의 기본 형태는 여러 세대가 함께 모여 사는 대가족이다. 가족은 한 곳에 모여 살거나(unilocal) 여러 곳에 흩어져 사는 (multilocal) 가족, 아버지의 집(patrilocal)이나 어머니의 집(matrilocal)에 사는 가족, 다른 지역에 사는 (neolocal) 가족으로 구분할 수 있다. 또 몇 세대로 구성된 가족이냐에 따라 2세대 가족, 3세대 가족, 4세대 가족 등으로 구분된다. 이때 모든 세대에 두 명의 결혼파트너가 있을 필요는 없다. 기대수명이 높아진 요즘, 선진국에서는 4세대 가족이나 5세대 가족도 점점 늘어나는 추세다.

혈통선

유럽, 미국, 캐나다, 오스트레일리아, 뉴질랜드와 같은 서구사회에서는 모계 쪽 자손이나 부계 쪽 자손이 모두 친척관계에 있다고 본다. 그러나 이런 양계 친족시스템이 어느 사회에서나 통용되는 것은 아니다. 조지 피터 머독의 자료에는 그가 조사한 250개의 사회 중 30퍼센트만이 이런 친족시스템을 사용하는 것으로 나온다(Georg Peter Murdock 1949). '부계' 혈통선만 사용하는 사회는 그보다 많았다(40퍼센트). 이 사회에서 아이는 오직 아버지 쪽 가족들과 친척이 된다. 어머니 쪽 친척관계만 적용하는 '모계' 혈통선은 그보다 적게 나타났다(20퍼센트). 가장 드문 경우는 두 혈통선 −모계 혈통선과 부계 혈통선−이 나란히 존재하는 사회다(10퍼센트). 모계 혈통선은 어머니 쪽 원가족이, 부계 혈통선은 아버지 쪽 원가족이 있던 지역의 주거형태를 따른다.

역할 분배

가족의 기능, 예를 들어 어머니나 아버지의 기능이 사망이나 이혼을 통해서 소멸되면 역할 분배도 달라진다. 이런 경우 아이들은 한쪽 부모와 함께 살게 되는데, 이를 '한부모가족' 또는 '모자가족'이나 '부자가족'이라고 부른다.

이론적으로 세 가지 패턴의 권위를 생각해볼 수 있다. 부권과 모권 그리고 평등한 권력구조다. 부권은 역사적으로 가장 많은 국가에서 법적 효력을 지닌다. 이 같은 부권은 그리스, 로마, 유대왕국은 물론이고 근대의 여러 사회에도 존재했다. 아버지의 포괄적인 결정권은 자식—미혼일 경우 성인이 된 자식도 마찬가지다—과 아내의 생사여탈권을 포함하여 모든 영역에서 절대적인 힘을 행사했다. 여성들에게 약간의 경제적 자율이나 상속권이 허용되었던 사회구조도 '남성주도형' 사회로 분류된다(예를 들어 1900년경의 아프리카 서부해안). 모권—중앙아메리카의 인디언 부족과 아마조네스 전설에 등장하는—이 사회규범으로 자리 잡았던 적은 한 번도 없다.

오늘날에는 평등적 권위구조가 점차 확산되고 있다. 현대사회에서 양성 평등은 법률에 의해 뒷받침된다. 비록 현실에서는 여전히 부권구조와 모권구조의 영향이 잔존하고 있지만 말이다. 가족 내에 작용하는 권력의 다양한 형태는 다음과 같다(Kaiser 1989).

구성원들의 '행동에 대한 영향력'_갓난아기, 환자, 교대근무자 등은 자신들의 기본욕구에 맞추어 가족의 생활을 지배한다.

존재감_집에서 살림하는 사람은 가족의 생활에서 발생하는 일들을 대부분 경험하고 다른 구성원들과도 가장 많이 접촉한다. 할머니나 어머니는 거의 항상 집안에 있기 때문에 많은 정보를 입수할 수 있고 다른 가족들과도 밀접한 관계를 나누게 된다(1장4, 2장1 참조). 지속적 애착관계는 특히 아이들에게 중요하다. 그래서 아이들은 대부분 아버지보다 어머니의 영향을 더 많이 받는다. 주로 집안에 머무는 생활은 또한 주변과의 접촉 기회를 높이기 때문에 그와 관련된 자원(예를 들어 이웃과의 사귐)에 좀 더 쉽게 접근할 수 있다. 경제나 법률적 문제들에 대한 지식이 제일 많은 구성원은 은행, 관청, 보험 등과 관련된 일들을 처리한다. 기술적 지식은 결정권을 부여받기도 하지만 집이나 자동차를 수리하는 따위의 일을 담당할 의무도 지닌다.

가족의 기능수행력_가족은 총체적 시스템이다. 하위시스템이나 구성원들과 협력하여 관련된 모든 영역에서 발생하는 상황과 계획을 만족스럽게 처리하고, 구성원들에게 불이익이 발생하지 않게 한다 (Kaiser 2007). 가족의 기능수행력이 구성원들의 건강과 발달에 미치는 영향력은 매우 지대하다. 아무리 높이 평가해도 모자라지 않는다. 아래 요소들은 가족이 제 기능을 다하는 데 꼭 필요한 것들이다.

가치, 규범, 규칙(가치와 규범, 규칙을 정한다)

모든 구성원이 유익한 가치나 규범이나 규칙을 명확히 인식하고 받아들일 때 '대화적 가족문화'가 촉진된다. 물론 단순히 말에 그치지 않는 실제적인 가치나 규범이어야 한다. 가령 구성원들이 가족 간의 대화를 "쓸모없는 잡담" 정도로 여기게 된다면 올바른 대화문화가 생겨날 수 없다.
가족 간의 이별이나 이혼을 경험한 사람은 결혼, 가족, 자식에 대한 가치를 그다지 높게 평가하지 않는다. 구성원들끼리 서로 존중하고 협력하게 만드는 것은 가족 내부에 고착된 인간상이다. 우리가 직접 조사한 바에 따르면 생각의 자유나 평등권 같은 보편적 인권이 유보된 가족도 많았다.

가족에 대한 인식

공동생활은 구성원들이 서로의 처지, 욕구, 체험이나 의도 등을 충분히 알고 이해할 때만 가능하다. 자신을 상대방에 맞추고 적응하고 서로 협력하기 위해서는 활발한 의사소통과 교류가 이루어져야 한다. 의사소통의 작용방식에 대한 지식과 교육, 건강, 식생활, 부부관계에 대한 이해는 가족이 제대로 기능하는 데 반드시 필요한 전제조건이다.

건설적 생활콘셉트와 모델링

'생활콘셉트'는 가족의 삶이 어떻게 영위되며 무엇이 중요한 평가기준인지 알려주는 지표다(1장4 참조). '모델링'은 의식적·무의식적 지식의 총합이자 경험, 감정, 기억에 대한 규칙으로서 이해된다. 한 가족의 생활콘셉트는 그들의 전통, 의례, 유산, 대표적 인물, 감추어진 비밀 등에서 모습을 드러낸다. 이 같은 모델링은 세대를 이어가며 전승된다.

가치 있는 행동과 체험이 가능하려면 모델링이 합리적이어야 한다. 자녀들은 가족관계를 끊임없이 관찰하면서 장차 자신이 이룰 가족을 모델링하게 된다. 부모가 평소 가족관계에서 중요한 내용들을 자주 언급하면 아이들은 일찍부터 다른 형제들을 존중하고 배려하는 태도를 배운다. 그밖에도 생활콘셉트는 부부나 가족구성원들의 가족적 자아상을 구성하며, 의식적 혹은 무의식적으로 공동생활을 조절한다.

바람직한 의사소통·결정·조절 구조

의사소통·결정·조절 등의 구조가 제 기능을 발휘하면 구성원들 간의 교류가 활발하고 민감하며 창의적으로 이루어진다. 이 과정에서 중요한 것은 규칙과 상징과 신호다. 이 세 가지 요소는 의사소통적 차원에서 시시때때로 검사하고 확인할 필요가 있다('메타커뮤니케이션'). 가령 온 가족이 함께 하는 만찬 시간은 가족 내의 규칙과 준수여부에 대해서 이야기를 나눌 수 있는 좋은 기회. 구성원들 간의 의사소통 품질은 가족생활의 만족도를 결정하는 요인이다(1장10 참조). 가족 내에 부담스러운 사태가 발생하거나 세대 간의 의사소통이 원활하지 못하면 가족관계가 손상되기 쉽다. 이때 윗세대와 아랫세대는 서로 영향을 주고받는다.

역할·관할권·과제의 효과적 분배

구성원들이 맡은 바 역할을 잘 인식하고 역량을 충분히 발휘할수록 가족의 기능수행력은 점점 좋아진다. 파트너는 파트너다워야 하고, 자식은 자식다워야 한다. 하지만 형제와 자식이 파트너나 부모의 대체물로서, 또는 파트너가 자식의 대체물로서 '기능'할 경우 실망감이나 세대 간의 갈등이 생기기 쉽다. 심지어 관계가 기형적으로 발전할 위험도 있다. 그러면 제3자의 역할과 자기 역할은 그대로임에도 불구하고 원래의 역할이 힘을 잃게 된다. 가령 아이가 어머니의 대체파트너가 되면 파트너와 아버지로서의 남편은 평가절하되고, 아이도 자식으로서의 역할을 상실한다. 이런 '삼각구도'에서는 부모와 자식 간에 경쟁관계가 발생한다(Kaiser 2002).

경계설정

시스템이 최적의 상태로 작동하려면 대외적으로는 물론 하위시스템 간에도 경계가 설정되어야 한다. 그래야 하위시스템들이 분명하고 성찰적으로 운영될 수 있다. 만족스럽고 조화로운 가족들은 사적 공간의 경계를 분명히 하려는 경향이 강하다. 많은 시간을 함께 보내며 이때 방해받지 않도록 각별히 노력한다. 가족관계나 부부관계가 만족스럽지 못할수록 부부나 각 세대의 자기영역은 부모나 자식 혹은 제3자를 위해 쉽게 희생되고, 이것은 다시 하위시스템의 기능 악화로 이어진다.

부부 역시 자기들만의 친밀한 영역을 갖지 못하면 점점 사이가 멀어진다. 부모와 자식 간의 지나친 밀착이나 잘못된 애착은 자립을 저해하고 또래집단과의 관계를 가로막는다. 너무 엄격한 경계도 좋지 않다. 건강한 애착을 약화시키고, 심한 경우 가족구성원을 소홀하게 대할 수 있기 때문이다. 이는 또다시 자녀의 발달과 애착능력을 방해한다. 대부분의 가족들은(전체의 4분의 3) 부부의 경계와 세대 간의 경계는 약한 반면 외부와의 경계는 강한 것으로 드러났다(Kaiser 2002).

관계와 애착

관계는 과거에 이미 벌어진, 그리고 미래에 벌어질 것으로 기대되는 수많은 상호작용을 통해서 생겨난다. 다음의 세 가지는 관계를 기술하는 본질적인 차원이다.

　상호성 · 의존성
　권력관계
　친밀성

구성원들 간의 관계와 애착이 건설적이고 신뢰할 만할수록 가족시스템의 기능은 더욱 쉽게 작동한다. 가족관계가 상호성('호혜주의')에 근거하여 안정감을 제공해줄 때 구성원들은 가장 큰 이득을 얻는다. 자식의 애착요구와 부모의 보살핌은 생물학적 뿌리에서 나온 행위로 진화적 장점을 지닌다. 상호간의 사회적 지원이 부족하고 구성원들의 유대관계가 약하면 어린아이와 청소년은 쉽게 불안해진다(1장4, 1장10 참조).

역량을 갖춘 하위시스템과 구성원

가족은 맡은 바 역할과 과제를 잘 해낼 수 있는 역량 있는 하위시스템과 구성원을 필요로 한다. 하위시스템이 제대로 작동하지 않거나 구성원들에게 역량이 부족하면 전체 가족시스템이 작동을 멈추게 된다. 부부관계가 좋은 부모는 자녀들에게 더 나은 발달기회를 제공하고, 형제들끼리 사이가 좋으면 서로 많은 도움을 주고받게 된다.

부모의 교육적 태도는 파트너십의 품질과 성격특성에 따라 다르다. 부모의 정서불안(신경증; 1장 5 참조)은 자식에 대한 과잉보호나 긍정적 자극이 결여된 보살핌으로 이어진다. 부부가 서로를 잘 이해하지 못하면 부정적 정서가 발생한다. 아이의 애착을 불안정하게 만들고 반항심과 분노를 야기한다. 사교성이 좋고 개방적이며 자제력이 뛰어난 부모는 아이가 안정적인 애착을 갖고 성장하도록 도와준다.

2 가족의 형태는 다양하다

가족시스템의 형태와 구조는 매우 다양하다. 이와 관련하여 가족 규모, 어머니의 직업활동, 한부모 가정, 계모·계부 가정 등이 가장 많이 언급된다(Kaiser 2003).

출산율의 영향

출산 감소는 1960년대 중반 북서부 유럽에서 시작되어 남부 유럽으로, 나중에는 중동부 유럽으로 확산되었다. 출산감소의 가장 큰 원인으로 꼽히는 것은 피임약의 상용화다. 피임약은 출산과 터울을 조절할 수 있게 함으로써 간접적으로 가족 규모에 영향을 미친다. 또 다른 원인은 여성의 높은 교육수준과 직업활동이다. 유럽 전역의 인구통계학적 변화를 통해서 이를 확인할 수 있는데, 주로 다음의 현상과 관련이 있다.

다양한 생활형식이 생겨난다_결혼을 통하지 않은 관계의 비중이 늘어나고 이혼율이 높아지는 추세다.

결혼하는 여성의 수가 줄어든다. 여성의 결혼 연령도 점점 늦어진다(유럽의 여성은 대체로 25세에서 30세 사이에 결혼한다).

결혼과 출산 사이에 더 이상 강요적 관계가 성립되지 않는다_부모가 되는 것을 망설이거나 의도적으로 피한다.

많은 유럽국가에서 심각할 만큼 출산율이 저하된 것은 이 같은 추세에 편승한 결과다. 심지어 인구의 유지가 화두로 떠오를 정도다. 1961년생 여성 한 사람당 자녀의 수는 평균 1.7명으로 인구유지에 필요한 출산율인 2.1명에 못 미친다. 유럽국가의 출산율은 나라별로 차이가 있다. 오스트리아, 이탈리아, 독일의 여성은 평균적으로 1.7명 미만의 아이를 출산하는 반면 노르웨이, 스웨덴, 프랑스의 여성은 두 명이 조금 넘는다. 아일랜드의 출산율은 평균 2.4명이다(Onnen-Isemann 2006).

도시산업사회나 서비스사회가 발달한 곳에서는 일반적으로 소가족 모델이 우세하다. 출산율은 꾸준히 저하된다. 반면에 아시아나 아프리카와 같은 농업 위주의 비산업화 국가에서는 출산율이 여전히 상승곡선을 그린다.

독일에서는 자녀가 셋 이상인 가족의 수가 점점 줄어드는 반면 한 명 이하의 가족은 꾸준히 늘어나고 있다. 하지만 독일은 외자녀 사회로 발전하지는 않았다. 전체 아이들의 24.4퍼센트만이 외자녀 가정에서 자랐고, 48.4퍼센트는 최소한 한 명의 남자형제나 여자형제가 있었으며, 19.1퍼센트는 여러 명의 형제들과 함께 컸다(Nave-Herz 2004, 209쪽).

가족규모는 결혼하는 커플의 나이, 부부관계의 형태, 재정적 상황, 육아경험, 여성의 직업성향을 통해서도 영향을 받는다. 하지만 무엇보다도 부모들이 아이를 원하는 이유가 전과 많이 달라졌다. 지난 세기까지, 특히 농업 위주의 사회에서는 자식을 미래의 노동력으로 간주했다. 노후보장과 건강보험 역할도 했다. 반면 지금은 많은 사람들이 자식에게서 정서적인 만족을 얻거나 커가는 모습을 지켜보는 것만으로도 충분히 즐겁다고 여긴다. 이처럼 정서적 교감을 나누기 위해서는 한 명이나 두 명의 자식으로 족하다. 그러므로 출산율 저하는 가족과 자식에 대한 원칙적인 거부와는 무관하다고 보아야 한다. 오히려 현대적 개념의 산업·서비스 사회에 방향을 맞춘 '기능변화'에서 그 원인을 찾는 게 좋다. 무자녀 여성의 절대적 다수는 원래 아이를 원했지만 소망을 실현하지 못한 경우다. 독일은 구조적으로나 규범적으로 그에 대한 걸림돌이 많다. 무자녀 여성은 대체로 직장생활에 더욱 열심히 참여하지만 한편으로는 직업과 가정을 일치시키는 문제에 민감하다. 그래서 아이를 낳는 시기를 자꾸 미루게 되는 것이다. 적당한 때가 오기만을 기다리다가 결국 시기를 놓치고 만다. 독일에서 무자녀 가족이 증가하는 주된 이유는 사회구조적 변화의 결과인 셈이다. 이 변화는 여성의 높아진 교육수준과 더욱 강력해진 직업참여에 기인한다. 예나 지금이나 기반시설(보육원, 유치원, 온종일반, 방과후놀이방)은 여전히 부족한 반면 전통적인 가족관과 "어머니상"은 계속 고수되고 있다. 최근에는 자녀와 생활에 대한 사람들의 인식과 태도에도 변화가 생겼다. 자식은 점점 "고급스러운 사치"로 바뀌어 한 번쯤 누려보고 싶은 선망의 대상으로 자리 잡았다. 심지어 집중적인 노력을 기울여 명품으로 길러내야 할 대상으로 이해하는 사람도 많다.

'연장 근무터'

여성의 직업활동에 대한 통계를 1882년까지 추적해본 결과 양적으로 큰 변화가 없는 것을 확인했다(Sommerkorn/Liebsch 2002). 다만 지난 25년 간 자녀를 둔 취업여성이 차지하는 비율만 높아졌을 뿐이다. 1950년에는 취업여성 중 4분의 1만이 18세 이하의 자녀를 둔 어머니였던 데 비해, 1960년에는 세 명 중 한 사람이, 2002년에는 세 명 중 두 사람이 어머니였다(통계연감 2003). 6세 이하의 자녀를 둔 어머니들도 절반 이상을 차지했다. 구동독 지역은 높은 실업률에도 불구하고 취업모의 직업활동이 널리 확산되어 있다.

자녀수, 가족상황, 교육수준에 따라 취업여성들 사이에도 커다란 차이가 발생한다. 한부모 가정 어머니들의 직업활동 참여도가 가장 높으며, 대다수가 전일노동을 한다. 파트타임으로 일하는 취업여성까지 포함시키면 취업모가정의 수는 훨씬 더 늘어난다. 취업모의 수가 증가한 데에는 1960년대 이래로 직업활동에 참여하려는 여성들의 욕구가 크게 늘어난 점을 꼽을 수 있다. 그때부터 가외노동에 참여하는 여성들의 수가 꾸준히 증가했는데, 이는 여성들이 직업활동을 단지 경제적 이득만이 아니라 자아실현의 방편으로 여긴 때문이기도 하다. 직업노동은 여성들에게 곧 자립적 생활기반을 의미한다. 이런 경향은 1970년대에 들어 더욱 강해졌다. 점점 더 많은 여성들이, 특히 전문성을 갖춘 젊은 여성들은 직업과 가정 중 그 어느 것도 포기하고 싶어 하지 않는다. 동독의 여성들은 훨씬 더 일찍부터 이런 태도를 취했다. 그러나 두 마리 토끼를 모두 잡으려는 시도는 여성의 삶에 아주 골치 아픈 문제를 야기했다. 오늘날까지도 좀처럼 해결될 기미가 보이지 않는 문제다. 바로 노동과 가정의 두 영역이 서로를 전혀 배려하지 않는다는 사실이다! 직업은 개인의 전부를 모두 투입할 것을 요구한다. 노동하지 않는 시간은 휴식을 위해 또는 노동력의 재충전을 위해 쓰여야 하지만, 성별에 따른 가사분담의 특성상 취업모는 직장에서 퇴근한 뒤에도 여가시간을 갖지 못한다. 알리 호치실드와 안네 마흥은 취업모들은 직장을 마친 뒤에 "두 번째 교대근무처"로 가야 한다고 말한다(Arlie Hochschild/Anne Machung 1989).

가사노동 분담이 불공평하다는 것을 남녀가 모두 인정한다 해도 변하는 것은 없다. 젊은 부부의 가정에서조차 집안일은 여성의 몫이고 남성들은 가끔씩만 손을 댄다. 여성이 직업활동을 하건 말건, 직장일이 얼마나 힘이 들건 상관없다. 예외가 있다면 두 사람이 모두 고소득의 전문직에 종사하는 부부들뿐이다. 집안일의 대부분을 도우미를 고용하여 해결하고, 아이 돌보는 일도 보모에게 맡길 능력이 되기 때문이다. 하지만 대부분의 취업모들은 아이를 위해 그보다 비용이 덜 드는 놀이방이나 유치원을 찾는다(취업모들의 형편은 이 점에서 스칸디나비아 국가들이 독일보다 조금 나은 편이다).

또 다른 문제가 있다. 자식들이 직장에 나간 사이에 할아버지나 할머니가 손자손녀를 돌봐주는 경우가 지난 30년 동안 꾸준히 감소했다. 왜 그럴까? 그들에게는 예전의 조부모 세대들처럼 젊은 어머니들을 도울 마음이 더 이상 없는 것일까? 아니면 손자손녀들에게 별로 관심이 없어서일까? 물론 이런 것들이 진짜 이유는 아니다. 조부모와 손자손녀들 사이는 지금도 아주 각별하다. 물질적으로든 비물질적으로든 서로 의지한다는 사실도 이미 증명된 바 있다(Szydlik 2000). 하지만 요즘은 많은 할머니들이 시간이 없어서 아이를 돌봐주지 못한다. 취업모의 수가 증가했다는 것은 직업활동을 하는 할머니들도 늘었다는 뜻이다.

취업모의 수가 크게 늘었음에도 불구하고 사람들은 여전히 직장생활로 인한 어머니의 부재가 아이의 발달에 불리하게 작용한다고 생각한다. 심지어 3살 이하의 자녀를 둔 어머니들은 직업활동을 해서는 안 된다고 주장하기도 한다. 애착관계의 발달과 관련된 최신 연구 결과에 따르면, 아이를 꼼꼼하고 세심하게 보살피는 애착인물은 둘이나 셋 정도가 적당하다. 가장 흔한 경우는 부모 외에 할머니나 할아버지가 한 사람 더 있는 것이다. 외부인의 보살핌은 '보완적으로' 이용해야 한다.

한부모 가정은 위기상황의 산물

한부모 가정은 대개 '위기상황'을 겪고 난 뒤에 생긴다는 점에서 핵가족과 구별된다. 홀로 자녀를 길러야하는 사람에게는 파트너가, 자식에게는 한쪽 부모가 죽음이나 이별을 통해서 더 이상 함께 지내지 못하는 상황이다. 이런 사건은 모든 구성원에게 평생의 흔적을 남긴다(5장4 참조).

독일에서는 지난 25년 간 꾸준히 한부모 가정의 수가 증가했다. 하지만 이혼가정에서 자라는 것이 쉬운 일은 아니다. 18세 이하의 자녀를 둔 모든 형태의 가정에서 한부모 가정이 차지하는 비율은 현재 23퍼센트 정도다(통계연감 2003). 독일의 경우 한부모 가정이 생겨나는 가장 큰 원인은 부부의 이혼이다. 2005년에는 한부모 가정을 꾸리는 여성의 40퍼센트와 남성의 43퍼센트가 이혼한 사람들이었다. 여성의 경우 나머지 24퍼센트는 미혼모였고, 22퍼센트는 과부, 14퍼센트는 별거 중인 여성이다.

2005년 현재 독일에서는 가족과 함께 지내는 14~17세의 아이들 중 77퍼센트인 290만 명이 부부가 모두 있는 가정에서 생활한다. 물론 이들이 모두 아이의 친부모인 것은 아니다.

한부모 가정의 자녀들 대부분은 어머니와 함께 생활한다. 아버지가 한부모 가정을 꾸리는 비율은 18퍼센트에 불과하다. 한부모 가정의 가장들은 혼자서 짊어져야 하는 책임이 너무 크다고 불평한다. 특히 어머니들은 경제적 형편이 몹시 나쁜 경우가 많다(아버지들은 그런 경우가 훨씬 드물다). 사회복지분야에서 가장 많은 지원이 투입되는 곳도 편모가정이다. 그렇다고 해서 혼자서 자녀를 기르는 모든 어머니가 사회의 빈민층으로 살아간다고 성급히 일반화할 수는 없다. 한부모 가정 역시 재정상태, 교육방식, 가정의 분위기, 외부와의 교류, 생활환경 등 다양한 영역에서 차이가 많이 난다. 가령 새 파트너와 함께 생활하는 경우 한부모 가정은 이제 계부모 가정으로 바뀐다.

한부모 가정에서 자라는 아이들이라고 해서 반드시 모종의 심리적 상처를 입었을 거라고 생각할 필요는 없다. 문제는 대개 헤어진 친부모 사이에 갈등이 심하거나 이혼한 뒤에도 그것이 계속 남아 있을 때 발생한다(Amato 2000; 3장6 참조).

충성심 갈등으로 고통 받는 계부모 가정

산업화 시대 이전에는 계부모 가정이 지금보다 훨씬 더 널리 퍼져 있었다. 출산후유증이나 산욕열 등으로 인해 여성의 기대수명이 현저히 짧았던 탓이다. 당시에는 계모가정이 계부가정보다 훨씬 많았다. 오늘날은 반대다. 한부모 가정의 절반 이상이 이혼을 통해서 생겨나는데 그 중 82퍼센트가 여성이 아이를 키우는 경우다. 이때 여성이 재혼을 하면 계부가정이 된다.

베레나 크레엔뷜_Verena Krähenbühl과 동료작가들은 계부모 가정의 유형을 발생원인과 재혼한 친부모의 이전 가족상황에 따라 다섯 가지로 분류했다.

계모가정_친아버지가 배우자가 죽은 뒤에 재혼한 경우이거나, 이혼 뒤에 재혼했는데 이혼한 전처가 자신이 낳은 자녀를 데려가지 않은 경우

계부가정_친어머니와 재혼한 남자가 자신이 낳은 자녀를 데려오지 않은 경우

적자 계부모 가정_결혼하지 않고 낳은 자녀의 어머니 또는 아버지가 다른 파트너와 결혼하여 자기 아이의 아버지 또는 어머니로 삼은 경우

복합적 계부모 가정_두 파트너가 모두 이전 배우자와 사이에서 얻은 자녀를 데려와서 함께 생활하는 경우

조각보 가정_이전 배우자에게서 얻은 자녀와 현 배우자에게서 얻은 자녀가 함께 생활하는 계부모 가정.

계부모 가정은 발생사부터 다른 가정과 구분되며, 친족관계가 크

게 확장되는 특징이 있다. 양쪽 부모가 모두 이혼 뒤에 새로 재혼을 하면 아이에게는 친조부모 외에 계조부모도 생긴다. 이렇게 확장된 새 친족집단에서는 개인에 따라 특정인물을 새 친구로 선택하거나 가족으로 인정하게 된다.

계부모 가정의 가장 큰 문제는 공동의 경험과 생활방식이나 역할 규정이 부족하다는 점이다. 서로 다른 가정에서 각기 다른 전통과 습관에 따라 생활하던 사람들이 강제로 만난 셈이기 때문이다. 스스로 원하거나 결정하지 않은 채 친족관계에 들어섰다는 뜻이다. 새 커플 역시 자신들만의 친밀한 공간을 확보하는 데 어려움을 겪는다. 아이들은 '새'어머니·아버지에게 마음을 열지 않고 죽었거나 헤어져 사는 부모에게 집착한다. 떨어져 사는 부모와 정기적으로 만난다면 계부모 가정 시스템에 대한 불만과 불안이 고조되어 갈등이 발생하기 쉽다(Kaiser 2003).

많은 계부모는 다른 구성원들이 자신에게 무엇을 기대하는지 좀처럼 알지 못한다. 계부모들은 실제로 많은 '의무'를 떠맡으므로 파트너의 자녀를 위해서도 적극적으로 행동해야 한다. 하지만 그들이 누리는 '권리'는 아주 보잘것없다. 권리의 대부분은 여전히 헤어져서 사는 부모에게 남아 있기 때문이다. 죽은 부모만큼도 권리를 누리지 못한다. 하지만 계부모들의 역할판단은 지극히 비현실적이다. 떨어져 살거나 죽은 친부모의 자리를 온전히 차지하고 싶어 하고, 의붓자식에게 친부모와 똑같은 사랑과 인정, 존경과 복종을 기대한다. 이런 무리한 기대와 요구 때문에 아이들은 종종 떨어져 살거나 죽은 친부모에 대해 '충성심 갈등'에 빠진다.

계부모 가정의 분위기는 다양한 요인에 의해 결정된다. 예를 들면 아이의 나이(어린아이일수록 계부모와의 관계에 빨리 적응한다), 떨어져 사는 부모와의 접촉빈도, 계부모와 친부모 사이의 관계 등이 모두 중요하다(Kaiser 1996, 2003). 계부모가 '친구처럼'만 지내고 친부모의 역할을 완전히 인정하면 부작용이 훨씬 덜하다. 그런 상황에서는 부모 개념도 피하는 것이 좋다.

가족은 다양한 기능을 지닌 사회적 제도다. 가족은 정서적 안정과 보호를 제공하고, 구성원들의 성적 행동을 조절하여 생물학적 재생산에 기여하고, 아이들의 1차적 사회화를 담당한다. 더 나아가서 가족은 구성원들이 사회에 정착할 수 있도록 도와준다. 가족구조는 문화에 따라 다양하며 변형될 수 있다. 어느 사회에서나 핵가족을 기본형태로 하여 다세대가족으로 확장된다. 가족구조는 혈통선, 주거형태, 파트너의 수, 가계의 결합, 구성원의 역할과 권위 등에 따라 다양하게 구분된다. 이혼율의 증가로 최근에는 한부모 가정이나 계부모 가정과 같은 가족형태가 (또다시) 강력하게 대두되고 있다.

3 사랑에 접근하기

성은 생물학적인 종족보존에 기여한다. 각 개인은 자기 유전자를 최대한 널리 퍼뜨리려는 자연스러운 사명과 목표('생식의 성공')를 지니고, 이에 요구되는 적절한 행동방식을 갖춘다. 번식과 양육에서 최대한 성공을 거두기 위해 파트너 선택도 신중해진다. 파트너로서 적합한지를 가늠하는 것은 외모, 성격, 태도 같은 기준들이다. 여기서는 특히 첫 만남이 중요하다. 남녀 간의 만남은 다음 일곱 단계로 구분할 수 있다(Givens 1978).

주목 단계에서는 외적 매력이 관건

주목 단계에서는 외적 매력이 관건이다. 진화의 과정은 이를 위해 '번식능력과 양육능력'을 드러내주는 기준을 마련했다. 이때 남자들은 여자에 비해 외적 특징에 훨씬 더 높은 가치를 부여한다. 세계 어디서나 똑같다. 커다란 눈, 좌우대칭의 얼굴, 풍만한 가슴, 탄력적인 몸매, 고운 살결 등을 보고서 여성의 건강과 출산능력을 가늠하는 것이다. 반면에 여자들은 번식력과 부양능력의 판단기준으로 강한 인상, 건장한 체격, 다부진 몸매, 당당한 태도, 관철능력, 사회적 위상을 꼽는다(Tramitz 2002). 다가설 때의 걸음걸이, 꼿꼿한 자세, 걷는 속도, 눈매와 시선 등은 그 사람의 성격과 앞으로 있을 상호작용을 예감케 한다. 이런 선발절차를 통해 마음속 순위가 매겨지며, 후보들은 차례로 이상적인 파트너모델과 비교 당한다. 이 모델링은 신경심리적 도식, 출신가정, 인간관계에 대한 경험, 사회적 배경 따위의 영향 아래 전개된다(1장7, 2장1 참조). 자기 파트너가 남에게도 매력적이면 자랑스러운 마음이 커진다. 그만큼 자기가치가 높아지기 때문이다. 대체로 사람들은 자신의 매력에 부합하는 정도의 매력을 지닌 파트너를 선택한다. 따라서 매력이 떨어지는 남자들은 자신보다 더 매력적인 여자들에게 퇴짜를 맞을 가능성이 높다. 매력적인 남자들은 물론 걱정을 덜 한다. 거부에 대한 두려움은 내면 깊숙이 자리 잡고 있는데, 네 살부터 겉으로 드러난다.

구애할 때 나타나는 다양한 신호들

구애 단계에서 여자들은 대화를 이끌어내는 데 적극적이다. 티머시 퍼퍼Timothy Perper는 폭넓은 관찰을 통해서 여자들이 다양한 신호를 이용해 남자들의 행동을 촉구하거나 저지한다는 사실을 확인했다. 이때 주로 사용되는 것은 시선이다. 방향을 정하지 못한 것처럼 보이는 시선은 특정한 지점에 오래 머물지 않고서도 많은 사람의 인상을 꼼꼼히 수집한다. 목표인물을 잠깐 동안 마치 화살과녁처럼 뚫어져라 쳐다보는 일명 '화살던지기darting' 시선은 관심의 표현이다. 이 시선을 3초 이상 유지하는 것은 요구하는 게 있다는 뜻이며, 눈썹을 빠르게 치켜 올리는 것은 교제 의사가 있다는 구체적인 신호다.

미소는 분위기를 끌어올리는 데 특히 효과적이다. 구애상황에서 전형적으로 나타나는 당혹스러운 듯한 미소는 수줍음과 우호적인 접근을 동시에 표현한다. 이때 빠른 시선교환이 이루어진다. 머리를 약간 뒤로 젖히면(일명 '헤드토스headtoss') 민감한 목 동맥이 드러난다(복종의 표시). 자신을 쓰다듬는 행동은 대개 애정욕구를 드러내는 신호이지만 한편으로는 불안감의 표현일 수도 있다. 이것은 자신을 추위에 떨게 내버려두지 말라는 구체적 신호로도 사용된다. 여자들은 입술을 가볍게 앞으로 내밀거나(뾰로통한 입) 가슴을 내밀고, 다리를 벌리는 등의 동작을 통해 성감대를 강조할 때가 많다. 심지어는 살짝 열린 입술을 부드럽게 혀로 핥기도 한다.

성적신호와 복종신호의 조합은 남자들이 쉽게 접근하도록 유도한다. 크리스티아네 트라미츠Christiane Tramitz는 여자의 구애신호에 대한 남자들의 반응을 실험한 결과 수줍음을 타는 소극적인 남자일수록 여자의 신호에 빨리 반응하지 못한다는 사실을 발견했다. 이런 남자들은 자신감이 부족한 탓에 거부신호부터 찾으려고 애쓰기 때문이다('선택적 지각'). 이들에게는 여성과의 접촉에서 중요한 자질로 평가되는 낙천성과 역동성이 부족하다. 여자가 매력적일수록 신호의 작용력도 더 강하게 표현된다. 개별적인 구애신호에 대한 반응은 모두 0.5초에서 1.5초 사이에 이루어진다.

진화심리학적 비용-효용 계산에 따르면 여자가 남자들보다 자식에게 더 많이 투자한다. 그래서 처음에는 남자에게 까다롭게 굴거나 거부하는 태도를 보인다. 먼저 시험해보아야 하기 때문이다. 이에 비해서 남자들은 더 개방적이고 시간 절약적인 방식으로 여자들과 접촉하려고 한다. 자신의 유전자를 최대한 빨리 널리 퍼뜨려야 하기 때문이다(Buss 2004).

대화는 남녀관계를 심화시킨다

이 단계에서 두 사람은 대화에 돌입한다. 어빙 고프만^{Erving Goffman}은 이를 "위험 상황"이라고 말한다. 남자들이 자신의 관심과 본모습을 노출하는 단계이기 때문이다. 여자들은 대부분 처음에는 말을 아낀다. 기본적인 접근전략으로는 다음의 네 가지가 있다.

- "조금 부끄럽지만 솔직하게 말할게, 난 너와 사귀고 싶어."

  개방적인 태도가 다소 놀라움을 주는 이 버전은 자신감과 즉흥성을 보여준다.

- "…오늘 왜 이렇게 더워!"

  두 번째 전략은 진부함과 단순함이 특징이다.
  굳이 노골적인 관심을 감추려 하지 않는 직접적인 접촉방식이다.

- "내일 저녁에도 여기서 만나게 되면 이 근방에서 제일 근사한 곳을 보여줄게."

  남자들은 가끔씩 약간의 유머와 주도적 성향을 내보이는 이런 전략을 사용한다. 하지만 상대여성이 마초적인 접근방식에 거부감을 갖기 쉬우므로 성공률은 높지 않다.

- "안녕, 난 한스라고 해, 너는?"

  가장 지루해 보이는 접근방식이 실제로는 가장 성공적일 때가 많다.

질문과 대답이 빠르게 이어지는 가운데 두 사람은 서로 관심을 표현한다. 여자는 고개를 끄덕이고 시선을 맞춤으로써 남자에게 말을 계속 이어나갈 용기를 북돋아준다.

남자들은 관계를 만들어나갈 때 대개 여자가 보내는 신호에 조절당한다. 또 조금이라도 멋지게 보이려고 애를 쓴다. 가령 많은 공간을 차지한 채 다리를 넓게 벌리고 서 있거나, 다리를 꼬고 두 팔을 팔걸이 위에 널찍하게 올려놓은 채 앉는다. 그들은 자신의 시장가치, 교양, 열린 태도, 역량 따위를 과시하려고 잠시도 쉬지 않는다. 이 과정에서 자기자랑이 너무 지나친 남자들은 오히려 거부감을 불러일으킨다. 칼 그람머Karl Grammer의 조사에 따르면 여자들은 자기자랑이 너무 심한 대화파트너와 극장에 가고 싶어 하지 않았다. 반면에 아래와 같은 남자들은 호감을 샀다.

- 대화의 기본규칙을 지키는 남자
- 대화가 너무 오래 중단되지 않도록 하는 남자
- 말을 중간에 자르지 않는 남자
- 개인적인 관심을 조심스럽게 드러내는 남자
- 상대 여성을 물음의 중심에 두는 남자
- 상대에게 거슬리지 않게 칭찬할 줄 아는 남자 (Tramitz 2000)

여자들은 남자에게 호감을 느끼면 상체를 이리저리 움직이거나, 자기 몸을 자주 만지거나, 다리를 벌렸다 오므리는 행동을 반복한다. 몸이 불안을 느끼기 때문이다. 물론 남자들은 너무 노골적으로 접근하거나 자신에게 주도권을 맡기지 않는 여자를 싫어한다.

처음 접촉할 때는 비언어적 차원에서 이루어지는 '행동의 일치'가 중요한 역할을 한다. 이때 두 사람의 몸자세와 동작은 시간적으로나 공간적으로 조화롭게 어우러져야 한다. 이것은 두 사람이 서로의 마음을 탐색하는 구애댄스로 발전할 수 있다.

남자가 시선 접촉을 피하는 것은 관계를 발전시키는 데 불리하다. 그런 남자들은 말이나 질문이 별로 없다. 몸도 딱딱하게 굳어서 아무런 표현도 하지 못한다. 여자가 보내는 신호에 둔감하기까지 하면 상황은 더욱 나빠진다. 트라미츠의 연구에 따르면, 남자들은 상대여성에게 관심이 많을수록 여성적 신호를 쉽게 과대평가하고 거부감이나 무관심을 쉽게 무시하는 경향이 있다. 상대방이 자기를 거부하는 게 확실해지면 대부분의 남자는 자존심에 상처를 입는다. 남자의 자존감은 전적으로 여자에 의해 좌우되기 때문이다. 하지만 자기확신과 정신건강을 위해서는 외부의 영향에서 벗어난 자립적인 자아상을 세울 줄 알아야 한다(6장, 7장 참조).

여자가 시선을 드물게, 그것도 아주 짧게만 맞추면 지루하다는 뜻이다. 하지만 이런 식으로 행동하는 여자는 매력이 떨어진다고 느낀다. 남자들은 여자가 상체를 강하게 움직이거나 밀착시킬 때 특히 매력을 느낀다. 대화중에 상대남자에게 자주 오랫동안 미소를 보일수록 매력적으로 평가하고, 자주 웃으면 호감이 있다는 뜻으로 해석한다. 두 사람이 함께 큰 소리로 웃는 것은 서로에 대한 호감을 증대시킨다. 반면 남자들은 호감이 가는 여자 앞에서는 웃음을 억누르는 경향이 있다.

대화가 활발하게 이루어지면 서로를 검토하고 상대방을 자신의 이상형과 비교하는 데 도움이 된다. 이때 여자들이 보내는 신호는 남자도 여자에게 관심이 있을 때만 구애의 표시로 받아들여진다.

성별에 따른 욕구의 메커니즘

두 사람이 서로 가까워지면 성욕 단계가 시작된다. 남자는 신체적 접촉을 시도하지만 여자는 일단 그것을 회피하면서 동시에 그러는 남자를 매력적이라고 여긴다. 조심스럽게 손을 잡거나 가볍게 쓰다듬고 토닥이는 행위는 상대에게 신뢰감을 주는 것으로 증명되었다. 이것은 특히 여자들에게 중요하다. 파트너십의 나중 단계에 가면 여자들은 더욱 강력하게 신체적 접촉을 원한다.

남자들은 처음부터 신체적 접촉을 즐기는 여자를 미래의 파트너로 생각하지 않는다. 항상 자기 쪽에서 주도권을 행사하고 싶어 하기 때문이다. 물론 의도하는 목표에 따라 차이는 있다. 단순히 성관계를 원하는 남자들은 구애과정에서의 소비를 최소화하고 싶어 한다. 따라서 성적으로 자유분방하고 적극적인 여자들에게만 집중하며, 까다롭고 소극적인 여자들에게는 관심을 두지 않는다. 하지만 인생을 함께 할 파트너를 찾는 남자들은 성적 접촉을 서두르지 않는다. 이때 중요한 것은 번식과 양육이므로 다른 자질들은 이 두 가지를 위해서만 의미를 지닌다. 자칫하다가 옆길로 새거나 '뻐꾸기 자식'을 키우게 될 수도 있기 때문에 남자들은 성적으로 개방적인 여자를 달가워하지 않는다(Buss 2004).

섬세하고 애틋한 감정

성애 단계에서 두 사람은 성관계를 갖는다. 하룻밤 사이에 두 사람에게는 이제까지와 전혀 다른 주제들이 전면에 부상한다. 의도하는 관계의 종류—일시적 관계에서 평생의 파트너십까지—에 따라 강조 점도 달라진다. 어떤 경우든 이 같은 만남에서 실질적인 만족을 얻기 위해서는 섬세하고 애틋한 감정이 결정적인 역할을 한다. 이런 조건 이 잘 충족될수록 관계가 확고해진다(Mees/Schmitt 2000; Braukhaus et al. 2000; 5장6과 6장 참조).

파트너를 선택하는 전략

진화는 적절한 사회적 행동을 통해 자신의 유전자를 좀 더 널리 퍼 뜨릴 수 있는 개체를 '선택'한다. 이 목표를 달성하기 위해서는 일정한 전략이 필요하다. 이를테면 파트너의 선택과 획득, 관계의 진정성과 배타성, 번식을 위한 성교행위, 그리고 자식을 위한 투자 등이다. 여자 들은 물질적 자원을 충분히 제공할 수 있고 아이를 위해 헌신할 자세 가 되어 있는 파트너를 선호한다. 반면에 남자들은 자신의 유전자를 널리 퍼뜨리고 싶어 한다. 여러 명의 여자에게 끌리는 것도 그 때문이 다. 물론 상대는 임신 능력과 출산의 의지가 있는 여자여야 한다.

여섯 가지 사랑의 유형

사랑은 애착, 보살핌, 성욕의 세 가지 생물학적 요소로 이루어진 다(Brennan et al. 1998). 애착은 성적 끌림과 반대로 시간이 흐른다고 줄어들지 않는다. 오랜 세월 익숙해졌다고 애착이 약해지는 것은 아니다. 섹스는 성적 흡입력을 통해 파트너십을 만들어내고 번식을 가능케 한다. 하지만 애착은 성적 흡입력이 약해진 후에도 파트너십을 지속시켜 자식을 돌보게 만든다.

존 앨런 리John Alan Lee는 사랑의 유형을 여섯 가지로 구분한다.

- 에로스Eros_육체적 매력을 강조하는 열정적 사랑
- 루두스Ludus_의무와 책임이 없는 유희적 사랑
- 스토르지Storge_동지적 사랑
- 마니아Mania_질투와 소유욕으로 가득 찬 사랑
- 프라그마Pragma_효용과 타협에 기초한 실용적 관계
- 아가페Agape_이웃사랑의 이상에 따라 자신을 버리고 헌신하는 사랑

성애 스타일도 몇 가지 있다. 이것은 문화적으로 규정된 도식으로서 개인의 성적 취향·판타지·행동방식에 영향을 미친다. 쿠르트 프라이Kurt Frey와 마차드 호자트Mahzad Hojjat는 이를 세 가지 형태로 구분했다.

- 연출 스타일_두 파트너는 마치 무대 위에서 연기를 하듯 유희를 즐긴다.
- 오르가슴 스타일_여기서는 프라이버시와 상호간의 성적 흥분이 강조된다.
- 파트너십 스타일_이 스타일은 섬세하고 다정한 애정관계에 악센트를 둔다.

사랑은 생각과 행동방식이 파트너에게 얼마나 집중되는가에 따라

달라진다('강도 지표'; Mees/Rohde-Höft 2000).

사랑에 빠진 사람은 호응을 바라고, 상대방을 자주 생각하고 동경하며, 관능적인 욕망을 품는다. 이런 지표들은 사랑체험의 전체 강도를 결정하는 것처럼 보인다. 사랑하는 사람들은 상대로부터 이 같은 감정에 대한 증거를 원하게 된다. 신뢰, 이해, 솔직함, 그리고 강한 충성심 따위다.

클라이드 헨드릭Clyde Hendrick과 수전 헨드릭Susan Hendric이 조사한 바에 따르면 '루두스' 유형의 사랑은 고도의 성적 자유분방함으로 이어지기 쉽다. 남자에 비해 여자는 성관계를 할 때 파트너와의 관계를 중요하게 여긴다. 여자가 남자보다 섹스를 덜 중요하게 생각한다는 예는 많다(Murstein/Tuerkheimer 1998).

여자의 경우 섹스에 대한 가치부여가 나이의 영향을 받지 않는 반면, 남자는 젊은층과 노년층이 중년층에 비해 육체적 만족에 더 많이 집착한다.

대학생들을 대상으로 "나는 상대방에게 조금도 사랑을 느끼지 않으면서도 성적 욕구가 생긴다"는 진술의 사실여부를 조사한 결과 여성의 65퍼센트와 남성의 71.4퍼센트가 그렇다고 대답했다. 성적 욕망은 사랑 없이도 충분히 가능한 셈이다. 반대로 성적 욕망 없이도 사랑이 가능한가라는 물음에는 여성의 42.5퍼센트와 남성의 46퍼센트가 긍정적인 대답을 했으며, 남녀의 절반은 이를 부정했다. "섹스는 내가 사랑하는 사람과 하는 것이 가장 좋다"는 진술에는 여성의 85퍼센트와 남성의 92.9퍼센트가 동의했다(Mees/Schmitt 2000).

성과 파트너십은 생식의 목적에 기여한다. 이때 남자와 여자는 각각 다른 기능을 수행한다. 남자와 여자의 만남은 여러 단계로 나뉜다. 처음에 시선접촉에서 시작하여 구애의 단계를 거쳐 애착과 사랑에 이른다. 만남이 성공을 거두기 위해서는 외모와 행동에서 남녀 간에 각각 다른 매력이 중요한 역할을 한다.

사랑은 다양한 유형으로 이루어지는데, 이 유형들은 파트너들 개개인에 따라 각각 다르게 나타난다. 사랑과 파트너십은 인생의 중심에 위치한다. 한쪽 파트너가 신뢰를 저버리는 순간 그것은 위기에 처하게 되며, 따라서 관계에 위협을 느낀 파트너는 질투와 분노로 반응하게 된다.

4 반드시 알아야 할 파트너 선택의 기준

파트너 선택이 파트너십과 가정의 기능수행력에 미치는 영향은 흔히 과소평가된다. 관련 연구에 따르면 파트너 간의 차이점은 공유 사항이 충분할 때만 매력으로 작용한다(Amelang 1995). 공간적으로 가깝고 공통점이 많을수록 두 사람이 사귀는 데 유리하다. 잠재적 파트너들은 가까이 살수록 커플관계가 생겨날 확률이 높아진다. 어거스트 홀링스헤드^{August B. Hollingshead}가 조사한 결과, 전체 부부들의 82.8 퍼센트는 같은 지역 출신이거나 같은 계층에 속하고 같은 종교를 지닌 것으로 드러났다. 개신교도들의 74.4퍼센트, 가톨릭은 93.8퍼센트, 유대교는 심지어 97.1퍼센트가 같은 종교를 가진 사람과 결혼했다('동류결혼'; König 1976 참조). 두 사람이 사회적 특성(계층, 교육, 직업 등), 가치관, 기본욕구, 기대역할, 요구 등에서 일치할수록 조화로운 관계를 이루고 생활에 만족하게 될 확률도 높아진다. 원치 않는 임신 때문에 파트너를 선택하는 것은 바람직하지 못하다. 이런 일은 대개 두 사람이 아직 서로를 잘 모르는 관계 초기에 발생하기 때문이다.

파트너 선택은 대부분의 경우 단 한 번으로 그치지 않는다. 많은 사람들이 여러 차례 파트너십을 경험하면서 자신의 이상형에 대한 모델링을 발전시킨다.

출신 가정과 가족사 살피기

부모나 친지에게서 받은 영향, 형제들과의 경험 등은 애정을 나누거나 평생을 함께 할 파트너를 선택하는 데 중요하다.

자존감이 부족한 사람은 근심이 많다. 따라서 자신에 대해서도 늘 불안하게 느낀다. 어릴 때나 청소년기에 좋지 않은 경험을 한 탓이다('애착장애'; 2장1 참조). 이런 사람들은 부모에게서 완전히 독립하지 못하며, 부모와 동등한 관계를 형성하지도 못한다. 또 실패와 좌절을 두려워하면서도 남들에게는 기대를 건다(Kaiser 2007).

자의식이 부족한 상태에서 두 사람이 사귀게 되면 자신의 불안, 걱정, 기대를 처음부터 감추고 시작할 위험이 있다. 그렇게 되면 솔직한 의사소통을 할 수 없고 명확한 관계를 맺을 수도 없다. 한 사람은 다른 사람에게 그가 전혀 알지 못하는 바를 기대할 수 있으며, 이런 기대는 대체로 오해와 실망으로 이어지게 마련이다. 반면, 처음 사귈 때는 전혀 눈에 띄지 않았고 따라서 기대하지도 못했던 성격들이 모습을 드러내기도 한다. 그러면 신뢰가 불신으로 바뀌어 건설적인 해결에 도달할 수 없게 된다. 애써 감추고 있던 자신에 대한 불안이 밖으로 드러났기 때문이다. 자신감이 없는 사람은 파트너 선택을 통해서 부모로부터 벗어나려고 할 때가 많다. 하지만 그와 동시에 출신가정에서 무의식적으로 익힌 구조를 그대로 유지하려는 경향도 강하다. 커플 문제로 고민하는 사람들 중에는 출신가정에서 충분히 벗어나지 못해서 파트너십 경험을 제대로 쌓지 못하는 사람이 의외로 많다. 대개 제일 처음 연인관계를 맺은 파트너와 부부로 발전한 경우다. 첫 번째 파트너의 선택과 두 사람의 관계에는 처음부터 가족사의 무게가 고스란히 실렸을 가능성이 크다(Hehl 2002).

조사한 바에 따르면 1930년에서 1950년 사이에 맺어진 커플들의 파트너 선택은 출신가정의 영향을 가장 많이 받은 것으로 나타났다. 그리고 실용적이고 물질적인 관심을 제일 앞자리에 놓는 경향이 강했다. 예를 들어 농촌지역에서는 "농장 대 농장"의 원칙이 중요한 역할을 한다. 농촌지역의 가문들은 노련한 결혼정책을 통해서 재산(땅)을 키우려고 애쓴다. 따라서 파트너 선택도 관계의 질에 별로 도움이 되지 않는 기준에 따라서 이루어진다. 이런 방식으로 맺어진 남녀는 사랑의 커플이 아니라 경제공동체를 형성하는 것뿐이다. 대개의 경우 이런 커플들은 결혼한 뒤에도 출신가정의 영향에서 벗어나지 못한다. 출신가정은 또한 상대파트너의 사회적 위상, 종교, 직업이 자신들의 요구에 부응하는지 여부를 중요하게 따진다. 이때 출신가정은 결혼할 당사자의 뜻을 꺾고 자신들의 의지를 관철시킬 때가 많다.

세대 간의 유사성을 확인하는 조사를 통해서 우리는 파트너 선택의 '감추어진' 기준 한 가지를 처음으로 밝혀냈다. 바로 출신가정의 형제관계와 커플의 유사성이다(Kaiser 2007). 많은 경우 파트너 선택은, 한편으로는 출신가정보다 모든 것이 더 낫길 원하면서도 다른 한편으로는 모든 것을 그대로 유지하고자 하는 모순된 소망에 근거한다. 출신가정에서 익힌 관계패턴을 자신의 커플관계와 가정에서 모방하려고 노력하는 경우도 많다. 남녀 간의 지배와 복종 패턴에 익숙한 사람은 그에 적합한 파트너를 고른다. 이들은 출신가정과 밀접한 애착관계를 유지하는 데 너그러운 파트너를 선호한다. 그것이 본인의 커플관계에 부담으로 작용하더라도 마찬가지다. 주로 출신가정에서 독립하지 못한 사람들이 여기에 속한다. 선원이나 장거리 운전사들처럼 항상 이동하는 사람, 여성은 최대한 고분고분하고 멍청한 생각을 하지 않는 것이 좋다는 사람들도 이 범주에 포함된다. 파트너십과 관련하여 출신가정에서 벗어나는 (벗어나지 못하는) 문제에 대해서는 다음 장에서 좀 더 자세히 다루겠다(3장5 참조).

파트너를 선택할 때 심리적으로 중요한 또 다른 기준은 자기 성격이나 출신가정의 결함을 보완해주는 상대방과 그 가족의 능력이다. 예를 들어 보자. 내 파트너는 내가 부모로부터 독립할 때 도움을 주거나, 부모에게 받아보지 못한 관심과 애정을 경험할 수 있게 해주어야 한다. 또 동년배들과 더 나은 관계를 쌓을 수 있게 도와주거나 자존감을 높여주는 등 사회적 성장을 가능케 해주어야 한다. 파트너가 이와 같은 기대를 충족시키지 못하면 갈등이 발생한다.

안정된 생활에 대한 소망과 심리사회적 욕구는 특히 전쟁 때나 전후시기에 많이 나타난다. 파트너 구하기가 쉽지 않아서 두 차례의 세계대전 이후 그 전보다도 오히려 더 많은 파트너쉽이 맺어졌다. 결혼적령기의 남성이 크게 줄어들자 같은 세대의 여성들이 노처녀로 늙어죽을지도 모른다는 불안감에 사로잡혔기 때문이다. 게다가 대부분의 사람들이 결혼을 통해 편리한 생활을 도모하고 지원을 얻고자 했다. 사랑은 부차적이거나 기분 좋은 보너스 정도로만 치부되었다(Meyer/Schulze 1992). 이미 언급했듯이 공간적 · 사회적 근접성은 파트너 선택의 중요한 기준이다. 이때 파트너는 서로 잘 알고 별도의 비용을 들이지 않고도 만날 수 있는 후보자 그룹에서 구해진다. 커플관계에 들어가기 전부터 잘 아는 사이인 경우도 많다. 두 사람 모두 충분한 근거를 갖고 평가할 수 있으므로 판단의 오류를 범할 위험은 적어진다.

파트너 선택의 뉴채널, 인터넷

인터넷을 통해 파트너를 구하는 새로운 방법이 득세하고 있다. 거의 모든 젊은 층에서 나타나는 방법이기도 하다. 에벨리나 뷜러-일리에바[Evelina Bühler-Illieva]는 인터넷을 이용해서 파트너 구하기에 나선 컴퓨터 사용자들에게 설문지를 돌린 결과 온라인 데이트가 갖는 장점

장점	응답자 수	비율
익명성을 유지할 수 있다	2,613	75,41
덜 머뭇거리게 된다	1,743	50,30
구속력 없는 만남이 가능하다	1,624	46,87
파트너의 선택범위가 넓다	1,361	39,28
수줍음이 많은 사람도 데이트를 즐길 수 있다	1,354	39,08
먼 곳에 있는 사람과도 사귈 수 있다	1,173	33,85
특별한 사람들과 교류할 수 있다	1,064	30,71
자신에게 맞지 않는 사람은 간단히 물리칠 수 있다	1,037	29,93
기타 이유	2,337	67,45

단점	응답자 수	비율
글 쓴 내용을 신뢰할 수 없다	2,189	69,38
상대방을 직접 보고 살필 수 없다	1,125	35,66
상대방의 이미지를 얻을 수 없다	803	25,45
성공률이 낮다	682	21,62
중독성이 있다	659	20,89
그냥 도망쳐버릴 수 있다	657	20,82
익명성	6,171	9,56
무책임하다	546	17,31
기타 이유	1,607	50,94

그림 11 온라인데이트의 장점 (Bühler-Illieva 2006)

목표	구하는 비율	찾은 비율
지속적인 연인관계	55,52	11,70
친구관계	30,46	21,95
데이트	32,63	38,15
여가파트너	21,14	8,93
섹스파트너	16,95	12,20
외도	13,45	15,87

그림 12 온라인데이트를 통한 관계의 종류

을 다음과 같이 정리했다.

여기서 인터넷 사용자 중 55.5퍼센트는 지속적인 연인관계를 원했다. 친구관계를 원한 사람은 32.6퍼센트이고, 30.5퍼센트는 오프라인 데이트를, 21.1퍼센트는 여가와 취미 생활을 함께 할 파트너를 원했다. 섹트 파트너만을 원한 사람은 16.9퍼센트였고 13.5퍼센트는 바람피울 상대를 구했다. 아래의 표에서 보듯이 11.7퍼센트는 지속적인 연인관계로 발전했다. 이 관계는 놀라울 만큼 짧은 시간 안에 이루어졌는데, 그 중 28.7퍼센트는 한 달 이내에, 63퍼센트는 석 달 이내에, 23.5퍼센트는 넉 달에서 일 년 사이에 목표를 이루었다. 38.7퍼센트의 사람들은 첫 대면에서 이미 사랑에 빠졌다. 첫 만남은 대개 이메일이 여러 차례 오가고 전화통화를 나눈 뒤에 이루어졌다.

설문에 응한 사람들 중 다수는 인터넷에 거짓 정보를 올렸다. 몸매나 키에 대한 정보를 거짓으로 올린 사람이 48.6퍼센트였고, 23.3퍼센트는 나이를, 16.3퍼센트는 가족상황을 속였다. 특히 눈에 띄는 점은 파트너를 구하는 사람들 중에 이미 파트너와 함께 생활하고 있는 사람들이 차지하는 비율이었다(21.1퍼센트). 반면에 아직 한 번도 지속적인 연인관계를 가져보지 못한 사람의 비율은 15.4퍼센트에 불과했다. 인터넷을 통해서는 사회생활에 자신감이 떨어지는 사람을 만나게 될 확률이 높다. 다른 연구에서도 증명된 사실이다. 그렇지만 자신의 기준과 일치하는 사람을 만나게 될 확률도 높다. 인터넷은 파트너 구하기에 직접 나설 기회가 없는 사람들에게 적합하다.

파트너 선택의 기준으로는 무엇보다도 거주지역, 교육수준, 지위, 관심, 출신 가정의 구조와 상황 등과 관련된 것들이 손꼽힌다. 파트너 선택에서는 가정생활에서와 마찬가지로 은행계좌, 비용, 유용성에 대한 고려도 중요하다. 자신의 이익을 최대화시키기 위해서다. 이때 매력은 돈으로, 재산은 직업으로, 낮은 신분은 아름다운 용모나 철저한 굴종으로 상쇄된다. 파트너 선택의 기준은 대개 집안의 전통(종종 무의식적으로)을 따른다. 최선의 파트너를 선택하려면 자신의 가족사는 물론 상대방의 가족사에 대해서도 최대한 정확히 분석해야 한다. 필요한 경우 유전자지도의 도움을 받아도 좋다(그림 26 참조; Kaiser 2006).

요즈음에는 인터넷을 통한 파트너 선택이 효율적이고 경제적인 방법으로 각광받는다. 이때 직접 작성한 희망사항을 토대로 많은 수의 후보자들을 검토하고 선별할 수 있다.

5 인간관계를 좌우하는 파트너십

부부관계는 가족적 기능수행력이 제대로 작동하는 데 매우 중요하다. 자녀들에 대한 부모의 위계적 지위, 책임, 역할과도 관계된다. 연구에 따르면 부부관계의 좋고 나쁨은 삶의 질, 특히 가족생활의 질과 자녀의 성장 및 발달에 더 없이 큰 역할을 미친다고 한다(Kaiser 2007).

높은 이혼율에도 불구하고(결혼한 부부 100쌍 중 52쌍 이혼) 대부분의 성인들에게 부부관계는 가장 중요한 인간관계다. 전체의 약 90퍼센트가 평생 한 번은 결혼을 한다. 그리고 이 관계는 다른 대부분의 관계보다 오래 지속된다. 18세 이상의 독일인 중 68퍼센트는 기혼자다 (DESTATIS 2006). 자녀를 둔 약 1,200만 쌍의 부부들 가운데 28.3퍼센트는 아이가 둘이다. 요즈음은 결혼하지 않고 사는 파트너십의 수와 사회적 비중이 꾸준히 늘고 있다.

2004년 말 독일국민의 41퍼센트는 독신이고, 45퍼센트는 기혼이며, 7퍼센트는 한쪽 파트너가 사망했고, 나머지 7퍼센트는 이혼했다. 독신자는 여성보다 남성이 더 많았다. 반면에 배우자와 사별한 사람의 비율은 여성이 12퍼센트로 3퍼센트인 남성보다 훨씬 더 높았다. 그밖에도 각 성별집단 내에서 이혼한 사람은 여성이 남성보다 많았다.

부부의 커플관계는 강도뿐만 아니라 일상생활의 협력에서도 다른 사회적 관계에 비해서 두드러진다. 원만한 부부관계는 강한 만족감을 보장하며, 공동의 사고세계를 구축하고 공동의 세계관을 발전시키는 데 도움이 된다. 이때 출신가정에서 얻은 경험과 모델은 중요한 역할을 한다. 과거사·자녀·함께 설계하는 미래는 공동의 '정체성'을 형성한다. 집은 일상생활이 이루어지는 무대이며, 사회적 관계의 네트워크로 연결되는 곳이다.

부부관계는 가족사와 함께 변하는 역동적인 시스템이다. 한 가정의 가족사는 자식이 없는 파트너십에서 시작되어 이후 20~30년 정도는 자식과 그들의 성장단계를 중심으로 돌아간다. 자식들이 출가하면 탈부모기적 부부관계의 단계로 진입한다. 부부관계는 "가족의 중심이고 유일하게 지속적인 영역"(König 1976, 121쪽)이지만 각 단계마다 상이한 방식으로 가족사의 영향을 받는다. 특히 자녀가 여러 명일 때 여성은 남편의 도움에 강하게 의존한다. 이때 가정 내의 전통적인 역할분담은 여성의 '불만족'을 야기한다(Sydow et al. 2001). 육아로 인한 직장생활의 중단은 여성의 역량손실과 고립을 초래하기 쉽다. 자녀가 없는 여성은 파트너와의 관계에 더욱 집중하게 되며 대개 직업을 갖는다. 직장생활은 여성을 자립적이고 역량 있는 사람으로 만든다. 가족사의 모습은 자녀들이 언제 교육을 끝마치고 출가하느냐에 따라 달라진다. 노동자 집안 출신으로 역시 노동자로서 일하는 자녀들은 학자 집안 출신으로 대학에 진학한 자녀들보다 일찍 자립한다. 교육받는 기간이 길어질수록 자녀가 부모에게 의존하는 기간도 늘어난다. 부모의 가족적 단계는 이런 방식으로 은퇴할 때까지 연장되는 경우가 많다.

관계의 에스프리

파트너들은 나름의 가족사와 성격특성, 미해결의 갈등(독립의 어려움, 성적 두려움) 등을 지닌 채 커플관계에 들어간다. 커플관계가 출신가정의 경험에 영향을 많이 받는다는 것은 재론의 여지가 없다. 예를 들어 사람들은 파트너가 자신의 형제자매와 비슷할 때 더욱 잘 지낸다. 부부 간의 형제자매 역할이 상호보완적일 때도 마찬가지다. 가령 아내에게는 오빠가 있고 남편에게는 누이동생이 있거나 그 반대인 경우다. 두 파트너가 모두 지배적인 형제지위를 갖고 있다면 상대방을 좀 더 쉽게 이해할 수는 있어도 서로를 필요로 하는 경우는 적고 함께 생활하기도 불편하다. 맏이인 사람들끼리 커플관계를 맺을 때가 특히 그렇다. 서로 주도권과 책임을 떠맡으려 하기 때문에 갈등을 피하기 어려운 것이다('순위다툼'). 어린 형제 두 사람이 커플이 되었을 때도 마찬가지다. 두 사람 모두 상대방의 리드를 원하고 버릇없이 굴고 싶어 하지만 대부분 바라는 것을 얻지 못한다. 이런 갈등은 '성별갈등'이 동반될 때 더욱 첨예화된다. '성별갈등'은 두 파트너가 모두 제 나이또래의 이성형제와 함께 생활해본 적이 없는 경우에 더욱 빈번하게 발생한다(Toman 1979). 이 같은 갈등을 피하려면 어린 시절에 가족 이외의 이성친구들과 많이 어울리는 것이 좋다. 또 이미 어른이 된 후에는 파트너와 대화를 많이 나누면서 서로에게 기대하는 바를 충분히 이야기해야 한다.

커플관계는 종종 미해결의 갈등, 성격적 문제, 정신장애에 위협을

파트너의 애착유형에 따른 커플관계의 품질

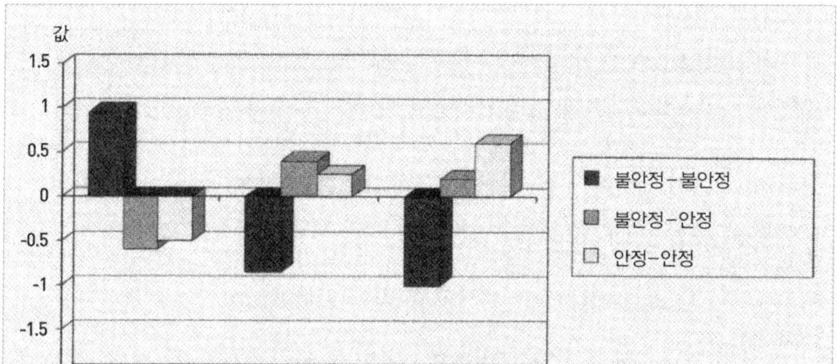

그림 13 애착장애와 파트너십의 상관관계(Schneewind 2005, 15쪽; Cohn et al. 1992)

받는다. 특히 애착장애와 자존감 문제, 성적장애, 우울증 등은 파트너십에 심각한 문제를 일으키며 커플관계를 아예 깨뜨릴 위험도 높다(그림 13 참조).

삶의 질은 파트너십 만족도에 비례한다

커플관계가 좋으면 삶의 질이 높아진다. 12년에 걸친 실험 결과, 만족도가 낮은 커플일수록 외도, 의사소통 장애, 성격차이, 과소비, 중독증, 악감정, 질투, 나쁜 습관, 잦은 외박, 금전문제 등의 갈등을 더 많이 겪는 것으로 나타났다(Amato/Rogers 1997). 이때 남성보다 여성들이 더 많은 종류의 문제점을 언급했다. 이혼율도 불만족스러운 관계에서 더 높았다.

필자가 54명의 기혼자와 73명의 이혼 남녀를 대상으로 실시한 실험 결과를 보면 이혼한 사람들의 부모는 여가를 함께 보내는 시간이 다른 부모보다 적었고, 부부사이가 나쁘며, 밖으로 나도는 경향이 강했다. 전체적으로 커플관계에 대한 집중도가 떨어졌다. 과제분담에 있어서 협동심이 부족했고, 자녀교육 문제에서도 자주 다투었으며, 건설적이지 못했던 것으로 드러났다.

프란츠-요제프 헬Franz-Josef Hehl과 가브리엘레 프리스터Gabriele Priester는 자녀가 있는 별거 여성 40명과 결혼한 여성 40명을 비교했다. 그 결과 별거생활자들은 청소년시절에 출신가정에 대해 더 많은 영향력과 책임을 떠맡아야 했던 것으로 나타났다. 그들은 어머니의 '대용

관계의 구조적 품질

- 출신가정에서 전해진 유산과 시스템
- 가족 형태
- 가족의 기능적 역량
- 국적 / 소속 민족
- 종교
- 성격특성, 구성원들의 애착유형
- 구성원들의 생활 이력
- 개별화의 정도
- 만성질환 / 신체장애
- 파트너 선택의 기준 / 구성원들의 파트너 선택
- 가족에 대한 모델링
- 역량
- 구성원들의 사회경제적 위상

관계의 과정적 품질

만족 요인	불만족 요인
• 명확한 경계	• 경계 침범
• 명확한 협약	• 의존성
• 호감	• 권리와 의무에 대한 갈등
• 존중과 관심	• 불성실
• 사회적 지원	• 지배적 행동
• 성실	• 불평
• 진실성	• 도발적
• 현실주의	• 생활의 위기적 상황
• 유연성	• 보살핌 필요

결산: 관계의 결과적 품질

번거로움	정돈

교제의 밀도 & 안정성

그림 14 커플관계의 질적 차원

파트너' 역할을 하면서 아버지와 거리를 두거나, 어머니를 놓고 아버지와 경쟁했다. 별거생활자들 부모의 커플관계는 조화롭지 못했고, 깨진 경우가 많았다. 그들의 부모는 종종 자식을 중재자로 이용했다. 또 다양한 집단을 상대로 조사해본 결과, 부모의 커플관계가 좋지 않을 때 부녀간에 또는 모자간에 지나치게 가까운 관계가 형성된다는 사실도 드러났다(Kaiser 2007).

만족스러운 커플관계를 유지하는 어머니는 이해심이 많으며 자녀를 더욱 세심하게 보살핀다. 한편 자녀교육에 대한 갈등은 커플관계에 심각한 손상을 가져올 수 있다. 부부사이가 나쁠수록 어머니−자식 관계는 더욱 밀접해지고, 아버지−자식 관계는 점점 더 나빠진다(Lee 2005).

커플갈등은 섬세하고 적극적인 자녀교육을 가로막고, 아이의 안정적 '애착유형' 발달을 어렵게 만든다. 부모사이에 적대적인 대립과 다툼이 자주 발생하면 아이는 지속적인 스트레스에 노출되어 정신장애에 빠질 수 있다. 생후 8개월에서 11개월 사이에 부모가 적대감을 드러내고 다투는 모습을 보고 자란 아이는 나중에 훨씬 더 높은 공격성을 드러냈다. 이때 어머니의 심리적 부담과 커플관계의 갈등, 그리고 아이의 애정결핍과 행동장애 사이에 분명한 연관이 있음이 확인되었다. 개인적 장애와 파트너십의 장애는 부모와 자식 간의 상호작용을 손상시켰고, 그것은 다시 아이의 쾌적한 삶을 해치고 발달을 저해했다. 소아정신과에서 1,014명의 어린 환자를 대상으로 조사한 결과 가장 많이 발견된 문제점은 "부모의 충분치 못한 보살핌과 통제"였다(47퍼센트). 그 다음으로 "부모의 탈선적 상황"(41퍼센트)과 "한쪽 부모의 정신장애나 탈선"(28퍼센트)이 뒤를 이었다(Becker/Schmidt 2003). 사회적 행동장애와 정서장애가 함께 나타나는 아이의 경우 심지어 61퍼센트에서 "부모의 탈선적 상황"이 발견되었고, 55퍼센트에서는 "부모의 충분치 못한 보살핌과 통제"가, 43퍼센트에서는 "한쪽 부모의 정신장애"가 나타났다. 심각한 식욕감퇴 증세를 보인 어린 환자들에게서는 "부적절한 가정 내 의사소통"(38퍼센트), "부모의 과잉보살핌"(33퍼센트), "가정불화"(26퍼센트) 등이 가장 빈번하게 나타났다.

320가구의 다세대가족을 대상으로 한 조사에서는 조부모와 부모 세대의 관계품질과 성인자녀 세대의 관계품질 사이에 뚜렷한 연관성이 있음이 확인되었다(Lee 2005). 커플관계의 갈등이 부모자식 관계의 갈등으로 연결된다는 점은 특히 중요하다. 즉 한쪽 부모가 자녀와 너무 가까우면 소외된 부모는 쉽게 자녀와 경쟁관계가 되고 파트너와 갈등을 빚는다. '정상적인' 가정에서는 형제나 조부모 또는 다른 친척들이 커플관계를 지원한다. 만일 문제가 생기면 말과 행동으로 두 사람을 돕는다. 이것은 특히 자녀들에게 좋은 영향을 미친다. 파트너십의 품질이나 한쪽 파트너의 역량이 다소 부족하더라도 가족들의 지원이 있으면 효과적으로 보완된다. 부모의 커플관계는 또한 자녀들로부터 영향을 받는다. 핵가족 내의 의사소통이 가장 취약한 경우는 두 부모가 모두 정서적으로 불안정하지만 자녀는 그렇지 않을 때, 또는 최소한 두 명의 가족구성원이 —자녀 한 명과 한쪽 부모가— 정서적으로 불안정할 때다(Gerris et al. 2000).

상대방에게 섬세하게 다가서라

애착장애가 있거나 자존감이 부족하거나 역량이 모자란 사람은 쉽게 자신감을 잃고 스스로에 대한 근심과 걱정에 사로잡힌다. 원인은 대개 그런 기질을 타고났거나 어릴 때 큰 상처를 받았거나 가족관계에 문제가 많은 경우다. 출신가정이 파트너십과 관련해서 나쁜 모범까지 제공했다면 문제는 더욱 심각해진다. 조화로운 커플관계를 준비할 기회가 거의 없었기 때문이다. 이런 사람은 쉽게 오해에 빠지고 실망과 좌절을 경험한다. 다른 사람에게서 발견한 차이가 전혀 예상치 못했던 것들인 탓이다. 두 사람이 건설적인 해법을 찾아나갈 수 없을 때 애초의 신뢰는 쉽게 오해로 전환된다. 섬세하게 서로에게 다가가서 자신의 생각과 소망과 느낌을 상대에게 상처를 주지 않고 표현하는 법을 배울 때 비로소 건설적인 문제해결이 가능하다(A10장 참조). 파트너로서의 역량이 부족한 사람은 좋은 커플관계가 제공하는 장점조차 경험하지 못한다(Bodenmann 2004).

커플관계를 위협하는 요소들

커플관계에서 얻는 만족감이 얼마나 중요한지는 대부분 관계가 깨지고 난 뒤에야 알게 된다. 특히 사회역학social epidemiology과 복지 분야의 연구 성과들은 커플관계가 심신의 건강에서 차지하는 긍정적 의미를 증명해주기에 충분하다. 많은 학자들은 파트너를 사회적 지원의 핵심으로 꼽는다. 좋은 부부관계를 쌓고, 그럼으로써 정신장애의 발생을 피하게 해주는 요소들은 아래와 같다.

- 대화가능성
- 애정과 지원
- 밀접한 성관계
- 공동의 관심과 주요 영역에서의 의견 일치
- 가사 분담
- 긴장과 갈등의 낮은 발생빈도

그밖에도 다음의 요인들은 파트너와의 관계를 좋은 방향으로 촉진시켜준다(Bodenmann 2004).

- 자존감
- 든든한 사회적 지원을 얻고 있다는 느낌
- 자신이 중요한 존재라는 느낌
- 심신의 건강

표본설문조사의 응답자들은 자신이 파트너에게 충분히 이해받고 있다고 느낄수록, 그리고 스스로가 파트너를 잘 이해할수록 결혼생활에 더 높은 만족감을 보였다(Glatzer/Zapf 1984). 좋은 부부관계의 특징은 서로에 대한 섬세하고 감성적인 애착이다. 여기서 개인적 신뢰감과 정서적 만족이 생긴다.

대부분의 설문응답자들은 부부간의 신의를 중요하게 여겼다. 이에 상응하는 행동을 하는 사람은 절반에 불과했다. 혼외의 성적 활동은 결혼 전에 자유분방한 생활을 즐기던 사람, 결혼생활에 불만이 있는 사람, 교육수준이 높은 사람, 종교적 성향이 약한 사람에게서 빈번하게 나타났다(Argyle/Henderson 1986). 바람을 피운 부부들은 서로에게 덜 솔직하고, 자기중심적(나르시시즘적)이며, 함께 보내는 시간이 적다. 평균적으로 남성들의 불만족도가 더 높았다.

커플관계에 대한 불만은 빈번한 의견대립, 상호 불인정, 공동관심사의 부재, 기타 인간관계를 가로막는 여러 요소들을 동반한다. 의견대립과 갈등은 정서적 애착이나 서로에 대한 인정과 지원이 부족한탓에 생겨난다. 불만을 지닌 파트너들은 상대에게 자신을 맡기거나기꺼이 속마음을 털어놓지 않는다. 친밀함과 신뢰가 부족한 커플관계는 종종 판단력 장애나 스트레스 처리능력 저하로 이어진다. 커플관계 때문에 지속적인 스트레스가 발생하는 경우는 다음과 같다.

- 파트너의 무분별한 행동
- 기대역할의 불이행
- 상대파트너의 거부적 태도
- 자녀의 행동(학교에서 문제를 일으키거나 인터넷 중독 증세를 보일 때 등)

지금까지 밝혀진 바에 따르면 서방국가에 생활하는 커플의 3분의 1은 파트너십에 실제로 만족하며 그 이점을 누린다고 한다(Lee 2005). 다른 3분의 1은 제한적으로만 만족을 느끼고, 나머지 3분의 1은 부부관계나 가정의 스트레스 때문에 건강을 해치거나 헤어질 위기에 처해 있다.

투자가 없이는 좋은 관계를 유지할 수 없다. 두 사람 모두 더 큰 만족과 안정을 얻으려면 우선 자신들의 관계를 중요하게 받아들이고 개선할 수 있는 방안을 끊임없이 모색해야 한다. 이때 사용되는 전략에 대해서는 나중에 좀 더 자세히 다루겠다(6장 참조).

사랑과 질투는 동전의 양면

사랑이 특별한 가치를 갖는 까닭은 일회성과 배타성 때문이다. 따라서 파트너의 부정은 사랑을 심각하게 위협한다. 전문가들에 따르면 부부관계에서 파트너의 부정이 발생하는 비율은 전체 커플의 75퍼센트에 이른다고 한다(Mees/Schmitt 2000). 이는 현재 당사자가 아니더라도 '부정의 가능성'이나 라이벌의 등장을 항상 염두에 두고서 살아가야 한다는 뜻이다. 이에 상응하여 파트너의 83~96퍼센트가 질투를 느끼며 산다는 설문조사 결과도 있다. 질투의 핵심은 파트너 혹은 물질적 안정이나 명예를 잃을지도 모른다는 두려움이다. 애정관계의 필수불가결한 요소인 신의가 강력히 요구될수록 상대방이 누리는 자유에 비례하여 질투, 분노, 좌절, 시기의 감정이 더욱 커진다.

진화론을 따르는 심리학자들은 여성의 경우 '정서적' 부정에 더 강력히 반응하고 남성은 '성적' 부정에 강하게 반응한다고 주장한다(Buss 2004). 유전자분석법이 개발되기 전까지 남성들은 그들의 친권을 결코 완전히 신뢰할 수 없었으며 항상 남의 자식을 키울지도 모른다는 두려움 속에서 살았다('뻐꾸기 자식'). 반면에 여성들은 자신의 파트너가 다른 여성에게 정서적으로 호감을 갖고 자원을 소비할 때 두려움을 느낀다. 경험 조사에 따르면 성적 부정에 대해서는 남성과 여성이 모두 비슷한 질투반응을 보이지만, 정서적 부정에 대해서는 여성이 남성보다 훨씬 더 나쁘게 여기는 것으로 드러났다.

파트너가 부정을 저지르면 연인들은 더없이 큰 충격을 받는다. 사랑이 깊을수록 상대방에게 더 큰 신뢰를 부여하기 때문에 배신의 실망감도 클 수밖에 없다. 소유욕에 사로잡힌 사랑('마니아')과 애정관계에서의 질투심 사이에도 연관성이 있다. '애착유형'도 질투의 강도에 영향을 미친다. 불안하고 상반된 감정의 애착유형을 지닌 사람은 회피적이거나 안정적인 애착유형의 사람보다 더 질투심이 많다. 안정적 애착유형은 질투문제에서 가장 자유롭다. 파트너에게 의존적 감정을 지니거나 다른 사람과 관계를 잘 맺지 못하는 사람도 쉽게 질투심에 사로잡힌다. 질투는 커플관계에 갈등을 불러일으킨다. 자유에 대한 욕구가 있는 반면 다른 한편으로 안정과 확실성에 대한 욕구가 작용하기 때문이다. 질투는 두 사람이 서로 다른 규범을 따를 때 관계를 위협하는 문제로 발전한다.

성적으로 개방된 성향의 커플들('스윙어swinger')은 대부분 파트너의 안정감을 지켜줄 수 있는 규칙을 마련한다. 스윙어커플은 다른 파트너와의 성행위를 정서적 친밀감의 표현으로 보지 않고 짜릿한 자극이 가미된 여가활동 정도로 이해한다(Gilmartin 1977). 그들은 커플관계의 정서적 배타성을 포기하지 않으며, 다른 파트너와 깊은 애착관계에 빠지지 않으려고 노력한다. 그들의 스와핑swapping 섹스는 클럽 내부의 일정한 사회적 범위에 국한된다. 하지만 스윙어들도 파트너가 제3자와의 성적 친밀함을 정서적 친밀함으로 발전시킬까봐 두려

위한다. 이들에게는 두 사람의 커플관계가 가장 우선적이며 외부와의 관계는 공개적이고 덜 집중적이어야 한다. 두 사람은 항상 스와핑 파티에 함께 참석해야 하며 제3자와 연인관계로 발전하는 것은 절대로 삼간다. 하지만 이런 종류의 약속은 관계를 지켜줄 수는 있어도 질투심까지 줄여주지 못한다. 질투심은 파트너와의 의사소통과 정서적 독립을 통해서만 덜어진다.

질투와 관련된 모델링의 또 한 가지 타입은 파트너가 단지 다른 사람에게 사랑을 느끼지 않기 때문에 부정을 저지르지 않는 경우다. 하지만 사랑과 섹스와 질투의 상관관계는 딱히 정해져 있는 것이 아니다. 이는 파트너십에 따라 항상 새롭게 규정된다.

성적 장애가 발생하는 이유들

1990년대 이후로 성적 장애sexual problem의 발생빈도는 특히 여성들에게서 큰 변화를 보였다. 성적 장애 때문에 의료기관을 찾는 여성 환자들 중 '성욕 감퇴'를 호소하는 비율이 8퍼센트에서 58퍼센트로 증가한 반면, '성적 흥분장애'나 '오르가즘장애'의 비율은 80퍼센트에서 29퍼센트로 낮아졌다. 성행위는 이제 많은 여성들에게 별로 중요한 역할을 하지 못하는 것처럼 보인다. 그들 중 대다수는 애무나 성교를 할 때 빈번히 오르가즘에 도달하지만 파트너와의 섹스에는 여전히 별 흥미를 느끼지 못한다(Schmidt 1996; Beier et al. 2001). 남성의 '성욕 감퇴' 문제는 4퍼센트에서 16퍼센트로 증가했다. 성욕이 줄어든 것은 파트너의 매력이 감소했거나 파트너십에 문제가 있기 때문이다. 그러나 사람들은 아직도 이 문제에 대해서 소극적인 태도를 보인다. 대개 어린 시절이나 인간관계에서 겪은 폭력 혹은 학대의 경험 때문에 그렇다. 성관계의 거부를 권력 수단으로 사용하면 갈등은 더욱 고조된다. 하지만 커플관계의 이점과 익숙한 환경을 위험에 빠뜨리고 싶지 않기 때문에 대부분 관계를 깨뜨리지 않는다.

성적 장애는 커플관계에 문제가 있을 때, 또는 질병이나 약물복용을 통해 신체기관에 기질적 변화가 생겼을 때도 발생한다. 이런 상황에서는 어떤 억압된 두려움이나 파트너십의 갈등이 성생활에 영향을 미치는지, 어떤 기질적 원인이 존재하는지 등을 먼저 찾아내야 한다(성적 장애와 치료법에 대해서는 5장6과 7장 참조).

파트너의 사망, 가장 큰 스트레스

파트너의 사망은 가정의 기능수행력에 큰 손실을 가져온다. 또 다른 구성원의 육체적 정신적 건강에 나쁜 영향을 미친다. 이들에 대한 사회적 지원시스템이 갑자기 줄어든 탓이다(Bojanovsky 1986). 많은 사람들은 파트너를 잃은 슬픔을 쉽게 극복하지 못하고 소극적이 되거나 우울증을 겪는다. 일부는 오랫동안 그런 상황에서 벗어나지 못한다. 밀접한 애착관계를 상실—이혼도 마찬가지다—함으로써 건강관리에도 소홀해진다. 알코올이나 니코틴 소비가 급격히 늘어나거나 숙면을 취하지 못한다. 그러다가 병에 걸리기도 한다. 미래에 대한 전망을 아예 잃어버리는 사람들도 있다. 이혼했거나 아내와 사별한 남성들은 그렇지 않은 사람들보다 자살률이 다섯 배나 높다. 결혼하지 않은 여성의 자살률도 결혼한 여성보다 두 배 높다. 이런 일이 발생하면 가정의 기능수행력은 더욱 약해질 수밖에 없으며, 이것은 또 다시 남겨진 사람들의 삶을 힘겹게 만든다.

6 참을 수 없는 이혼의 가벼움

요즘은 결혼한 부부 100쌍 중에 54쌍이 이혼을 한다(DESTATIS 2006b). 서류상으로 증명되지 않는 미혼 커플들의 결별은 여기 포함되지 않는다. 구서독 지역에서는 결혼한 지 6년 뒤에 가장 많이 이혼하고 구동독 지역 사람들은 결혼 8년째에 이혼율이 가장 높다. 결혼한 지 25년 이후와 40~50년 이후에 이혼율은 또 다시 절정기를 맞는다(Fooken 2006). 이혼은 대체로 여성이 먼저 요구하지만(58퍼센트), 결혼생활이 더 이상 가망이 없다는 데는 두 파트너의 생각이 거의 일치한다. 양측이 이혼에 합의하는 경우는 구동독 사람들보다 구서독 사람들이 더 많다(80~84퍼센트).

독일의 지역별 이혼율을 보면 베를린, 함부르크, 브레멘 같은 대도시에서 이혼율이 특히 높았고, 그밖에 자를란트나 바덴뷔르템베르크 등 중서부 지역의 주민들도 많이 이혼했다. 통계적으로 한쪽 또는 양쪽 파트너가 이혼가정 출신인 부부도 이혼율이 높았다('이혼의 사슬구조'). 2001년에 이혼한 부부의 50퍼센트는 미성년의 자녀를 두고 있었다.

이혼의 확률을 높이는 요인들은 다음과 같다.

- 부부가 대도시에 거주할 때,
- 두 파트너가 모두 직업활동을 하고 소득이 높지 않을 때,
- 어린 나이에 결혼했을 때,
- 남편과 아내가 모두 강한 종교적 성향을 지니지 않았을 때,
- 한쪽 혹은 양쪽 파트너가 이미 이혼한 경험이 있을 때,
- 부부사이에 자녀가 없을 때.

오랜 동거기간을 거친 뒤에 결혼했다고 해서 반드시 안정적인 결혼생활을 유지하는 것은 아니다. 통계적 수치에 근거하여 제시되는 이런 상관성이 얼마나 실제적인 진술능력을 갖는지는 의문이다. 진술들도 의문을 자아내기는 마찬가지다. 일례로 자녀수와 이혼위험의 부정적 상호작용을 보자. 자녀의 수가 적을수록 이혼 확률은 높아진다. 반대로 자녀를 많이 둔 결혼생활은 쉽게 깨지지 않는다. 그렇다면 이런 상관성은 어디서 기인하는 것일까? 자녀를 많이 둔 부모일수록 이혼의 비용을 감당할 능력이 없기 때문에? 아니면 부부가 자식에게만 온통 관심을 쏟는 탓에 파트너십의 갈등이 파고들 여지가 없거나, 아니면 적어도 관심의 뒤편으로 밀려나기 때문에? 수치만 가지고서는 이런 의문을 밝혀낼 수 없다.

가트맨의 연구팀은 장기간에 걸친 실험을 통해 '결별의 위험'을 초래하는 일련의 의사소통패턴을 추적했다(Gottman/Silver 2002; 그림 6 참조). 처음에 두 사람은 서로를 비판하고, 불만을 터뜨리고, 상대방을 거부하고, 상대의 의견에 이의를 제기한다. 이런 태도는 얼마 안 가 파트너에 대한 무시와 경멸로 이어진다. 두 사람의 관계는 비난과 책임추궁으로 점철된다. 서로 한 마디도 지지 않고 비난을 퍼붓는다. 점점 더 강하게 그리고 점점 더 빠르게 서로에게 빗장을 닫아건다. 싸움은 잦아지고, 두 사람은 마치 경쟁이라도 하듯 서로에게 목소리를 높인다. 결국 부정적인 감정들이 봇물 터지듯 밖으로 쏟아져 나온다.

격류처럼 진행되는 이러한 흐름은 커플관계의 종말에 박차를 가한다. 가트맨의 실험에서 볼 수 있듯이 결별의 위험은 단계를 거듭할수록 고조된다. 외도, 의사소통 장애, 성격차이, 과소비, 중독증, 악감정, 질투, 나쁜 습관, 잦은 외박, 금전문제 등의 갈등은 결별의 위험을 높이고 파트너의 삶을 고통스럽게 만든다.

개인적 고통과 어려움만으로는 이혼율이 지금껏 꾸준히 증가해온 이유를 모두 설명할 수 없다. 무엇보다 '결혼'과 '가족'이라는 사회제도의 변천을 통해서만 설명이 가능하다. 일단 결혼의 법률적 토대부터 달라졌다. 30년 전까지만 해도 이혼을 하려면 배우자의 부정이나 육체적·정신적 학대와 같이 납득할 만한 사유를 입증해야만 했다. 하지만 오늘날에는 '이혼성립요건'이 적용된다. "극복할 수 없는 문제" 또는 "회복할 수 없는 실패"의 요건이 충족되면 언제든 이혼이 가능하다. 파트너의 '책임' 여부는 법률적으로 중요하지 않게 되었다. 새 법안이 오히려 이혼을 촉진시키는지, 아니면 높아진 이혼율에 상응하는 요구를 내놓은 데 불과한 것인지는 아직 확실치 않다.

성역할의 변화도 이혼율 증가의 원인이다. 여성들이 적극적으로 소득활동에 나섬으로써 결혼을 했거나 자녀를 둔 많은 여성들이 경제적 자립을 성취하게 되었다. 하지만 여성들이 소득활동에 적극적이라는 사실 하나만으로 높은 이혼율을 설명할 수는 없다. 경제적으로 자립한 여성들은 화목하지 못한 결혼생활에 구차하게 매달릴 필요가 없다. 하지만 여기서도 원인과 결과가 명확히 구분되지 않는다. 독립적 소득이 있는 여성이 불행한 결혼에서 벗어날 능력이 있다면, 반대로 그렇지 못한 여성은 바로 그런 이유에서 소득활동에 나서게 된다. 그래야 이혼을 감당할 수 있기 때문이다.

성역할의 변천은 일반적인 가치변화의 맥락에서 살펴보는 게 옳다. 일반적인 가치기준이 의무에서 자아로 옮겨가면서 가족에 대한 생각과 태도 역시 달라졌다(Klage 1985). 자기희생 대신 자율, 개인적 행복, 자아실현과 같은 개념들이 가족 안에 자리 잡은 것이다. 그와 함께 결혼도 점차 파트너십 관계로 바뀌어갔다. 반면에 결혼의 제도적 측면은 뒤로 밀려났고, 부부간에 불화가 발생했을 때 흔히 작용하던 사회적이고 문화적인 압력—예를 들어 아이들 때문에라도 이혼하지 말고 그냥 살아야 한다는 주변의 권고—도 힘을 잃었다. 이 같은 현상을 결혼과 가족의 '탈제도화'라고 부른다. 결혼은 더 이상 평생 동안 지속되어야 하는 의무가 아니라 법과 규범의 토대 위에서 자발적으로 유지되는 파트너관계이며, 필요한 경우 다시 해체될 수 있다는 생각이 팽배하다. 물론 해체 시에 뛰어넘어야 할 장애물의 높이는 결혼생활의 지속 기간이 길수록 높다. 자식, 부동산, 사회적 네트워크, 헤어진다고 별 뾰족한 수도 없다는 인식 등이 그런 장벽에 속한다(예를 들어 나이가 많을수록 —특히 여성의 경우— 재혼의 기회는 점점 줄어든다).

이혼의 충격을 가장 많이 받는 사람?

여성뿐만 아니라 남성에게도 이혼은 고통스러운 일이다. 물론 일반적으로 여성이 더 큰 경제적·사회적 불이익을 당하는 것은 사실이다. 그럼에도 불구하고 먼저 이혼을 요구하는 쪽은 대체로 여성이다. 헤어진 뒤에는 여성이 주로 아이들과 함께 생활하며 그들을 돌본다. 하지만 이혼한 남성이 지불하는 비용은 아이들의 생계비에 못 미치는 경우가 많다. 그래서 많은 이혼여성들이 각종 생활고지서들을 제때에 처리하는 데 어려움을 겪는다. 소득활동을 하지 않던 여성도 이혼한 뒤에는 대부분 직업전선으로 내몰린다. 직장생활을 그만 둔 지 오래된 여성일수록 다시 일자리를 구하기가 어렵다. 많은 경우 여성들은 자신의 원래 교육수준이나 자격수준에 훨씬 못 미치는 일을 한다. 소득활동과 가사활동의 이중고에 시달리기도 한다. 하지만 이혼 뒤에 다시 결혼하는 여성의 비율은 남성보다 낮다.

이혼의 충격을 가장 많이 받는 것은 아이들이다. 헤어지기를 원하는 사람은 부부일 뿐 아이들은 부모와 헤어지는 것을 원하지 않기 때문이다. 아이들은 대부분 부모의 결정에 실망과 분노로 반응한다. 가족의 해체는 아이를 정신적으로 허약하게 만든다. 특히 부모가 이혼한 뒤 1~2년 사이에 아이들은 과잉행동, 공포, 우울증, 퇴행, 성적부진, 공격성향 등을 드러낸다. 물론 모두 그런 것은 아니지만, 다양한 조사 결과 이런 외상적 체험이 아이의 심리적·신체적 발달에 영향을 미친다는 사실이 밝혀졌다. 갈등이 고조에 달하는 이혼 직전 시기는 특히 아이들에게 큰 부담을 안겨준다. 끊임없이 격한 감정을 주고받는 부모는 한쪽 부모가 없는 것보다 오히려 해롭다.

울리히 슈미트-덴터Urlich Schmidt-Denter와 볼프강 베엘만Wolfgang Beelmann은 퀼른에 거주하는 60가구의 가정을 대상으로 실험을 실시했다. 그 결과 부모가 이혼한 지 6년이 지난 뒤에도 48퍼센트나 되는 아이들이 심한 스트레스에 시달리는 것으로 드러났다. 다른 한편으로 그들은 이 실험을 통해서 의사소통의 질과 밀도가 대화자에게 얼마나 중요한 영향을 미치는지를 밝혀냈다. 이것은 한쪽 부모와의 관계가 나쁘거나 부모가 서로 반목하는 아이들의 경우에 특히 강했다. 우리는 이혼을 가족의 심리적 실존이 끝나는 지점이 아니라 가족시스템의 구조변경을 가져오는 상황으로 파악해야 한다. 한 연구 결과에 따르면 이혼모들과 자녀의 관계는 특히 헤어진 직후에 더 위태롭고 절망스러웠다. 아이들은 어머니와 눈을 마주치려 하지 않았고, 심하게 대들었으며, 눈에 띄게 예민해졌다. 어머니와 자녀 간의 거리는 더욱 멀어졌다. 이혼한 가정의 아이들은 형제관계에서 큰 위안을 얻는다. 하지만 부모의 애정과 관심을 둘러싼 형제들 간의 다툼과 경쟁도 그만큼 증가한다(Schmidt-Denter/Beelmann 1995).

바실리오스 프테나키스Wassilios Fthenakis의 분석에 따르면 이혼한 부부의 57퍼센트는 그들의 관계를 협력적으로 평가했고, 24퍼센트는 여전히 상대를 지원했다. 이혼 뒤의 관계 때문에 지속적으로 스트레스를 받는다고 말한 사람은 20퍼센트에 불과했다. 또 헤어져서 사는 남성들 중 많은 사람이 자신에게 여전히 문제처리 능력이 있으며, 헤어진 뒤에도 계속 부모로서의 역할을 긍정적으로 수행할 수 있다고 답했다.

양쪽 부모와 좋은 관계를 유지하는 것은 아이들에게 유리했다. 반면에 게르하르트 아멘트가 실시한 설문조사에서는 물음에 답한 3,600명의 이혼한 남성들 중 42.1퍼센트가 자신을 단지 "주말아버지"로 여겼고, 24.9퍼센트는 "돈 대주는 아버지"로, 10퍼센트는 완전히 배제된 존재로 보았다(Gerhard Amendt 2005). 이는 이혼한 아버지들이 자식과 거리를 느끼며, 일부는 심지어 소외감마저 받는다는 사실을 입증한다. 아멘트에 따르면 대부분의 이혼한 아버지들이 당하는 이런 차별대우는 출산율 감소의 중요한 원인이 된다. 이때의 경험 때문에 많은 남성들이 또 다시 아버지가 되기를 꺼린다고 한다.

출신가정의 가족적 기능수행력 결핍, 파트너십에 대한 좋지 못한 모델링, 파트너십 관련 역량의 부족 등은 커플관계의 질과 안정성을 위협한다. 파트너십은 삶에 대한 개인적 만족, 가정의 시스템적 기능수행력, 자녀의 바람직한 성장을 위한 근본적 전제조건이다.

관계는 죽음이나 결별을 통해서 끝난다. 이런 경우 남겨진 파트너에게는 삶의 위기상황이 발생하며, 이 위기는 다양한 결과를 초래한다.

최적화의 가능성에 대해서는 F장과 G장에서 더 자세히 다루겠다.

7 인생의 활력소, 친구

친구관계는 두 사람 사이의 강한 인격적—일차적으로 성과 무관한—관계다. 이때 두 사람은 대체로 동성이다. 친구관계는 연인관계처럼 형식적으로 확정되지 않는다(Auhagen 1993). 친구는 관련인물의 순위에 있어서 파트너와 가족의 뒷자리에 위치한다. 하지만 파트너나 친척도 친구로서 중요한 의미를 가질 수 있으며, 이는 집에서 기르는 애완동물도 마찬가지다. 친구는 자유로운 결정을 통해 서로 가까워지며 우정을 쌓아나가는 동안에도 항상 자유롭다. 심리학적 관점에서 볼 때 친구관계는 서로의 심리상태에 커다란 영향을 미친다. 친구들끼리는 서로 친밀함, 솔직함, 상호지원을 당연하게 기대할 수 있다(Kraml 2004). 애착욕구의 충족, 생활의 어려움 극복, 자기현시 등은 친구관계의 중심을 이루는 주제들이다. 여기에는 가족관계와 달리 형식적인 의무가 존재하지 않는다. 친구들 그룹 안에서도 특정한 두 사람 사이에 좀 더 각별한 우정이 생길 수 있다.

친구관계를 결정짓는 것은 상호성의 원칙이다. 친구는 서로를 높이 평가한다. 두 사람이 친구가 되는 것은 서로를 신뢰하고 좋아하며 공동의 관심사가 있고 또 서로를 돕기 때문이다. 친구관계에서는 대화의 역할이 매우 중요하다. 서로의 말을 잘 이해하고 공감할수록 관계의 질도 높아진다. 친구들은 심지어 파트너에게는 꺼내지 못하는 내밀한 이야기를 서로 나누기도 한다. 아무런 종속이 없는 독립적인 관계이므로 이런 이야기가 쉽게 오갈 수 있는 것이다. 하지만 아예 모르는 사람에게 솔직한 말을 꺼내기가 쉬울 때도 있다. 섣불리 친구에게 말했다가 체면이 손상될 수도 있는 탓이다.

좋은 친구관계는 스트레스 상황에 처했을 때 면역력을 강화시키고, 우울증에 빠지는 것을 막아주며, 질병에서 빨리 회복될 수 있도록 도와준다. 그밖에도 암이나 심장병의 생존율을 높이고 기대수명을 늘려준다(Schäfer 2003).

아동기의 친구관계가 가장 중요한 이유

사회적 관계와 성격의 발달은 밀접한 관련이 있다(Schmidt-Denter 2005). 특히 유년기가 중요하다. 연구결과에 따르면 8~9살짜리 아이들은 평균적으로 네 명의 친구를 사귀는데, 그 중 10퍼센트 정도는 같이 놀 친구가 한 명도 없다. 가난한 집 여자아이들은 친구들과 잘 어울리지 못한다. 여자아이들과 남자아이들 모두 동성의 친구를 선호하며, 대부분 자신의 친구관계에 매우 만족한다. 긍정적인 자아상은 친구를 사귀는 데 중요한 조건이다. 초등학교 4학년 정도가 되면 이성의 또래에게도 관심을 갖는다. 이성의 또래들에게 호감을 사는 아이는 동성의 또래들에게도 인기가 높다. 여자아이들의 경우는 이성의 또래에게 관심을 보이지 않는 아이가 동성의 친구들에게 가장 큰 호감을 얻는다. 이때는 아직 성적인 경쟁심이 별로 작용하지 않는다. 여자아이가 동성의 또래에게 친구로 선택되는 이유는 학교 성적이 좋거나 교사들에게 좋은 평가를 받기 때문이다. 이런 여자아이들은 사회적 관계나 생활에 대한 만족도가 특히 높다.

친구관계에는 '위험'도 따른다. 아이들은 대개 친구를 통해서 마약이나 다른 위험요소들과 처음으로 대면한다. 마리아 폰 잘리슈^Maria von Salisch가 조사한 바에 따르면, 남자아이들은 친구와 갈등이 생겼을 때 여자아이보다 훨씬 더 공격적으로 변했다. 반면에 여자아이들은 친구와 불화가 생기면 대화를 통해 화해를 시도했다. 낮은 사회계층의 아이들은 남녀 모두 갈등상황에서 공격적 성향을 보였다. 12~17세의 청소년 1,400명을 대상으로 설문조사를 실시한 결과, 아이들은 친구관계에서 사회적으로 책임감 있는 행동과 상호지원을 가장 중요하게 여기는 것으로 나타났다(Rehndiers 2005). 이 두 가지는 아이들에게 핵심규범인 셈이다. 자기만의 고유한 생활스타일을 발전시키는 것은 옷을 고르거나 음악을 듣는 취향 만큼이나 부차적이었다. 친구관계에서 여자아이들은 남자아이들보다 공정함에 대한 기대가 더 강했다. 청소년들에게 부모가 미래를 위해 중요하다면, 친구는 현재를 위해 중요하다.

친구 사이에도 균열이 일어난다

성인 중기는 친구관계에서 개방적이고 솔직한 태도를 요구한다. 더 늦은 연령대(61~64세)에서는 원만하고 타협적인 태도를 특히 중요하게 여긴다(Heyl 2004). 나이를 불문하고 성격특성 이외에 현재의 친구관계에 가장 많은 영향을 미치는 요인은 어린 시절 아버지와의 관계에서 얻은 경험들이다.

그레버Greber는 18~55세 사이의 성인 246명을 대상으로 한 실험에서 외향적이고 타협적인 성격 이외에 정서적 지원, 즉흥적 감정표현, 자아개방, 스킨십, 관계의 적극성과 같은 사회적 역량도 친구관계에 중요한 질적 특성임을 확인했다. 그밖에도 여성이 남성보다 훨씬 더 집중적인 친구관계를 맺는 것으로 나타났다. 사교성이 강하고 정서적으로 안정되고 사회적 역량이 뛰어난 사람일수록 친구가 많았다.

친구관계에도 갈등과 위기가 있다. 친구관계가 정서적으로 소중하게 여겨지는 만큼 그에 따른 실망과 좌절도 크다. 친구들의 관심은 나의 자존감을 높여준다. 하지만 이것은 친구들의 관심이 멀어지면 나의 자존감도 그만큼 쉽게 상처받을 수 있다는 뜻이기도 하다. 게다가 친구들은 서로의 비밀을 잘 알기 때문에 이 사실을 이용해서 상대에게 큰 상처를 입힐 수도 있다. 그래서 친구의 배신은 더욱 심한 타격을 준다.

사람은 누구나 시간이 지나면 새 것을 원하게 마련이다. 친구관계도 결국엔 끝난다. 아무리 강한 애착을 지녔더라도 이런 종류의 위기나 결별은 큰 실망과 슬픔을 가져오고 심할 경우 사람을 병들게 한다.

커플관계와 마찬가지로 친구관계에서도 선택이 중요하다. 정보나 적절한 공통분모가 부족한 상태에서 친구관계를 시작하면 나중에 잘못된 판단을 내리거나 오해에 빠질 위험이 크다(Yager 2002). 사회적 위상이나 능력이 너무 다르거나 주고받음의 균형이 한쪽으로 기울어도 관계가 쉽게 깨어진다. 여기에는 다음과 같은 위험요인이 있다.

시기심_더 이상 긍정적인 자극을 주지 못하고 열등감에 사로잡혀 무기력한 분노와 미움만 쏟아낸다.

실망감_상대의 무관심, 소홀, 약속위반으로 인해 생겨난다. 생일을 잊는다거나 너무 오랫동안 연락을 하지 않거나 남에게 내 흉을 본다거나 할 때 등이다. 잰 예거Jan Yager의 설문조사에 응답한 사람들 중 64퍼센트는 한 번 이상 친구로부터 배신을 당하고 관계를 끊은 경험이 있다고 답했다.

연인을 둘러싼 경쟁_질투심을 불러일으키고 관계를 깨뜨릴 수 있다. 친구들은 서로 성격이 비슷하고 함께 많은 시간을 보내기 때문에 종종 친구의 파트너들에게도 호감을 불러일으키는데, 이로 인해 친구관계가 깨질 때가 많다(Fehr 1996). 에이프릴 블레스케[April L. Bleske]와 토드 샤켈포드[Todd K. Shackelford]의 설문조사에서는 응답자의 절반 이상이 파트너를 놓고 친구와 경쟁한 적이 있다고 답했다. 남자의 18퍼센트와 여자의 29퍼센트는 친구의 파트너와 바람을 피운 적이 있다고 했다. 또 파트너를 사이에 놓고 친구와 경쟁하게 될 때 사람들은 전혀 모르는 인물과 경쟁할 때보다 훨씬 더 감정이 격해진다.

파트너십/가족과 우정의 갈등_파트너는 대개 제일 친한 친구로 간주되고, 커플관계나 가족은 우선순위의 가장 높은 자리에 위치한다. 따라서 친구관계에 소홀해지기 쉽다. 반대로 친구관계가 너무 많은 공간을 차지하게 되면 파트너와 자식들이 소외감을 느끼거나 가족의 경계가 손상되기도 한다(Schäfer 2003).

변화된 생활조건_이사를 하거나, 직장을 옮기거나, 새로 가정을 꾸미는 등의 변화를 통해서 친구관계가 더 이상 예전의 익숙한 공간에 머물지 못하게 된다. 이럴 때 유연한 해법을 찾아내거나 제때에 상응하는 조정이 이루어지지 못하면 친구관계는 새로운 상황에 제대로 적응하기 어렵다. 우정의 개념을 너무 경직된 방식으로 이해하면, 친구관계를 손상시킬 위험이 크다.

정서불안, 자신감 결핍, 불안정한 애착유형 등의 성격특성 역시 친구관계의 발전을 저해한다.

변함없이 충직한 친구, 애완동물

좀처럼 실망하지도 실망을 안겨주지도 않는 친구가 바로 '애완동물'이다. 동물은 나이나 처지를 불문하고 많은 사람들에게, 특히 질병이나 스트레스의 상황에서 중요한 역할을 한다. 동물과의 우정은 아이들의 발달에도 대단히 긍정적이다(Nestmann 2005). 동물을 친구로 둔 사람은 복잡하지 않게 관계를 즐기고 친밀함을 나누고 정서적 지원을 얻을 수 있으며, 종종 이 사랑스런 친구 덕에 큰 질병이나 위기에서 벗어나기도 한다. 요즘에는 양로원, 정신병원, 심리치료센터, 재활원 등에서 동물을 많이 활용하는 추세다.

사회적 소속감을 갖고 살아가는 사람에게 친구는 매우 소중한 존재다. 어린 시절에는 성격과 성 정체성의 발달에 중요한 역할을 하고, 어른이 된 뒤에는 일상의 문제를 해결하고 정신적 위기를 극복하는 데 도움을 준다. 애완동물도 더없이 충실한 친구가 될 수 있다.

8 우연한 만남으로 형성된 네트워크

한 사람의 '사회적 네트워크'는 가족과 친구만이 아니라 그가 관계 맺고 있는 사람들의 총합으로 이루어진다. 여기엔 지인들과 이웃도 포함된다. 우리는 일상에서, 예를 들어 직장에서 일을 하거나, 여가생활을 즐기거나, 장을 볼 때, 혹은 이웃 간에 벌어지는 이런저런 일로 인해 다양한 사람들과 만난다. 또 이 만남을 통해 그들의 활동 분야와 경험과 특별한 지식을 접하고 이용할 수 있는 기회도 얻는다. 한 마디로 다양한 자원을 담고 있는 정보 풀pool에 연결되는 것이다. 이는 우리의 사회적 네트워크를 풍부하게 만들어준다.

사람들을 많이 알수록 어떤 문제의 답을 얻을 확률도 그만큼 높아진다. 예를 들어 대도시에서 집이나 일자리를 구할 때는 적은 수의 가까운 친지들보다 광범위한 지인들에게 문의하는 것이 훨씬 도움이 된다. "약한 애착의 강점"이란 바로 이런 경우다. 광범위한 사회적 네트워크는 삶의 질과 건강에 큰 도움을 준다. 따라서 이런 네트워크를 잘 관리하면 생활하는 데 도움이 많이 된다. 우연히 만나는 사람들을 무심히 지나치지 않는다면, 그리고 레스토랑 종업원이나 마트 계산원을 대할 때처럼 상대를 단순히 기능인으로 취급하지 않는다면, 상대방도 우리를 좀 더 세심하게 대할 것이다.

사람을 역할에만 국한시켜서 생각하는 것은 좋지 않다. 그들을 유일무이한 인격체로서 존중하기가 힘들어지고, 그들로부터 얻는 것도 줄어든다. 가벼운 만남을 풍요롭게 하려면 다음과 같은 점에 신경을 써야 한다.

접촉빈도_적절한 빈도로 만난다. 예를 들어 우리는 일정한 시간에 일주일치 장을 보러 가거나 교회에 감으로써 평소에 보기 힘든 사람들을 만날 수 있다.

여유시간_잠시 미소를 교환하거나 간단한 대화를 나누는 정도의 만남을 즐겨라. 시간에 쫓기면 스트레스를 받을 뿐만 아니라 만남을 기피하고 아예 싫어 하게 된다.

역할_타인과 만날 때 우리가 취하는 역할과 만남의 기능이 중요하다. 예를 들어 콜센터 직원과 전화를 할 때 상대를 단지 기능인으로 대하지 않고 개인적인 관심을 보이면 그 사람을 기분 좋게 해줄 수 있다. 이런 일은 상대의 이름을 불러준다든지, 대화가 길어질 경우 상대의 참을성에 고마움을 표한다든지, 틈을 봐서 일하기가 힘들지 않은지 한번 물어봐주는 것만으로도 충분하다. 상대방이 우리에게 기대하는 역할도 중요하다. 우리가 고객이냐, 환자냐, 이웃이냐에 따라 우리에게는 각기 다른 권리와 의무가 주어진다. 이런 것들은 비록 성문화된 규칙으로 정해져 있지 않지만 준수 여부에 따라 호감과 비호감이 결정된다.

상호지원과 협력_다른 사람들의 기대와 방식에 맞추면 일이 훨씬 수월해진다. 예를 들어 문 닫기 2분 전에 상점에 들어가서 이런저런 요구로 상점 정리를 방해하면 판매자가 좋아할 리 없다.

공통점 찾기_관심사, 교양수준, 나이, 성별 등과 관련된 공통점은 이해의 폭을 넓혀준다. 반대로 차이는 상호이해에 소요되는 비용을 높인다.

만족도_만남을 통해 만족을 얻을 수 있어야 한다. 이때 투자의 양은 중요하지 않다. 다정한 인사나 세심한 말 한 마디가 주는 짧고 유쾌한 경험으로도 만족을 얻을 수 있다.

여기서도 정향과 통제, 회피, 자아확인, 소속감 등에 대한 기본욕구를 충족시켜야 한다. 사회적 지원은 이것들을 가능하게 해준다. 사회적 지원은 세 가지 차원으로 나뉜다. 지원에 투입될 잠재적 인력(지원네트워크), 지원가능성에 대한 지식, 그리고 지원의 실질적인 주고받음이다(Laireiter/Lager 2006). 그밖에도 정서적 뒷받침, 자아확인, 표현 가능성을 통한 심리적 지원과 돈, 충고, 행동을 통한 도구적 지원이 있다. 여기서 흥미로운 점은 아이들도 제 나름의 사회적 네트워크를 개발하여 지속적으로 확장시켜 나간다는 것이다. 아이들은 8~11세만 되어도 평균 열다섯 사람과 접촉을 가진다. 그 중 절반은 또래 친구들이다.

사회적 접촉을 넓히는 일은 사회적 역량을 발전시키는 데 중요하며, 그 반대도 마찬가지다. 이때 부모는 모범이자 후원자가 된다. 세심하게 보살피고 받아주고 지원해주는 어머니일수록 역량 있는 아이를 길러낸다. 어머니와 안정적으로 결합된 아이는 또래와 활발하게 접촉하며 필요한 경우 더 많은 지원을 주고받을 수 있다. 안톤-루페르트 라이라이터[Anton-Ruppert Laireiter]와 카롤리네 라거[Caroline Lager]는 7~10세 사이의 아이들은 약 17명의 사람들과 사회적 네트워크를 형성한다는 사실을 확인했다. 그 중 절반 이상은 아이들에게 매우 중요한 사람들이다. 자기주장이 강한 아이일수록 사람들과 더 많이 접촉하고 클럽이나 동아리 활동에 적극적이다. 접촉에 대한 능력과 자신감은 집중적인 관계를 가능하게 해준다. 네트워크 안에서 부담스럽고 모멸스럽고 자존심 상하는 경험을 덜 할수록 자신감도 커진다. 접촉에 능한 아이들은 다른 사람이 제시하는 지원을 잘 인식하고, 도구적 지원도 잘 받아들인다. 그밖에도 자신감이 강하고 자신의 능력이 뛰어나다고 느끼는 아이들은 그렇지 못한 아이보다 부모로부터 지원을 많이 받는다. 다른 사람과 잘 어울리는 아이는 능동적으로 좋은 신뢰관계와 애착관계를 쌓아가며 친구도 잘 사귄다. 이런 아이는 성장하는 동안 무시와 거부를 덜 경험하며, 부모와 네트워크로부터 더욱 많은 지원을 받는다. 네트워크 안에 부담스럽거나 싫은 사람이 차지하는 비율이 높으면 아이는 자신감이나 접촉능력에 상처를 받는다. 사회적 관계는 구성원의 사회적 역량이나 성격특성에 따라 달라지며, 그 반대도 마찬가지다.

이웃사촌과 주변인들

이웃이란 자기 집 근처에서 생활하고 서로 안면도 있어서 최소한 인사 정도는 나누며 사는 사람들을 말한다. 공간적 거리가 가깝기 때문에 직장동료들 만큼이나 자주 마주친다. 문과 문, 마당과 마당을 마주보는 이웃은 강요된 친척관계와 같다. 이웃들은 서로 속속들이 알게 되어 굳이 말을 꺼내지 않아도 상대가 무엇을 좋아하고 싫어 하는지 충분히 파악한다. 하지만 이런 관계를 불편해하는 사람들도 많다. 그들은 짐짓 아무 것도 모르는 듯이 행동하며 상대방도 그런 식으로 자신의 비밀을 지켜주기를 기대한다. 이웃 간의 관계와 의무는 친척의 경우보다 느슨하다.

이웃 간에는 소문이 풍성하게 마련이다. 충성도가 약한 탓이다. 소문은 대부분 호기심과 흥미, 관심과 참견의 혼합물이다. 이런 종류의 가까움은 이중적 성격을 띠며 갈등을 유발하기 쉽다. 소음이나 다른 갈등요인들은 모델링과 그에 따른 기대의 차이로 발생하며 생각이 다를 때 갈등으로 발전될 소지가 많다. 이때 이웃 간에 노골적인 적대관계가 생겨나기도 한다. 그럼에도 불구하고 이웃은 질병, 화재, 무단침입과 같은 위험상황이 발생했을 때 가장 빨리 도착하여 서로 도움을 줄 수 있는 기초적인 욕구공동체를 형성한다. 또 일상의 사소한 일에서 자주 도움을 주고받는다. 가령 식료품이나 연장을 빌려주고 어른들이 집을 비울 때 아이나 집을 봐주기도 한다. 이웃이 갖는 잠재적 지원능력과 신뢰도는 친척과 비슷한 수준이다. 그밖에도 이웃은 서로를 하나로 묶어주는 공동의 관심사를 가진다. 비행기나 고속도로 소음에 대해 항의하거나 주거지역의 개선을 요구하기도 한다. 특히 농촌지역에서는 소방 활동, 수송, 수확, 집짓기 등의 과제를 이웃끼리 조직적으로 힘을 모아서 해결해나가는 사례가 많다. 이웃은 지역축제나 결혼, 장례, 기념일 등의 가족행사를 치를 때도 서로 긴밀하게 협조한다.

주거지역의 건축 구조도 이웃 간의 행태에 영향을 미친다(Eitmann

2002).

- 건물이 높이 올라갈수록 이웃 간의 접촉은 줄어든다(5층 이상으로 올라가는 경우).
- 현관의 우편함, 쓰레기 수거함, 놀이터 등과 같은 공동 시설과 공간은 접촉의 기회를 높여준다.
- 25가구 미만의 이웃들이 모여 사는 곳은 누가누군지 금방 알 수 있기 때문에 이웃 간의 접촉이 훨씬 수월하다(Harloff et al. 1998).
- 울타리, 공원, 진입로, 성문 등은 사적인 공간과 공적인 공간 그리고 반쯤 공적인 공간의 경계를 잘 구분해 주어 사생활을 보호받기 쉽다. 반쯤 공적으로 사용되는 공터는 완전히 공적인 공간과 구분되면서 이웃 간의 소속감을 높여준다(Harloff/Hinding 1993).
- 공원은 이웃간의 접촉 기회를 증진시킨다.

거동이 불편한 노약자들은 이웃과 친밀한 관계를 유지하는 게 좋다. 그래서 나이가 많아질수록 이웃과의 관계도 늘어난다. 이 경우 집소유자는 대체로 세입자보다 주변 사람들과의 접촉이 빈번하다. 거주환경과 자신을 더 많이 동일시하기 때문이다(Diewald 1986).

이웃 간에는 서로 행위와 기대를 나눌 때 반드시 지켜야 하는 불문율이 있다.

- 위급상황에서 서로 돕는다.
- 사적 영역을 존중한다.

- 아이들이 떠드는 소리, 생활소음, 동물 기르기 등과 관련해서 서로를 배려한다.
- 이웃이 외출 중일 때 집을 살펴주고 꽃에 물을 준다.
- 비밀을 지킨다.
- 서로 인사한다.
- 집과 정원을 관리한다.
- 서로 친하게 지낸다.
- 집의 경계를 존중한다.
- 합의사항을 잘 지키고 호의에 보답한다.

이웃이 반드시 좋은 사람일 수는 없다. 간혹 이웃 때문에 위험에 처할 수도 있다. 사회적 취약가정만 모인 주택단지나 소수민족 간의 갈등이 있는 주거지역일 경우 종종 곤란한 문제가 발생한다. 익명성이 높고 거주자들의 이동이 잦은 곳도 마찬가지다. 이런 지역은 대개 다른 데보다 범죄율이 높다. 그래서 서로 담을 쌓고 지내는 경우가 더 많고, 이것은 다시 익명성을 높이는 악순환으로 이어진다. 주민들이 서로를 잘 모를 경우 긍정적인 이웃관계를 위한 자원도 부족해진다.

생활을 잘 꾸려나가고 자신의 욕구를 효과적으로 충족시키기 위해서는 최대한 다양한 사람들이나 집단과 다각적으로 접촉하고 관계를 맺어야 한다. 따라서 최대한 폭넓은 사회적 네트워크를 구성하고 관리하는 것이 중요하다. 그러기 위해서는 사회적 역량과 필요한 투자를 망설이지 않는 적극적인 자세가 필요하다. 투자에는 보상이 따르게 마련이다. 사회적 네트워크를 잘 구성한 사람은 더 많은 지원과 관심을 받게 되며, 자존감이나 삶의 질 측면에서도 많은 이득을 얻을 수 있다.

4장

직장 생활의 만족도 끌어올리기

1 기업은 감정이 없는 시스템이다

기업 시스템의 특징은 서로 관련성을 지닌 구성원들의 반복적 활동이다(Katz/Kahn 1978). 각 구성원의 활동은 서로 복잡하게 얽혀 있다. 기업에서 인간은-다른 모든 시스템에서와 마찬가지로- 자기 역할을 충족시킬 때 존재 의미를 획득한다. 시스템에는 감정이 없다. 오직 자기 자신만을 중심으로 돌아간다!

시스템의 주요 기능은 다음과 같다(Parsons 1960, Miller 1995 참조).

- 경제적·물질적 토대의 마련
- 구성원의 사회화 형태로 이루어지는 자기형성과 자기 보존autopoiesis, 시스템 구조와 조직의 유지
- 새로운 정보와 지식의 취득 및 종합

● 모든 시스템 활동의 조절 · 조직 · 통제

제임스 밀러^{James Grier Miller}는 세포에서 조직을 거쳐 공동체에 이르는 시스템의 다수준모델^{multi level model}을 고안했다. 또 니클라스 루만 ^{Niklas Luhmann}은 생물학적 시스템과 사회적 시스템의 차이를 강조했다. 사회적 시스템의 특징은 루만에 따르면 '의사소통'을 통해서 작동하고 그것을 기반으로 발달한다. 이때 시스템의 '자기관찰'이 매우 중요하다.

시스템의 올바른 작동 여부는 다음과 같은 요인에 근거한다(von Rosenstiel et al. 1998).

기업이 설정한 목표 · 가치 · 규범 · 규칙의 유용성과 명확성 그리고 합리성_이것들이 상황과 시장에 맞게 정립되고 개별 부서(하위시스템)와 인력이 그에 따라 행동한다면, 시스템은 공식적 노선에 혼선이 있을 때보다 훨씬 더 잘 기능한다. 가령 어떤 회사가 대외적으로 고객친절을 내세우면서 정작 직원들은 그에 상응하게 행동하지 않을 때 회사는 성공을 거두기 힘들다.

하위시스템과 구성원들의 시스템 지식_부서와 직원들이 자기 회사가 내놓는 상품이나 업무처리 규정을 충분히 알고 있지 못하면 기업 내부적으로 뿐만 아니라 고객과도 최적의 의사소통을 이룰 수 없다.

바람직한 (협력)업무에 대한 모델링과 경영콘셉트_모든 시스템에는 총체적이며 세부적으로 기능하는 완성된 콘셉트가 필요하다. 서로 모순되거나 불합리한 지시사항들은 배제해야 한다. 그래야만 각 부서나 직원들 간의 협력이 원활하게 이루어질 수 있다. 예를 들어 어떤 기업은 지사나 출장소의 직원들은 전혀 알지 못하는 상품을 광고하는 데 열을 올린다. 또 어떤 경영자들은 직원들이 일에 대한 구체적인 모델링도 없이 무조건 자신의 지시에 따르기를 기대한다.

의사소통·결정·조절구조의 명확성과 기능성_이에 따라 정보의 흐름, 의견수립, 주요현안에 대한 이해가 제대로 기능한다. 1장10에서 보았듯이 여기서 중요한 것은 전달자의 의도나 태도가 아니라 수신자가 정보를 얼마나 분명하게 받아들일 수 있느냐 하는 점이다. 거대 시스템일수록 투명성이 중요하다. 모든 직원들은 누구에게 무엇을 문의하거나 보고해야 하는지 확실하게 알고 있어야 한다. 사회적 시스템은 모두 인간의 작품이므로 본성상 갈등이 생겨날 수밖에 없다. 그래서 갈등을 예방하고 해결하는 메커니즘이 반드시 필요하다. 기업에서는 이런 메커니즘을 경영진이 담당해야 한다.

역할·관할·업무할당의 명확성과 기능성_모든 업무는 조직의 목표에 맞추어 처리되어야 한다. 따라서 책임소재로 인한 갈등이 발생하지 않도록 각 업무를 특정한 관할부서나 역할수행자에게 배분해야 한다. 또 업무할당이 전체 진행과정의 맥락 안에서 효과적이고 효율적(경제적)으로 이루어지고 있는지를 항상 검토해야 한다. 각 역할에는 상세하고 차별적으로 작성된 요구이력이 필요하다. 요구이력은 내용적으로뿐만 아니라 심리학적으로도 정확히 기술되어야 한다. 그 밖에도 업무수행에 대한 질적 판단기준을 언급해야 한다. 시스템의 생명은 적합한 동기부여다. 이것은 구성원들이 맡은 바 역할을 최대한 실현하고 전체 시스템의 목표에 맞추어 서로 협력할 수 있게 도와준다(Weinert 2004). 문제는 역할이 명확히 할당되지 않거나 받아들여지지 않을 때 혹은 역할기대가 좌절될 때 발생한다. 어떤 직원이 어떤 역할을 맡아야할지는 역할에 대한 파악과 당사자가 자기 역할을 얼마나 잘 이해하고 있는가에 달려 있다. 이때 다른 참여자들의 기대치는 역할을 담당하는 사람이 방향을 설정하는 데 매우 중요하다. 이것은 또한 역할수행의 품질을 평가하는 기준도 된다(Eilles-Matthiessen et al. 2002).

명확하고 탄력적인 경계설정_이것은 설비와 하위시스템의 유효범위, 책임, 권리와 의무에 따라 결정된다.

관계의 품질_직장 내의 관계는 기업의 목표와 실행능력에 따라 달라진다. 비공식적인 관계에서도 마찬가지다. 부서 간에 또는 직원 간에 분열이 심해서 업무가 제대로 처리되지 못하고 기업이 해를 입는 경우도 비일비재하다.

하위시스템과 구성원의 역량_전문성뿐만 아니라 주어진 요구를 실행하는 데 필요한 모든 종류의 역량이 포함된다(1장9 참조). 직장에는 스트레스 저항능력과 정서적 안정감이 부족하거나, 불안정한 애착 유형을 지닌 탓에 주어진 요구를 제대로 수행하지 못하는 사람들이 많다. 그 결과 많은 직원들이 정신적 압박을 견디지 못해 병에 걸리거나 조기에 은퇴한다. 이는 직원들이 학생시절부터 받아온 각종 직업교육이 직업활동에서 받는 심리사회적 압박과 기존의 취약점에 대한 준비와 훈련을 충분히 제공해주지 못한 탓이기도 하다(6장과 7장 참조). 독일에서는 이런저런 심리적 혹은 정신신체적 ^{psychosomatic} 장애를 겪는 사람이 1년에 전체주민의 31.1퍼센트(1,510만 명)나 된다. 그 중 800만 명은 우울증으로 연간 1,090만 일(日)을 직장에 나가지 못하고 쉰다(Jacobi et al. 2004). 남성에게는 정신장애가 가장 큰 걸림돌(1년에 43일)이고, 여성에게는 암 발병이 첫 번째 요인이며 정신장애는 그 뒤를 잇는다. 이 정도면 심리적 요인이 얼마나 막대한 인간적 · 경제적 손실을 가져오는지가 분명해진다.

2 경영스타일을 파악하라

기업 경영은 두 가지 방식을 통해서 이루어진다. 가장 중요한 부분은 '조직도^{organigram}'를 통해서 파악되는 회사의 구조다(그림 15 참조).

그밖에 목표설정, 세부규칙, 건축적·공간적 규정, 위계, 역할구조, 기업전통 등도 경영에 관여한다.

내부 직원과 외부인들은 경영자를 회사의 주체로서 인식한다. 경영자의 과제는 지도적 역할을 수행하면서 최대한 회사의 발전을 꾀하고, 그에 상응하는 방식으로 회사를 구성하고 운영하는 것이다. 말하자면 특수한 임무를 맡은 서비스 제공자다. 매순간의 현황파악, 의사결정과 목표설정, 목표실현 방안과 이를 위한 조직구성, 진행절차의 통제 등이 여기 속한다. 적절한 인력을 선발하고 관리하여 일하는 사람들이 맡은 바 임무를 효율적으로 실행할 수 있도록 만드는 것도 경영자의 몫이다. 이와 관련하여 이미 100년 전부터 광범위한 국제적 연구가 이루어졌지만 경제와 경영의 영역에서는 그 성과가 번번이 무시되곤 한다.

직원들의 동기부여 수준을 높이려면 경영자는 직원들이 만족하거나 불만족스러워 하는 작업요인이나 환경요인이 무엇인지 정확히 파악해야 한다(Weinert 2004; 그림 16 참조). 직무만족은 결근, 직원들의 동요, 작업성과 등에 큰 영향을 미치기 때문이다. 근로자들은— '성격 특성'에 따라 차이는 있지만— 대체로 일을 통해 무언가를 배우고 자기계발을 할 수 있을 때 더 큰 만족을 느낀다. 이는 노동이 파트너십이나 가족과 더불어 대부분의 사람들에게 가장 의미 있는 삶의 원천이기 때문에 그렇다. 유능한 근로자일수록 일정한 정도의 책임과 자기 존재를 증명해보이기에 충분한 자유로운 행동공간에 큰 가치를 둔다.

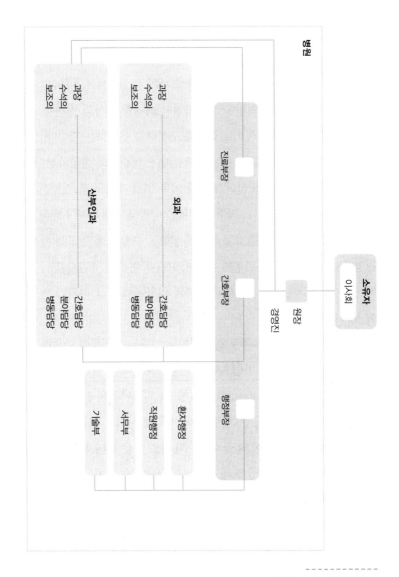

그림 15 한 병원의 조직도 일부(D5장 참조)

직무만족의 원천	결과
도전적 과제	개인의 발달 촉진
자유로운 행동공간	긍정적 자아상
사회적 지원과 소속감	개방성, 유연성
역할과 과제의 명확성	확신
성격과 일의 적합성	긍정적 자아상

불만족의 원천	결과
경영진의 실수	의욕 상실
굴욕감, 모욕감	자존감 손상
고립	의욕 상실, 자존감 손상
수준 낮은 과제	역량 감퇴, 자존감 손상
자유롭지 못한 행동공간	의욕 상실, 자존감 손상
과도한 작업량	업무 부담
너무 복잡한 과제	업무 부담
너무 큰 책임	업무 부담
역할과 과제의 불명확성	방향 상실
부정적 감정	반감 형성

그림 16 직무 만족과 불만족의 원천

직장에서도 기본욕구를 만족시키는 일은 상당히 중요하다. 직장 상사의 좋지 못한 언행은 일에 대한 즐거움을 앗아가고 자존감을 해친다. 설문조사에 따르면 직장인들은 직속상사의 태도 때문에 가장 많이 스트레스를 받는 것으로 드러났다(Rosenstiel et al. 1998). 사회적 고립과 피드백의 부재, 능력에 비해 수준이 낮은 업무, 자유롭지 못한 행동공간 등도 비슷한 작용을 한다. 반대로 일이 항상 과하다거나, 과제가 지나치게 어렵다거나, 책임이 너무 커도 당사자는 스트레스를 받게 되고 이는 결국 부정적인 결과로 이어진다(4장7 참조). 과제나 책임의 소재가 불명확하면 방향설정에 문제가 생겨 확신을 떨어뜨린다. 물론 개인의 정서불안이나 지나친 내향성 같은 성격적 특성도 불리하게 작용한다.

경영진의 과제 처리방식은 매우 상이하다. 경영 스타일은 일반적으로 권위적 방식과 민주적 방식으로 구분된다. 경영 스타일을 판단하려면 처리해야 하는 경영과제가 어떤 것인지부터 살펴야 한다. 그러고 나면 상황에 따라 어떤 경영수단이 적합한지가 분명해지기 때문이다. 경영할 때 발생할 수 있는 여러 가지 상황은 다음과 같다.

참여자들의 욕구에 따른 상황_신입 사원이나 자신감이 부족한 직원들에게는 다양한 지도와 통제가 필요하다.

과제의 종류와 범위에 따른 상황_새로운 아이디어와 콘셉트를 개발해야 할 경우 프로젝트그룹에 좀 더 자유로운 행동공간을 부여하고 지시를 덜 내리는 편이 좋다. 긴급 상황에는 강력한 지도력이 요구되고, 복잡한 과제를 다룰 때는 중앙에서 장기적이고 전략적인 계획을 수립해주어야 한다.

개인의 욕구와 보조를 맞추는 동기부여 유지_직원 개개인과의 지속적인 동반관계는 매우 중요하다. 하지만 이를 소홀하게 다루는 회사가 많다. 업무나 질적 기준에 대한 직원들의 모델링이 경영진이나 동료직원들이 세운 것과 일치하는지, 업무과제의 난이도는 적절한지 등은 수시로 점검해야 한다. 젊고 유능한 직원들은 경험과 역량을 쌓아가면서 점점 더 능력을 발휘한다. 이들은 또 새로운 도전과 자극을 추구한다. 따라서 과제의 난이도와 자유로운 행동공간 역시 개인의 역량에 따라 수시로 조절하는 게 바람직하다. 그래야만 직원이 업무에 흥미를 잃고 지루해 하거나 아예 의미를 상실하게 되는 것을 방지할 수 있다. 경영의 가장 중요한 과제는 기업의 요구가 직원 개개인의 욕구와 보조를 맞출 수 있도록 최대한 높은 동기부여를 유지하는 일이다(Spitzer 2002; 1장4 참조). 늙거나 병이 들어 업무능력이 떨어지는 직원에게는 과제의 난이도를 낮추어서 업무 부담을 덜어준다.

> 기업과 조직의 구조는 고도로 복잡하다. 기업을 시스템으로서 관찰하면 상이하게 부여된 역할과 그에 따른 경영자와 직원들의 고유한 활동을 이해할 수 있다. 스트레스는 "위에서 아래로"―경영진에서 일반 직원으로―의 의사소통이 원활하지 못하거나 동료직원들 사이에 의사소통이 제대로 이루어지지 않을 때 발생한다. 직장생활이 우리 인생에서 차지하는 시간과 비중을 고려한다면 직장에서의 스트레스 관리에도 주의를 기울여야 한다.

3 모빙 : 직장 내의 왕따

'모빙Mobbing'은 1980년대 이후 노동심리학 안에 자리 잡은 개념이다("모빙리포트Der Mobbing Report" 2002 참조). 모빙이란 직장 동료들에 의해 집단적으로 인격적 공격 · 비난 · 불이익 · 집단따돌림 등을 당하는 직장문화를 말한다. 때로는 직장 상사도 여기에 참여한다. 사회적 관계에서 흔히 발생하는 평범한 갈등이나 다툼, 긴장관계와 달리 모빙은 체계적이고 의도적이며 지속적으로 집요하게 이루어진다. 지속적으로 반복되는 행위의 '패턴'이며 일회적인 사건이 아니다. 따라서 행위의 형태만 가지고서는 모빙 여부를 구별해낼 수 없다. 언제나 상황의 지속성이 고려되어야 한다.

모빙 행위는 당사자에게 심각한 정신적 외상을 입힌다. 언어적이거나(욕설), 비언어적이거나(정보의 차단), 물리적(구타)인 모빙 행위가 적대적 · 공격적 · 비도덕적 형태로 직접 가해지는 것인 반면, 불평등한 권력관계를 통해서 발생하는 모빙도 있다. 이 경우 피해자인 부하직원은 자신을 방어하기 힘들기 때문에 상황에 무력하게 노출된다.

'모빙리포트 2002'에 따르면 직장에서 남성과 여성이 당하는 모빙의 정도는 비슷하다. 그러나 방식은 성별에 따라 다른 것으로 나타났다. 남성이 주로 전문분야와 관련되어 모빙을 당하는 반면, 여성은 사회적인 맥락에서 모빙을 당한다. 또 젊은 직원들이 대개 전문분야와 관련된 능력 때문에 비난을 받거나 조롱을 당한다면, 나이 든 직원들은 활동 전반에 걸쳐 그런 일을 당한다.

모빙리포트(2002, 53쪽)는 모빙의 진행 단계를 다음과 같이 구분했다.

- 갈등, 개별 사건_해결되지 못한 갈등에 대한 책임회피가 발생하고, 특정 인물에 대한 의도적인 공격이 시작된다.
- 정신적 테러의 시작_미해결의 갈등은 배후로 물러나

고 직원들 사이의 의견대립이 부각된다. 한쪽 직원이 조직적 비난의 과녁이 된다. 당사자는 점점 고립되고 따돌림 당하는 느낌을 받는다.

- 문제가 공공연해진다_행동들이 점점 노골화된다. 당사자는 굴욕감을 느끼고 자신감을 잃은 나머지 일에 집중하지 못한다. 따라서 일의 품질이나 성과가 나빠지고, 모빙 당하는 직원은 결국 경고, 좌천, 해고 등 노동법 상 적법한 조처를 받게 된다.
- 퇴직_모빙 과정은 당사자가 직장을 떠남으로써 끝난다. 당사자가 더 이상 압박을 견디지 못하고 스스로 사표를 쓸 수도 있고, 회사에 의해 해고를 당할 수도 있다. 하지만 거기서 끝나지 않는다. 신경질환 등 장기치료를 요하는 질병에 걸리거나 직장생활이 아예 불가능해지는 상태에 빠질 수도 있다.

위의 연구결과는 어떤 사람이 모빙을 당하는 일차적 책임이 개인의 특성이나 성격구조에 있지 않다는 사실을 보여준다(가해자-피해자 관계). 불명확한 경영구조나 역량이 부족한 경영진 등 노동환경의 구조적 요인도 모빙을 유발한다(Neuberger 1999). 동료 간의 과다한 경쟁이나 타인의 역량·자질·성과에 대한 시기심 등도 모빙 가능성을 촉진시킨다. 사람들은 대개 비판을 잘 받아들이지 못한다. 남에게 비판을 받으면 부적절한 방식으로 대응하기 일쑤다. 그래서 기업은 갈등관리, 인력경영, 팀 리더십, 작업그룹 간의 (최적화된) 협력, 긍정적 조직문화 등에 요구되는 역량 촉진에 공을 많이 들인다(Zapf 1999; Weinert 2004). 서로의 능력을 인정하고 적절한 갈등 대처법을 훈련받고 상호 존중하는 분위기를 가꾼다면 모빙은 발붙이기 힘들 것이다.

모빙을 당하는 사람이 반드시 명심해야 할 것이 있다. 절대로 수동적이 되거나 참아내려 들어서는 안 된다는 점이다. 그런 행동은 가해자를 더욱 기고만장하게 만들 뿐이다. 당사자는 외부의 동기나 행동방식이 자신의 책임영역 안에서 작용하도록 방치해서도 안 된다. 예를 들어 당사자는 시스템적 다수준분석을 이용해서 상대방이 그런 행동을 통해서 얻고자 하는 게 무엇인지 정확히 파악하도록 노력할 필요가 있다(6장 참조). 또 현재 벌어지고 있는 일을 정확히 기록하여 사건에 대한 증거와 증인진술을 확보해 놓아야 한다. 그런 다음 상급자나 경영진과 면담을 하거나 모빙상담센터 혹은 전문변호사를 찾아가 해결방안을 모색한다(Wolmerath 2000; BAA 2005).

4 일과 생활 사이에서 균형 유지하기

일과 생활의 균형 문제를 다룰 때 우리는 흔히 노동사회 혹은 후기산업사회의 생활모델을 염두에 둔다. 이 모델에서는 취업노동과 비노동이 엄격히 구분된다(Schreyögg 2005). 사생활은 '비-노동'에 속한다. 여기에는 모든 사회적 애착, 문화생활, 종교, 철학, 이데올로기, 건강을 위한 활동이 포함된다.

공간적 경계가 사라지다

노동에 임하는 장소와 시간은 지난 2세기 동안 지속적으로 변화했다. 이제까지의 노동방식은 우리를 사적인 생활공간 밖으로 몰아냈다. "노동의 탈경계화"란 사람이 시간적으로나 공간적으로 노동세계에 흡수되어 그 밖의 다른 가능성을 잃거나 전혀 소용이 없게 되는 상황을 뜻한다. 포스트모던적 노동세계가 직장인들에게 완전히 새로운 상황을 요구하고 나섰기 때문이다. 이에 따르면 직장인은 회사의 목표와 자신을 최대한 동일시—마치 회사의 공동소유자인 것처럼—해야 하며, 완전히 회사 일에만 몰입해야 한다. 어떤 기업은 기존의 경영형식에서 탈피하여 근로자들에게 명확한 구조적 틀을 제시하지 않는다. 따라서 직원들은 개개인이 하위기업주로 바뀌게 되고, 여가시간에도 계속 전문지식을 쌓아야만 한다. 충분한 준비를 갖추지 못한 채 과다한 '자기조직화self organization'를 요구받기도 한다. 그 결과 취업노동이 삶의 대부분을 차지하게 되고 사생활 영역은 점점 줄어든다. 도처에서 발생하는 노동의 가속화도 문제다. 더 많은 과제를 더 적은 수의 인력이 처리해야 하는 탓에 갈수록 시간의 압박이 늘어난다. 비단 간부급 직원들만의 이야기가 아니다. 말단 직원들의 상황도 별반 다르지 않다. 물론 가장 근본적인 책임의 소재는 숨 가쁜 기술력의 발전과 24시간 운영체제에 있다. 한편, 진보된 컴퓨터 기술은 재택 근무라는 새로운 노동형태를 만들었다. 회사는 직원의 자택으로 작업 공간을 확대함으로써 비용을 절감하게 되었다. 노동은 이제 시간적으로나 공간적으로 사생활의 영역을 깊이 파고들었고, 일과 생활 사이에 균형을 잡는 것은 개개인의 몫이 되었다('일과 생활의 균형').

일과 가정의 접점 찾기

일과 생활의 균형에 대한 출발점은 언제나 노동이다. 많은 직장인들이 노동을 새로운 시각으로 바라본다. 노동에 대한 요구도 자연스레 바뀌고 있다. 오늘날 사람들은 인생에서 더 많은 것을 성취하고자 한다. 직장생활에서 추구하는 것도 다양해졌다. 노동은 이제 인생에 의미를 부여하고 수입과 지위를 가져다주는 데 국한되지 않는다. 탄력적인 시간활용과 즐거움까지 허락해야 하는 형편이다. "놀이사회" 개념이 노동문제에도 적용되는 것이다!

이 문제는 성별에 따라 차별화된다. 남성과 여성이 인생에서 짊어져야 할 부담이 다르기 때문이다. 남성은 일터에서의 압박('일')과 심신의 건강을 돌보는 사생활('생활') 사이에 균형을 맞추라는 도전에 직면한다(일과 사생활). 하지만 여성은 '사생활' 영역에서조차 자유롭지 못하다. 가사활동의 부담이 추가되는 탓이다. 따라서 취업모들은 가장 부담 강도가 높은 주민집단에 속한다. 언제나 일, 가정, 개인적 욕구라는 세 가지 영역 사이에서 균형을 유지해야 하기 때문이다('일과 가정생활과 개인생활'; Schneewind 2005). 문제는 현대 가정에서 아내·남편·자녀의 욕구를 어떻게 서로 일치시킬 것인가 하는 점이다. 특히 여성에게는 '일과 가정의 갈등'이 문제가 된다. 반면 남성들에게는 가정과 파트너십을 뒤편으로 미루게 될 때 갈등이 발생한다. 가정이 있는 남성은 독신 남성보다 사회적으로 성공할 확률이 높다. 하지만 이것이 가족관계에 따르는 단점을 모두 보완해주지는 못한다.

경험적 사회학의 연구에 따르면 젊은 여성들은 대개 이중적으로 인생을 설계한다. 이 말은, "주부와 어머니"로서의 삶을 매력적으로 느끼는 여성도 많지 않지만, 그렇다고 오로지 직장에만 집중하기를 원하는 여성도 소수에 불과하다는 뜻이다. 젊은 여성의 이상적인 인생살이는 상이한 요구들이 한데 뒤섞인 복합적 구조물인 셈이다. 여성들은 오늘날에도 두 개의 일터를 준비하며 스스로를 사회화한다. 하나는 자기 집이고 또 하나는 공적인 공간이다. 수많은 젊은 여성들이 "행복한 가정"에서 생활하면서 동시에 전문화된 직장에서 일하기를 꿈꾼다. 이 소망은 여성들의 공식적인 이상형이다. 하지만 현실은 어떤가? 여성들은 취업생활 초기에 직업교육과 그에 이은 직업활동에 우선적으로 힘을 쏟는다. 아이를 출산한 뒤에는 개인적 차원뿐만 아니라 사회적 차원에서도 가장 중요한 시기('전환기')가 시작된다. 여기엔 각종 함정이 도사리고 있다. 남성과 여성의 전통적인 역할구분이 느슨해진 것도 사실이지만 '가사노동'은 아직도 여성의 몫이다. 맞벌이부부^{dual career couples}에 대한 연구에서 볼 수 있듯이 출산은 언제나 남성과 여성의 전통적인 역할과 그에 따른 행동패턴을 원상복귀시킨다(Solga/Wimbauer 2005). 이는 곧 여성이 전체 스케줄을 가정 생활에 맞추고 있다는 의미다. 예를 들어보자. 여성 직원은 대체로 파트너나 가족의 형편에 맞추어 휴가를 낸다. 하지만 이 시기가 반드시 회사의 업무일정과 맞아 떨어지는 것은 아니다. 여성이 가정을 갖는다는 것은 대개 직업활동을 일시적으로 중단해야 한다는 뜻이다. 젊은 시절에 직업활동을 하다가 중간에 전업주부로 전환하고, 50대 이후에 다시 직업활동에 나서는 식이다. 당연히 직업적 이력을 쌓는 데 불리하다. 따라서 가정을 꾸미는 일은 오늘날에도 남녀 모두에게 직업적 · 가정적 위험을 안겨준다.

많은 사람들이 불합리한 노동구조 때문에 과도한 압박을 느끼며 살아간다. 하지만 엄밀히 관찰해보면 여기에도 성별에 따른 차이가 심각하다. 직업과 가정생활 모두를 균형 있게 꾸려나가는 경우도 드물다. 경험적 연구는 이런 상황에 대처하는 사람들의 행동전략을 다음의 세 가지로 구분한다.

- 어떤 사람들에게, 특히 젊은 여성들에게, 직업과 경력은 다른 모든 것에 우선하는 매력으로 작용한다. 그 때문에 이들은 가정을 꾸리는 것을 (일단) 포기한다 (Onnen-Isemann 2006).
- 나이가 많고 안정된 사람들은 명확히 분리된 세계 안에서 살아간다. 이 경우에도 직업생활이 우선된다. 사람들은 전통적인 역할 모델을 좇아 남자는 직장에 나가고 여자는 집에서 일한다.

● 세 번째이자 가장 큰 집단은 직업과 가정을 통해서 이
　중으로 압박을 당하는 사람들이다. 이들은 두 가지 생
　활영역 사이의 접점을 최대한 완벽하게 설계하고 관리
　하기 위해 안간힘을 쓴다.

직장에서의 성공은 그 자체로 커다란 만족을 가져올 수 있다(혹자
는 이를 '에로틱하다고 표현한다). 하지만 그 때문에 가정은 쉽게 "사물
화의 덫"에 빠진다. 여가시간은 늘 완벽하게 조직되어야 할 대상이
되어 부모자식 간의 관계나 파트너관계를 해친다. 가족관계가 협력
이라는 목적을 위한 상호작용에 불과한 것으로 전락하기 때문이다.
미국의 사회학자 알리 호치실드^{Arlie R. Hochschild}의 연구결과는 매우 극
단적이다. 호치실드는 직원들을 위해서 탄력적 근무시간, 사내유치
원 등 직업과 가정의 균형을 최적화하기 위한 많은 조처들을 취한 바
있는 어떤 회사에서 다양한 직급의 근로자들을 대상으로 설문조사를
했다. 결과는 뜻밖이었다. 응답자 대부분이 가족과 함께 시간을 보내
고 싶은 마음이 생기지 않는다고 대답한 것이다. 직장에서는 편안하
고 안정되게 활동할 수 있는데 반해, 가정에서는 예측불가능하고 '잘
구성되지 못한' 수많은 요구들과 직면해야 하기 때문이다. 경영자의
경우, 직원들에게 끊임없이 좋은 아버지 역할을 할 수 있다는 것은
틀림없이 멋진 경험일 것이다. 집에 가봤자 버릇없고 말 안 듣는 10
대 아들과 싸워야 하거나, 아내로부터 "아버지"로서 자식들에게 좀
더 시간을 낼 수 없냐는 등의 잔소리만 들을 게 뻔하다. 출장여행을
떠나 타지의 호텔방에서 "책임에서 벗어난 자유 시간"을 갖는 것도

그들에게는 더 없이 쾌적하고 만족스러운 일이다. 게다가 그동안 자식을 돌보고, 이런저런 집안 일을 처리하는 문제는 아내가 도맡는다. 어쩌면 아내는 파트너십의 완벽한 협력과 상호작용을 기뻐하고 있을지도 모른다. 바로 이 지점에서 애착연구나 가족연구에서 얻은 인식들이 모두 힘을 잃는다. 자녀, 파트너십, 가정기능의 발달에 이런 식의 '만족'은 전혀 도움이 되지 않는다.

여가 시간을 사수해야 하는 이유

가정생활과 마찬가지로 여가활동도 노동에 맞추어 결정된다. 많은 사람들에게 여가시간은 노동세계를 통해서 발생한 결손을 메우는 '보완기능'을 갖는다. 여가활동은 봉사활동에 참여하거나 운동을 하거나 생활강좌에 참석하는 등의 활동을 총망라한다. 그림 17에는 각 연령대별로 사람들이 중요하게 여기는 것들이 나와 있다.

이때 대부분의 사람들에게 파트너십과 가족, 직업활동이 인생의 중요한 의미원천이란 사실은 이론의 여지가 없다.

	1순위	2순위	3순위	4순위
21세-34세	직업	가족과 친구	건강	감성
35세-54세	가족과 친구	직업	건강	감성
55세-69세	가족과 친구	건강	직업	감성
70세 이후	건강	감성	가족과 친구	취미

출처_M. v. Munchhausen 2003, 32

그림 17 나이와 우선순위

행복하고 만족스러운 삶은 모든 개별적인 생활영역들(감성/문화, 건강/체력, 관계, 직업/재정)을 충분히 고려하고 이를 조화롭게 일치시킬 때 가능하다. 각 영역들은 서로 밀접하게 연관되어 있다. 사생활을 활발하고 균형 있게 가꾸는 사람은 직장에서도 더 많은 능력을 발휘하고 성공을 거둔다. 반대로 직업생활의 실패는 사생활에도 부정적으로 작용한다. 일과 생활의 균형이라는 목표는 개별적인 생활영역에서 성공을 거둘 때 달성된다.

중요한 것은 '인생의 성공'이다. 이것은 상이한 생활영역에서 거둔 부분적 성공들이 조화롭게 어우러질 때만 가능하다. 인생의 성공은 장기적인 과정이다. 비단 물질적 요소뿐만 아니라 비물질적 요소까지 포함한다. 우리는 거기서 힘과 에너지와 기쁨을 얻는다. 인생에서 성공하는 데에는 몇 가지 전제조건이 필요하다. 첫째 사회적 규범까지도 무시할 수 있는 강한 의지(높은 동기부여), 둘째 수많은 선택가능성들 중에서 하나를 결정할 수 있는 용기, 셋째 엄격한 자기규율이다. 일과 생활에서 균형을 잡는 일은 많은 에너지가 소모되는 장거리 경주다. 날마다 새로운 것들을 숙고해야 하기 때문이다.

취업노동과 사생활이 균형을 이루지 못하면 개인적·가족적으로 뿐만 아니라 사회적으로도 중요한 문제가 발생한다. 독일의 전체 생업종사자 중 4분의 1은 정신적이거나 신체적인 문제로 취업활동이 불가능하게 되었을 정도다(3장 참조). 그러므로 일과 생활의 균형을 이루는 과정에서 즐거움과 행복을 느끼고, 결코 충족될 수 없는 '더 많이'를 향한 노력을 포기하도록 의식을 확장하거나 개방할 필요가 있다.

5 노동환경을 분석하라

　노동은 인간에게 가장 중요한 의미원천이다. 우리는 인생의 3분의 1을 노동에 소비한다. 노동이 심신의 건강을 좌우하는 중요한 잣대로 평가되는 것도 그 때문이다. 노동환경을 제대로 이해하려면 먼저 어떤 것이 의미 있는 시스템인지 통찰해보아야 한다. 그래야만 주어진 활동 공간을 자유롭게 사용하고, 외부의 간섭과 침해에서 자신을 보호할 수 있다. '시스템적 다수준분석systemic multi level analysis'은 기업이나 조직의 복잡한 맥락을 파악하는 데 도움을 주려고 개발한 방법이다 (Kaiser 1993).

　분석은 시각을 자신의 일터로 돌리고, 이를 정확히 파악하는 데서 출발한다. 먼저 일터의 목표부터 밝힌다. 모든 경영조직은 일정한 목적을 추구한다. 학교는 학생을 교육시키고, 병원은 환자를 돌보며, 빵집에서는 빵을 만든다. 이때 최대한 좋은 성과를 거두고 다른 공급자들과의 경쟁에서 살아남으려면 경영자는 조직을 효과적이고 경제적(효율적)으로 관리해야 한다. 기업의 질적 유형은 '구조품질', '과정품질', '결과품질'로 구분된다(Donabedian 1980).

조직도를 활용해서 기업 구조 파악하기

　구조품질의 구성요소는 기능적 경영구조들이다. 이것의 조직도는 시스템의 형식적 분류를 보여준다. 우리는 조직도를 통해서 회사의 구성과 역할관계, 책임소재와 위계구조를 한 눈에 조망할 수 있다(그림 15 참조). 구조품질을 제대로 파악하려면 먼저 자기 회사의 조직도부터 자세히 들여다 보아야 한다. 만약 조직도가 없다면, 자신의 업무영역과 과제에 따른 주요 정보들을 수집해서 직접 조직도를 만들어보는 게 좋다. 이것을 통해서 자기 회사의 각 분과들이 어떻게 기능하는지, 형식적 규정과 실제 현실이 일치하는지의 여부를 검토할 수 있다. 조직도에는 역할관계와 과제 그리고 위계구조가 기술되어 있다. 자세한 내용은 직책설명이나 요구이력을 보면 알 수 있다. 하지만 요구이력은 명확히 정리되지 않은 형태로 당사자의 머릿속에만 존재하는 경우도 많다.

가령 앞에 나온 병원 조직도의 예(그림 15)를 보면 경영진을 진료부, 간호부, 행정부로 나눈 것이 얼마나 효율적일지 의문이 생긴다. 여기서 진료부장은 의사들의 대표가 아니라 원장 밑에 예속된 과장 의사들의 '대변인'에 불과하다. 그밖에도 이 조직도에는 개별적인 각 분과의 진료부와 간호부 책임자들이 서로 어떤 관계에 있는지 분명히 밝혀져 있지 않다. 여기에는 과장 의사와 간호담당 수간호사가 한 분과의 책임자로 나와 있다. 하지만 직원들의 시각에서 볼 때 과장 의사는 일반적으로 한 분과의 책임자로 간주되지만, 수간호사는 위계구조에서 그보다 한 등급 낮다. 실제적 구조가 당사자가 파악하고 기대하는 역할과 일치하지 않는 것이다. 이를 올바르게 조정하는 것은 원장과 경영진의 일이다. 그들의 과제는 조직구조를 만들어내는 데서 그치지 말고 전 직원과 대화를 통해 공동의 모델링을 끌어내는 것이다. 대다수 경영진은 이 부분을 소홀히 한다. 하지만 이 같은 기초적인 문제가 공식적으로 해결되지 않으면 비공식적인 구조가 전통으로 고착될 위험이 크다. 비공식적인 구조가 공식적인 구조와 일치하지 않으면 오해와 갈등이 발생한다(Rosenstiel et al. 1998).

어떤 기준이 시스템의 기능수행력에 의미가 있는가에 대해서는 앞에서 이미 살펴보았다(4장1 참조). 이 기준들을 하나씩 검토해나가며 그것이 자신의 기업에 실제로 쓸모가 있는지 확인해보자. 이때 모든 과제들이 조화롭고 기능적으로 분배되었는가를 살피는 일이 무엇보다 중요하다. 독일 병원에 관한 연구에서 우리는 예를 들어 수술실이나 예방의학의 운영과 같은 중요한 협력과제들이 제대로 분담되지 않았으며 꼭 필요한 권한조차 올바르게 부여되지 않았다는 사실을 확인했다. 수술 코디네이터는 본래 모든 참여자들에게 지시를 내릴수 있을 때 제 기능을 다한다. 하지만 많은 병원장들은 코디네이터에게 이런 전권을 부여하지 않는다. 그래야만 코디네이터가 과장 의사와 마찰하는 상황을 피해갈 수 있기 때문이다.

개별적인 역할의 '요구이력'을 명확히 하는 것은 역할 수행의 품질을 가늠하는 기준을 마련해준다(그림 18 참조).

경영자의 요구이력에는 그가 기업 내의 개별적인 역할에 부합하는 자원과 전권을 부여한다는 내용이 반드시 포함되어야 한다. 이것이 충족되지 못하면 역할을 맡은 사람이 자신의 과제를 제대로 처리할 수 없다. 그러면 당사자의 의욕은 저하되고 기업운영도 불합리하게 돌아간다. 예를 들어보자. 수술 코디네이터에게 지시권한이 없다

역할	
요구이력	
역할수행자에 대한 기대	
역할수행자의 역할 이해	
역할수행자의 역량	
역할수행자의 성격과 생활환경	
역할수행자의 근로조건	
역할수행의 품질	

그림 18 직장에서의 역할수행 품질에 영향을 미치는 요소들

면 수술이 무산되거나 시간이 초과되고, 환자나 직원들의 불만이 고조되어 의료분쟁이 일어나기 쉽다.

우리와 상담한 어떤 병원에서는 이런 방식으로 불필요한 초과비용이 분기(3 개월) 당 25만 유로나 발생했다(그림 19 참조). 발전을 가로막는 사람은 병원장 의 사냥친구이기도 한 나이 많은 외과 과장 알트 박사였다. 알트 박사는 최 신 의료기술들을 익히지 못했다. 그래서 환자들이 줄었고 그 결과 하루의 절 반 이상을 수술 일정 없이 무료하게 보낸다. 그럼에도 불구하고 그는 젊고 유능한 두 명의 의사 그로스 교수와 융 박사가 "그의" 수술실에서 일하는 것 을 허락하지 않았다. 자신에게 수술환자가 찾아올 때를 대비해서 그곳을 항 상 자기 앞으로 예약해두었기 때문이다. 결국 수술팀은 오전 내내 할 일 없 이 시간을 보내다가 오후 4시가 지나서야 일이 많은 두 젊은 의사를 위해 초 과근무를 하게 되었다. 초과근무가 많아지자 수술팀원의 질병발생률이 높아 졌고 내부갈등까지 더해지는 바람에 수술이 무산되는 일이 빈번해졌다. 병 원에도 상당한 손실이 발생했다. 그럼에도 불구하고 병원장은 사냥친구와의

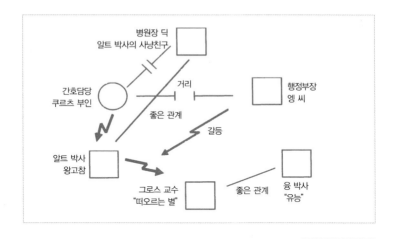

그림 19 병원의 친분관계 사례

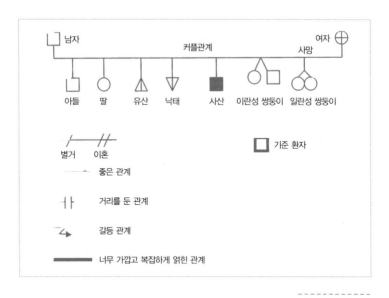

그림 19-a 사회도와 가계도에서의 기호 사용

친분 때문에 적극적으로 이 문제에 개입하지 못했다. 따라서 직원들의 불만은 더욱 고조되었다. 간호부는 낮에는 할 일 없이 빈둥대다가 저녁 때 초과근무를 해야 하는 간호사들의 비난을 고스란히 감당해야 했고, 행정부는 치솟는 비용 때문에 간호부와 알트 박사를 비난했다. 두 젊은 의사는 다른 병원으로 옮길 궁리를 하고 있었다.

이 같은 분석을 자신이 일하는 회사의 모든 업무영역과 역할에 적용시키자. 그러면 요구이력, 역할수행자에 대한 기대, 역할수행자의 자기 역할 이해, 역할수행을 위한 그들의 전문적·사회적 역량, 그들의 성격과 활동 공간, 자원까지 모두 파악할 수 있다. 심지어 해당 인력의 가계도를 작성할 수도 있다. 한 회사에서 오래 일했다면 역할수행자의 가족관계에 대해서도 많은 것들을 알고 있을 테니까 말이다.

과정 분석이 최대의 관건이다

기업 내부에서 진행되는 과정의 품질은 기업에서 고객/환자/클라이언트와 직원을 어떻게 대하고 어떤 식으로 업무성과를 내는지와 관계가 있다. 과정품질을 파악하기 위해서는 직원들의 '사회도 sociogram'를 작성하는 것이 최선이다. 커다란 종이 한 장을 준비해서 그 위에 주요 업무자들을 모두 적는다. 임의로 여성은 원형으로 남성은 사각형으로 표시하자(그림 19a 참조). 역할을 수행할 인력의 주요 특징과 그들의 기능수행력을 그 옆에 간단히 적는다. 그림에 있는 것과 같은 기호들을 사용하여 역할수행자들의 상호관계와 교류방식도 표시한다.

결과는 더 중요하다!

이 분석은 기업 내부의 구조와 일의 진행과정을 조망하고 그것이 기업의 성과와 직원들에게 어떤 영향을 미치는지 살피는 것이다. 일상적인 업무경험은 직원들에게 일에 대한 의욕을 부여하고 회사와 자신을 동일시하도록 만든다. 이것은 또한 작업의 품질과 고객만족에도 영향을 주어서 최종적으로는 노동결과 또는 상품의 품질('결과품질')을 결정하는 요인이 된다. 기업 시스템의 기능이 제대로 작동하는지 여부는 기업의 수익성과 생존력에 직결된다. 그러므로 시스템적 다수준분석을 통해 우리는 자신의 일자리가 얼마나 확고하고 안정적인지도 쉽게 알 수 있다.

직장의 지배적인 구조에 대해서 명확하게 알고자 한다면 시스템적 다수준분석을 권한다. 여기서는 우선 기업의 조직도를 통해서 위계구조, 기능분배, 역할관계를 파악할 수 있다. 이를 통해서 기업의 각 구조들이 어떻게 기능하는지가 분명해진다. 그 다음은 각 역할들의 요구이력과 역할에 대한 기대치를 통해서 개별적인 역할을 파악하고, 뒤이어서는 각 역할을 담당하는 인력의 특성을 인식하고, 그들이 맡은 역할을 얼마나 잘 수행할지를 설명할 수 있다. 다음 단계에서는 각 역할수행자들이 얼마나 서로 잘 협력할 수 있을지 '사회도'를 작성하여 파악한다. 이 같은 방식은 기업구조의 품질, 직원들의 인성, 작업과정의 품질, 상품과 작업성과의 결과품질이 모두 밀접하게 연결되어 있음을 보여준다. 또 좀 더 쉽게 기업 내 행위의 흐름을 파악하고 잘못된 지점을 인식하여 궁극적으로 기업의 경영을 최적화하는 데 기여한다.

Psychologie für den Alltag

5장

건강 심리학

1 건강을 이해하는 열쇠, 역동성

"질병과학"으로서의 의학은 오랜 세월 건강에 대한 연구에 소홀했다. 하지만 20여 년 전부터 건강에 관한 연구가 국제적으로 폭넓게 진행되고 있다. 건강은 대단히 복잡한 상태다. 신체적·정신적·사회적 안녕을 총망라하며, 무엇보다 질병의 부재를 특징으로 삼기 때문이다. 건강학은 건강에 대해 생태사회학적·생물사회학적·심리사회학적 정의를 내리고, 건강상태의 발전과 유지방법, 건강의 사회적 구조를 밝힐 뿐만 아니라, 질병률(발병률과 유행)을 낮추고, 광범위한 주민계층의 건강관리를 개선하는 방법도 연구한다(Hurrelmann et al. 2004). 여기서 중요한 것은 심리사회학적 과정이 어떻게 육체적 변화로 이어지며, 육체적 상태는 어떻게 정신적 체험에 영향을 미치는지, 그리고 이 상호작용은 어떻게 설명될 수 있는지(육체와 정신의 문제)에 대해 근본적인 물음을 던지는 일이다. 육체와 정신의 분리가 점차 의문시됨에 따라 인간과 환경 사이의 복잡한 상호작용에 초점을 맞춘 연구들이 최근 학문적 관심의 중심으로 부상했다. 이제는 더 이상 정신적 장애와 육체적 장애가 명확하게 구분되지 않는다. 지나친 단순화로 복잡한 조건들이 서로 얽히는 현상을 간과했다는 오류가 지적되었기 때문이다. '정신신체의학psychosomatics'도 썩 의미 있는 개념은 아니다. 육체적 질병은 항상 정신에 영향을 미치고 반대로 정신적 질병도 항상 육체적으로 작용한다.

건강과 질병에 대한 총체적인 개념으로는 빅토르 폰 바이체커Victor von Weizsäcker의 "인류의학"(1968), 게오르게 엥겔George L. Engel의 "생심리사회학적 모델"(1976), 아론 안토노프스키Aaron Antonovsky의 "예방학 개념"(1987, 1993, 1997) 등이 가장 널리 사용된다. 엥겔은 유기체가 "원활하게 기능하고, 욕구를 충족시키고, 환경의 요구에 성공적으로 부응하고, 성장과 재생산을 포함한 자신의 생물학적 운명에 충실히 임하는" 상태를 건강이라고 표현했다(1976, 272쪽). 건강은 끊임없이 변화하는 상황 속에서 진행되는 활발하고 역동적인 과정이다. "외부와 자기 내부로부터 제기되는 여러 과제들에 직면하여 유기체는 순응과 적응에 대한 지속적인 욕구를 지닌다." 이렇게 볼 때 건강과 질병 사이의 경계는 유동적이다. 안토노프스키는 '예방학'에 관한 글에서 질병을 관찰하기 위한 방편으로 건강한 발달의 관점을 강조했다(예방학 'salutogenesis': 건강을 의미하는 라틴어 'salus'와 발달을 뜻하는 그리스어 'genesis'가 결합된 개념.

철학적으로 더 정확하게 표현하자면 건강을 뜻하는 그리스어 'hygieia'를 사용하여 'hygiogenesis'로 표기할 수 있다). 여기서 중요한 점은 신뢰에 기초한 생활태도다('응집력coherence'; Antonovsky 1993). 이런 생활태도를 가능하게 해주는 요소로 개인적 생활조건들의 "이해가능성", "통제가능성", "유의미성"을 들 수 있다.

건강은 사회적 삶에 참여하기 위한 육체적·심리사회적 전제다. 따라서 개인과 사회가 공동으로 발전시키고 끊임없이 돌봐야 하는 대상이며, 삶의 중요한 영역과 차원에서 생활을 가꾸고 통제하는 모든 역량을 총망라한다(Kaiser 1992; 그림 20; 1장9 참조). 또한 개인의 생활스타일을 가꾸는 문화적 교육목표로서 공적인 관리와 지원을 필요로 한다. 이러한 관점은 최근 들어 더욱 세분화되었고, 경험적 실험을 거쳐 건강의 시스템적 다수준모델로 개발되었다(4장5 참조; Kaiser 1992, 1993).

생활을 가꾸고 통제하는 가능성은 여러 가지 요인에 의해 결정된다(그림 20 참조). 여기서 주목해야 하는 것은 바람직한 환경조건이 '거시수준'(사회보장법, 환경보호, 노동권), '중위수준'(회사의 구조와 조직), '미시수준'(동료와 상사에 의한 사회적 지원)에 모두 존재하며, 해로운 환경조건이나 스트레스요인을 감당할 수 없을 만큼 심각한 수준은 아니라는 점이다.

그밖에도 파트너십·자녀교육·직장 등의 생활영역에서 적절하게 행동할 줄 아는 역량, 그리고 자신의 안녕과 좋은 생활환경을 가꾸기 위한 성실한 노력도 요구된다(1장9 참조).

가꾸고 통제하기	
성공	실패
환경조건(거시, 중위, 미시 수준)	
고무적, 무해	비고무적, 유해
역량	
사용	비사용(능력장애)
동기부여	
높음	낮음
의욕저하	
낮음	높음
역량과 기술	
있음	없음

그림 20 성공적인 생활을 위한 조건

　개개인이 자신의 역량을 제대로 사용하는지의 여부와 그 방법은 기본적으로 동기부여에 달려 있다. 하지만 동기부여가 충분하지 않더라도 당사자가 '갈등'이 발생하는 상황을 원하지 않을 때는 역방향의 관심이나 충동, 내적 저항이 강하지 않을 수도 있다.

　건강과 역량은 그때그때의 육체적 · 정신적 상태에 의존한다. 건강하게 살려면 물론 신체기관이 제대로 기능해야 한다. 하지만 이것이 충분조건은 아니다. 자해적 생활태도는 아무리 건강한 육체라도 급속히 허물어뜨린다. 따라서 건강한 식사, 올바른 신체관리, 심신의 컨디션 조절, 스트레스 해소 등과 관련해서 개별적인 생활영역과 상황에 상응하는 역량이 요구된다. 개별적 생활영역에 대한 역량이 충분하면 안정적이고 폭넓게 건강을 유지할 수 있다. 물론 외적 생활조건들이 건강에 지나치게 유해하지 않을 경우에 그렇다. 건강을 위해 중요한 능력들을 확보하거나 개선하려는 노력을 '건강 동기부여' 또는 '역량 동기부여'라고 부른다(White 1978).

생활의 실천적 역량들은 언제나 시스템 조건, 사회적 환경, 지배적 생활상황과 관련지어 관찰해야 한다. 어떤 요구와 발전과제들이 인생과 시스템 발달주기의 특정한 시기에 부과되는지, 그것들이 어떠한 거시수준·중위수준·미시수준의 시스템과 관련되는지를 설명하기 위해서는 포괄적인 분석(시스템적 다수준분석과 생활세계 분석)이 요구된다. 복잡한 현대사회에서 살아가려면 누구나 지식과 관계의 역량뿐만 아니라 시스템적 역량도 갖추어야 한다. 그래야만 사회제도나 건강관리체계와 같은 복잡한 시스템 또는 시스템네트워크를 이해하고 이에 적절히 대응할 수 있다. 가정생활과 직장생활의 균형과 관련해서 살펴보았듯이, 시스템적 사고와 행위는 삶의 질을 위한 생활(생존)의 필수조건이 되어가고 있다(Kaiser 1996).

2 건강하게 오래 살려는 본능

국제 건강연구기관에서 강조하듯이 생활방식과 생활조건은 건강을 강화하고 유지하는 데 결정적인 역할을 한다(WHO 2002, 2005). 하지만 독일의 예를 보면 예전에 비해 기대수명이 훨씬 높아졌음에도 불구하고 주민들의 건강상태는 특별히 더 좋아지지 않은 것 같다. 게다가 건강 문제로 점점 더 높은 비용이 지출되고 있는 실정이다. 건강보고서에 발표된 전문가협회의 설명은 이 같은 상황을 잘 보여준다(Robert-Koch-Institut 2006b).

- 독일주민의 13퍼센트 이상이 빈곤 위험에 처해있다(83쪽).
- 사회적 취약 상태는 특히 뇌출혈, 천식, 요통, 우울증의 발병률을 높인다(87쪽).
- 매년 2만 명 정도가 여러 가지 사고로 사망하고, 8백만 명 이상이 다친다. 대부분의 사고는 집에서나 여가생활 중에 발생하며, 5천 명 정도가 교통사고로 사망한다(93쪽).
- 독일의 가장 중요한 식량에너지 원천은 유제품과 빵이다(97쪽).
- 성인의 3분의 1 정도는 아무 운동도 하지 않는다(103쪽).
- 독일에서 성인 세 명 중 한 사람은 담배를 피우고, 열 명 중 한 사람은 지독한 골초다. 아이들 두 명 중 하나는 간접흡연에 노출되어 있다(107쪽).
- 알코올이 부분적인 원인으로 작용하는 사망자 수만 한 해에 4만 명 정도다(109쪽).
- 16~19세 사이의 청소년 중 절반이 최소한 한 달에 한 번 이상 술을 마신다(111쪽).
- 전체 주민의 3분의 1은 총 콜레스테롤 수치가 너무

높다(117쪽).

20세기 초반까지만 해도 감염질병이 주된 사망원인이었다면, 오늘날에는 심순환계 질환과 암이 그 자리를 차지한다. 1995년 독일의 전체 사망자 중 73.3퍼센트가 이 두 가지 질병으로 숨졌다. 성별로 보면 남성이 70.5퍼센트, 여성이 75.7퍼센트에 달한다.

만성질환들은 대개 건강하지 못한 생활방식에 기인한다. 남성의 사망원인으로는 호흡기질환·외상·중독증이 비교적 높은 편이고, 여성의 경우에는 피부와 세포조직 질환·골질환·근육질환·결체조직 질환 등이 높은 비율을 차지한다. 문제는 건강에 관한 연구나 진료에서 성차이를 인정하지 않고 여전히 성중립적 개념을 사용한다는 점이다. 그것조차 남성의 신체와 심리사회적 상태에 일방적으로 맞추어졌다.

사망원인의 영향력은 연령집단에 따라 상이하게 나타난다. 젊은 층에서는 소수의 몇 가지 질병이 지배적이다. 15~24세까지는 외상, 특히 사고로 인한 외상과 중독이 주된 원인으로 판명되었다. 1995년에 사망한 이 연령대 여성의 54.6퍼센트와 같은 연령대 남성의 71.8퍼센트가 그 두 가지 질병으로 죽었다. 나이가 많아지면서 심순환계 질환과 암이 높은 비율을 차지한다. 1995년에 사망한 55~64세에 이르는 사람 가운데 39.7퍼센트가 위의 두 가지 질환으로 숨졌고, 74세 이상에서는 60.2퍼센트가 심순환계 질환으로 숨졌다(Robert-Koch-Institut 2006b).

심순환계 질환이나 암은 만성질환이다. 완치가 불가능하고 다만 치료를 통해 병의 진행을 늦출 수 있을 뿐이다. 그러므로 '예방'을 통해서 발병을 막는 것이 가장 중요하다. 발병과 진행은 모두 건강하지 못한 생활방식에서 비롯된다. 이제 주요 위험인자들을 살펴보자.

건강을 위협하는 요인들

세계보건기구[WHO]는 정기적으로 주요 질병의 원인과 확산에 관한 연구 성과를 발표한다. 그에 따르면 오늘날 건강을 위협하는 근본적 요인으로 운동부족 · 나쁜 식생활 · 스트레스 · 담배 · 사회경제적 취약성 같은 구조적 요인이 꼽혔다.

운동부족

운동부족은 현대사회에서 항상 중요하게 언급되는 건강위해요인 중 하나다. 여가시간을 이용한 육체활동은 심장병 사망률을 현저하게 낮춘다. 연구결과, 비슷하게 열량을 소모하는 여러 가지 육체활동들은 건강에 각각 상이하게 작용하는 것으로 나타났다. 노년의 여성들에게 여가시간의 육체활동은 건강에 긍정적인 효과를 가져다준 반면에 가사노동은 거의 효과가 없다는 사실이 데비 로러[Debbie A. Lawlor] 연구팀에 의해 증명되었다.

육체적 활동과 건강은 서로 명백하게 연결되어 있지만 둘의 관계는 상당히 제한적이다. 하지만 육체적 취약성이 운동에 대한 의욕을 감소시킨다는 점도 고려해야 한다. 미카엘라 크놀[Michaela Knoll]은 운동이 특히 '건강 느낌'을 촉진시킨다는 점을 지적한다. 스포츠 활동과 '건강 느낌' 사이에 분명한 연관관계가 있음을 보여주는 연구들은 그밖에도 많다. 하지만 실제로 측정한 건강효과는 생각보다 훨씬 미약했다(Becker et al. 2000). 스포츠 활동이 건강을 촉진하는 효과가 있으려면 운동의 종류 · 범위 · 빈도 · 강도가 일정한 기준을 충족시켜야 하는데, 실제 활동에서는 그렇지 못한 경우가 많다. 이런 요구들은 나이 · 신체상태 · 관심의 정도에 따라 큰 차이가 나므로 개별적으로 상담을 받는 것이 바람직하다.

나쁜 식생활

우리의 식사 습관은 농경사회 전통에 의해 결정된 부분이 많다. 하지만 힘겨운 육체노동이 중심이었던 시대의 습관은 더 이상 현대인에게 적합하지 않다(WHO 2002). 우리는 습관적으로 고기 · 동물성 지방 · 설탕 · 백색밀가루 식품을 너무 많이 먹는다. 반면 과일 · 채소 · 잡곡 식품의 섭취량은 부족하다. 또 평균적으로 너무 많은 알코올을 섭취하는 반면 물은 조금밖에 마시지 않는다. 그 결과 다음과 같은 상황이 발생한다.

혈지방 수치가 너무 높아져서 혈관 내에 콜레스테롤과 다른 건강하지 못한 지방분이 쌓인다.
고혈압이 혈관을 강하게 압박하여 빨리 손상시킨다.
고혈압이나 높은 콜레스테롤 수치와 결합된 과체중으로 관절에 무리가 오고 몸의 움직임이 둔해진다.
제2형 당뇨(노인성 당뇨)는 높은 혈당치가 특징인 만성적 물질대사장애로서 혈관을 지속적으로 손상시킨다. 그 결과 심근경색 · 뇌졸중 · 발과 다리의 혈액순환장애 · 시력상실 · 신장손상 · 발기부전 · 신경장애 등이 발생할 수 있다.

스트레스

지속적인 스트레스는 장기손상을 가져오고, 질병과 사고의 위험을 높이며, 기대수명을 단축시킨다. 또 알코올 · 니코틴 남용과 같은 위험한 행동을 유발한다. 스트레스로 인한 집중력 약화와 의사소통 기능장애는 대인관계에 심각한 지장을 초래할 뿐만 아니라 이것이 다시 스트레스 요인이 되는 악순환으로 이어진다. 건강을 지키려면 스트레스를 피하거나 적절히 통제해야 한다(아래 참조).

흡연

니코틴은 혈관을 축소시키고 혈액순환을 방해한다. 독일에서는 매년 14만 명 정도가 흡연으로 인한 암 · 심순환계 질환 · 폐질환에 걸려 사망한다. 흡연의 후유증으로는 혈액순환장애 · 동맥경화 · 혈전증 · 다리혈관협착(매년 약 7만 명이 이로 인해 다리를 절단한다) · 심근경색 · 뇌졸중 · 성기능장애 등이 있다. 폐암의 위험은 그 동안 피운 담배의 개수 · 흡입 강도 · 타르 함유량 · 니코틴 흡입의 총 지속시간 등에 비례하여 높아진다. 이와 함께 구강 · 후

두 · 기관지 · 식도에 악성 종양이 발생할 가능성도 커진다. 더 나아가서 흡연은 췌장암 · 자궁경부암 · 방광암 · 신장암 · 백혈병 등의 원인으로도 작용한다. 또 임신 중 흡연은 유산이나 조산의 위험을 높이는데, 조산아는 발달장애를 겪을 위험이 현저히 높다. 여기서 개인의 건강 문제는 결국 사회적 문제로 확대된다.

사회경제적 취약성

빈곤은 질병과 조기사망의 가장 중요한 위험인자다. 이것은 오래 전에 증명된 사실이다. 건강 문제에서는 동서간의 차이 외에 사회경제적 집단 간의 차이도 크다. 사회적 취약집단(홀로 자녀를 기르는 여성들이 점점 더 많이 여기 포함되고 있다)은 건강한 생활조건 · 건강한 주거환경 · 위생과 안전 · 양질의 보건의료 등을 확보하기 위해 필요한 지식과 돈이 부족한 경우가 많다. 자원과 동기부여의 부족도 이들의 식생활과 건강을 더욱 악화시킨다. 그밖에도 이들은 소음 · 사고위험 · 먼지 등이 많은 열악한 근로조건 속에서 일하며, 실업으로 인한 고통도 심하게 겪는다. 실업자가 되면 질병과 사망의 위험도 커진다. '건강백서 2006'은 직업적으로 전문화가 덜 된 미혼 남성들의 평균수명이 다른 남성에 비해 훨씬 짧다는 사실을 보고했다(Helmert et al. 2002). 매년 약 12,000가구를 대상으로 조사한 결과 대학을 졸업한 남성은 평균 3년을, 여성들은 4년을 더 사는 것으로 밝혀졌다.

유럽 각국을 대상으로 한 조사에서는 최근 수십 년 동안 사회계층 간의 차이가 더욱 벌어진 것으로 드러났다. 고소득층에서는 심순환계 질환으로 인한 사망이 저소득층에서보다 급격히 감소했다. 반면 하위계층에서는 폐암 · 유방암 · 소화기질환 · 호흡기질환 · 외상/사고 등으로 인한 사망률이 더 높아졌다.

기타 작용요인

성별도 수명에 영향을 미친다. 남성은 독일 전 지역에서 여성보다 대체로 5년 정도 일찍 사망하는 것으로 확인되었다. 건강상태를 고려했을 때 2002년 여성들의 건강한 기대수명('건강수명')은 74세였다. 여기에 건강하지 못한 상태의 수명 7.6년이 더해져서 그해 독일 여성의 총 기대수명은 81.6세로 나타났다. 반면에 독일 남성은 건강수명 69.6세에 건강하지 못한 수명 5.9세가 더해져서 총 기대수명이 75.5세였다.

	출생 시 기대수명	
	여아	남아
바덴뷔르템베르크	82,56	77,40
바이에른	81,92	76,47
베를린	81,19	75,69
브란덴부르크	81,11	74,60
브레멘	81,03	74,73
함부르크	80,83	73,84
헤센	81,82	76,43
니더작센	81,51	75,75
노르트라인베스트팔렌	81,16	75,64
라인란트팔츠	81,28	75,88
자를란트	80,35	74,81
작센	81,87	75,43
작센안할트	80,78	74,02
슐레스비히홀슈타인	81,42	76,02
튀링겐	81,01	74,77

도표 1.1.1 독일 연방주별 기대수명.
출처_연방통계청, 2006년 2월 15일자 언론보도자료

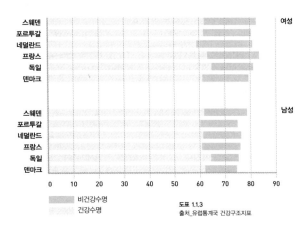

도표 1.1.3
출처_유럽통계국 건강구조지표

- - - - - - - - - -

그림 21 기대수명에 대한 영향인자 (Robert-Koch-Institut 2006b, 17쪽)

국가와 지역도 개인의 건강상태에 영향을 준다. 유럽에서는 스웨덴 사람들이 가장 오래 산다. 여성의 기대수명은 포르투갈 사람들이 가장 짧고, 남성은 프랑스 사람들이 가장 짧다. 이들과 스웨덴 사람들의 차이는 거의 7년에 육박한다. 독일 내의 경우를 보면 2002~2004년까지 바덴뷔르템베르크 주에서 출생한 아이들이 가장 높은 기대수명을 보였고, 메클렌부르크포어포메른 주에서 태어난 남자아이들과 자를란트 주에서 태어난 여자아이들이 가장 낮았다. 1990년대 중반 이후로 독일 연방주들 사이의 차이는 점차 줄어들고 있다.

Psychologie für den Alltag

> 건강은 단순히 육체적 안녕이나 병증의 부재를 의미하지 않는다. 오늘날에는 사회생활에 성공적으로 참여하기 위한 '자원'으로서 이해된다. 동시에 주변세계와 복잡한 상호작용을 수행하여 얻어낸 결과물이기도 하다. 개인적 역량과 면역력, 빈곤·근로환경·가정환경과 같은 외적 생활조건 등은 모두 건강과 질병에 큰 영향을 미친다. 성별에 따라 질병의 종류·원인과 발현·증상·지각 등이 다르게 나타난다.

3 스트레스는 치명적인 독소

심리학에서 사용되는 '스트레스'의 개념은 일상에서와 다르다. 학문적으로 스트레스는 자기 내부나 외부의 요구, 작용, 신경심리적 반응, 내적·외적 자원의 균형 등에 장애가 발생한 상태로서 이해된다. 같은 상황이라도 어떤 사람은 긍정적 도전('유스트레스eustress': 유쾌한 스트레스)으로 받아들이는 반면 다른 사람은 과도한 부담('디스트레스disstress': 불쾌한 스트레스)으로 받아들일 수도 있다. 따라서 스트레스는 뇌의 신경심리적 반응(통증이나 위기감)이나 제시된 요구와 자신이 지닌 자원에 대한 개인적 인지와 평가에 결정적으로 영향을 받는다(Lazarus 1991; Hurrelmann et al. 2004).

근면함이나 개인의 역량, 사회적인 지원 등을 통해서 극복할 있는 부담은 긍정적인 시련에 속한다. 이런 종류의 유스트레스는 도파민 분비를 촉진하며, 집중력과 학습능력을 높인다(Spitzer 2002; 1장과 2장 참조). 우리의 몸은 무시무시한 소음, 거센 광풍, 위험한 동물, 사람 등과 대면하여 위험을 감지하면 자동적으로 경보시스템을 발동한다. 도망을 치거나 전투태세를 갖춘다. 선천적이고 무의식적으로 조절되는, 그래서 자의적으로 통제할 수 없는 이런 '정신생리학적 증후군 psychophysiologic syndrome'은 1장8에서 이미 자세히 다루었다. 이런 행동은 경보신호가 발동되거나, 자신의 역량과 외부자원이 충분치 못하다고 생각하여 상황을 부담으로 받아들이는 순간 자동적으로 이루어진다. 이때 흥분하지 말고 마음을 가라앉히라는 말은 아무 소용이 없다. 당사자는 이미 통제력을 잃은 다음이기 때문이다. 반대로 자신이 이런 권고를 도저히 따를 수 없다는 생각이 들면 행동은 더욱 통제 불가능한 상태로 빠져든다.

해법을 찾을 수 없는 문제나 삶을 송두리째 뒤바꿔놓을 결정이 목전에 있을 때 우리는 인생의 위기를 거론하게 된다. 그러나 심각한 사고를 당하거나 목숨을 위협하는 질병에 걸리는 등의 위협적인 사건과 자신과 가족의 삶에 일대 전환을 가져오는 규범적 위기는 구분할 필요가 있다. 그밖에도 사춘기·폐경기·정년퇴직 같은 발달위기가 있다(2장과 3장 참조). 위기상황은 다음과 같은 특징과 함께 전개된다.

쇼크_상황이 몹시 위협적이거나 출구가 보이지 않을 때, 이런저런 극복의 시도가 다 실패했을 때, 우선 충격의 순간이 찾아온다. 이것은 동물들에게서도 쉽게 찾아볼 수 있는 반응패턴으로 일명 '동물최면animal hypnosis'이라고 한다.

부정_자원의 과잉부담과 과도한 무력감은 내적 방어기제를 발동시킨다(1장1 참조). 사람들은 대개 납득하기 힘든 일은 지각하려 들지 않는다. 이런 상태는 충격의 정도에 따라 몇 날 혹은 몇 주일 이상 지속되며 심지어 해를 넘기기도 한다. 아예 고착되는 경우도 많다. 어떤 사람들은 너무나 끔찍한 경험으로 인해 온전한 정신을 잃기도 한다('외상 후 스트레스장애'; 5장6 참조).

극복('대처coping')_시간이 지나면서 당사자는 점차 새로운 현실과 대면하고, 새로운 해법과 자원을 탐색한다.

재구조화_새로 개발한 전략이 성공을 거두면 위기 이후에도 새로운 삶이 시작된다. 가령 오랜 세월을 함께 한 배우자가 사망한 뒤에 싱글로서, 혹은 팔이나 다리를 절단한 뒤에도 삶을 새롭게 가꾸어나갈 수 있다. 하지만 노력이 실패로 돌아가면 완전히 좌절하고 정신적으로 해체되어 건강과 생명을 위험에 빠뜨릴 수 있다.

위기상황을 제대로 극복하지 못하면 당사자는 그와 결합된 '외상' 때문에 정상적인 생활에서 이탈한다. 살아가면서 이런 일을 여러 번 겪게 되면 외상효과는 더욱 강력해진다. 스트레스와 관련된 자극경로가 점점 강화되고 새로운 신경망도 추가되기 때문이다. 암·심근경색·뇌졸중 같은 심각한 질병은 당사자를 처음부터 위기에 빠뜨린다. 죽음에 대한 공포와 극심한 통증, 각종 장애와 힘겨운 치료의 부담 등은 새로운 스트레스와 위기상황을 초래한다. 그러므로 질병 때문에 정신적 부담을 겪는 사람들에게는 무엇보다 심리사회적 지원이 중요하다. 또 다른 종류의 스트레스가 있다. 바로 만성적으로 반복되는 일상의 조건에 의해 생겨나는 분노다('일상생활 스트레스daily hassles'). 심각한 위기상황이 발생하면 여기 대처하기 위해 새로운 생활콘셉트를 개발한다. 하지만 일반적인 생활스트레스를 겪을 때는 콘셉트나 모델링이 바뀌지 않는다. 대개 고통이나 부담의 원인을 진지하게 규명하거나 해법을 모색하지 않기 때문이다. 하지만 우리는 생활스트레스와 위기상황을 서로 보완적으로 작용하는 문제영역으로 이해해야 한다. 이 두 가지는 완전히 별개의 것이 아니다. 실업문제에 부딪힌 가정의 경우 재정적인 어려움에 이어 가정불화(일상적 문제)가 발생하면서 이들은 결국 이혼에 이르게 된다. 당사자들은 상황이 주는 압박 때문에 사소한 생활스트레스조차 민감하게 받아들인다.

일상적인 스트레스·패배·모멸감은 자존감을 손상시킨다. 개인에게 고질적인 상처로 남을 수도 있다. 그렇게 되지 않으려면 자신의 모델링과 기대치를 끊임없이 현실에 비추어 점검하고 개선하는 습관을 들여야 한다. 실망·의견대립·불화·언쟁·갈등은 대부분 잘못된 기대와 지나친 요구 때문에 발생한다. 사건과 사람에 대한 내적 간격을 제대로 유지하지 못한 탓이다(1장2부터 1장10까지 참조). 생활 스트레스의 회피와 극복을 위한 전략은 자기관리의 개선 방안을 다룰 때 좀 더 자세히 살펴보겠다(6장 참조).

스트레스와 나쁜 감정을 효과적으로 극복하는 역량은 스트레스의 악영향으로부터 자신을 보호하는 자원이다. 이런 능력은 당사자뿐만 아니라 주변인에게도 중요하다. 자연사自然死와 같은 '정상적인' 손실은 대개 시간이 지나면 저절로 극복된다. 물론 당사자들이 상황의 불가피함을 받아들이고 슬픔을 건설적으로 이겨나갈 때의 이야기다. 하지만 대부분의 가정이나 그 구성원들은 힘든 상황을 적절히 극복해나가지 못한다. 전형적인 위기상황인 죽음이나 이별로 인한 가족 손실 문제는 3장을 참고하기 바란다.

유스트레스는 도전에 대한 긍정적 긴장상태다. 디스트레스는 위험신호나 과도한 부담감으로 인해 생겨나서 자발적으로 발전하는 정신생리학적 증후군(신경 심리적 도식)이다. 과도한 부담은 상황의 요구·가용 자원·일의 결과 사이의 불균형에 대한 지각에서 생긴다. 이때 당사자가 지각하는 결과는 자신의 목표·행위의 선택가능성·상황적 조건 등을 고려한 복잡하고 주관적인 평가과정을 통해서 얻어진다.

여기서 외상적 위기상황·인생의 과도기적 위기·일상의 화를 통한 생활스트레스는 서로 구별되어야 한다. 물론 이런 체험들은 서로 영향을 주고받는다. 스트레스는 단순히 개인의 상태나 건강뿐만 아니라 사회적 영역과 관계에도 영향을 미친다.

4 건강은 누구나 추구한다

오랫동안 건강하게 살려면 다음 요인에 특히 주의를 기울여야 한다(WHO 2005).

- 사람·지역·대상에 대한 긍정적이고 안정된 애착은 기본욕구를 충족하는 데 대단히 중요하다. 특히 커플 관계와 가정의 시스템적 기능수행력이 핵심적인 역할을 한다.
- 가족과 사회네트워크의 사회적 지원은 일상생활이나 위기상황에서 부딪히는 도전을 극복해나가는 데 물심양면으로 도움을 제공한다.
- 생활위기의 극복을 위한 개인적 역량.
- 응집력 체험(5장1 참조).
- 긍정적 자존감과 자기 역량에 대한 현실적 평가(역량의식, 자기 작용능력 체험).
- 낙관주의: 자기 자신과 자신의 기회를 믿는 사람은 더 많은 의욕과 동기부여를 통해 무언가를 성취해나간다. 긍정적 목표에 방향을 맞추고 자신의 능력과 가능성을 약간 과대평가하는 것은 건강한 미래를 위해 바람직하다.
- 육체적·정신적 스트레스에 대한 저항력.

건강에 관한 한 나이와 문화적 배경을 불문하고 모든 사람에게 항상 동일하게 적용되는 기준이란 없다. 건강의 의미는 당사자에 따라 달라진다. 갓난아기인지, 청소년인지, 혹은 어른인지에 따라 의미와 기준이 달라진다는 뜻이다. 사람의 생활은 인생의 단계와 가족상태의 변화에 따라 끊임없이 바뀐다. 그러므로 나이에 맞는 발달과 생활조건을 살피는 일이 무엇보다 중요하다. 이런 전제가 갖추어지지 않으면 발달에 문제가 생기거나 건강이나 역량이 손상될 수 있다. 예를 들어 아이가 병적 발육부진으로 걷거나 말하는 능력을 제대로 익히지 못하는 경우가 있다. 또 기존의 역량이 외적·내적 손상을 입어 사용할 수 없게 되기도 하는데, 이를 건강장애 혹은 역량장애라고 부른다. 역량의 손상과 장애는 우리를 위기상황에 빠뜨린다. 그래서 장기간 병원에서 지낸 환자나 교도소 수감자는 먼저 일상에 적응하고 자립적으로 생활하는 법부터 배워야 한다.

많은 사람들은 불안·스트레스·힘겨운 상황과 마주한 채 살아가면서도 역량 있고 안정적인 성격을 발전시킨다. 생리적·심리적·사회적 발달위기와 빈곤, 가정불화 같은 극단적 스트레스 상황에 대한 이런 내구성을 '회복력resilience'이라고 부른다. 회복력은 또한 우리를 부모의 죽음·폭행·자연재해·전쟁·테러 같은 외상 체험에서 비교적 신속하게 치유시켜준다. 회복력이 뛰어난 사람은 스트레스가 심한 생활환경 속에서도 나이에 걸맞은 역량을 습득하고 정상적으로 발달한다. 회복력은 주변세계와의 상호작용 속에서 개발된 자원이다 (Rutter 1987). 좋은 애착경험·사회적 지원·높은 정서적 안정성과 같은 요인들은 스트레스 해소에 아주 중요하다.

충분한 자원을 확보한 상태에서도 개인의 발달이 위협 당할 때가 있다. 바로 일상생활에서 위기상황이 발생할 때다. 그래서 우리는 스트레스회피 · 문제해결 · 친구사귀기 · 감정이입 · 절제 · 사회적 지원 등의 전략을 일찌감치 훈련시킴으로써 자녀를 앞으로 부딪칠 스트레스와 문제 상황에 대비시키고자 노력한다. 낙관적인 생활태도 · 응집력 · 자존감 · 역량의식을 기르는 것도 물론 중요하다(6장과 7장 참조).

회복력이 뛰어난 아이들은 성공을 염두에 두고 행동하며, 문제상황에 적극적으로 대응한다. 이런 아이들은 자신이 지닌 자원을 십분 활용하고, 무언가를 바꿀 수 있으리라고 확신한다('통제의 확신'). 또 자신의 역량을 토대로 문제상황을 도전으로서 받아들인다. 회복력을 촉진시키는 발달조건으로는 무엇보다 안정된 애착관계, 칭찬을 통해 방향을 제시하는 교육방식, 건설적인 롤모델, 문제해결능력, 관계형성능력, 친구나 지인들과의 바람직한 교제, 좋은 교육적 배경 등이 손꼽힌다(Wustmann 2006).

5 삶의 질 향상시키기

질병예방과 건강촉진은 고통을 막거나 줄여줌으로써 삶의 질을 향상시킨다. 특히 취약집단에 방향을 맞추어 사회적 불리를 줄이는 효과도 가져온다. 공중보건연구 팀의 실험 결과에 따르면 외적 생활조건과 개인의 생활습관은 건강에 지대한 영향을 미친다고 한다 (Robert-Koch-Institut 2006b).

철저한 예방

예방[prevention]이란 특정한 질병이나 문제를 사전에 방지하려는 의도적인 조치다. 이것은 다음과 같이 구분된다.

1차 예방_질병의 출현을 방지하기 위한 조치다. 1차 예방은 (아직) 건강한 사람을 대상으로 하며, 특정한 위험인자를 겨냥한다.

2차 예방(치료)_2차 예방의 목적은 질병을 조기에 발견하여 제때에 치료하는 것이다.

3차 예방(재활)_3차 예방은 이미 병에 걸린 상태에서 고통을 덜어주고 병의 악화와 후유증을 방지하여 안정된 삶의 질을 확보하려는 조치다. 당뇨환자 교육이나 스포츠재활 훈련 등이 그 예다.

예방을 위한 조치는 다시 '조건예방'과 '행동예방'으로 구분된다. 조건예방은 식료품통제·환경보호 등 다양한 차원에서 유해한 생활조건을 줄이거나 회피하려고 실시하는 것이다. 행동예방은 개인의 행동을 변화시켜서 건강에 바람직한 역량(예를 들어 자기관리전략)은 강화하고, 해로운 행동방식(예를 들어 흡연)은 줄여나가는 것을 목적으로 한다(6장과 7장 참조).

건강과 발달의 상호관계

건강촉진이란 건강자원과 삶의 질을 강화하는 것이다. 또 발달촉진이란 바람직한 심리사회적 발달을 위한 조건과 개인적 촉진 방안을 마련하여 이를 개인에게 적용시키는 것을 말한다. WHO의 '오타와 헌장'(1986)은 이를 위한 국제적 프로그램이다. 여기에는 다음과 같은 조치들이 포함된다.

> ● 개개인이 자신의 생활을 바람직하게 가꾸어나갈 수 있
> 도록 행동 차원에서 건강과 관련된 역량 · 태도 · 모델링을
> 촉진시킨다. 건강교양강좌 · 식생활상담 · 자기관리훈련
> 프로그램 등이 여기 속한다('개인 관련 건강과 발달 촉진').

조건 차원에서 생활조건 개선과 삶의 질 향상에 기여한다. 가정이나 사회네트워크, 또는 주거지나 직장의 시스템적 기능수행력의 최적화 등이다('가정/주변 관련 건강과 발달 촉진'; 3장1 참조).

건강과 발달은 외부의 도움에 의해 촉진될 수 없다. 건강문제를 다룰 때는 이 점을 항상 염두에 두어야 한다. 다만 개인이나 집단 또는 주민들이 스스로 생활을 가꾸고 통제하고자 할 때 이를 지원할 수 있을 뿐이다. 사람들이 이런 도움을 얼마나 자기 것으로 받아들이는지, 혹은 받아들이기 원하는가는 이것이 어떤 관계 속에서 제시되느냐에 달려있다. 건강 및 발달촉진의 내용과 목표는 당사자와 공동으로 결정될 때만 의미가 있다. 전문가에 의해 일방적으로 정해져서는 안 된다. 당사자의 반감을 불러일으키거나 배운 내용을 생활에 적용시키려하지 않기 때문이다. 이런 도움은 자발적 행위로서 제시되는 게 좋

다. 그러기 위해서는 참여자들의 주관적 생활세계와 구조적 생활조건을 먼저 이해해야 한다(Kaiser 1995). 가령 어떤 가족구성원이 더욱 역량 있고 자립적인 사람이 되도록 돕는 것은 다른 구성원들에게도 유익한 일이다. 가정의 기능수행력이 강화되면 개인을 위한 조건들도 개선된다.

예방과 건강촉진을 위한 조치도 성별에 따라 달라진다. 여성은 건강문제에 지속적인 관심을 보이지만, 남성들은 시간을 많이 들이지 않아도 되는 경우에만 관심을 보인다. 사회적 취약계층도 지식이 부족한 탓에 예방조치에 대한 요구가 적은 편이다. 개인적인 조치를 내릴 경우에는 반드시 개별화된 관리와 지원을 동반해야 한다. 이때 고려할 점은 다음과 같다(6장6, 7장1, 5장1 참조).

- 전문인력의 적극적인 개입.
- 문제해결 전략, 관련 지식, 스트레스 해소를 위한 심리학적 처방과 개인 차원의 대처방법(회복력 촉진)을 구체적으로 알려준다.
- 주관적 경험내용을 분석하고 그와 결합된 감정을 성찰한다.
- 복잡한 문제와 그로 인한 후유증을 차별적으로 세분화하여 규명한다.
- 자원과 가능한 지원 및 극복 방안을 적용시킨다. 예를 들어 어린아이나 정신질환자에게 감수성훈련이나 가족심리교육을 실시한다.

건강촉진과 질병예방은 현대인이 건강을 유지하는 데 가장 중요한 요소다. 이것은 또 보건관련 지출과 업무상 재해나 조기퇴직으로 인해 차후에 발생하는 비용을 줄이는 데도 효과적이다(WHO 2005). 물론 이런 조치들 자체가 비용을 발생시키는 것도 사실이다. 건강촉진을 통해 기대수명이 상승하면 고령자들은 값비싼 진료비를 추가로 감당해야 한다. 만일 예방이 제대로 이루어지지 않아 조기에 사망했다면 발생하지 않았을 비용이다.

Psychologie für den Alltag

건강촉진의 예방학 모델은 건강과 질병을 사회적·육체적·정서적·인지적 연속선상에서 파악한다.
건강촉진은 개인과 생활방식의 건강한 발달을 통해서 건강과 안녕, 삶의 질과 저항력을 강화시키는 데 목적이 있다. 예방조치는 질병과 그 후유증을 사전에 방지하고, 그럼으로써 기대수명과 삶의 질을 향상시킨다.

6 현대인의 정신장애

정신장애의 의미와 발생빈도는 종종 과소평가된다. 하지만 공동생활에서 발생하는 많은 문제의 원인이 올바르지 못한 신경심리적 도식·불안·신경과민·비현실적 모델링·역량부족과 같은 정신장애들인 경우가 의외로 많다. 그림22에서 볼 수 있듯이 —엄격한 기준을 적용했을 때— 전체 주민의 약 31퍼센트는 어느 정도의 정신장애를 겪고 있다. 가장 일반적인 장애는 불안과 우울증이다.^{정동장애affective disorder}

이 장에서는 가장 중요한 정신장애로 꼽히는 증상들을 규명하고, 예방과 치료 방안을 살펴보겠다. 용어는 개념적 혼란을 피하기 위해서 세계보건기구의 국제 정신장애 분류에서 정한 것들을 사용한다 (ICD-10, WHO 2006). 실제로 일상생활에서 쓰이는 개념들은 의미가 불분명하기 때문이다. ICD(국제질병분류)의 모든 진단에는 F0에서 F99까지의 공식적인 인식번호가 붙는다. 건강관련 전문용어들은 대부분 이 번호를 붙여 사용한다.

기질성 정신장애

기질성 정신장애는 질병이나 상해 등 증명 가능한 원인(중독이나 약물)에 의해 뇌기능에 장애가 발생한 경우를 말한다.

F00-F09 치매_치매는 대부분 만성적으로 진행되는 뇌질환의 결과로 나타나는 증상복합체(증후군)다. 여기서는 방향측정능력 (orientation-"내가 지금 어디에 있지?", "오늘이 며칠이지?"), 이해력("지금 무슨 말을 하는 거야?"), 계산력, 학습능력, 사고, 언어구사, 기억력과 같은 기능에 장애가 발생한다(인지능력저하). 하지만 의식은 손상되지 않는다. 인지력 장애에는 대개 정서적·사회적 행동의 변화와 의욕저하가 동반된다. 당사자는 의기소침해지고, 매사에 정신이 없

진단(DSM-IV)	여성 총합(%)	18-34(%)	35-49(%)	50-65(%)	남성 총합(%)	8-34(%)	35-49(%)	50-65(%)	총합(%)	95%/KI	백만 단위
신체적 원인에 의한 정신장애	1,9	2,0	1,7	2,1	0,8	0,5	0,2	1,7	1,3	1,0-1,7	0,6
약물 남용	1,7	2,9	1,7	0,6	7,2	12,3	5,3	3,6	4,5	3,9-5,2	2,2
알코올 남용	1,3	1,9	1,6	0,4	6,8	10,7	5,5	3,7	4,1	3,5-4,8	2,0
불법약물의 오용	0,5	1,1	0,1	0,2	1,0	2,5	0,3	0,0	0,7	0,5-1,0	0,3
정신병성 장애	2,5	3,2	1,9	2,4	2,6	2,6	3,2	1,9	2,6		
정동장애	15,4	13,4	16,8	15,9	8,5	9,4	8,5	7,6	11,9	11,0-13,0	5,8
주요우울증	11,2	9,5	12,7	11,3	5,5	6,0	5,5	4,8	8,3	7,5-9,2	4,0
기분부전장애	5,8	3,7	6,1	7,6	3,2	2,6	3,4	3,8	4,5	3,9-5,2	2,2
양극성장애	1,1	1,2	1,5	0,5	0,6	1,0	0,7	0,0	0,8	0,6-1,2	0,4
불안장애	19,8	20,0	19,4	19,9	9,2	8,0	1,0	9,7	14,5	13,4-15,6	7,0
공황장애	3,0	3,4	3,4	2,4	1,7	1,0	2,0	2,1	2,3	1,9-2,8	1,1
광장공포증(공황장애가 동반되지 않는)	3,1	2,0	2,9	4,4	1,0	0,9	1,1	0,9	2,0	1,7-2,5	1,0
사회공포증	2,7	3,1	2,7	2,2	1,3	1,9	0,7	1,4	2,0	1,6-2,5	1,0
공포장애	0,9	1,0	0,9	0,8	0,6	0,4	1,0	0,3	0,7	0,5-1,0	0,4
신체형장애	15,0	14,9	15,2	14,7	7,1	5,7	7,3	8,6	11,0	10,1-12,1	5,4
잠재적 신체장애	5,5	4,1	5,1	7,4	3,1	2,1	3,6	3,8	4,3	3,7-5,0	2,1
반(半)물질장애2,1	1,1	2,9	2,2	1,0	0,5	0,9	1,8		1,5	1,2-1,9	0,7
공포증	10,8	11,9	9,7	10,7	4,5	4,2	4,7	4,6	7,6	6,9-8,5	3,7
통증장애	11,4	11,2	12,2	10,7	4,0	4,0	4,5	6,4	8,1	7,3-9,1	4,0
섭식장애	0,5	1,0	0,5	0,0	0,2	0,2	0,3	0,1	0,2	0,2-0,6	0,2
연급된 진단들 중 한 가지	37,0	38,0	36,5	36,5	25,3	27,4	25,9	22,2	31,1=15,1Mill	29,7-32,6	15,1
진단의 가짓수(최소한 한 가지 이상, 퍼센트)											
1	56,3	57,5	55,5	55,7	66,5	69,6	67,5	61,0			60,5
2	21,5	23,8	20,3	20,4	15,5	16,1	18,9	21,3			20,3
3	9,7	8,3	9,2	11,6	8,0	7,8	8,5	7,8			9,0
>3	12,6	10,4	10,9	12,3	7,0	6,5	19,7	10,0			10,3

1998/99년 연방건강조사, 특별조사 "정신장애"; 나이: 18세-65세; N=4181

그림 22 일반 성인의 삶에 나타나는 정신장애 (연방건강백서 - 건강연구 - 건강보호 8/2004, 737쪽)

고 무관심하게 행동하며, 듣거나 본 것을 금방 잊어버리고, 우울해 보인다. 그래서 우울증으로 의심받을 때도 많다. 자기 몸을 돌보고 장을 보고 요리를 하는 등의 일상적 활동은 제한적으로만 가능하며, 좀 더 시간이 흐르면 아예 불가능해진다. 환자들은 우울하거나 변덕이 심하거나 공격적이거나 쉽게 자제력을 잃어 주변 사람들을 힘들게 만든다.

독일에서는 140만 명 정도가 치매를 앓는다. 이는 전체 65세 이상 주민들의 8~13퍼센트에 이르는 수치다. 75세 이상의 노인들 중에는 38.6퍼센트, 90세 이상은 40퍼센트가 치매 환자다. 요양원 환자의 50퍼센트 이상도 치매 환자다. 사람들이 요양원에 들어가는 가장 큰 이유이기도 하다(Rahn/Mahnkopf 2005).

F00. 알츠하이머 치매_치매의 가장 흔한 형태가 알츠하이머병이다. 대부분 부지불식간에 시작되어 해를 거듭할수록 악화된다. 뇌에 단백질 침전물이 생겨나서 신경세포들 사이의 자극전달을 방해하며, 나중에는 기억력·언어·사고기능에 관여하는 신경세포들이 죽어버리는 병이다. 간혹 이 병은 아밀로이드 전구단백질amyloid precursor protein=APP이나 프레시닐린preseniline의 유전자변형을 통해서 발생하기도 하는데, 이 경우에는 비교적 젊은 나이에 나타난다. APP는 오늘날 특수 구조의 단백질침전물을 가리키는 일반적인 명칭으로 사용된다. 베타아밀로이드는 알츠하이머병에서 나타나는 '노인성 반senile plaque'의 주요성분이다. 프레시닐린의 경우 높은 상동성을 보이는 두 개의

단백질 PS I과 II가 1996년에 알츠하이머 초기 형태와의 관련성을 인정받았다. 특히 중요한 유전적 위험인자는 혈액 속 콜레스테롤 수송에 관여하는 분자 ApoE4다.

F01. 혈관성 치매_혈관성 치매는 뇌에 경색(혈전증)이 일어날 때 발생한다. 대개 노년기에 흔한 동맥경화가 원인이다.

F02. 다른 질환으로 인한 치매_에이즈나 다른 감염질환이 원인이 되어 발병한 치매. 이 형태의 치매는 모든 연령대에서 나타날 수 있다. 간질, 헌팅턴무도병, 파킨슨병 같은 신경질환에서도 치매 증상이 나타난다.

예방조치

지구력 훈련에 게으름을 피우지 말고, 충분한 수분을 섭취하며, 섬유질·비타민·오메가3 등이 풍부한 식사를 하면서 건강하고 활발하게 생활하면 각종 형태의 치매를 예방할 수 있다(특히 혈관성 치매와 알코올 남용으로 인한 치매에 효과적이다). 하지만 알츠하이머 치매는 이런 방식으로는 예방이 불가능하다. 질병을 일으키는 단백질에 대한 면역성을 높이는 약품들은 아직 개발 중이다. 그렇지만 병의 진행에 개입하여 뇌기능 감퇴를 늦추는 치료는 가능하다. 어떤 경우든 정신건강을 염두에 두고 계획적으로 생활해나갈 것을 권한다(7장 참조).

치료

치매치료의 목표는 환자가 최대한 오랜 기간 자립적으로 생활할 수 있도록 돕는 데 있다. 전문병원에서도 최대한 자립적으로 일상생활을 영위해나갈 수 있도록 훈련시킨다. 여기에는 물론 가족의 도움이 필요하다. 재활운동과 작업치료occupational therapy는 정신적 능력을 촉진시킨다. 관련 약물은 병의 진행을 평균 1년 정도 지연시킨다. 알츠하이머병 초기에는 억제제 아세틸콜린에스테라아제를 사용하면 신경세포들 간의 자극전달을 개선시키는 효과가 있다(Reinshagen 2006). 더 심각한 형태의 치매에는 메만틴[memantine] 같은 NMDA수용체 길항제들이 사용된다. 이런 종류의 길항제들은 신경전달물질 글루타민산염을 통한 신경손상을 막아준다. 경우에 따라 치매에 동반하는 증상들을 없애기 위해 불안 · 수면장애 · 운동장애 · 우울증 등을 치료하는 약품이 추가로 필요하다. 어떤 종류의 치매에서는 내적 불안을 없애기 위한 약이 오히려 증상을 악화시키거나 심각한 부작용을 일으키기도 한다.

가족들은 일상생활을 일종의 의식처럼 명확히 구성하고, 시계나 칠판 등의 도구를 활용하여 환자가 올바른 방향을 찾아나갈 수 있도록 도와야 한다. 아무리 환자를 위하는 일이라 하더라도 환자에게 무리한 부담을 주지 않도록 하고, 가사도우미나 전문기관의 도움을 이용하는 것도 좋다. 또 치매가정들 간에 자조그룹을 결성하여 경험을 교환하고 상부상조하면 더욱 효과적이다 (6장7 참조).

다음은 ICD-10(F00-F09)에 따른 또 다른 기질성 정신장애들이다.

F04. 기질성 기억상실 증후군_알코올이나 다른 정신활성물질이 아닌 신체적 상해를 통해서 유발되며, 단기 · 장기 기억의 손상과 시간감각 상실이 나타난다. 새로운 내용에 대한 학습능력은 제한적으로만 유지되고, 지각과 다른 인지능력(예를 들어 지능)은 손상되지 않는다. 병의 발달은 발병원인으로 작용한 손상의 진행 정도에 따라 달라진다.

F05. 알코올이나 다른 정신활성물질로 인해 유발되지 않은 섬망 (delirium)_의식 및 집중력 장애 · 지각장애 · 사고장애 · 기억력장애 · 정신운동적 장애 · 정서장애 · 수면장애가 모두 동시에 발생하는

특징을 지닌 기질성 뇌 증후군이다. 장애의 지속시간은 경우에 따라 매우 큰 차이가 나며, 가벼운 증상으로부터 중증에 이르기까지 매우 다양하다.

F06.0 기질성 환각증_실재하지 않는 사물을 보거나 듣거나 느낀다 (환각). 대부분 자신의 지각이 거짓이란 사실을 명확히 의식한다. 이런 현실의식은 기질성 환각증을 정신분열병과 구분 짓는다.

F06.1 기질성 긴장장애_정신운동적^{psychomotor} 활동이 강하게 위축되는 장애로서 심한 경우 완전히 무감각해진다('혼미'). 반대로 정신운동적 활동이 더 고조되기도 한다(흥분). 환자태는 이런 현상 사이를 반복적으로 오간다.

F06.2 기질성 망상장애_정신병증^{psychosis}과 비슷하게 지속적으로 또는 간헐적으로 허황된 생각이 떠오르는데, 이런 생각은 나름대로의 체계를 갖추고 있다. 환자는 이런 허황된 생각을 증명하려고 끊임없이 노력한다. 가장 빈번한 예는 환자가 모든 사람들이 자신에 대해 음모를 꾸미고 있다고 확신하는 피해망상이다.

F06.3 기질성 정동장애_신체적 원인에 기인하는 우울증이나 도취 (조증) 상태를 동반한다. 이 장애는 약물중독이나 약물부작용으로 인해 발생한다.

F06. 4 기질성 불안장애_뇌의 측두엽에 이상이 있을 때 쉽게 공황 발작이 발생한다.

F06. 5 기질성 해리장애_자기 과거에 대한 기억착오, 정체성 장애 ('이인증 depersonalization'), 비사실적 현실체험('비현실감'), 심리적 원인에 의한 신체 오작동 등을 일으킨다.

F06.6 기질성 정서불안정 장애_심각한 신체질환으로 당사자가 감정이 과도하게 강조되거나(정동불안), 쉽게 상처를 받거나, 쉽게 지쳐버린다. 이 장애는 현기증이나 통증 같은 신체적 불쾌감을 다수 동반한다.

F06. 7 경도 인지장애_기억장애 · 학습장애 · 집중력장애를 동반하며 정신적 피로감을 자주 느낀다.

F07.0 기질성 인격장애_이 병은 감정 · 욕구 · 충동을 표현할 때 평소의 행동과 달리 명백한 변화가 나타난다. 인지력과 사고력의 저하가 동반되고 성적 행동에도 뚜렷한 변화가 감지된다.

F07.1 뇌염 후 증후군_박테리아나 바이러스 감염으로 발생되는 인격장애다.

F07.2 뇌진탕 후 기질성 증후군_실신을 동반한다. 두통 · 현기증 · 탈

진 · 신경과민 · 정신활동 및 집중력 장애 · 기억장애 · 수면장애 · 스트레스 · 정서적 자극 · 알코올에 대한 저항력 감퇴 등이 주된 특징이다.

모든 기질성 정신장애는 정확한 원인을 먼저 규명하고 이를 최대한 제거할 수 있도록 노력해야 한다. 손상된 조직을 회복시키려면 체계적으로 치료해야 하며, 이와 더불어 환자의 심리상태도 진지하게 받아들여야 한다. 이때 심리요법의 '작용요인'들이 활용된다(7장 참조).

정신활성물질을 통한 정신 및 행동장애

알코올이나 마약 같은 정신활성물질과 약품은 다양한 수준의 정신장애를 유발한다.

F10.0 급성 중독(급성 취한상태)_정신활성물질을 섭취하면 의식상태 · 인지력 · 지각 · 감정 · 행동에 장애가 발생한다. 이런 장애는 시간이 지나면서 서서히 사라지지만 조직손상 · 구토 · 섬망 · 혼수상태 · 경련 · 발작 등의 다른 합병증을 동반한다. 환각제를 통한 도취 및 강박 상태나 공포체험이 따른다.

F10.1 유해한 사용_정신활성물질을 사용하는 과정에서 오염된 주사기를 통한 감염으로 건강을 해치는 우울증에 걸리거나 알코올 남용으로 인한 간 손상 등이 발생할 수 있다.

F10.2 의존성 증후군_반복된 복용으로 정신활성물질에 대한 강한 욕망이 생겨나고 통제에 어려움을 겪는다. 약물 복용은 모든 다른 활동과 의무에 우선하게 되고, 급기야 삶의 전부가 된다. 복용량도 시간이 갈수록 늘어나고 금단현상도 나타난다. 의존성은 담배 · 알코올 · 진정제 · 기타 유사아편 물질을 통해서만이 아니라 광범위한 약물에서도 나타날 수 있다.

F10.3 금단증후군_금단현상은 오랫동안 복용하여 육체적 의존성이 생겨난 정신활성물질의 섭취를 중지한 뒤에 나타난다. 그래서 약물복용의 중지는 신중하게, 의사의 지시에 따라 병원에서 이루어져야 한다. 금단증후군은 경련과 발작을 일으키고 생명까지 위협하는 심각한 합병증을 유발할 수 있다.

F10.4 섬망을 동반한 금단증후군(F05 참조)_여기서는 부분적으로 발작과 연결되는 복합적 장애가 문제다. 주기적으로 섬망 증세를 보이는 환자가 자신이나 남에게 위해를 가하는 경우가 많아서 사람들은 알코올성 섬망을 '주사酒邪'로 보기도 한다(알코올성 진전섬망).

F10.5 정신병성 장애_약물복용으로 인한 정신병성 장애psychotic disorder는 환각 · 지각장애 · 망상(편집증, 질투 등) · 정신운동적 장애(흥분 또는 혼미한 상태) · 비정상적 감정반응(공황 또는 희열) 등의 다양한 형태로 나타난다.

F10.6 기억상실 증후군_장기기억보다는 주로 단기기억에 강하게 나타난다. 시간감각과 학습능력에 뚜렷한 장애를 보이며 부분적으로 맥락이 닿지 않는 말들을 지껄인다(작화증confabulation).

중독질환의 치료

우선 병력 조사를 통해 어떤 의존성을 지녔으며 환자가 어떤 영역에 손상을 입었다고 느끼는지 규명한다. 치료받을 사람과 가족의 희망사항을 고려하고, 병원의 형편에 맞추어 환자와 치료사가 공동으로 치료계획을 짠다. 해독치료(금단치료)가 제일 먼저 실시되고, 대략적인 금단현상에 대한 치료가 이어진다. 중독질환의 증상과 작용은 생명을 위협할 수도 있기 때문에 초기에는 병원에 입원하여 치료받아야 한다. 치료 목표는 경우에 따라 다르다. 해독치료가 끝난 뒤에는 나쁜 습관을 없애는 치료를 실시한다. 이 치료에는 심리사회적 문제의 '원인'에 대한 심리치료 작업이 병행된다. 문제의 종류에 따라 중독전문 재활병원에 입원하여 치료를 받거나 통원치료를 받는다(자세한 내용은 7장 참조).

중독장애가 제때에 치료되지 않으면 위험 발생률이 높아진다. 예를 들어 1995년에 독일에서만 모두 17,427명(남자 13,149명, 여자 4,278명)이 알코올 관련 질환으로 사망했다. 같은 해 교통사고 사망자는 8,942명(2006년은 5,000명)이었다. 사망자들의 평균 나이는 55.5세로 기대수명보다 훨씬 이른 죽음을 맞았다.

Psychologie für den Alltag

문제는 대개 스트레스에서 시작된다. 스트레스의 증후군을 당사자들이 약물을 통해서 줄여보려고 시도하는 탓이다(5장4 참조). 약물을 통한 완화 효과는 환자로 하여금 그와 같은 회피전략을 점점 더 자주 이용하게 만들어서 관련 신경세포들의 연결을 강화시킨다. 신체기관이 중독약물에 맞추어 물질대사를 하면서 심리적·생리적으로 이에 의존하게 된다. 대부분의 중독약물은 신체기관에 유해하므로 중독질환자는 건강 손상과 수명 단축을 예상해야 한다.

정신분열증, 분열형 및 망상장애

F20. 정신분열증_정신분열증은 전형적으로 사고와 지각에 발생하는 장애로서 부적절하고 지리멸렬한 정서가 특징이다. 의식과 지적 능력은 정상적으로 유지되지만 시간이 지나면서 인지력이 손상된다. 가장 중요한 증상은 환자가 자신의 생각을 제 귀로 듣는다거나(사고의 음성화), 또는 어떤 생각을 주입받거나(사고주입), 강탈당한다거나(사고박탈), 또는 다른 사람들이 자기 생각에 참여한다고(사고확산) 믿는 것이다. 어떤 미지의 힘에 의해 조종되거나 영향을 받고 있다고 느끼는 망상지각도 나타난다. 정신분열병 환자들은 종종 어떤 목소리를 듣는데, 그 목소리가 자신에게 영향을 미치고 자신에 대해서 말한다고 믿는다. 불안하고 조급한 생각이나 사고가 자꾸 끊기는 현상 때문에 고통을 받으며, 언어적 표현능력이나 정서적 체험능력의 일부를 잃어버리기도 한다. 이럴 때 당사자들은 무감각하고 무기력하게 보이며, 의기소침하고, 다른 사람들에게 거의 반응하지 않는다. 잘 집중하지도 못한다. 음성증상[negative symptom]이라 불리는 이런 증상들은 사회생활이나 직장생활에 문제를 일으킨다. '정상적인' 생활인들이 이를 기강이 해이하거나 게으른 것이라고 생각하기 때문이다(WHO 2006, 그림 23 참조).

정신분열장애는 지속적으로 진행되면서 증상이 점점 더 심해지거나, 한 차례 혹은 여러 차례의 비정기적 발작('에피소드') 형태로 나타난다. 발작이 지나고 나면 일부 환자들은 마치 아무 일도 없었던 듯 계속 생활한다.

정의 자기정체성의 약화

이인증(離人症, depersonalization) 자신의 자아나 개별적 신체부위가 낯선 것으로 혹은 자기와 무관한 것으로 느껴진다.
정신분열증 · 우울증 · 공황발작 · 환각제 · 탈진상태의 증상

비현실감 주변이 비사실적이거나 낯설거나 완전히 달라져 보인다(시간감각도 그렇다).
인격장애 · 우울증 · 공황발작 · 탈진의 증상

사고박탈 자신의 사고가 다른 사람에 의해 박탈당하는 지각
정신분열증의 주요 증상

사고주입 사고와 상상이 외부에 의해 주입되거나 조종당하는 지각
정신분열증의 주요 증상

사고확산 자신의 사고가 더 이상 자기 개인의 소유가 아니고 다른 사람들이 함께 참여하고 있다는 지각
정신분열증의 주요 증상

이행증(transitivism) 자신의 병을 타인에게 투사
정신병 · 인격장애의 증상

착각 이미 알고 있는 내용이 비사실적이고 낯설게 지각된다.
적응장애 · 탈진 · 우울증의 증상

자신의 인격이나 기능이 낯선 것으로 체험된다. 더 나아가서 정체성 체험의 소실과 더불어 자아와 주변세계의 경계가 사라진다.

그림 23 자아장애의 증상들 (Payk 2003)

정신병성 장애는 전체의 2.6퍼센트로 비교적 드물게 나타난다. 하지만 대부분 증세가 심각하므로 여러 해에 걸친 치료가 필요하다.

F20.0 편집성 정신분열증_끊임없는 망상이 특징이다. 대부분 지각

장애와 환청이 동반된다.

F20.1 파과형(破瓜型) 정신분열증_이 병은 청소년과 젊은 층에서만 나타난다. 주된 증상은 급격한 정서변화다. 매 순간 나타나는 환각과 망상이 특징이다. 환자는 무책임하고 예측할 수 없는 방식으로 행동한다. 태도가 가식적이고 부자연스러우며, 생각과 말이 뒤죽박죽되어 혼란스럽다. 증상이 빠르게 발전하므로 대부분 예후가 나쁘다. 초기에 적절한 치료를 받아야 한다.

F20.2 긴장형 정신분열증_극단적 흥분과 완전한 경직(혼미) 사이를 오가는 정신운동적 장애가 특징이다. 환자는 자동적인 반응을 보이며(자동 순종) 모든 것을 부정적으로 본다(거부증). 환자는 종종 부자연스러운 자세를 아주 오랜 시간 그대로 유지한다. 고열이 발생하여 생명을 위태롭게 만들기도 한다(치명적 긴장증).

F20.4 정신분열증 후 우울증_정신분열증에 이어지는 장기 우울증을 말한다. 몇 가지 정신분열 증세가 그대로 유지되며 자살의 위험이 높아진다.

F22. 지속성 망상장애_개별적인 망상이나 서로 연결된 다양한 망상이 오랜 기간, 경우에 따라서는 평생 동안 지속된다. 나이 많은 환자들은 간혹 환청을 듣는다.

F23. 급성 및 일과성 정신병성 장애_망상이나 환각 같은 지각장애나 심각한 행동장애가 생활의 힘겨운 위기상황에서 2주일 이내에 나타났다 사라지는 현상이다. 환자는 대부분 정서적으로 혼란스럽고 어찌할 바를 모른다. 이런 상태는 몇 달이나 몇 주 혹은 며칠 안에 호전된다.

F24. 유발성 망상장애_정서적으로 밀착된 두 사람이 함께 겪는 망상장애를 말한다. 이때 진짜 정신병성 장애를 앓는 사람은 오직 한 사람이다. 다른 사람은 상대와 헤어지면 대부분 망상에서 벗어난다('감응성정신병').

F25. 분열정동장애_여기서는 조울증과 정신분열증이 에피소드의 형태로 나타난다. 정신분열증과 병적인 조병과 우울증은 모두 당사자에게 심각한 해를 끼친다. 하지만 이 세 가지 장애가 동시에 혹은 순차적으로 발생할 때 상황은 더욱 치명적이며, 자살의 위험도 매우 높아진다(Faust 2006). 분열정동장애는 노년기보다 중년기에 더 빈번히 나타나며, 청소년기에는 거의 찾아볼 수 없다. 제때에 치료를 받는다면 충분히 완치될 수 있다.

원인

정신병성 장애의 원인은 아직 명확하게 밝혀진 바 없다. 유전적 원인이나 신체적 원인도 입증되지 않았다. 발생확률에 영향을 미치는 인자들만을 밝혀냈을 뿐이다. 정신질환 가족력이 없는 사람한테 나타날 확률은 1퍼센트에도 못 미치지만, 일란성 쌍둥이에게는 50퍼센트로 높아진다. 둘 다 정신분열증을 앓은 부모 사이에서 태어난 자녀들은 약 40퍼센트가 같은 병을 얻고, 한쪽 부모만 그런 자녀들은 12퍼센트, 형제 중 한 사람이 정신분열증을 앓은 사람은 10퍼센트가 같은 병에 걸린다. 하지만 정신분열증 환자의 90퍼센트는 부모가 그런 병을 앓은 적이 없고, 81퍼센트는 형제들 중에 환자가 없었다(Retzer 2004).

정신질환 가족력이 있는 쌍둥이를 입양한 경우를 보자. 한쪽 아이는 정상적인 가정에서 자라고 다른 한쪽 아이는 문제가정에서 자란 경우, 가정의 긍정적인 기능수행력이 질병의 발생을 막아주거나 최소한 지연시켜준다는 사실을 확인했다. 정신분열증에 걸린 입양아들 중 건강하고 기능수행력이 뛰어난 가정에서 자란 아이는 하나도 없었다. 가정환경의 시스템적 기능수행력은 정신병성 장애의 발생과 진행에 매우 중요한 것으로 드러났다. 또 가족들 간의 갈등은 치료받은 질병의 재발위험을 높인다(3장1 참조).

그밖에도 태아가 산소부족을 경험하거나 어머니가 임신 중에 발열성질환·출혈·태반이상을 겪은 경우에도 발병위험이 높아진다. 신생아가 출산합병증으로 산소부족을 겪거나 아동기에 뇌감염 질환을 앓은 경우에도 비슷한 결과가 나타난다.

대마초나 마리화나 사용도 발병을 앞당긴다.

폐경기 전의 여성은 남성보다 약 3~4년 늦게 발병하고 증상도 더 약하게 나타난다. 이것은 에스트로겐의 보호작용 덕택이다. 에스트로겐은 도파민이나 세로토닌 대사에 좋은 영향을 미친다(Faust 2006).

정신분열증의 치료

정신분열증 치료연구는 최근 수십 년 동안 집중적으로 이루어졌다. 부분적인 성과도 있었다. 그러나 당사자들은 아직 별다른 혜택을 받지 못하고 있다. 질병에 대한 인식 부족으로 치료의 기회조차 제대로 이용하지 못하는 실정이다. 치료가 조기에 이루어질수록 재활의 성공가능성이 높아지는데도 말이다. 정신분열증은 대단히 복잡한 질환이다. 그러므로 다음과 같은 여러 가지 방법이 함께 사용되어야 한다.

신경이완 치료는 대단히 중요하다. 현재로서는 절대 포기할 수 없는 치료법이다.

심리요법은 정신분열증의 경우 특수한 방식으로 적용되어야 한다. 이때 일상적 요구들을 처리하는 데 번번이 실패하는 환자에게 도움을 주는 일이 중요하다(G장 참조). 여기서는 사회적 역량을 전수하고, 인지능력과 자아수용을 향상시키고, 긴장완화 테크닉을 훈련시키기 위한 특수한 방법들이 사용된다. 가족치료의 형태로 이루어지는 가족구성원들의 참여가 중요하다('가족심리교육 프로그램'; Retzer 2004; Heekerens/Ohling 2006). 가족과 환자는 자신들의 고충을 솔직하게 털어놓고 정서적 안정감을 느낀다. 이때 환자에게 불편하지 않은 가족분위기를 만들고 서로에 대한 적대감을 없애는 데 신경을 써야 한다(정서표출). 이를 통해 정기적인 약물복용과 같은 실제적 문제에서 환자의 협조를 이끌어낼 수 있다. 통원치료를 하거나 긴급한 상황에서 도움을 요청하거나 적당한 양육가정에 환자를 위탁하는 등의 문제를 처리하는 데에는 공동체 차원에서 지원해야 한다.

스포츠나 육체노동 같은 육체적 활동.

정신분열증은 출생 이전과 이후의 요인들이 함께 작용하여 중추신경계에 질병을 일으키거나 심리사회적 스트레스를 유발함으로써 발생하는 정신장애다. 병의 진행은 심리사회적 영역, 특히 가족관계의 질에 따라 달라진다. 장애의 복잡성에 따라 약물투입·개별적 심리치료·부부치료·가족치료 등이 병행되어야 하며, 최대한 조기에 치료해야 한다.

우울증과 기타 정동장애

정동장애의 주요증상은 '기분'과 '정서'의 급격한 변화다. 환자는 우울한 기분(우울증)에 빠지거나 아니면 과도하게 고양된 기분(조병)을 보인다. 기분변화는 대부분 행동변화를 동반한다. 재발의 위험도 크다. 발병의 원인은 대개 가정불화나 생활의 위기상황이다. 우울증 환자의 가족에게 20퍼센트 정도 발병위험이 있다(AWMF 2006). 가족과 헤어져 살거나 이혼한 사람처럼 신뢰할만한 보호자가 곁에 없는 경우에도 발병위험이 높다. 이를 예방하려면 다른 사람들과 좋은 관계를 쌓고 폭넓은 사회네트워크에 편입되도록 노력해야 한다. 정동장애는 11.9퍼센트로 일반 성인들에게 두 번째로 많이 나타나는 정신장애다.

F30.: **조병성 에피소드**_심각도에 따라 다음의 세 가지로 구분된다.

우울증의 주요증상(ICD-10에 의거)
우울한 기분(변덕스러운 비애감)
무관심, 즐겁지 아니함
소극적 태도, 높은 피로도

추가증상(ICD-10에 의거)
- 집중력과 주의력 저하
- 자존감과 자신감 저하
- 죄책감, 무력감
- 부정적이고 염세적인 미래전망
- 자살충동
- 수면장애
- 식욕저하

'신체적' 증상(ICD-10에 의거)
- 무관심, 평소에 좋아하는 활동에 흥미를 잃음
- 기쁜 일에도 정서적 반응을 보이지 않음
- 날마다 이른 새벽에 잠이 깸
- 아침에 항상 기분이 우울함
- 정신신체적 억제 또는 흥분
- 식욕이 눈에 띄게 저하됨
- 몸무게가 줄어듦
- 뚜렷한 성욕감퇴

그림 24 ICD-10에 따른 우울증의 주요증상들 (AWMF 2006)

F30.0 경조증_가볍게 고양된 기분, 높은 의욕과 활동성이 지속된다. 기분이 좋고 작업능력도 두드러진다. 매우 사교적이고, 말이 많아지며, 남을 쉽게 믿는다. 성욕이 강해지고, 수면 욕구는 줄어든다. 대체로 이런 특징들은 사회적으로나 직업적으로 수용 가능한 범위 안에 머문다. 하지만 간혹 신경이 지나치게 예민해지고 스스로를 과대평가하는 등 사회성에 문제를 보이는 경우도 있다.

F30.1 정신병적 증상이 없는 조증_당사자는 무사태평의 유쾌함과 잘 통제되지 않는 흥분 사이를 오간다. 이런 상태는 과잉행동과 수다로 이어지며 보통 수면욕구가 현저히 감소된다. 집중력이 떨어지고 관심이 쉽게 이곳저곳으로 옮겨간다. 과장되게 낙천적이고, 자신을 지나치게 과대평가하며, 경박하고 부적절하고 생각 없는 행동을 많이 한다.

F30.2 정신병적 증상이 있는 조증_여기서는 F30.1에서 기술한 증상과 함께 망상(대부분 과대망상)이나 누군가가 환자에게 말을 건다고 생각하는 환청(환각)이 나타난다. 쉽게 극도의 흥분상태에 빠지고, 정상적인 의사소통이 불가능한 정도의 과잉행동을 보인다.

F31. 양극성 정동장애_여기서도 양극성장애 혹은 조울증장애가 다루어진다. 높은 활동성을 동반한 고양된 기분에 사로잡혔다가(조증) 곧이어 기분이 심하게 가라앉으며 무기력한 상태에 빠진다(우울증).

F32. 우울성 에피소드_가볍거나(F32.0) 중간 정도거나(F32.1) 심각한(F32.2, F32.3) 우울증에 걸린 사람들은 의기소침하고 무기력한 상태에 빠진다. 어떤 일에도 기쁨을 느끼지 못하고 무관심하며 잘 집중하지 못한다. 매우 빠르게 피로를 느끼지만 잠을 잘 자지 못하고 거의 먹지도 않는다. 아무 것도 믿지 못하고 끊임없이 자신을 의심하며 성욕도 느끼지 못한다. 쉽게 죄책감에 빠지고 일상의 변화에 반응을 보이지 않는다. 아침마다 아주 일찍 잠에서 깨고 매우 기분이 나쁜 상태가 반복된다. 심리적으로나 육체적으로 억압된 듯이 보이고, 가끔씩 심한 불안에 빠진다.

F32.0 경도의 우울성 에피소드_위에 기술된 증상 중 두 가지 이상을 겪지만 대부분 일상생활을 하는 데 문제가 없다.

F32.1 중등도의 우울성 에피소드_위에 기술된 증상 중 네 가지 이상을 겪으며 일상생활을 제대로 해나가기 어렵다.

F32.2 정신병적 증상이 없는 중증 우울성 에피소드_주요우울증^{major depression}이라고도 불린다. 환자는 위에 기술된 증상들 때문에 심하게 고통을 느끼고, 정상적으로 생활하는 게 불가능해진다. 자신을 무가치하다고 여기며 심한 죄책감을 느낀다. 자살욕구가 강해진다.

F32.3 정신병적 증상이 있는 중증 우울성 에피소드_환각 · 망상 · 정

신운동적 억제·혼미 등의 정신병적 증상을 통해서 상태가 더욱 악화된다. 정신병성 우울증 또는 반응성 우울성 정신병이라고도 불린다. 일상생활의 모든 활동이 통제되지 않는다. 물과 음식을 전혀 먹지 않거나 자살충동이 너무 강해서 생명이 위험하다.

F33. 재발성 우울성 장애_우울증이 반복된다. 예전에는 '멜랑콜리 melancholia' 또는 '내인성 우울증'이라고 불렀다. 이 병은 나이를 불문하고 발병한다. 급성 또는 만성으로 진행되며, 몇 주에서 몇 달까지 지속된다.

F34.0 순환성 기분장애_양극성장애(F31.–)의 가벼운 형태거나 이전 형태의 질환이며, 양극성장애 환자의 가족이나 친척에게 자주 나타난다. 경계성 인격장애 또는 순환성 인격장애라고도 불린다. 많은 환자들이 나중에 양극성 정동장애로 발전한다.

자살

정신장애는 생명을 위협할 수 있다. 생활스트레스는 정신장애와 결합하면 우울증으로 발전하거나 출구를 찾을 수 없는 극심한 좌절감을 일으켜서 자살위험을 높인다. 실업·이혼·파산과 같은 생활의 위기상황에 처했을 때도 정신장애로 인한 자살위험이 높아진다(5장4 참조). 2004년 독일에서는 10,733명이 스스로 목숨을 끊었는데, 그 중 74퍼센트는 남성이고 나머지 26 퍼센트가 여성이었다. 전체 여성의 3퍼센트와 전체 남성의 5퍼센트가 자살로 사망했다(Destatis 2006). 자살기도의 수치는 그보다 열 배 정도 더 높았는데, 여성이 세 배 더 높았다.

독일의 경우에는 자살이 15~35세의 연령집단에서 두 번째로 높은 사망원인을 기록했다. 70세 이상의 노인들과 이혼자들 사이에서도 빠르게 확산되고 있는 실정이다. 자살 발생은 지역적 · 사회적으로 크게 차이가 난다. 대도시 · 프로테스탄트 지역 · 사회적 취약집단에서 자살률이 더 높다. 통계에 따르면 헝가리가 세계에서 가장 높고, 인접국인 오스트리아 · 스위스 · 독일 · 덴마크 · 체코 · 슬로바키아 등이 그 뒤를 잇는다(Andorka 2001).

자살은 얼마든지 예방하고 치료할 수 있다. 현재 독일에서는 상담의 기회를 크게 늘린 덕분에 자살률이 20년 만에 40퍼센트나 감소되었다.

우울증 치료

우울증 치료는 국제적 전문협회들의 가이드라인에 따라 이루어진다(AWMF 2006; Lambert 2004). 치료의 주된 요건은 다음과 같다(7장 참조).

치료하는 동안 환자와 치료기관 사이에 신뢰관계를 쌓고 환자의 안정된 협조를 이끌어내는 일.

질병을 대하는 태도를 개선시키기 위한 심리교육 · 계몽 · 간호.

자해 및 자살이나 타인에 대한 위해의 방지.

약물투약을 동반한 심리치료.

필요한 경우 부부치료나 가족치료 동반.

추가적 사회치료 조치(예를 들어 가족이나 동료들이 참여하여 환자의 일상생활을 돕는다).

이것은 모두 숙련된 전문가들이 담당하는 치료법으로 대부분 통원치료를 통해 이루어진다. 입원치료는 집에서 돌봐줄 인력이 없거나 여건이 부족하여 환자가 방치되는 경우 혹은 자살 위험이 높을 때 요청할 수 있다. 또 통원치료를 받는 것이 가정불화나 환자학대 등 심리사회적 문제를 발생시킬 수 있을 때도 가능하다.

불안, 강박 등의 신경장애

불안 및 공황장애는 가장 널리 확산된 정신장애다. 독일에서는 2003년에 전체 국민의 14.5퍼센트가 이런 장애를 앓는 것으로 나타났다(Jacobi et al. 2004; 그림 22 참조). 공황장애는 사례의 50퍼센트 정도가 만성적으로 진행되며, 환자의 30퍼센트가 알코올중독에 빠지고, 여성이 남성보다 두 배 더 많이 공황장애를 앓는다. 불안 및 공황장애는 대부분 청소년기나 성인 초기에 시작되며, 드물게는 아동기에서도 나타난다. 공황장애를 겪는 많은 환자들은 광장공포증과 우울증을 동시에 또는 순차적으로 앓는다. 육체적 질병이 있는 사람은 건강한 사람에 비해 두 배 정도 많이 불안장애를 호소한다(Sareen et al. 2006). 또 심장통 환자의 60퍼센트 정도는 공황발작을 경험한다. 자살충동을 자주 느끼면서도 적절한 심리치료를 받는 사람은 6~22퍼센트에 불과하다.

F40. 공포장애_전혀 위험하지 않은 상황이나 대상에 대해 두려움을 느끼고 회피하는 것이다. 이를 통해 불안에서 벗어나는 경험을 되풀이하면서 회피행동은 고착되고, 기대불안은 검토되지 않은 채로 관련 신경계통을 강화시킨다. 주관적 공포불안은 생리적인 면이나 다른 표현형식에 있어서 실제적 불안과 구분되지 않는다. 장애의 증상은 가벼운 긴장에서 공포발작까지 다양하다. 기대불안은 두려운 대상이나 상황을 머릿속에 떠올리는 것만으로도 발생한다. 실제로는 위험하지 않다는 인식도 불안을 줄여주지 못한다. 공포장애는 우울증을 동반할 때가 많다(WHO 2006).

F40.0 광장공포증_홀로 집에서 나와 공공장소를 거닐거나 여행을

떠날 때 생기는 불안을 말한다. 당사자는 이런 불안 때문에 두려운 상황을 피하게 된다. 공황발작이나 우울증·강박 증상을 겪는 경우도 많다.

F40.1 사회공포증_비판적 관찰이나 평가에 대한 불안이나, 그런 평가를 내리는 사람에 대한 불안이다(대인공포증 또는 사회신경증). 자존감에 대한 확신이 없어서 다른 사람들의 판단에 종속된다. 얼굴이 붉어지고, 식은땀이 흐르며, 몸이 덜덜 떨리거나 구토와 오줌소태 증상이 나타난다. 이 공포증은 자주 자신의 문제와 혼동되며, 그 자체가 불안요인으로 작용할 때가 많다. 심한 경우 공황발작이 일어나기도 한다.

F40.2 특수(고립)공포증_특정 동물(예를 들어 뱀이나 거미), 피에 대한 주시, 비행기여행, 어둡거나 비좁은 공간(폐소공포증), 특정 음식, 공공화장실 사용, 치과진료, 높은 곳에서 떨어질 걱정(고소공포증) 등으로 인해 심한 불안을 느낀다. 이런 요인들이 공황발작을 일으킬 수도 있다.

F41.0 공황장애_예측할 수 없는 상황에서 심한 공황발작이 반복적으로 발생한다. 호흡곤란·질식감·현기증·심한 두근거림·흉부통증·식은땀·비현실감 등이 주요증상이다. 당사자들은 종종 두려움에 사로잡혀 자신에 대한 통제력을 상실하고 미쳐버리거나 사망에

이르기도 한다. 공황발작은 멀쩡한 상태에서 느닷없이 찾아오거나 심지어 수면 중에 발생하기도 한다. 때때로 우울증으로 인해 공황발작이 나타나기도 한다.

F41.1 전신 불안장애_일명 불안신경증이라고도 한다. 이 장애는 특정한 조건이나 특수상황과 결합된 것이 아니라 "자유롭게 부유하는" 성질을 지닌다. 증상도 신경과민·근육긴장·떨림·두근거림·식은 땀·현기증·의식혼미·복통 등 매우 다양하다. 종종 근심이 지나쳐

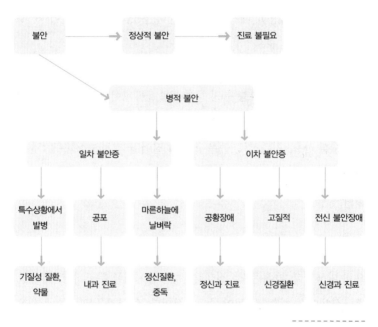

그림 25 불안장애의 구분 도식(Mayer 2006, 1)

병을 얻기도 하고, 혹시나 다른 가족이 자신 때문에 병에 걸리거나 불편해 할까봐 끊임없이 걱정한다.

원인

불안 및 공황장애는 대부분 그 원인을 몰라 답답해한다. 이혼·질병·가족 사망 등의 원인으로 위기상황이나 장기스트레스를 겪었더라도 당사자들은 이것이 장애와 직접적으로 연결되었다고는 생각하지 못한다. 공황장애나 다른 불안장애에 대해 선천적으로 취약한 사람도 있다. 그 유전적 성분도 일부 밝혀졌다. 한 가지 형질은 염색체 9q31에 있으며 청소년기의 흡연이 발현을 촉진시킨다(Mayer 206). 또 한 가지 형질은 염색체 13q32-33에 있는데, 이것은 방광염의 발병에도 영향을 미친다. 그밖에도 노르아드레날린 대사에 중요한 유전자 22q11도 중요한 역할을 한다. 1장과 2장에서 살펴보았듯이, 이런 취약성이 얼마나 큰 영향을 미치는가는 초기 발달과정에서 결정된다. 부모의 정신장애·반사회적 태도·학대나 방치·생활의 위기상황·스트레스도 장애 원인이 된다.

불안 및 공황 장애 치료

철저하게 육체적 증상으로 나타나는 탓에 불안 및 공황장애는 제대로(제때에) 인식되지 못하여 적절한 치료를 받지 못하는 경우가 많다. 오늘날에는 행동치료와 약물치료(항우울증치료제, 세로토닌 재흡수억제제)를 조합한 치료법을 사용한다(Graw 2004; Strauß et al. 2006).

F42 강박장애_상투적으로 반복되는 사고와 행위를 고통스러워하면서도 이를 떨쳐버리지 못한다. 예를 들자면, 손을 씻거나 무엇을 컨트롤하는 일을 멈출 수가 없는 경우다. 저항해보려 애쓰지만 강박행동은 좀처럼 말을 듣지 않는다. 당사자들은 대부분 강박행동을 통해서 저항하고자 하는 어떤 불안을 내면 깊은 곳에 지니고 있다. 특정한 강박행동이 자꾸 반복될수록 불안이 더욱 고조 되면서 악순환이 이루어진다(Faust 2006).

F43. 심한 스트레스에 대한 반응과 적응장애_발단은 과도한 부담으로 작용하는 생활의 위기상황이나 외상이다. 이때 스트레스나 부담의 심각한 정도를 결정하는 것은 개인적인 취약성이나 회복력이다. E4장에서 기술했듯이, 당사자들에게는 스트레스 상황을 극복하기 위한 내적·외적 자원이 부족하다. 이어지는 장애들은 모두 이 형태에 속한다.

F43.0 급성 스트레스반응_위기상태 또는 정신적 충격이라고도 부른다. 극도의 육체적 혹은 정신적 스트레스에 대한 반응인데, 개인적 취약성이나 역량에 따라 대부분 몇 시간 혹은 며칠 안에 극복된다. 당사자들은 마치 넋이 나간 듯이 반응하며 어찌할 바를 모른다. 의기소침하고 경직되거나(해리성 혼미, F44.2 참조), 초조해하고 과잉행동을 보인다. 얼굴이 빨개지고 심장이 마구 박동치고 식은땀을 흘리는 등 곧잘 공황 상태에 빠진다.

F43.1 외상 후 스트레스장애_극도의 위기상황에 대한 지연된 반응이다. 정서불안정이나 스트레스요인과 같은 인자들은 취약성을 더욱 악화시킨다(1장5, 2장1 참조). 전형적인 증상으로는 사건의 강박적 지속·악몽·수면장애·무력감·타인에 대한 정서적 무감각을 꼽을 수 있다. 외상적 상황에 대한 기억을 피하려는 회피행동도 자주 나타난다. 당사자들은 신경이 지나치게 예민해지고 대수롭지 않은 일에도 깜짝깜짝 놀라고, 불안증과 우울증으로 고생하며, 자살충동을 느

끼는 경우가 많다. 장애는 외상을 겪고 나서 몇 주 혹은 몇 달 뒤에 처음 시작되어 만성적이 된다('지속적인 인격변조'; ICD-F62.0).

F43.2 적응장애_가족의 죽음과 같은 생활의 큰 변화나 위기상황 때문에 빚어진 고통스러운 상태에 정서적으로 반응하는 것이다. 이 장애는 흔히 인생의 새로운 국면이 시작될 때 발생하는 전환위기에 나타난다(입학·첫아기 출생·은퇴). 개인적 취약성이나 역량 장애 및 결핍이 중요한 역할을 한다. 주요 증상은 근심·우울한 기분·불안·사회행동장애 등이다.

F44. 해리장애(전환장애)_예전에는 '전환신경증' 혹은 '히스테리'라고도 불렀다. 이 장애는 자기 정체성에 대한 기억이나 의식의 부분적 또는 완전한 상실, 감정의 장애, 신체동작의 장애, 마비 등의 형태로 나타난다. 이런 증상들은 몇 주 또는 몇 달 뒤에 사라질 수도 있지만, 문제해결이 불가능한 경우 만성적이 될 수 있다. 검사에서는 아무런 신체적 이상도 발견되지 않는다. 통증이나 다른 신체반응에 장애가 나타날 경우 '신체화장애'라고 부른다(F45.0).

F44.0 해리성 기억상실증_일명 '블랙아웃 blackout'이라고 하며, 이때 기억은 완전히 사라지지 않는다. 기질적 원인이 아니기 때문이다. 대부분 충격적인 사고나 가족의 죽음 같은 외상적 사건의 후유증으로 발생한다.

F44.1 해리성 둔주_일상생활의 정상적인 이동을 뛰어넘는 뜻밖의 장소이동이 발생한다. 이 장애는 대개 기억상실증과 병행하여 나타난다(F44.0). 환자는 아무런 이유 없이 집을 떠나거나 뚜렷한 목적 없이 다른 장소를 찾아간다. 하지만 겉으로 보기에는 보통사람과 똑같이 행동한다.

F44.2 해리성 혼미_행동이 완전히 경직되는 것을 말한다. 뚜렷한 신체적 원인 없이 빛·접촉·소음 등에 대해 오랜 시간 아무런 의식적 움직임이나 반응을 보이지 않는다. 대부분 극심한 스트레스 상황이 원인으로 작용한다.

F45. 신체형 장애_검사에서 아무런 이상이 나타나지 않음에도 불구하고 육체적 증상을 호소하며 의학적 진료를 원한다.

F45.0 신체화 장애_상이한 신체적 증상들이 최소한 2년 이상 반복적 또는 장기적으로 나타나는, 복합적인 정신신체적 장애의 전형적 특징을 보인다. 환자들은 대부분 오랜 시간 진료를 받은 경험이 있다. 장애는 만성적으로 진행되며, 사회·대인관계·가족에 지속적인 피해를 입힌다.

F45.2 건강염려성 장애_실제로는 존재하지 않는 심각한 질병의 가능성에 집착하는 것이다. 정상적인 현상도 병으로 여기고 과장되게

반응한다. 당사자는 자주 우울증과 불안에 빠진다.

F45.3 신체형 자율신경 기능장애_심장 · 위장계통 · 호흡기 등에 기질적 이상에 의한 증상을 호소하지만 실제로 심장신경증 같은 질병은 확인되지 않는다. 두근거림 · 떨림 · 식은땀 · 홍조 같은 객관적 증상이 나타난다. 그밖에도 당사자는 타는 듯한 느낌, 통증, 묵직한 또는 죄는 듯한 느낌과 같은 주관적인 고통을 호소한다.

F48.0 신경쇠약증_일부 환자들에게는 주요 증상으로 가벼운 정신적 · 심리적 피로와 업무수행능력이나 집중력의 저하가 나타난다. 어떤 환자들은 빠른 피로감과 통증을 호소하고 육체적 긴장을 풀지 못하기도 한다. 두 경우 모두에서 긴장성 두통 · 현기증 · 신경과민 · 불안 · 불쾌감 · 우울증 · 수면장애 또는 수면과잉이 나타난다.

신경증장애, 스트레스장애, 신체운동형 장애의 치료
모든 신경증적 스트레스 및 신체운동형 장애(F4장)는 기질적 배경을 먼저 규명한 후 심리치료를 실시해야 한다. 필요한 경우 약물치료를 병행할 수 있다(7장 참조).

섭식장애 및 신체적 요인과 관련된 증후군

F50.0 신경성 식욕부진(다이어트중독)_체중감소를 위한 끝없는 노력, 사회적 이상으로 자리 잡은 마른체형에 못 미친다는 불안 등이 특징이다. 이 장애는 대부분 영양실조와 기질성 기능장애로 이어진다. 주

요 증상으로 엄격한 메뉴선택·과도한 운동·의도적 구토·식욕억제제 사용·설사제와 이뇨제 남용 등이 있다. 주로 젊은 여성들이 많이 걸린다. 유전적 요인도 영향을 미치는 것으로 알려졌다.

F50.2 신경성 병적과식_증상으로는 반복적인 과식발작과 구토, 설사제 남용, 마른체형에 못 미친다는 불안 등이 있다. 잦은 구토는 신체적 기능장애로 이어진다. 대개 신경성 식욕부진에 뒤따라 나타난다.

F52. 성기능 이상_기질적 장애나 질병에 의하지 않은 성기능 이상을 말한다. 당사자들은 정신·신체적 문제로 성관계에 어려움을 겪는다. 성행위에 대해 혐오감을 갖고 있는 여성들에게 특히 많이 나타난다(F52.0). 하지만 이것이 반드시 성적 흥분이나 쾌감을 배제하는 것은 아니다. 연구에 따르면 전체 여성의 3분의 1 정도가 성욕 소실을 경험한다고 한다(Beier et al. 2001). 성적 혐오와 쾌감 결핍은 성적 활동을 회피하게 만든다(성적 혐오; F52.1). 또 많은 여성들이 성행위에 대한 기쁨 없이도 오르가슴을 느낀다(성적 쾌감 결핍; '성적 무감동'). 아래에 기술된 성적 행동 장애들은 모두 심리적 갈등과 관련이 있다.

F52.2 성기반응 기능상실_남성은 발기부전, 여성은 질 건조('윤활부족')로 성행위가 고통스러워진다.

F52.3 오르가슴 기능이상_오르가슴이 일어나지 않거나, 드물게만

일어나거나, 심하게 지연된다.

F52.4 조루증_두 파트너가 충분한 쾌감을 얻기 전에 사정이 이루어진다.

F52.5 비기질성 질경련증_골반바닥근육의 경련으로 질 폐쇄가 초래되어 음경 삽입이 불가능하거나 고통스럽다('심인성 질경련증').

F52.7 성욕과다_이 문제가 심각한 지경에 이른 경우 여성은 '색정증 nymphomania' 남성은 '음란증 satyriasis'이라고 부른다.

성적 장애의 치료
성적 장애는 신뢰할 만한 심리요법을 통해 치료할 수 있다. 이때 부부가 함께 받는 게 좋다(Hauch 2000; Buddeberg 2005; 3장5장, 7장1 참조).

F55 비의존성 생산물질의 남용_많은 약품이 오용되거나 남용될 위험이 있다. 특히 진정제나 항우울제, 설사제, 처방 없이 구매할 수 있는 진통제 등 기분을 변화시키는(향정신성) 약품들이 여기 속한다. 약물 남용은 자칫 값비싼 치료를 요하는 상황으로 이어질 수 있으며, 무엇보다도 부작용을 일으킬 수 있다.

인격 및 행동 장애

인격 및 행동 장애는 장기간 지속되는 증상군으로 자기 자신이나 주변세계와 맺고 있는 관계 그리고 생활스타일을 결정한다. 개인의 성격은 체질적 요인과 초기의 경험을 통해서 발달한다(2장1 참조). 인격장애는 대부분 "뿌리 깊고 지속적인 행동양상으로서 다양한 개인적·사회적 생활상황에 대한 완고한 반응으로 나타난다"(WHO 2006). 이런 장애는 당사자를 일반적으로 통용되는 지각·사고·감정·사회관계의 기준에서 벗어나게 만들며, 정신적 기능장애와 행동장애가 안정적으로 나타나는 게 특징이다.

F60. 특정 인격장애_기질적 원인 없이 인격과 사회관계의 다양한 영역을 손상시킨다. 인격장애는 대부분 아동기 혹은 청소년기에 발달하여 그대로 유지된다.

F60.0 편집성 인격장애_거절이나 굴욕에 과민한 반응을 보이고, 남을 의심하고, 경험내용을 잘못 혹은 나쁜 방향으로 해석한다('과민편집성'). 다른 사람의 행동을 쉽게 적대적으로 또는 의심스럽게 받아들이고, 불평불만을 하며 자기 권리에 끈질기게 집착한다. 질투심 때문에 파트너를 의심하는 경우가 많으며, 자의식이 지나치게 매사에 자기중심적인 반응을 보인다.

F60.1 분열성 인격장애_감정적이거나 사회적인 접촉을 꺼리고 기피하는 특징이 있다. 대개 혼자서 공상에 잠겨서 지내며, 자신의 감정을 표현하거나 즐기는 능력이 떨어진다.

F60.2 비사회적 인격장애_사회적 의무를 무시하고 타인의 감정에 냉정한 거리를 둔다. 규범을 벗어난 행동을 하지만 교정될 기미는 없다. 대개 규칙을 어기는 자신의 행동을 천박한 방식으로 옹호한다. 욕구불만이나 좌절감을 적절하게 해소시킬 줄 모르고, 예민하고 공격적이며, 책임을 남에게 전가하는 경향이 있다.

F60.3 정서불안성 인격장애_예측불가능하고 변덕이 심하며 결과를 생각하지 않고 충동적으로 행동한다. 감정이 쉽게 폭발하고 싸움을 벌인다. ICD−10은 이를 충동적 유형(F60.30)과 경계성 유형(F60.31)으로 구분한다. 충동적 유형은 정서적 불안정과 충동자제력이 상실되었다는 게 특징이고, 경계성 유형은 "자아상·목표·내적 선호의 혼란, 만성적 공허감, 집요하지만 지속적이지 못한 대인관계, 자살시도 같은 자기파괴적 행동 경향"이 특징이다(WHO 2006).

F60.4 히스테리성 인격장애_피상적이고 불안정한 정서적 반응, 연극적인 부자연스러움, 과장된 감정 표출이 특징이다. 남의 영향을 받기 쉽고 (피암시성) 감정을 잘 다친다. 이와 동시에 이기적이고 무분별하며, 남의 인정에 집착하고, 향락적 욕구가 강하다. 그래서 이를 유아적 인격장애라고 부르기도 한다.

F60.5 강박성 인격장애_자신에 대해 회의를 품고, 완벽주의자가 되려 하며, 과도하게 양심적이다. 그밖에도 고집이 세고, 조심성이

지나치며, 쉴 새 없이 모든 것을 통제하려 든다. 이런 특징은 강박성 인격에서보다 강박장애에서 더 강하게 나타난다(F42.-).

F60.6 회피성 인격장애_지속적인 긴장, 불특정한 위험요소에 대한 근심걱정이 특징이다. 불안감과 열등감을 지니고 끊임없이 타인의 관심과 인정을 희구한다. 비평이나 거절에 예민하므로 사회활동이나 대인관계에 취약하다.

F60.7 의존성 인격장애_독립적으로 결정 내리는 것을 어려워하며 수동적으로 행동하거나 쉽게 무력감에 빠진다. 자신이 무능력하다고 느끼고, 거절에 대한 불안과 두려움이 크다. 책임을 다른 사람들에게 맡기고 차라리 남의 지시를 받는 쪽을 택한다.

F62.0 재난 경험 후의 지속적 인격변조_테러공격·감금·죽음의 위험·고문·재난·외상 후 스트레스장애와 같은 외상적 상황을 겪은 뒤에 인격이 변조된 경우를 말한다. 대개 2년 이상 지속된다. 당사자들은 적대적으로 행동하거나 극도의 불신을 품으며, 소극적이 되고, 내적 공허감 또는 절망감에 사로잡힌다. 만성적인 긴장도 동반된다.

인격 장애의 치료
인격 장애를 겪는 환자는 자기성찰능력이 부족하다. 그래서 치료에 선행되는 병력 조사에 어려움이 많으므로 가족이나 다른 친지들이 환자 대신 문제나 특성, 반응방식에 대한 물음에 대답해야 한다. 주로 심리치료가 이루어지며, 경우에 따라 약물치료를 병행할 수 있다(7장 참조).

발달장애

모든 발달장애는 아래와 같은 특성을 지닌다.

- 아동기(유아기)에 시작된다.
- 중추신경계의 발달에 종속된 기능을 제한하거나 지연
  시킨다.
- 연속적인 경과를 보인다.

당사자들은 주로 언어적·운동적·인지적 발달에 문제를 보인다. 커가면서 점차 장애가 가라앉지만 경미한 증상은 종종 남기도 한다.

F80. 말과 언어의 특수 발달장애_발달 초기부터 언어 습득에 손상이 있다. 장애는 간접적인 신경학적 원인·언어기전의 이상·감각손상·정신발육 지연·환경요인 등에 의해 발생한다. 말과 언어의 특수 발달장애에는 읽기와 쓰기의 장애, 대인관계와 정서적 행동의 장애가 뒤따르는 경우가 많다.

F80.1 표현형 언어장애_언어의 이해력은 정상임에도 불구하고 나이에 비해 말하는 능력이 크게 떨어지는 경우다. 생각을 말로 옮기는 구음능력에 문제가 있을 수 있다. 이런 아이는 정신연령이 낮다.

F80.2 수용형 언어장애_아이의 언어 이해력이 동년배에 비해 크게 떨어진다. 이 경우 거의 언제나 언어 표현력과 단어–소리 발성에도 장애가 있다.

F81.0 읽기와 쓰기 장애(독서곤란증)_읽기능력이 현저히 떨어진다. 읽기 이해능력, 읽은 내용의 인식능력, 읽기와 관련된 임무수행능력 등에서 모두 제한을 받는다. 읽기 능력의 장애는 대부분 지속적인 쓰기장애를 동반한다. 학생시기에는 정서장애와 행동장애가 병행될 때가 많다.

F81.2 산술능력 장애_정신발육 지연이나 학교교육의 문제와 무관하게 산술능력에 손상이 발생한 경우다. 주로 기초적 계산능력의 습득에 문제가 있다.

F82. 운동기능의 특수 발달장애_아이는 전반적인 지능지연이나 신경학적 장애를 통해서는 설명할 수 없는 심각한 운동조정발달 장애를 보인다. 대부분의 경우, 뚜렷한 발달신경학적 미성숙의 징후와 미세한 혹은 심각한 운동조정능력 상실이 나타난다.

F84.0 소아기 자폐증_만 3세 이전에 표출되는 심각한 발달장애다. 사회적 상호작용과 의사소통에 장애를 겪고, 정형적이고 반복적인 행동을 보인다. 공포증 · 수면장애 · 섭식장애 · 분노폭발 · (자신을 향한)공격성이 동반된다.

F84.2 레트 증후군_생후 7~24개월 사이의 여자아이에게 나타난다. 아이는 언어능력과 운동능력을 부분적으로 또는 완전히 잃어버

린다. 두뇌 성장이 지연되고, 손의 뒤틀린 움직임과 과호흡이 특징이다. 사회적 행동과 놀이행동의 발달은 지연되지만 사회적 흥미는 그대로 유지한다. 만 네 살부터 똑바르게 앉는 능력과 운동의 경과를 조절하는 능력에 장애가 발생한다(몸통운동 실조증). 그밖에도 운동을 의도적으로 실행하는 능력과 사물을 의미 있게 다루는 능력에 문제가 발생하고(행위상실증), 통제되지 않는 뒤틀린 동작들이 나타난다(무도형 아테토이드 동작). 거의 항상 중증의 지능지연을 동반한다.

발달 장애의 치료
신체적 연관성이 규명되고 나면 아이에게 적합한 특수한 심리치료와 특수 교육학적 발달촉진 방법에 따라 치료한다. 이때 부진하거나 손상된 발달을 회복시키고 장애를 보완하는 데 초점을 둔다. 가능한 경우 부모와 주변 친지들을 치료에 참여시킨다(7장 참조).

소아기와 청소년기의 행동 및 정서장애

F90. 과운동성 장애_대부분 만 5세 이전에 시작된다. 인지력을 요구하는 활동에서 지속적인 결핍을 보이고, 변덕이 심하며, 한 번 시작한 행동을 완전히 끝마치지 못한다. 행동이 무모하고 해체적이며, 충동적이고 과도하게 반응하는 경향이 있다. 규칙을 어길 때가 많아 사고에 빈번히 노출된다. 인지력 장애와 운동 및 언어 발달 지연이 수반된다. 어른들과의 관계를 어려워할 줄 모르며 공격적이다. 그 결과 아이는 비사회적 행동양식을 보이고, 매사 자신감이 없다. 과활동성의 아이들은 호감을 얻지 못하고 고립되기 쉽다.

F91. 사회적 행동장애_부적합하고 파괴적인 행동 양상이 6개월 이상 지속된다. 이런 아이는 또래에게 부과된 사회적 규칙을 벗어나기 일쑤다. 신경질적이고 불손하며, 싸움을 자주 일으키고, 타인이나 동물에게 잔인하게 군다. 말 그대로 폭군 노릇을 한다. 물건을 파손시키거나 불을 지르고, 훔치고 거짓말을 한다. 학교 수업을 빼먹고 집으로 도망치는 일도 많다.

F92.0 우울성 행동장애_사회적으로 눈에 띄는 행동을 잘 한다. 통증을 호소하고, 흥미와 즐거움을 상실하며, 죄책감이나 좌절감 등을 많이 느낀다. 흔히 식욕부진과 수면장애가 동반된다.

F93. 소아기의 정서장애_정서장애는 비정상적인 현상이 아니라 발달 과정에서 나타나는 정상적인 문제들이 극단화된 경우다. 이 경우 분리·낯선 사람·사회적 위협상황 등에 대한 공포가 불안의 요체가 된다. 형제에 대한 과도한 시기심은 ―특히 바로 밑에 동생이 태어났을 때― 심각한 손상을 초래할 수 있다.

F94. 소아기와 청소년기에 발병하는 사회적 기능수행 장애_사회적 기능수행 장애는 대부분 가족적 기능수행의 심각한 장애나 방치, 학대 같은 유해환경에서 비롯된다.

F94.0 선택적 함구증_특정한 상황에서만 입을 열고 나머지 상황에

서는 일체 말을 하지 않는다. 이 장애는 대부분 정서적 혼란·사회적 불안·움츠림·저항감 등을 동반한다.

F94.1 소아기 반응성 애착장애_만 5세 무렵에 나타나며, 아이의 사회적 관계를 방해한다(2장1 참조). 정서장애·환경변화·성폭행·학대 등에 대한 반응으로서 두려움·과도한 경계심·동년배 기피·자신과 타인에 대한 공격성·우울증 같은 정서적 이상을 보이고, 일부에서는 성장장애도 나타난다.

F94.2 소아기 무억제성 애착장애_무분별한 애착행동과 함께 주의를 끌기 위해 모든 노력을 다 기울인다. 누구에게나 똑같이 친절하고 모르는 사람에게도 다정하게 군다. 가까운 관계와 먼 관계를 구별할 줄 모른다. 이 같은 행동은 만 5세 무렵에 나타나서 나중에 생활조건이 바뀌어도 별로 변하지 않고 그대로 유지된다. 병원에 장기입원 중인 어린 환자에게서 자주 나타나기 때문에 '병원증후군'이라고도 부르기도 한다.

F95. 틱 장애_틱은 특정한 근육그룹이 무의식적으로, 빠르게, 반복적으로, 비율동적으로 움직이는 것이나, 목소리가 아무런 이유도 없이 갑작스럽게 튀어나오는 것을 말한다. 근육의 틱은 얼굴 찡그림이나 눈 깜빡임, 고개 까딱임, 어깨 으쓱거림 등으로 나타난다. 음성의 틱에는 쉿소리 내기, 헛기침, 코 킁킁거리기, 일정한 (외설적인) 단

어의 반복('외설증'), 자기만의 표현 반복('말되풀이') 등이 있다. 복합형 틱은 펄쩍펄쩍 뛰어오르거나 자기 몸을 때리는 행동을 말한다. 틱장애는 스트레스를 받을 때 더욱 심해지며, 이따금씩 의도적으로 억제되기도 한다. 수면 중에는 나타나지 않는다.

F98.0 비기질성 유뇨증_방광조절 능력이 결핍되지 않았는데도 밤과 낮에 자기도 모르게 오줌을 지리는 것을 말한다. 문제는 순수하게 정신적인 데 있다. 심각한 정서장애나 행동장애를 동반하기도 한다.

F98.1 비기질성 유분증_전혀 적합하지 않은 장소에서 배변을 보는 행동이다. 유아기에 부족했던 장 조절능력이 비정상적으로 연장되었거나 이미 학습된 장 조절능력이 다시 상실됨으로써 나타날 수 있다. 간혹 반항적 반응인 경우도 있고, 정서장애나 행동장애의 결과인 경우도 있다.

F98.2 소아기의 섭식 장애_음식의 섭취를 거부하거나 편식이 심한 경우다. 적당한 음식이 제공되고 돌보는 사람이 유능해도 마찬가지다. 일부 아이들은 먹은 것을 다시 올리기도 한다('되새김').

F98.3 소아기의 이식증_어떤 아이들은 돌이나 흙 같이 먹을 수 없는 물질을 자주 집어삼킨다. 이런 행동은 자폐증이나 지능지연의 증상으로 나타날 수 있다.

F98.4 상동증적 운동장애_반복적이고, 비기능적이며, 율동적인 동작을 한다. 몸이나 머리를 심하게 흔들기, 머리카락을 쥐어뜯거나 비비꼬기도 여기에 포함된다. 머리를 벽에 부딪히고 뺨을 때리거나 눈을 찌르거나 깨무는 등의 자해를 하기도 한다. 정신적 발육이 지연된 사람들에게 빈번히 나타난다.

F98.5 말더듬(눌어증)_음성·음절·단어의 잦은 반복이나 늘어짐, 또는 율동적인 말 흐름의 단절이 특징이다. 말더듬 때문에 사람들 틈에서 겪은 당혹스러운 경험은 문제를 더욱 심각하게 만들고, 당사자는 결국 회피행동을 보이게 된다.

소아기와 청소년기의 행동 및 정서 장애의 치료
우선 장애를 세심하게 파악하고 진단해야 한다. 이를 위해 다음과 같은 노력이 필요하다.

- 보호자와 상담한다.
- 유치원이나 학교, 교육청에서 정보를 얻는다. 필요한 경우 주치의나 담당 소아과의사에게 문의한다.
- 나이에 맞게 질문을 던지고 관찰한다.
- 신체검진을 실시한다.

이때 일반적 발달과정, 현재의 증상, 생활 및 발달 과제 처리의 어려움 정도, 사회적 행동의 장애, 기타 눈에 띄는 취약점 등에 주의를 기울인다. 아이의 생활환경을 세심하게 관찰하는 일도 중요하다. 특히 가족의 기능수행력을 살피고, 아이가 방치되거나 학대당하는지 여부를 조사한다.

    치료와 특수교육학적 조치는 아이의 장애와 결핍 그리고 가정·유치원·학교와 같은 환경에 초점을 맞추어 발달조건을 최적화시키는 방향으로 이루어져야 한다. 필요한 경우 법원의 결정을 통해 아이를 유해하고 위험하고 불우한 환경(예를 들어 성폭행의 위험)에서 빼내오도록 조치한다. 주변 환경이 불안정하거나 치료 여건을 갖추지 못한 경우에는 병원이나 보호시설에서 치료가 이루어지도록 한다. 청소년보호법에 의거한 보호조치나 재활조치는 종종 시간이 오래 걸린다.

6장

삶의 질을 개선하는 전략

1 방향이 정확해야 계획을 세울 수 있다

자신이 얼마나 오래 살지는 아무도 모른다. 그러므로 불확실한 미래를 위해 현재의 삶을 밀쳐둘 필요는 없다. 물론 자신이 인생에서 무엇을 이루고 무엇을 얻고자 하는지 세심하게 숙고해보는 일은 중요하다. 그러려면 구체적인 미래 시나리오를 쓰고, 마음에 품은 삶의 목표를 끊임없이 그려봐야 한다(Kaiser 2003). 계획한 모든 일을 실현시킬 수 없다고 하더라도 지금 자신이 어떤 방향으로 가고자 하는지 정확히 알고 있어야 한다. 방향설정이 명확하지 않으면 쓸데없는 일에 힘을 허비하거나 길을 잃고 엉뚱한 곳을 헤맬 위험이 크다. 하지만 우리는 이 과정에서 종종 현재의 욕구에 충실할 것이냐 아니면 미래를 위해 현재를 포기할 것이냐를 놓고 딜레마에 빠진다.

미래를 준비하는 일곱 단계

자신이 소망하는 미래의 모습이 다른 구성원에게 명확하게 받아들여질 수 있을 때 구체적인 행동방식과 투자계획이 수립된다.

미래의 비전 작성하기_당면한 문제들 때문에 상황을 복잡하게 만들지 않으려면 단기적 과제가 아닌 미래의 상위 목표에 집중해야 한다. 우선 3년이나 5년 뒤의 가장 바람직한 삶을 스케치해본다. 그리고 나서 주요 생활영역의 비전이 무엇인지, 그것을 위한 최적의 시나리오는 어떻게 짤 것인지 구상한다. 이때 비전의 실현가능성에 대한 물음은 일단 접어두자. 장기목표가 명확해지고 나면 어떤 길을 통해 갈 것인지, 어떤 행동방식을 취할 것인지를 숙고할 수 있기 때문이다. 이렇게 해서 차츰 상위 목표를 발전시켜나간다.

자신의 목표를 명확하게 작성한 후 어느 정도까지 목표도달이 가능한지 판단한다. 개별적인 측면들을 최대한 정확하게 분석하고, 중요한 구성원들의 우선순위를 확실하게 정해둔다. 또 만족스러운 미래를 위한 공동 기반이 얼마나 마련되어 있는지 점검한다. 아마도 자신의 목표에 대해서 다른 구성원과 이야기를 나눌 기회가 있을 것이다. 처음에는 어쩌면 아무도 동의하지 않을 수 있다. 공통점을 끌어내기 힘들고 해결될 기미가 보이지 않는다면, 자신의 대인관계 네트워크를 완전히 바꾸든가 기존의 관계를 단계적으로 정리하는 것도 하나의 대안이다. 가능성을 터놓고 말할 때 구성원들은 비로소 서로의 생각을 확실히 알 수 있고, 관계 안에서 더 많이 노력할 수 있다.

가계도를 통해서 가족적 배경이 지닌 자원과 취약성을 일목요연하게 정리하는 것은 대단히 유용하다. 공동의 삶을 위해 중요한 구조와 인물들이 어떻게 서로 협력할 수 있는지 쉽게 파악할 수 있기 때문이다. 커다란 종이 위에 관련인물의 이름을 모두 적은 뒤, 중요한 특성들을 기술해본다(그림 26 참조).

관계의 품질은 그림 19a에 묘사된 것과 같은 관계기호에서 잘 드러난다. 가족사와 관련된 중요한 날짜와 정보들은 기대할 수 있는 발전상을 제시하기에 충분하다. 재능·이혼·질병과 관련된 출신가정의 내력은 현재와 미래에 있을 자원과 취약성을 명확히 드러내준다(McColdrick/Gerson 2002; Kaiser 2007).

바람직한 (공동)생활을 영위하기 위해 자신이 어떤 형태의 삶을 원하는지 생각해보고, 성격 발달·파트너십·성생활·여가생활·거주

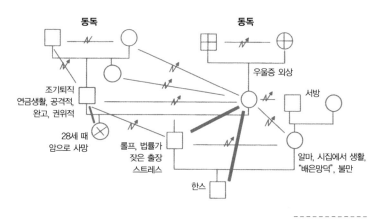

그림 26 가족 X의 가계도 일부(Kaiser 2007)

환경·취미와 같은 개별적인 생활영역들 안에서 그 기준을 작성한다.

우선순위 설정_가장 중요한 영역에 대한 장기적 상위목표가 정해지고 구성원들도 이에 합의했다면, 이제 중기적(중간) 목표들을 언급할 차례다. 중기적 목표를 올바르게 정하지 않으면 상위목표와 부합하지 않는 엉뚱한 하위목표들을 실천과제로 삼을 위험이 있다. 커플관계의 성적 매력 재충전, 동료나 시부모와의 관계에 대한 명확한 경계 설정, 자녀들에게 좀 더 상냥하게 대하기 등이 중기적 목표의 예가 될 수 있다.

실천 방안 수집_장기 목표와 중기 목표가 결정되고 나면 어떤 수단을 이용해서 개별적인 단계들을 성취해갈 것인지를 분명히 해야 한다. 여기서도 어떤 자원과 단계가 필요한지를 차근차근 규명해나가는 게 좋다.

결과에 대한 평가_특정한 목표를 성취하기 위한 방안을 찾아낸 뒤에는 그로 인해 예상되는 결과와 부작용을 검토한다. 이 작업은 중·장기적으로, 그리고 다양한 영역에서 매우 상이한 방식으로 이루어진다. 가령 커플관계를 위해 좀 더 많은 노력을 기울이는 사람이 있다면 처음에는 그 대가로 친구관계에 소홀해질 수도 있다. 하지만 파트너십이 안정되고 화목해지는 것은 중장기적으로 친구관계에도 이득이 된다.

자원 검토_목표로 가는 적당한 길을 찾았다면 이제는 사용 가능한 자원을 확인하고, 새로 얻을 수 있거나 보강할 수 있는 자원에는 어떤 것들이 있는지 검토한다. 파트너십을 위해 노력하고 싶다면 우선 다른 요구들을 물리치고 둘만의 조용한 시간을 마련한다. 이때 다른 사람들의 소망이나 관심거리를 모두 물리치고 파트너와 시간을 보낼 수 있는 확고한 결의가 요구된다. 그밖에도 스포츠를 통한 정기적인 체력단련이나 긴장완화훈련의 형태로 이루어지는 자기관리나 건강 촉진은 덤으로 주어지는 중요한 자원이다.

장애물 제거와 자원 분배_목표로 가는 길을 가로막는 장애물이 본인의 태도일 수도 있다. 예를 들면, '내 자신에게는 아무 것도 베풀어서는 안 돼, 나는 항상 남을 위해서 일해야 해'라거나, '미안하지만 주말은 항상 파트너를 위해 예약되어 있어'라는 식의 완고한 태도 등이다. 자원은 유동적이어야 한다. 필요하면 동료나 가족에게 양해를 구하면 된다. 양해를 구할 때는 어떻게 표현하는 것이 좋을지 미리 생각해둔다.

과정 피드백과 문제해결_목표달성 과정을 세부적으로 추적하라. 그래야 사소한 성공에 주의를 기울이고 어긋난 점을 인식하여 바로잡기가 수월해진다. 다양한 영역에서 거둔 사소한 성공 하나하나를 인식하는 것은 자존감을 강화시키고 여유롭고 침착한 태도를 지니는 데 큰 도움이 된다. 반면에 자신감이 부족하면 쉽게 난관에 봉착하게 된다.

목표에 맞는 생활콘셉트 개발하기

미래를 설계할 때는 우선 현재 삶의 질에 대해 조용히 성찰해야 한다. 그러면 자신의 내면을 공고히 하고 일상생활을 안정적으로 영위하는 데 큰 도움을 받을 수 있다. 이때 필요한 요소가 생활콘셉트와 내적 모델 그리고 신경심리적 도식이다(1장7 참조). 그러므로 기존의 생활콘셉트와 모델링에 대한 전반적인 재고조사를 실시하여 이들이 지금 수립 중인 생활목표에 얼마나 잘 부합하는지를 검토해야 한다. 만일 이 두 가지가 일치하지 않는다면 자신의 목표를 제대로 지원할 수 있는 새로운 생활콘셉트와 모델링을 개발한다. 예를 들어 자녀를 스스로 생각하고 행동하는 자율적 인간으로 키우기를 원한다면서 무조건적인 복종을 기대하거나 아이들의 주장을 부모에 대한 무시로서 받아들이는 것은 모순이다. 자율성 교육에는 상호존중에 입각한 충분한 대화와 토론이 전제된다. 특히 관점과 관심의 차이를 예외가 아닌 정상적인 현상으로 인정하는 태도가 필요하다.

2 시간 관리의 테크닉

삶의 질을 가꾸는 데에는 다양한 자원이 필요하다. 그 중 하나가 시간이다. 시간의 압박은 삶의 질을 위협한다. 그러므로 미리 계획을 세워서 의도하는 일들을 충분히 처리할 수 있도록 시간표를 짜야 한다. 시간관리란 주어진 시간을 최대한 효율적으로 사용하는 것이다. 한정된 시간에 더 많은 양의 과제나 일정을 소화하려면 전략과 테크닉을 발전시켜야 한다. 시간은 무슨 일을 하는지와 무관하게 흘러간다. 문제는 우리가 시간과 어떤 관계를 유지할 것인가 하는 점이다. 시간관리란 근본적으로 자기관리다. 여기서 특히 중요한 것은 목표 · 조망 · 우선순위 · 좋은 계획 · 동기와 동기부여다.

무엇보다 먼저 중요한 목표들을 설정한다. 이때 목표의 우선순위를 분명히 한다. 그래야만 총체적인 틀 안에서 개별적인 생활영역에 대한 작업을 실행할 수 있다. 생활 전반에 걸친 장기적 목표에서 중단기의 계획이나 의도를 이끌어낸 뒤 이를 수시로 장기목표와 일치되는지 검토한다.

마인드 맵핑으로 전략 점검하기

목표 달성이 어려워졌을 때는 우선 계획했던 과제와 의도에 대해서, 그리고 이를 실현하기 위한 방안과 수단에 대해서 조망해본다. 그러고 나서 시간을 얼마나 효율적으로 사용했는지 검토한다. 어떤 수단과 능력을 사용할 수 있는지, 그것들이 얼마나 효과적이고 경제적인지도 점검한다. 마음속으로 그림을 그려보는 조망('마인드맵 mindmap')을 통해서 자신의 의도와 전략을 하나씩 떠올린 뒤 그것들을 서로 연결시킨다. 먼저 우선순위를 분석한다. 관심사와 과제를

'중요성'과 시간적 '긴급성'에 따라 검토하여 높은 순위·중간 순위·낮은 순위로 분류한다. 이때 중요성과 긴급성의 기준이 자신의 평가에 의한 것인지, 아니면 외부로부터 부여된 것인지를 생각한다. 중요하지도 않고 긴급하지 않은 사안은 그냥 잊어버리면 된다. 여기서 '파레토의 원칙'을 고려할 필요가 있다. 파레토의 원칙이란 사용 가능한 시간의 20퍼센트 안에 전체 과제의 80퍼센트가 처리되고, 나머지 20퍼센트의 과제에 사용 가능한 시간의 80퍼센트가 소요된다는 것이다(Koch 1998). 문제는 항상 세부적인 곳에 숨어 있다.

쓸데없이 시간만 잡아먹는 부차적인 사안에 매달리지 말고, 시간과 에너지 소비의 20퍼센트만 가지고 처리할 수 있는 문제에 집중하자. 실제로 우리는 오류를 제거하거나 수정하는 일에 주어진 시간의 80퍼센트를 사용하는 경향이 있다.

전 미국대통령의 이름을 딴 소위 '아이젠하워 방법'은 과제를 중요/비중요, 긴급/비긴급의 기준에 따라 나눈다. 이렇게 하면 모든 과

		시간적 우선순위	
		비긴급	긴급
내용적 우선순위	중요	**과제 B** 중요, 그러나 긴급하지 않음 ; 처리할 일정을 정한다	**과제 A** 긴급, 그리고 중요 ; 즉시 직접 처리
	비중요	**과제 D** 휴지통	**과제 A** 덜 중요, 그러나 긴급 (점포 문 닫기, 극장공연 시작 등등)

그림 27 내용적·시간적 우선순위에 따른 과제 평가(Seiwert 2006)

제에 일정한 처리지침이 주어진다(Seiwert 2006; 그림 27 참조).

아이젠하워의 원칙은 방향설정에 도움을 준다. 하지만 시간적 우선순위는 부여하는 의미에 따라 달라지므로 의도적으로 반문을 던져보는 게 좋다. 과제를 '자동적으로' 처리하는 것을 막고, 시간을 좀 더 효율적으로 분배하여 사용하기 위해서다. 의도적으로 반문해보면 다음과 같은 점을 인식할 수 있다.

- 다른 사람들에게 맡겨도 되는 과제("왜 하필 나지?")
- 과제를 처리할 정확한 일정("왜 꼭 지금?")
- 불필요한 작업을 줄이고 '간단한' 해답을 찾는 방법 ("왜 반드시 그래야 해?")
- 줄이거나 아예 없애도 되는 과제("이걸 도대체 왜 하지?")

크고 복잡한 과제는 전체적 조망이 가능한 소과제로 나눈다. 그러면 과제 해결에 필요한 시간을 배정할 수 있고, 단계적으로 처리해나가기도 쉽다. 자기 영역이 아니거나 다른 사람이 더 잘 처리할 수 있는 과제는 적당한 사람에게 맡긴다. 물론 이때 반대급부가 요구될 수는 있다.

시간계획을 수립할 때 중요한 것은 처리해야 할 과제의 목록을 작성하는 일이다. 계획은 일·주·월·년 단위로 작성한다. 이렇게 하면 장기 과제를 여러 부분으로 나누어서 하나씩 처리해나갈 수 있다('ALPEN 방법'; Seiwert 2006).

- A_과제(Aufgabe)를 메모한다.
- L_예상 소요시간(Länge)을 계산한다.

- P_예기치 못한 상황을 대비한 여유시간(Pufferzeit)을 확보한다(하루 업무시간의 40퍼센트 정도).
- E_비용 절감을 위해 우선순위, 예산삭감 등을 결정한다 (Entscheiden).
- N_추가검사(Nachkontroll). 하루 일을 마감하면서 계획했던 작업과 실제로 처리된 작업에 대한 통계치를 작성하고, 미처리 업무는 다음 날로 넘긴다.

시간계획을 짤 때는 정신건강을 유지하기 위해 개인의 능률곡선을 고려한다. 특히 중요한 것은 휴식시간의 배정이다. 하루에 한 시간은 (집에서건 직장에서건) 모든 번잡한 일에서 벗어나는 시간을 갖는다. 전화나 이메일도 받지 않는다. 스트레스를 줄이려면 장애빈도 · 민원업무 · 개점시간과 같은 외적 환경도 시간계획에 포함시킨다.

같은 종류의 과제나 시간적 · 공간적으로 이웃한 과제를 함께 처리하는 것도 좋다. 가령 멀리 떨어진 곳에 잡힌 일정들은 가급적 여러 번 오가지 않고 처리할 수 있도록 조정한다.

우선순위를 정하라

어떤 순위에 따라 과제를 처리할 것인지, 시간을 어떻게 사용할 것인지 목록을 작성한다. '우선순위-시간분배 그래프'(그림 28 참조)와 보통 '시간분배 그래프'를 하나씩 만들면 작업이 손쉬워진다. 우선 빈 종이에 커다란 원을 하나 그린다. 그리고 자신에게 중요한 생활영역에 상이한 크기의 공간을 할당한다. 이렇게 그려놓고 보면 어디에 우선순위를 두고 어디를 줄여야 할지가 명확하게 드러나므로 주먹구구식의 결정을 피할 수 있다.

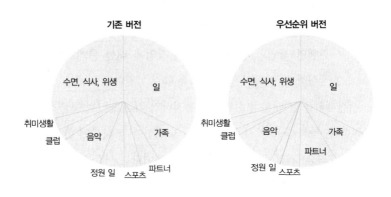

그림 28 기존 버전과 당위 버전(우선순위)의 시간분배 그래프 예시

또 한 장의 빈 종이에다 다시 커다란 원을 그리고 '시간분배 그래프'를 만든다. 이번에는 자신이 시간을 소비하는 활동에 먼저와 같이 각각 상이한 크기의 공간을 할당한다. 이때 수면·식사·위생과 같은 일상적인 일들에 대해서도 잘 생각해본다. 그러면 여기서도 어디에 우선순위를 두며, 어디를 삭감해야 할지가 분명하게 드러난다.

세 번째 단계로 자신의 실제적 시간활용이 우선순위와 얼마나 일치하며, 필요한 경우 어디를 어떻게 바꿔야 할지 검토한다.

하루 단위건 주·월·년 단위건 계획을 짤 때는 항상 규칙적인 휴식시간을 염두에 둔다. 그 다음은 주어진 휴식시간을 어떻게 최대한 효율적으로 사용할지 생각한다. 일하는 틈틈이 3분간의 긴장완화 동작을 실행함으로써 우리는 10분 이상 신문을 읽는 것보다 훨씬 더 많은 이득을 얻을 수 있다. 일상적인 휴식습관은 대부분 효과적이지도 효율적이지도 않다. 휴식은 심신이 완전히 지쳐버리기 '이전에' 갖는 것이 가장 좋다. 그러면 우리 몸은 훨씬 더 빨리 피로에서 회복된다. 점심시간·주말·휴가 등을 최적의 휴식시간으로 활용하는 문제는 다른 가족구성원들과 함께 생각해보는 것이 바람직하다. 무엇보다도 자신의 욕구를 세심하게 파악하여 소위 '여가 스트레스'에 시달리는 일이 발생하지 않도록 한다. 여가시간을 계획할 때는 항상 지나침이 부족함만 못하다는 점을 명심하자.

3 마음의 평정 유지하는 법

여유와 부동심은 누구나 바라는 것이다. 문화권과 시대를 막론하고 철학자와 현자들은 항상 이런 소망을 품어왔다. '여유'는 수많은 철학적 조류에서 늘 중심 역할을 수행했다. 불교가 말하는 '여유(내려놓기)'는 익숙한 것들을 놓아버리고, 자신의 욕망을 지각하되 그것을 추구하지 않으며, 탐욕과 미움과 현혹의 위험을 의식하고 거기서 자유로워지는 것을 의미한다. 득과 실, 명예와 경멸, 칭찬과 질책, 기쁨과 고통은 불교적 관점에 따르면 모두 덧없으며 예측불능이다(Suzuki 2002).

부동심은 스토아철학에서 특히 중요한 의미를 갖는다. 스토아철학의 대표적인 인물로는 로마의 철학자 세네카 Seneca, 4-65, 에픽테토스 Epictetus, 50-138, 마르쿠스 아우렐리우스 Marcus Aurelius, 121-18 등을 꼽는다. 이들의 생각에 따르면, 인간은 사고능력을 통해 신적인 이성 logos 에 참여할 수 있으며, 이를 통해 지혜—인생의 최고선—에 도달할 수 있다. 지혜에 이르려면 자신에 대한 엄밀한 인식과 더불어, 무정념 apatheia · 자족 aukarkia · 평정심 ataraxia 에 맞추어진 신중한 생활태도를 길러야 한다. 오늘날 흔히 말하는 '스토아적 평온'이란 바로 이런 생활콘셉트를 뜻한다.

현대 심리학이 이해하는 '여유'도 내면의 침착하고 평온한 상태를 말한다. 이것은 또한 어려운 상황에서도 태연함과 분별력을 잃지 않는 능력이기도 하다. 여유는 불안과 스트레스의 반대말이다. 하지만 이 특성을 실제로 획득할 수 있는 사람은 소수에 불과하다. 100년 이상 쌓인 연구 성과를 바탕으로 이제 심리학은 사람들이 이런 특성을 누릴 수 있도록 돕게 되었다.

무엇보다 중요한 것은 자신의 생활콘셉트와 모델링을 검토하고, 우리의 정서를 통제하는 신경심리적 도식을 규명하고, 스트레스와 분노를 피할 수 있는 방법을 배우는 일이다(1장7, 1장8 참조). 우리는 자신이 무엇을 원하는지 (원하지 않는지) 알 때 비로소 여유를 가질 수 있다. 1장7과 6장1에서 설명한 것처럼, 살아가는 동안 우리는 수많은 내적 모델과 신경심리적 도식을 자기 내부에 확고하게 받아들인다.

하지만 이것들이 우리의 현 상태에 항상 적합한 것은 아니다. 서로 모순되는 경우가 많기 때문이다. 사람들은 누구나 자기 확신에 따라 행동하고 싶어 한다. 하지만 권위에 맞서면서까지 그렇게 행동하는 것은 꺼린다. 어쩌면 뒤늦게 비겁한 자신의 행동을 질책할 수도 있다. 혹은 "올바른" 삶을 살리라는 희망 속에서 이를 악물지도 모른다. 하지만 정작 '나중'이 되면 다시 새로운 압박이 우리를 짓누른다. 시간은 그렇게 금방 지나가고, 삶의 질은 별로 달라지지 않는다.

여유와 부동심은 직접 훈련할 수 없지만, 필요한 역량과 기술은 배울 수 있다. 이때 자신에게 걸맞은 모델링과 기대를 구성할 수도 있다. 하지만 많은 '기대'들이 비현실적인 가정(모델링)에서 출발하기 때문에 쉽게 실망하고 좌절한다는 사실도 염두에 두어야 한다. 다른 사람이 자신과 다른 관심과 시각을 가지고 있으리라는 점을 예상(기대)한 사람은 타협점을 찾기가 훨씬 쉽다. 적절한 타협점을 찾지 못해 참여자들의 기본욕구가 충족되지 못하면 자존감의 상처와 저항이 뒤따른다. 그로 인한 다른 문제들도 발생할 수 있다.

가장 현명한 방법은 아무도 패배하지 않는 해결책을 찾는 것이다. 하지만 우리 자신이나 다른 참여자가 정서적인 교착상태에 빠져 있어서 제 위치가 흔들릴 때마다 상처받고 분노한다면 이런 태도를 견지하기가 어려워진다. 사람들은 흔히 자존심을 위협받는다고 느낄 때 예민하게 반응한다. 자신이 세운 모델과 규범이 존중받지 못한다고 느끼면서 이를 공격으로 간주하기 때문이다. 여기서 문제가 되는 것은 내용이 아니라 개인적인 굴욕이고, 상대방은 곧 우리의 적이 된다. 1장4와 1장7에서 설명했듯이 흥분하는 속도는 사람마다 다르다. 살아오는 동안 어떤 신경심리적 회피도식들이 얼마나 많이 발달했느냐에 따라 천차만별이다. 기본욕구를 좌절당한 경험이 많은 사람일수록 예민하며, 정서적으로 과도하게 반응한다. 그러면 갈등은 빠르게 고조되고, 이는 곧 또 다른 문제로 이어진다. 거의 매일같이 대하는 끔찍한 결말의 가정비극에는 이 같은 메커니즘이 작용한다.

신경심리적 도식에 의한 흥분과 장애는 규칙적인 포커싱 훈련이나 주의력 훈련을 통해서 줄여나갈 수 있다. 심신이 모두 건강한 사람은 체계적인 EMDR(안구운동요법) 훈련이나 긴장완화 훈련을 통해서 반복적인 스트레스 증후군의 증상을 충분히 바로잡을 수도 있다(6장3, 6장4 참조).

실망이나 좌절에 대한 취약성은 다음과 같이 생각할 때 현저히 줄어든다.

- 사람 · 가족 · 집단은 모두 다르다. 관심과 목표도 다른 것이 정상이다.
- 그것은 나 개인에 대한 공격이 아니다. 타인의 시각과 목표가 다른 것은 당연한 일이다.
- 어떤 상황이나 영역에서 드러나는 개인의 행동이 반드시 그 사람의 고정된 성격이나 인간적 가치를 말해주지는 않는다. 많은 사람들이 자신의 모순된 행동이나 그것이 다른 사람에게 미치는 결과를 거의 의식하지 못한다. 그러므로 인격과 행동은 구분해서 생각해야 한다.

다른 사람의 행동이 의도하는 바가 무엇인지를 규명하려는 노력은 어느 정도 거리를 두고 여유롭게 행하는 것이 좋다. 상황과 참여자를 깊이 이해할수록 판단을 내리는 데 유리하다(1장2 참조). 또 정서적 대립이 발생해도 서로 자제하기가 수월해진다.

우선 어떤 식의 접촉이 가장 마음에 드는지, 어떻게 하면 그런 접촉을 손쉽게 이끌어낼 수 있을지 찾아낸다. 이때 포커싱 훈련을 하면 도움이 많이 된다. 상대방의 특정한 발언에 대해서 뭐라고 말하는 것이 자신의 관심을 유지하고 목표를 달성하는 데 유리할지 생각해보고 자신이 할 말을 적어본다. 어려운 상황은 '문제해결도식'을 이용하여 분석할 수 있다(1장2). 특정한 상황·사람·관계와 관련해서 자신이 어떤 모델링과 기대를 지니고 있는지 항상 생각한다. 그리고 자신의 내적 모델을 좀 더 정확히 탐구하는 데 필요한 모든 요소들을 하나씩 적어본다. 그 다음은 자신의 모델링과 기대가 서로 모순되지 않는지, 현실에 적합한지 여부를 검토한다. 기대를 충족시킬 가능성이 낮을수록 우리는 쉽게 실망한다. 예를 들어 다른 사람들이 항상 정확하게 시간을 엄수하고 신의를 지키리라고 기대하는 사람은 실망할 확률이 높다. 하지만 여러 가지 다양한 가능성들을 현실적으로 고려한다면 뜻밖에 찾아온 행운을 만끽할 수도 있다.

자신이 충분한 만족체험을 하고 있는지도 정기적으로 점검한다. 그러면 일상생활이 애착, 쾌락추구/불쾌회피, 정향/통제, 자존감 등의 기본욕구들을 얼마나 잘 충족시켜주는지 알 수 있다. 이때 파트너십에 대해 집중적이고 허심탄회하게 대화를 나누는 게 좋다. 포커싱 훈련도 효과적이다. 점점 결과가 자신이 원하는 방향과 어긋나면 원하는 목표에 더 잘 도달할 수 있도록 역량을 강화시키는 방안을 모색한다. 추진력·매력·카리스마·언변 등은 체계적 훈련이 가능한 요소들이다. 두려움과 소심함도 훈련을 통해 없앨 수 있다.

4 포커싱 훈련

포커싱 방법은 1960년대에 빈 출신의 미국인 심리학자 유진 젠들린Eugene T. Gendlin, 1926년 출생에 의해 개발되었다. 포커싱focusing이란 특정한 체험에서 느끼는 '의미를 띤 신체감각felt sense'에 집중하는 것이다. 육체를 통해 느껴지는 의미를 단계적으로 명명하고 기술함으로써 이제껏 무의식적으로만 접근했던 측면과 모호했던 연관관계를 분명히 이해할 수 있게 된다. 이때 신경심리적 도식(1장7 참조)을 활용하면 도움이 많이 된다. 이 방법은 다양한 영역에 투입할 수 있다. 자조적 방법이나 심리요법, 코칭이나 슈퍼비전에도 적용할 수 있다. 최근 젠들린은 자신의 아이디어를 실용철학의 한 모델로 발전시켰다. 그는 이것을 "thinking at the edge", 즉 "의식의 맨 끝에서 사고하기"라고 명명했다(Gendlin 2004).

포커싱은 누구나 배울 수 있고, 치료사 없이 혼자서 실행할 수도 있다. 이 방법은 명상이나 대화모델로 사용되기도 한다. 중요한 것은 여기에 삶에 대한 '호의'와 '지금 이곳'에 대한 '깨어있음'이 전제되어야 한다는 점이다. 불분명한 감정 상태에서 내적 명료함으로 이행하는 변화^{felt shift}는 삶의 질과 인격도야의 본질이다.

명상법 활용

아래 기술된 훈련법은 포커싱을 통해 긴장을 완화하고 집중력을 강화시켜준다.

- 먼저 20분 정도 시간을 내서 자신을 조용하고 평온한 상태로 만든다. 잠들까봐 걱정된다면 알람을 맞추어도 좋다. 전화나 다른 방해요소들을 모두 꺼둔다. 실내 온도는 편안할 정도로 따뜻하게 맞춘다. 욕조에 따뜻한 물을 받아놓고 들어가는 것도 좋다. 편안히 눕거나 앉는다. 등을 기대고 앉거나, 명상 훈련에 익숙한 사람이라면 결가부좌를 해도 좋다.

- 눈을 감거나 공간 속의 어느 한 곳에 초점을 맞춘다. 서서히 긴장을 풀면서 오직 자신에게만 집중한다.

- 먼저 자신의 '호흡'에 집중한다. 호흡하는 공기가 코로 드나들 때 어떤 느낌이 드는가? 호흡이 점점 더 조용하고 깊어지도록 한다. 자신의 숨결이 부드럽게 콧속을 스치는 느낌을 만끽한다. 잠시 이 행위에 몰두한

다. 마음이 넉넉해진다.

- 몸이 서서히 평온해짐을 느낀다. 호흡한 공기가 온 몸을 부드럽게 휩쓸며 돌아다닌다. 이때 느껴지는 모든 것에 주의를 기울인다. 잠시 이 행위에 몰두한다.

- 이제 자기 안에 있는 생각, 느낌, 이미지를 모두 떠올린다. 잠시 이 행위에 몰두한다.

- 어떤 것이 떠오르는가? 그 주제의 의미가 어떻게 느껴지는가? 무엇을 알게 되었는가? 잠시 이 행위에 몰두한다.

- 자신의 기분을 어떤 단어로 표현할 수 있을까? 잠시 이 행위에 몰두한다.

- 어떤 생각이 드는가? 잠시 자유로운 연상에 자신을 온전히 맡긴다.

- 원한다면 판타지에 빠져들어도 좋다. 자신이 가장 만족스러운 상태를 상상한다. 전적으로 자기 마음대로 할 수 있다면 무엇을 하고 싶은가? 마음껏 상상에 잠겨본다.

- 기적이 일어나서 모든 것이 내가 원하는 대로 이루어졌다고 치자. 무엇을 보고 가장 먼저 그 사실을 알아차릴 수 있겠는가? 거기에 누가 등장하는가? 자신은 무슨 말을 할 것인가? 잠시 이 행위에 몰두한다.

- 자신이 원하는 대로 행동하지 못하게 막는 것이 무엇인지 자문한다. 잠시 이 행위에 몰두한다.

- 지금 어떤 기분이 드는가? 잠시 이 행위에 몰두한다.

- 이 훈련을 하는 동안 가장 중요하게 느낀 점을 세 가지
  만 말해보고, 그것들을 중요도에 따라 분류한다.
- 심신을 서서히 원상태로 복귀시킨다.
- 눈을 다시 뜨고, 몸을 쭉 뻗으며 스트레칭을 한다.

포커싱 대화 훈련

포커싱은 특정한 주제를 놓고 대화를 나누는 데도 요긴하다. 먼저
누구와 함께 이런 식으로 대화하고 싶은지 찾아본다. 이때 다음과 같
은 규칙을 지키는 것이 좋다(Weiser Cornell 1999).

- 일정한 시간을 정해놓고 대화한다(한시간 정도가 적당하
  다). 먼저 한 사람이 자신에 대해서 이야기한다. 말이
  끝나면 상대방은 궁금한 것을 묻는다. 이때 묻는 사람
  은 자신의 입장을 버리고 오직 대화상대의 내면적 과
  정에만 집중한다.
- 포커싱 대화의 화자는 무엇을 어떻게 대화의 주제로
  삼고 싶은지 자기 마음대로 결정할 수 있다.
- 청자는 상대로부터 전달되는 모든 느낌에 집중한다.
  언어적으로나 비언어적으로 표현된 모든 감정을 단어
  로 전환하고자 노력한다. 대화 속도와 방향은 오로지
  화자 혼자서 결정한다.

포커싱 대화는 두 사람을 더욱 가깝게 만든다. 새로운 관계도 경험

하게 해준다. 이를 통해서 두 사람은 자기 자신을 더 잘 이해하고, 개인적인 문제와 갈등을 처리하거나 중요한 결정을 내리는 데 도움을 받을 수 있다. 포커싱 대화는 자신의 안녕을 돌보고 대인관계를 개선하기 위한 자조적 방법이다. 물론 심각한 정신적 문제가 있는 경우에는 전문가의 도움을 받는 게 좋다. 전문 심리상담가의 조언이나 슈퍼비전을 받는 것은 포커싱 대화를 발전시키는 데 유리하다. 이를 통해서 우리는 어려운 상황이나 내부 저항에 잘 대처할 수 있으며, 미처 모르고 지나친 점들도 발견할 수 있다.

5 긴장 완화에도 테크닉이 필요하다

심신의 건강은 육체적 긴장완화와 밀접하게 연결된다. 긴장완화 테크닉은 육체적·정서적 긴장이나 흥분을 낮추고, 스트레스 상황에 대한 민감성을 줄이고, 편안한 휴식 상태에 이르게 하는 데 효과적이다. 첫 번째 단계는 우선 임의로 조절 가능한 골격근의 긴장을 푸는 것이다. 그 다음은 특수한 테크닉과 훈련을 통해서 의지와 무관하게 운동하는 평활근의 긴장을 이완시킨다. 평활근은 우리 몸의 내부 장기들을 받쳐주는 근육조직이다.

두려움·분노·사회적 갈등 역시 긴장과 스트레스를 유발한다.

육체적·심리적·사회적 긴장은 서로 밀접하게 연관되어 있다. 예를 들어 분노는 두통이나 위경련을 일으킨다. 또 사무실에서 오랜 시간 좋지 않은 자세로 일하면 두통이나 요통이 잦아지고 이것은 다시 정신적 스트레스로 작용한다.

여러 가지 긴장완화 테크닉

긴장완화 테크닉은 긴장과 흥분을 낮추어준다. 전체적으로 평온한 상태를 유지하는 사람은 어려운 상황에 직면해도 쉽게 분노하지 않는다. 긴장완화는 무엇보다도 근육과 뇌 활동의 변화를 통해서 감지된다. 긴장완화 테크닉은 장기들이 조화롭게 작동하도록 만들고, 혈압을 정상화시키고, 건강을 촉진시킨다. 그래서 여러 가지 장애를 해결하는 데 활용된다. 긴장완화 상태를 화가 난 순간의 기억과 결합시켜 보자. 그러면 이 상태가 실제 상황으로 전이되는 것을 경험하게 될 것이다. 이 방법은 불안장애 치료에 자주 이용된다.[탈민감화desensitization] 긴장완화법 가운데 중요한 것들을 소개하자면 다음과 같다.

자율훈련법_자기암시에 기초한 훈련법(Schulz 1936)으로 집중적 긴장완화에 쓰인다. "나는 아주 평온하고 느긋하다", "내 손은 부드럽고 따뜻하다" 등의 주문은 근육을 이완시키고 호흡과 맥박을 가라앉힌다. 몇 주 정도만 규칙적으로 훈련하면 몇 분 지나지 않아, 심지어는 몇 초 만에 깊은 휴식 상태에 돌입할 수 있다.

점진적 근육이완법_점진적 근육이완법은 특정한 근육이나 근육군을 의도적으로 수축하여 긴장상태를 유지했다가 이완시키는 것이다. 이는 몸 전체의 피로를 풀고 편안하게 휴식하는 데 도움이 된다. 의식적으로 수축과 이완을 반복하면 지각이 민감해지고 긴장완화 과정도 보다 수월하게 조절할 수 있다. 자율훈련법과 비슷하지만 동일한 효과에 도달하는 속도는 훨씬 빠르다. 점진적 근육이완법은 배우기도 쉽고 위험이나 부작용이 거의 없다. 전문가의 지도나 감독이 반드시 필요한 것도 아니다(Vaitl/Petermann 1994). 실제 훈련방법은 호흡이완법을 설명한 뒤에 다루겠다.

호흡이완법_호흡을 의도적으로 느리고 깊게 하는 것으로 몸 전체를 천천히 편안한 휴식 상태에 들어가게 해준다. 의식적인 호흡은 주의력을 높이고 심신의 안녕을 가져다준다.

명상_명상은 영적 몰입의 한 방법이다. 대부분의 종교는 이를 다양한 방식으로 실천하고 있다. 그 가운데 가장 널리 알려진 형태가 선불교의 명상이다(Suzuki 2002). 하지만 전문가의 지도만 받으면 누구나 이용할 수 있다. 명상을 규칙적으로 실행하면 뇌파가 변화하고 마음이 안정된다.

요가_요가는 인도에서 유래한 것으로 철학적이며 종교적인 총체적 가르침이다. 서양에 알려진 것은 주로 육체와 영혼과 정신의 일치를 추구하는 몸동작들이다. 요가는 종종 호흡법이나 명상훈련과 조합된다. 요가의 목표는 집중력 · 심신의 여유 · 생명력 획득이다(BDY 2006).

스트레스를 다스리는 점진적 근육이완법

점진적 근육이완법은 1930년대에 미국인 정신과 의사 에드먼드 제이콥슨$^{Edmund Jacobson}$이 개발했다. 제이콥슨은 생리학적 긴장상태를 연구하던 중 불안과 흥분이 근육 긴장을 고조시킨다는 사실을 발견했다. 그리고 근육의 긴장을 풀어주기만 해도 불안이 상당히 많이 가라앉는다는 사실을 확인했다. 골격근을 이완시키면 자율신경계도 이완되어 혈압 · 심장박동 · 호흡수가 낮아진다. 점진적 근육이완법을 사용하면 다음과 같은 효과를 얻을 수 있다.

- 전반적인 건강 촉진
- 정신적 · 육체적 장애의 약화
- 육체적 · 정신적 긴장의 제거
- 여유와 균형 촉진
- 자기조절 및 자율기능 향상
- 집중력 촉진
- 신체 민감화와 건강 향상
- 스트레스 통제

점진적 근육이완법은 정신적으로나 육체적으로 힘겨운 상황에 있는 사람에게 특히 효과적이다. 개인적인 훈련 외에 전문 트레이너가 개설한 코스에도 참여할 수 있다. 간단한 근육이완 훈련법은 다음과 같다.

간단한 훈련방법_근육과 결합된 감각을 의식적으로 느끼기 위해 개별적인 근육군을 수축시켰다가 이완시킨다. 이때 육체의 느낌에 세심하게 주의를 기울인다. 개별적인 근육군은 항상 동일한 순서로 최대한 강하게 수축시켰다가 약 5~7초 뒤에 완전히 이완시킨다. 편안하게 이완된 상태를 30초 정도 유지하면서 전달되는 느낌에 집중한다. 근육을 수축한 상태에서는 호흡을 멈추고, 이완할 때 다시 내쉰다.

먼저 주변을 평온한 상태로 만든다. 조명을 약간 어둡게 하고 훈련하는 동안 아무런 방해도 받지 않도록 조치한다. 편한 자세로 앉거나 눕는다. 눈을 감거나 공간 속의 한 곳에 초점을 맞춘다.

두 손 모두 주먹을 쥐고 마치 근육을 과시하듯이 팔을 안으로 굽힌 채 근육을 수축시킨다. 약 5~7초 뒤에 긴장된 근육을 푼다.

어깨를 세우고 머리를 끌어당긴 뒤 고개를 앞으로 숙인다. 약 5~7초 뒤에 긴장된 근육을 푼다.

이마를 최대한 주름이 깊게 잡히도록 찌푸린다. 약 5~7초 뒤에 긴장된 근육을 푼다.

눈을 최대한 힘을 주어 꼭 감는다. 약 55~7초 뒤에 긴장된 근육을 푼다.

입을 최대한 크게 벌린다. 약 5~7초 뒤에 긴장된 근육을 푼다.

입과 입술을 최대한 힘을 주어 앙다문다. 약 5~7초 뒤에 긴장된 근육을 푼다.

가슴을 최대한 힘껏 앞으로 내밀고 양 어깨를 뒤로 젖힌다. 약 5~7초 뒤에 긴장된 근육을 푼다.

배를 최대한 힘을 주어 공처럼 볼록하게 튀어나오게 만든다. 약 5~7초 뒤에 긴장된 근육을 푼다.

배를 최대한 홀쭉하게 집어넣는다. 약 5~7초 뒤에 긴장된 근육을 푼다.

상체를 최대한 앞으로 숙이면서 머리를 무릎 사이에 넣어 등허리의 근육을 수축시킨다. 약 5~7초 뒤에 천천히 처음의 자세로 돌아간다.

항문 근육을 최대한 꼭 조인다. 약 5~7초 뒤에 긴장된 근육을 푼다.

다리를 약간 굽힌 자세로 높이 치켜든 다음 허벅지와 종아리의 근육을 최대한 힘껏 수축시킨다. 약 5~7초 뒤에 긴장된 근육을 푼다.

발가락들을 마치 물건이라도 잡듯이 최대한 힘껏 오므린다. 약 5~7초 뒤에 긴장된 근육을 푼다.

이런 식으로 모든 근육을 차례로 풀어준 다음 잠시 그 상태를 만끽하면서 머릿속으로 신체 각 부위의 감각을 느껴본다. 어느 부위에서 긴장이 느껴지면 해당 근육을 수축하고 이완시킨다. 해당 부위에 편안한 느낌이 들 때까지 동작을 계속한다. 마지막으로 몸을 쭉 뻗으며 스트레칭을 한다.

이 훈련은 처음 열흘간 적어도 하루에 한 번 이상 가급적 같은 시간 같은 장소에서 실시할 때 가장 좋은 효과를 거둘 수 있다. 훈련은 15~20분 정도 걸린다. 심신의 건강을 위한 의식으로 정착시키면 좋다.

6 안구운동

안구운동 탈민감화EMDR - Eye Movement Desensitization and Reprocessing는 원래 외상후 스트레스장애(5장3, 5장6 참조)를 치료하기 위한 '심리요법'으로 개발되어 학계의 인정을 받았다 (Lamprecht 2006; Hofmann 2006;

7장 참조). EMDR 요법은 건강한 사람들이 일상생활의 어려움과 스트레스를 극복하는 데 활용할 수 있다.

EMDR의 핵심은 스트레스 상황과 그와 결합된 감정에 집중하며 두 눈을 이리저리 움직이는 동작에 있다. 이 요법의 효과는 꿈꾸는 동안에 발생하여 낮의 스트레스 체험을 해소시켜주는 특이한 방식의 안구운동 급속안구운동 Rapid Eye Movement-REM에 기인한다. 학계에서는 이 안구운동을 통해서 감정기억과 사건기억의 신경적 결합이 약화될 것이라고 추측한다. 반복되는 리드미컬한 안구운동은 부교감신경과 미주신경을 자극해 뇌의 정보처리를 가속시킴으로써 예전의 사건을 부담 없이 기억하도록 만든다.

이 요법은 몇 해 전부터 세계적인 성공을 거두고 있다. 건강한 사람에게 적용한 경우에는 아무런 위험과 부작용도 발생하지 않았다. 하지만 자신의 심리상태가 불안정하다고 의심되면 지체 없이 정신과 의사를 찾는 것이 최선이다. 이것이 여의치 않을 때는 다음에 소개된 방법을 이용해보는 것도 좋다. 다만 그에 따른 위험은 이용자 자신의 책임임을 밝혀둔다.

EMDR에서는 두 눈을—머리를 고정시킨 채로— 이쪽저쪽으로 움직인다. 마치 옆자리나 위아래를 비스듬히 훔쳐보는 것처럼 한다. 이 때 눈은 감아도 되고 떠도 된다. 이 동작을 약 2~3분 정도 계속한다. 속도는 그때그때 다르게 조정한다. 안구 근육을 움직이는 운동은 처음엔 대단히 어색하게 느껴질 것이다. 너무 빠르게 움직이면 현기증이 일어날 수 있으므로 주의한다.

1. 조용한 장소에 앉거나 눕는다. 실행하는 동안 아무런 방해도 받지 않도록 조처한다.
2. 자신을 압박하거나 분노하게 만드는 문제나 상황을 의식 안에 불러들인다. 분명하게 느끼는 스트레스를 강도 0에서 10까지 나눈다.

개인적으로 느끼는 스트레스의 평가:이 문제 또는 상황은 내게 아래와 같은 정도의 스트레스를 준다.

없음										최대
0	1	2	3	4	5	6	7	8	9	10

1. 이제 자신이 어떤 감정을 원하고, 상황이 어떻게 전개되기를 바라는지 잘 생각해본다.
2. 스트레스 감정을 스스로 명확하게 인식할 수 있도록 의식의 전면에 불러낸다.
3. 안구운동을 시작한다(2~3분 가량).
4. 운동이 끝난 다음 스트레스 정도를 다시 평가한다.
5. 이 문제 또는 상황은 내게 아래와 같은 정도의 스트레스를 준다.

없음										최대
0	1	2	3	4	5	6	7	8	9	10

6. 대개 새 평가에서는 등급이 3~4 단계 정도 낮아져야 한다. 그렇지 않다면 아직 자신의 문제를 충분히 명확하게 느끼지 못했거나, 아니면 이 요법에 대한 내부 저항이 너무 큰 것이다. 이런 저항감은 포커싱 훈련이나 포커싱 대화를 통해서 추적할 수 있다.
7. 문제점이 완전히 제거될 때까지 훈련을 반복한다. 많은 경우에, 특히 문제가 복합적일 때는 아직 다루지 않은 다른 측면으로 주의를 돌린다. 그리고 똑같은 방식으로 훈련을 실행한다.

전혀 도움이 되지 않는다면 스트레스 감정이 아직 강하게 의식되지 못한 것일 수 있다. 스스로 명확하게 느끼지 못하는 문제는 이런 방법으로 제거할 수 없다. 이런 경우 다시 한 번 포커싱 훈련이나 포커싱 대화를 통해서 불명확성이나 저항을 규명한다. 계속 실패하거나 문제가 심각한 경우에는 이를 잘 다룰 줄 아는 정신과 의사에게 도움을 구한다.

7 성공적인 삶을 위한 전제 조건들

1장9에서 우리는 '역량' 개념을 역할·생활영역·생활상황을 조망하고, 그것을 만족스럽고 사회적인 방식으로 가꾸고 통제하는, 학습 가능한 능력으로서 정의했다. 자신에게 중요한 생활영역에서 요구되는 역할을 제대로 수행하려면 그에 필요한 능력을 갖추어야 한다. 지식도 중요하지만 그것을 능숙하게 행동으로 전환할 수도 있어야 한다. 이런 능숙함은 훈련을 통해서 그리고 연관된 신경심리적 도식을 강화함으로써 발달시킬 수 있다.

아래에 삶의 질을 위해 특히 중요하게 간주되는 영역에서 각자의 역량을 최적화할 수 있는 방안을 기술해 놓았다. 이제부터 자신의 개인적 성격이나 특징에 대해 의문을 제기하는 대신, 평온하고 여유로운 가운데 행동과 태도를 최적화시키는 작업에 몰두해보자. 더 이상 개인으로서 자신의 가치를 문제 삼지 말고, 자신의 행동이 바뀔 수 있으며 그로써 생활감정과 삶의 질을 향상시킬 수 있다는 점을 명심한다.

먼저 자신이 어떤 영역에서 더 발전하고 싶으며, 무엇을 바꾸고 싶은지 곰곰이 생각해본다. 이런 시도의 출발점은 항상 자신의 행동과 상황에 대한 정확한 재고조사와 분석이다. 이를 위한 신뢰할 만한 전략과 보조수단을 몇 가지 소개하겠다.

피드백 요청_최대한 많은 사람들과 대화를 나누면서 나의 행동에 대한 반응이나 의견을 구한다. 가령 이렇게 물어볼 수 있다. "이런 상황에 있는 나의 모습이 어떻게 보입니까? 내 행동에서 특별히 눈에 띄는 점은 뭐죠?" 또는 "내가 무엇을 좀 더 개선할 수 있을까요?" 이런 식으로 물음을 던지면서 구체적인 상황에 직면했을 때 어떤 행동방식이나 측면이 문제가 되는지, 대안은 어떤 것이 있는지를 찾아낸다.

비디오 피드백_캠코더를 구해서 가능한 한 자주 비디오 촬영을 한다. 캠코더를 구석에 설치한 뒤 일상의 다양한 상황들을 포착한다. 시간이 어느 정도 흐르면 카메라를 의식한 행동은 사라진다. 촬영한 내용을 관찰함으로써 자기 자신을 다른 사람들이 지각하는 모습으로 보고 듣는 법을 배울 수 있다. 이것은 자기지각능력을 확장시키는 데 도움이 된다. 자주 시간을 내서 촬영 내용을 정확히 분석하는 것이 좋다. 자신이 어떻게 움직이는지, 표정이나 제스처는 어떤지, 말이나 행동에 카리스마가 느껴지는지 등을 주의 깊게 관찰한다. 자신이 언어적이거나 비언어적인 표현을 할 때 다른 사람들이 어떻게 반응하는지 아주 미세한 부분들까지 세심하게 살핀다. 비디오에 대해서 다른 사람이나 코치, 슈퍼바이저 등과 이야기를 나누다보면 더 많은 것을 얻을 수 있다.

행동방식 실험_먼저 얻고자 하는 것이 무엇인지, 그 목표에 어떻게 도달할 것인지에 대해서 정확히 숙고한다. 그 다음은 개별적인 상황과 영역에 대한 시나리오를 작성한다. 자신이 어떤 생각과 목표를 품고 있는지, 그것을 어떻게 실행에 옮기고 표현하고 싶은지 구체적으로 적는다. 이런 식으로 해당 영역과 상황에 대한 새 모델링을 개발할 수 있다.

대화노트 만들기_왼편에는 대화상대방이 언급한 말을 적고 오른편에는 대답을 적는다. 이 대화노트를 항상 지니고 다니면서 필요할 때마다 다른 사람의 말을 기록하고 적당한 답을 생각해내어 그 옆에 적는다. 대화노트는 이야기의 소재를 풍부하게 하고 말솜씨를 향상시키는데 큰 도움을 준다.

역량 쌓기_중요한 것은 의욕적이고 낙관적인 학습태도다. 자신의 코치로서 자기 자신에게 한꺼번에 너무 많은 것을 요구하면 안 된다. 자신이 어떻게 해나가야 할지를 친절하고 꼼꼼하게 지시한다. 작은 발전이라도 있으면 칭찬을 아끼지 않음으로써 풍부한 성공체험을 쌓는다. 이를 빠짐없이 훈련일지에 기록한다. 자기비판을 금하고, 항상 고무적인 방식으로 최적화 방안을 모색한다.

섬세한 감수성을 계발하라

직장이나 사생활에서 최대한 멋지게 보이고 또 실제로 멋지게 행동하고 싶다면, 자신이 다른 사람들에게 어떻게 비치는지, 그들에게 어떤 반응을 불러일으키는지 늘 세심하게 묻고 살펴야 한다(감정이입; Norcross 2002). 그렇다고 남들에게 잘 보이기 위해서 자신을 왜곡시키라는 말은 아니다. 여기서 중요한 것은 자신이 의도하는 효과를 제대로 거두고 있는지, 자신의 의도가 잘못 전달되고 있지 않은지 확인하는 일이다. 비언어적 표현은 마음대로 조절하기가 쉽지 않다. 그러므로 비언어적 표현을 결정짓는 행동이나 태도, 인상 등에 좀 더 세심한 주의를 기울여야 한다. 감정이입의 자세는 특히 중요하다(Kaiser 2007). 사람들은 자신의 관점이나 감정을 상대방이 잘 이해한다고 느낄 때, 또는 상대방과 공감대를 형성할 수 있는 논쟁을 벌일 때 긍정적으로 반응한다. 감정이입의 요건들은 다음과 같다.

- 이해할 준비를 갖춘 태도
- 시스템과 개인의 내적 생활세계에 대한 특별한 감수성
- 다른 사람의 관점과 요구를 구체적으로 파악하고 깊이 있게 이해하는 태도. 이것은 단순한 동의나 아첨과는 무관하다. 이해는 올바른 판단을 얻기 위한 전제조건이다!

자기 자신에 대해서 질문을 받으면 사람들은 대개 제대로 대답하지 못한다. 본인조차 분명하게 알 수 없기 때문이다. 그래서 오해도 쉽게 발생한다. 자신이 알고 있는 정보 사이의 관계가 모호해서 맥락을 파악하는 데 어려움을 겪기도 한다. 사람들은 대개 자기 행동의

결과를 확실하게 예측하지 못한다. 현실에 대한 시각이 협소하고 주의력이 결핍되어 있는 탓이다. 때로는 얼굴이 붉어지거나 시선을 맞추지 못하는 등의 '비언어적 신호'를 통해서 상대가 사건을 어떻게 평가하고 규정하는지 알 수 있는 경우도 많다. 사건의 맥락이 들쑥날쑥해서 관점을 지속적으로 유지하기 힘들 때도 있다. 그러면 똑같은 물음과 씨름하면서 헛수고를 반복하다가 이미 해결된 것을 다시 문제 삼는 악순환에 빠지게 되고, 결국 바람직하지 못한 행동에 대한 비현실적인 모델링을 만들게 된다. 그런 모델링을 갖고서는 다른 사람의 생활세계에 대해 개방적인 태도를 취할 수 없다. 우리에게는 자기 마음대로 타인을 조정할 권리가 없다. 또 우리 소망대로 움직여 달라고 요구해서도 안 된다. 그들이 충분히 이해받고 있으며 개인적으로 존중받고 있다고 느낄 수 있도록 노력할 수 있을 뿐이다. 그래야만 상대방도 호의를 갖고 우리의 관점을 검토하게 된다.

상대방의 감수성을 이해하는 열쇠는 비언어적 행동이다(Grawe 2004). 아래에 예시된 물음들은 우리의 이해 정도를 높여준다.

- 지금 나는 다른 사람들에게 어떤 반응을 일으키고 있을까?
- 저 사람이 보내는 신호 뒤에는 어떤 의도가 감추어져 있을까?
- 남들의 습관적인 행동은 내게 어떤 의미를 갖는가?
- 그가 막거나 감추고자 하는 게 무엇일까?
- 그는 내게 어떤 느낌을 불러일으키는가?

이런 식으로 그 순간에 작용하는 신경심리적 도식과 감정에 대한 정보가 입수되면 상대방에게 좀 더 안전하게 말을 붙일 수 있다. 이 때 지각된 관심사에 대해서는 단도직입적으로 말을 건네야 한다. 예를 들면 "무슨 근심이라도 있으십니까?", "몹시 언짢으시군요?", "지금 제일 나쁜 게 뭔가요?", "어떻게 하면 가장 만족하시겠습니까?" 등의 형태다. 이런 식으로 상대방의 내면에 들어가면 그가 자신에 대해 더욱 명확히 알고 더 많은 것을 드러내도록 도울 수 있다.

이 방식은 상대방의 내면에 존재하는 현실을 자세히 들여다보게 만든다. 덕분에 자기가 상대하는 사람이 누구인지도 자세히 알게 된다. 감정을 있는 그대로 드러내거나 실컷 울거나 욕을 하는 것은 상대방에게도 중요하다. 이해와 동의는 전적으로 다른 문제다. 이 두 가지를 혼동하면 골치 아픈 문제를 겪게 될 뿐이다. 사람들은 대개 한 번 거절한 내용에 대해서는 깊이 생각하려 들지 않는다. 이해하려고 노력하지도 않는다. 동의는 조건과 결합된다. 또 평가를 내리고 판단하는 일은 정확한 재고조사에 앞선다. 진심어린 이해를 기반으로 편견 없이 다른 사람을 대하도록 노력한다면 상대방의 호감은 물론이고 깊은 통찰력까지 얻게 될 것이다.

가치평가의 기본은 상호존중

일상에서 우리는 앉은 자리에서 당장 자신의 입장을 밝히고 남들에게 자기가 옳다는 것을 설득하고 싶어 한다. 하지만 이런 행동방식은 상당히 위험하다. 상대방의 관점을 충분히 이해하기도 전에 먼저 어떤 태도를 취하는 것은 상대의 입장을 정확히 아는 것을 가로막는다. 상대방 개인이나 상황에 제대로 주의를 집중할 수 없다. 오히려 이 둘을 쉽게 혼동해버린다. '설득작업'은 상대방의 입장을 속속들이 알 때 비로소 효과적으로 이루어진다. 그러므로 자기 생각을 납득시켜 주도권을 손에 넣으면 나에게는 과연 어떤 이득이 돌아올지를 항상 되물어야 한다. 이런 상황에서는 대개 은밀한 권력다툼이 벌어진다. 나 자신만을 과시하고 나의 생각을 관철시키고자 노력하는 것은 우리가 다른 사람의 인격과 생활세계에 무관심하다는 뜻이다. 그런 행동에는 남을 무시하는 태도가 담겨 있다. 상대방도 당연히 그렇게 이해한다. 우리 역시 자신의 이야기가 존중되지 않거나 이해받지 못하면 인격을 무시당했다고 느낀다. 이해는 언제나 성실한 판단의 전제조건이다.

다른 사람에게 신뢰받고 있는지 여부는 근본적으로 당사자의 느낌에 의해 결정된다. 상대방이 나를 정서적으로 잘 받아들이고 있으며, 나의 문화적이고 개인적인 특성을 존중하고 있다고 느끼면 나는 상대방의 신뢰를 받고 있는 것이다(Kaiser 2007). 많은 사람들이 가족에게 제대로 이해받지 못하고 외면당하며 살아간다. 그래서 제3자에게 인정받는 일이 중요한 의미를 갖는다. 어떤 사람의 신경심리적 도식과 자존감은 그가 태어나서 지금까지 어떤 대접을 받으며 살아왔는지에 따라 결정된다. 가족을 통한 애착경험과 피드백은 아이의 자기평가에 각인된다. '보통' 사람들은 대부분 남의 평가를 자신의 자이상에 수용한다. 성인이 되어서도 마찬가지다. 긍정적인 평가를 받은 특징은 강화되고, 평가가 별로 좋지 않은 부분은 흔들린다. 이때 자존감이 약한 사람은 부정적인 평가에 특히 취약하다. 그것이 자신의 부정적인 자기평가를 확인시켜준다고 생각하는 탓이다(Schütz 2000). 그렇다고 해서 자기 가치를 인정받고 긍정적인 위상을 느끼고 싶은 욕구가 전혀 없다는 뜻은 아니다.

또 한편으로 사람들은 자신의 문화적 모델링에 근거해서 남에게 특별한 기대를 갖는다. 그래서 외모나 차림새만으로도 상대에게 저항감이나 호감을 불러일으킨다. 관계를 거북하게 만들거나 촉진시키는 결과를 초래하기도 한다. 피어싱이나 문신은 물론이고, 모자 · 모피 · 귀금속 같이 눈에 잘 띄는 액세서리도 엇갈리는 반응을 불러일으킨다. 이로써 우리가 원하든 말든 인정이나 불인정, 소속집단, 사회적 경계 등에 대한 신호가 발생한다. 제복이 주는 효과와 비슷하다. 그러므로 어떤 차림으로 상황이나 장소에 나설 것인지를 좀 더 세심하게 생각해야 한다.

공감의 뜻을 보여주는 질문은 상대방이 자신의 욕구를 명확히 인식하고 드러낼 수 있게 용기를 북돋워준다. 긍정적인 호응도 쉽게 끌어낼 수 있다. 하지만 자신과 타인에 대한 감수성이 부족한 사람들이 많다. 어린 시절에 섬세한 감정을 발달시킬 기회가 없었거나, 자신의 바람이나 생각을 남에게 드러내는 것을 두려워하기 때문이다. 이럴 때는 상대방이 자기 욕구를 드러내지 않는 이유가 무엇인지 터놓고 물어보는 것이 좋다.

상대방의 관심사와 욕구 파악하기

다른 사람과의 관계에서 호감을 얻고 싶다면 먼저 그들의 관심사와 욕구('동기부여')가 무엇인지를 살펴야 한다. 그러면 대화를 통해 각기 다르게 설정된 목표를 조정하기가 훨씬 수월해진다. 갈등이 발생했을 때 합일점을 찾지 못하는 것은 대개 이런 해법을 외면한 경우다. 간혹 문제가 계속 미해결로 남을 가능성도 있다. 상황에 관여한 사람들과 일일이 대화를 나눌 수 없는 경우에도 그들의 목표설정을 재구성하고 그에 맞는 '작업가설'을 개발할 수 있다. 그러려면 다른 사람의 감정을 받아들일 수 있는 감수성을 키워야 한다. 기대들은 종종 모순적이다. 그러나 이를 쉽게 포기하지 않고 정확히 규명하는 것은 매우 건설적인 태도다.

결국 진실한 사람이 신뢰를 얻는다

말과 행동의 모순, 언어적 표현과 비언어적 표현의 불일치, 자신의 관점을 무분별하게 노출시키는 태도 등은 다른 사람들에게 신뢰를 주지 못한다. 진실성('자기 일치')의 전제는 자신의 감정에 익숙하고, 그것이 남에게 어떻게 작용하는지를 잘 아는 것이다. '복합적인 감정'은 다른 사람에게도 다의적으로 작용하므로 확실한 범위 내에서 최대한 명확하게 설명하고 정리할 필요가 있다.

진실성의 또 다른 전제조건은 신뢰성이다. 신뢰성이란 말과 행동의 일치를 뜻한다. 이것은 자신이 확실하다고 믿는 일만 행하는 것이다. 자신감이 없으면 남들도 나를 신뢰하지 못하고, 다른 사람들은 그 점을 귀신같이 알아차리고 불안해한다.

피드백은 자신을 내보이고 행동 역량을 강화시키는 데 매우 적절한 방법이다. 특히 비디오 피드백이 그렇다. 먼저 어떤 신호가 중요하고 자신과 잘 맞는지 숙고한 다음, 자신을 완전히 신뢰하려고 노력해야 한다. 그러기 위해서는 자신의 행동·태도·외모가 장소나 참석자들에게 잘 어울릴 수 있도록 항상 신경을 써야 한다. 물론 이런 노력이 자신의 욕구를 외면해서는 안 된다. 주변 상황에도 세심하게 주의를 기울이면서 자신과 상대방의 기본욕구들을 살펴야 한다. 본인의 기본욕구와 겉모습에 주의를 기울이고, 주변사람들과 조심스럽게 교류한다면 일을 그르치는 상황은 발생하지 않을 것이다.

내적 거리 유지하기

스트레스와 갈등의 근본적 원인은 내적 거리('절제')의 결핍이다. 자신에게 호의적인 거리를 부과하고, 상대에 대해 명확히 알게 될 때까지 자신의 의견과 관심을 유보할 때 비로소 더 나은 관계를 맺을 수 있다. 진정으로 감정이입을 원한다면 절대로 자신의 입장과 상대방의 입장을 혼동해서는 안 된다.

지나친 예민함이나 미처 해소되지 못한 스트레스는 종종 공격성으로 나타난다. 이것은 때로 전혀 무관한 사람을 회피하게 만들기도 한다. 이 같은 '전이행동'은 예전에 기본욕구를 좌절당한 경험이 남아 있을 때 나타난다. 어떤 상황에서 지나치게 격렬한 감정이 튀어나오온다면 이는 그 순간의 정황과는 거의 무관한 어떤 —미처 다 극복되지 못한— 옛 상처에 의거한 행동일 가능성이 크다. 이런 전이행동에 대해서는 최대한 내용과 무관하게 접근해야 한다. 그래야만 반사적 반응의 대상이 되는 것을 피할 수 있다. 상대의 지나치게 예민한 행동에 대해서는 직접적으로 지적하는 것이 좋다. 예를 들면 이런 식이다. "이 점에 대해서 너무 예민하군요." 그리고는 이렇게 물어보라. "그런데 여기서 뭐가 그렇게 마음에 안 드나요?" 혹은 "내가 어떻게 하면 제일 좋겠어요?" 나중에 한 마디 덧붙여도 괜찮다. "무슨 안 좋은 기억이 있나요?" 이런 식으로 상대의 옛 상처를 찾아내어 이야기를 나눔으로써 문제를 현재의 상황과 명확히 분리시킬 수 있다. 이러한 접근방식은 상대가 공격적인 태도로 나올 때 특히 권할 만하다.

대부분의 사람들은 —특히 아이와 노인들 또는 특정 종교집단이나 소수민족집단의 일원들은— 자기가 속한 사회의 가치·모델링·관점과 자신을 동일시하려는 성향이 강하다. 그래서 남들이 다른 견해를 보이면 이를 자기 개인에 대한 모욕이나 공격으로 간주한다. 비언어적 표현을 사용할 때도 조심해야 한다. '낯선' 사실을 접할 때 별 생각 없이 얼굴을 찡그리는 것도 상대에게 오해를 불러일으킬 수 있다.

숨겨진 자원을 인식하라

상대에게 긍정적인 목표를 갖게 만들 수 있다면 관계 맺기도 그만큼 수월해진다. 이를 바탕으로 우리는 아주 작은 발전도 긍정적으로 평가하고, 바람직한 방향으로 발전시켜나갈 수 있다. 가령 몸이 아주 허약한 학생이나 동료에게는 죽지 않고 살아서 학교나 직장에 나오는 것도 몹시 힘든 일이다. 일단 모습을 나타낸 것만으로도 칭찬받아 마땅하다. 작지만 긍정적인 발전을 이룬 것이기 때문이다. 성공체험 없이는 계속적인 동기부여도 불가능하다. 그러므로 미처 알아채지 못하는, 상대방에게 숨겨진 자원이 무엇인지 찾아내는 것이 매우 중요하다.

구체적인 상황을 분석하라

여러 가지 상황에 건설적으로 대처하는 것은 자신뿐만 아니라 다른 참여자들의 욕구를 충족시키는 데 아주 중요하다. 문제는 긍정적 욕구충족이 방해 받고 회피도식이 작동하는 것을 막지 못할 때 발생한다(Grawe 2004). 하지만 어떤 문제들은 직접적으로 드러나지 않는다. 해결하려는 생각을 미처 하지 못할 때도 많다. 어떤 메커니즘이 문제를 발생시키며, 이때 어떤 배경이 중요한 역할을 하는지 알아내기 위해서는 구체적인 상황에 대한 정확한 탐구가 필요하다. 이때 앞에서 기술한 생활 및 장래 계획, 포커싱, 시스템적 다수준분석 등의 방법이 도움이 된다. 문제 상황의 개별적 측면들이 우리 자신과 다른 참여자들에게 어떤 정서와 신경심리적 도식을 가져왔는지 찾아낼 수 있기 때문이다. 그밖에도 기존의 역량이 단지 (충분히) 사용되지 못한

것인지, 아니면 아예 역량이 존재하지 않는 것인지('역량 결핍') 여부
도 밝혀낼 수 있다. 간혹 저항이 너무 커서 문제 자체가 언급되기 힘
든 경우도 있다. 어떤 주제들은 두려움이나 수치심과 결합된 탓에 회
피되기도 한다. 문제해결을 위한 개별적 단계들은 1장2와 6장1에 기
술되어 있다.

작용차원 이해하기

일상생활에서 최대한 성공을 거두기 위해서는 위에서 언급한 작
용요인들 외에 심리요법 연구자들이 제시하는 몇 가지 신뢰할 만한
'작용차원'에 주목할 필요가 있다(Norcross et al. 2006).

시스템 차원_사람은 누구나 가족 · 기업 · 공동체 등의 시스템 안에
서 활동한다. 일상의 '시스템 차원'이 각별히 중요한 의미를 가지는
것도, 우리들이 시스템의 특성에 관심을 갖는 것도 모두 그 때문이
다. 각 시스템들은 또한 상이한 수준의 사회적 · 기업적 · 공동체적
시스템과 얽혀있다. 그러므로 시스템들 간의 상호작용에도 주의를
기울여야 한다.

'가계도 다수준분석' 같은 도구는 시스템의 관계를 인식하는 데
특히 유용하다. 이 방법을 사용하면 계부모가정과 같은 시스템의 구
조적 관계를 위기상황이나 역사적 · 정치적 사건의 배경 하에서 파악
하기가 훨씬 수월해진다(McGoldrick/Gerson 2002; 3장과 4장 참조).

가정의 가장 중요한 하위시스템은 부부와 형제자매 집단이다. 이들의 시스템적 기능수행력은 다른 하위시스템과 구성원들에게 큰 영향을 미친다.

예를 들어 부부관계가 원만하지 못할 때 부모는 자녀에게 더욱 집착한다. 이렇게 생겨난 과도한 애착은 자녀들이 성인이 된 후에도 부모에게서 벗어나지 못하게 만들고, 이것은 다시 성인 자녀의 커플갈등을 유발하는 요인으로 작용한다. 그밖에 계부모와 자녀 사이의 문제도 있다.

사회적 시스템의 가장 중요한 하위시스템은 그 시스템을 공동으로 구성하는 개별적인 가족구성원들이다. 이들의 삶의 질이 지닌 특성을 정확히 파악하는 것은 더 나은 삶을 가꾸고 보호하는 데 대단히 중요하다. 이때 다음과 같은 요소에 특히 주의해야 한다.

- 바람직하지 못한 생활콘셉트와 내적 모델과 신경심리적 도식.
- 스트레스내성 부족, 정서조절능력 결핍, 극복전략 부재.
- 접근도식이 너무 약하게 형성되었거나 제대로 활용되지 못한 탓으로 인한 적극성 부족.
- 회피도식이 강하고 접근도식이 약한 탓으로 인한 상처받기 쉬운 성격과 사교성 부족.
- 역량 장애 및 결핍.
- 가정과 파트너십 같은 시스템의 기능수행력을 위한 중요한 토대는 친밀한 인간관계와 애착이다.

관계 및 애착 차원_사람들 사이의 관계와 애착은 그들의 발달과 안녕에 강한 영향을 미친다. 이 두 가지는 시스템의 중요한 구조적 특성이다. 일차적 보호자(부모)에 대한 애착의 예에서 살펴보았듯이 부모에 대한 애착은 자녀의 성격발달에 지속적인 영향을 미친다. 성인들의 경우에는 기업에 대한 애착이 크다.

중요한 관계의 근본적 특징은 상호 충성의 규칙이 높은 수준에서 유지되어야 한다는 점이다. 구성원들끼리는 서로 도구적 · 정서적 지원을 주고받을 의무가 있다. 이것은 특히 가족 · 친구 · 동료 사이에 자주 등장하는 주제다. 그러므로 매 순간 서로 터놓고 이야기하거나 꼼꼼하게 챙겨야 한다.

안정적 애착유형을 지닌 사람은 자신과 타인에 대해 긍정적인 모델링을 지닌다. 소유욕이 강한 애착유형의 사람은 남에 대해서는 긍정적 모델링을 갖지만 정작 자신에 대해서는 부정적인 모델링을 발전시킨다. 이들의 행동방식은 불안하다. 언제나 보호 받기를 기대하고 의지할 곳을 찾는 탓이다(그림 29 참조). 거부-회피적 애착유형의 사람은 남들에 대해서는 부정적이지만 본인에 대해서는 긍정적인 모델링을 지닌다. 별로 불안해 하는 일이 없지만, 타인과의 접촉은 꺼린다. 불안-회피적 애착유형의 사람은 자기 자신과 남들에 대해 모두 부정적 모델링을 갖는다. 몹시 불안해 하며 남들과의 접촉도 기피한다. 불안정적 애착유형의 사람을 대할 때는 적극적으로 다가가서 정서를 표출하고 친절한 태도를 유도하는 것이 좋다. 이런 사람은 남들과의 접촉을 힘들어 하며 더 많은 지원과 격려를 필요로 한다. 반면에 안정적 애착유형의 사람은 좀 더 직접적인 만남을 즐긴다. 소유욕이 강한 애착유형의 사람과 거부적 애착유형의 사람은 피상적인 관계에 머무는 경향이 있고 자신의 감정을 잘 드러내지 않는다.

남들에 대한 모델링	낮은 불안도	높은 불안도	회피적 성향
긍정적	안정적 애착유형	소유욕이 강한 애착유형	약함
부정적	거부-회피적 애착유형	불안-회피적 애착유형	강함
	긍정적 자아상	부정적 자아상	

그림 29 밀접한 관계의 경험 (Meyer et al. 2001, 371쪽)

일상적 관계에는 늘 특별한 기대나 걱정이 존재한다. 이러한 기대나 걱정은 내용이 명확할수록 좋다. 사람들이 기대하는 것은 대체로 다음의 사항과 관련이 있다.

- 부모·파트너·전문가·상관으로서의 특수한 역할특성. 이것은 오랜 상처와 연결되어 있기도 하다('전이행동').
- 주변사람들이 자기 자신에게 제기하는 특수한 요구. 예를 들면 개방성이나 타인에 대한 신뢰.
- 성별, 나이 등과 관련된 특성.

참여자의 관심과 목표는 이런 기대와 밀접하게 연결된다. 공동 작업을 하거나 도움을 주려는 마음자세도 여기서 비롯된다. 중요한 점은 참여자들의 다양한 기대가 서로 일치를 이룰 수 있느냐 하는 것이다. 좋은 관계는 자존감을 키우고 삶의 질을 향상시킨다. 이때 근본적인 문제는 의사소통이다.

관계의 핵심은 의사소통

의사소통은 일상적 관계의 축이자 핵심이다(1장10 참조). 내용뿐만 아니라 비언어적 소통방식도 중요하다. 내용, 관심사와 의도의 자기현시, 관계에 관한 신호와 진술, 참여자를 향한 호소 등도 의사소통에 작용한다. 관계와 의사소통이 서로 영향을 주고받는 탓에 의사소통의 품질은 그 순간에 표출된 적극성 · 개방성 · 애정 · 지원 등의 요소에 의존된다. 그밖에 남에 대한 지각뿐만 아니라 자기 자신을 표현하는 데에도 세심한 주의를 기울여야 한다. 수사적 화법은 의사소통의 중요한 작용차원이다.

말과 말의 기술_거실 소파에서 나누는 대화와 TV나 업무회의에 참석하여 나누는 대화는 화법부터 다르다. 공개석상이나 말의 이해 여부가 중요한 상황에서는 말하는 기술도 중요하다. 이럴 때는 일상에서라면 조금 지나치게 강조한다 싶을 정도로 의사를 표현하고 전달해야 한다.

단어는 정확하고 또렷하게 발음한다. 자음과 모음을 입안에서 삼키거나 바꾸지 말고 정확히 말하는 습관을 들인다. 특히 첫 낱말이나 끝 낱말을 발음할 때 조심해야 하고, 모음의 장단음을 구별하는 데도 신경을 써야 한다.

발음을 할 때는 모음에 강세를 준다. 그러면 각 단어가 훨씬 더 인상적으로 들린다. 또 크고 낭랑하게 발음하도록 노력한다. 말하는 분량을 자신의 호흡용량에 따라 분배하고, 여유를 갖고서 적합한 문장을 배치한다. 말 하는 중간에 휴식을 갖는 것도 좋다. 우리는 자신이 무슨 말을 하려는지 이미 알고 있기 때문에 듣는 이들보다 늘 조금 앞서 있는 상태다. 이만하면 청중에게 긴장을 불러일으키기에 충분하다. 약간의 '극작술'만 활용하면 화자는 손쉽게 자신의 우월성을 과시할 수 있다.

호흡_말할 때 가장 중요한 것은 올바른 호흡이다. 단순히 '흉식호흡'을 할 때와 달리 횡격막을 강하게 끌어당기는 '복식호흡'으로 숨을 아랫배까지 깊숙이 들이마시면 성량이 훨씬 풍부해진다. 이런 식으로 발성하면 과다한 체력 소모나 숨이 차서 헐떡이지 않고서도 크고 분명하게 말할 수 있다(LMZ 2004). 숨을 쉴 때 우리에게는 활동량에 따라 분당 8리터에서 140리터의 공기가 필요하다. 호흡을 통해서 신체유해물질의 70퍼센트가 밖으로 배출된다는 사실을 아는 사람을 별로 많지 않다. 우리는 말을 하는 동안 유해물질을 배출하여 신체적 활동력을 향상시킨다. 올바른 호흡법과 화법은 우리의 건강을 촉진시킨다(Wendler et al. 2005; Gutbeistimme 2005).

얕은 흉식호흡으로는 최대 호흡량의 25퍼센트 정도만 공기를 들이마시는 데 그칠 뿐이다. 그런데도 우리는 대개 깊은 복식호흡을 등한시한다. 흉식호흡은 어깨와 목 부위의 근육을 주로 사용하여 숨을 쉬는 것으로 하루에 최소한 24,000번 정도 수축과 이완을 반복한다. 얕은 호흡을 하면서 큰 소리로 말하려면 더 많은 공기를 성대로 흘려보내야 하므로 훨씬 더 힘이 들어간다. 그래서 목에서 쥐어짜는 소리가 나오며, 심하면 듣는 이에게 불안한 느낌마저 주게 된다. 하지만 횡격막을 사용하여 배로 숨을 쉬게 되면 폐활량을 훨씬 쉽게 호흡에 이용할 수 있다. 또 횡경막과 등허리와 배의 근육을 더 강력히 사용함으로써 어깨와 목 근육에 무리가 덜 가도록 할 수 있다. 또 흉식호흡에서보다 훨씬 더 많은 공기를 들이마시기 때문에 힘들이지 않고도 큰 소리로 오래 말할 수 있다. 몸의 자세가 바르고 긴장을 푼 상태일 때 공기유입도 가장 원활히 이루어지며, 남들에게도 좋은 인상을 줄 수 있다.

목소리는 고음·중음·저음 등 높이가 모두 다르다. 성대가 느슨하게 이완될수록 낮은 소리가 나오며, 성대가 수축되면 진동이 강해지면서 목소리도 높아진다. 성대의 크기가 길고 굵을수록, 그리고 후두가 클수록 목소리는 낮아진다. 음높이는 평소에 어떤 높이의 목소리를 내는가에 따라 테너·베이스·소프라노·알토 등으로 구분된다. 고음은 주로 비강과 전두동을 이용하고, 저음은 흉곽 아랫부분의 빈공간을 이용해서 소리를 낸다. 저음은 에로틱한 분위기를 내고, 고음은 날카롭게 경고하는 소리를 낸다. 아기가 울 때 저음의 목소리로 달래주면 곧 울음을 그치고 편안하게 잠든다.

고음과 저음의 목소리는 익숙한 경험을 떠올리게 하거나 특정한 감정을 불러일으킨다('전이'). 이런 감정은 주의력을 분산시켜 엉뚱한 결론에 이르게 할 수 있다. 고음으로 말하는 사람은 불안정하고 무능력한 인상을 풍기기 때문에 말한 내용도 가치와 신뢰를 얻지 못한다. 반면에 저음의 목소리는 안정되고 자신만만한 느낌을 준다. 하지만 바로 그 때문에 저음으로 하는 말은 듣는 사람을 지치게 만들어 고음과 마찬가지로 내용에서 벗어나게 한다. 이런 목소리로 복잡한 메시지를 전달하면 의도한 바를 제대로 달성하기 어렵다. 이 문제는 중음을 사용하여 해결할 수 있다. 중음은 가장 큰 공명공간에서 만들어진다. 중간 음역의 목소리를 사용하면 힘들이지 않고 오랫동안 말할 수 있으며, 청자에게도 편안한 느낌을 주게 된다. 중음의 목소리는 가치중립적으로 들리기 때문에 화자의 목소리로 인해 내용에 집중하지 못하는 일도 발생하지 않는다. 중음의 목소리를 찾으려면 다양한 높이의 음을 소리 내어서 그 중 가장 쉽고 편하게 나오는 높이의 음을 확인하면 된다. 중음의 목소리는 내용에 맞추어 단어와 문장을 강조할 수 있다. 장례식장에서 조의를 표하거나 즐거운 소식을 전할 때 특히 유용하다. 이처럼 중음의 목소리도 특정한 감정을 불러일으킬 수 있지만 이것은 대상(사실 차원)이나 청자(관계 차원)와 관련된 감정이다.

하루에 몇 분 정도만 발성연습을 하면 충분히 자신의 목소리를 개선시킬 수 있다. 예를 들면 아래와 같이 연습한다(Heigl 1991).

- 입을 벌리고 다양한 높이의 음을 소리낸다.
- 입을 다물고 다양한 높이의 음을 소리낸다.
- 짧은 문장을 점점 강세를 높이면서 말한 뒤 다시 강세를 낮추면서 말한다.
- 짧은 문장을 각 단어마다 강세를 똑같이 주면서 말한다.
- 시나 짧은 텍스트를 과장되고 또렷한 강세와 함께 소리 내어 읽는다. 이때 깊은 호흡에 특히 주의를 기울인

다. 한 소절마다 숨을 한 번 들이마시고 내쉰다. 그리고 잠시 멈추었다가 다시 숨을 들이마시고 소리 내어 읽기를 계속한다. 이때 문장을 천천히 읽음으로써 청자에게 무언가를 생각하고 우리가 하는 말을 잘 따라올 수 있는 시간적 여유를 준다면, 청자는 우리의 말에 더욱 귀를 기울이게 된다.

듣기 좋은 목소리는 효과적인 의사소통에 꼭 필요한 요소다. 적절한 훈련이나 전문가의 도움을 받는다면 목소리를 개선하는 것도 가능하다. 다른 비언어적 표현방식과 마찬가지로 말하는 행위와 목소리는 정서적 사건과 배후에 자리 잡은 태도, 그리고 모델링의 영향을 많이 받는다. 사람을 뜻하는 라틴어 단어 'persona'는 'per sonare', 즉 '소리의 울림'에서 유래한다. 목소리는 육체적 표현수단이므로 항상 연습하고 다듬어야 한다. 발성연습과 목소리 훈련법은 CD나 인터넷을 통해서 쉽게 구할 수 있다.

웅변술_웅변술(rhetoric '수사학'으로 번역되기도 하는 이 단어의 그리스어 어원은 '말의 기술'이라는 뜻이다)은 목표하는 바를 달성할 수 있도록 말을 의도에 맞추어 제대로 표현하는 기술을 뜻한다. 의사소통능력은 어떤 속임수나 약삭빠른 전략에 의해서가 아니라 잘 가꾸어진 인격, 신뢰할 만한 태도, 일관된 행동에 기초한다. 누군가가 말을 할 때 듣는 이들은 대부분 그 사람의 카리스마와 목소리에 먼저 주목한다. 말하는 내용은 그 다음이다. 자연스럽고 자신감 넘치는 말투는 상대방에게 영향력을 행사한다.

　많은 군중을 상대할 때는 말이 더욱 중요하다. 회사의 업무회의나 방송토크쇼와 달리 청자와 직접 대화할 기회가 전혀 혹은 거의 없기 때문이다. 여기서는 직접 대화를 주고받지 않으면서 상대에게 최대한 강한 영향력을 행사해야 한다.

　담화 형태로 이루어지거나 편지나 이메일처럼 글로 작성되는 자유로운 진술에서 화자는 특정한 '가정^{thesis}'과 '전제^{premise}'를 출발점으로 삼아서 자신의 '논거^{argument}'를 구성한다. 또 이런 요소들과 거기서 나온 추론들을 의도적이고 체계적으로 배치하여 상대를 설득하고자 노력한다. 이때 점점 더 인상적인 주제나 가정, 논거가 제시됨으로써 관심과 긴장이 생겨난다. 관심과 집중력의 부족, 오해, 내적 저항감 등은 말이나 글을 통한 진술이 목적을 실현하지 못하게 방해한다. 실패율을 최대한 낮추기 위해서 웅변술이 개발되었지만 이 방법을 이용하려면 약간의 비용 지출을 감수해야 한다. 웅변술을 잘 익히면 성격과 자존감 발달에 도움이 된다.

　연설의 유형_웅변술에서는 연설의 기본유형을 몇 가지 형태로 구분한다. 각 유형은 연설자에게 각기 다른 요구를 제시하며 서로 조합될 수 있다. 연설자는 자신이 말을 꺼내는 이유부터 명확히 알아야 한다.

논쟁적 연설

설득연설 혹은 법정연설이라고도 불리는 이 연설 유형의 목표는 최대한 훌륭한 논거를 제시하여 자신의 입장을 변호 또는 관철시키고, 반대주장이나 비난을 무력화시키는 것이다. 제일 처음과 제일 끝에 말한 내용이 청자에게 특히 잘 기억되기 때문에 자신의 입장을 연설의 서두에 꺼내고 이를 확정된 사실로서 밝히는 것이 중요하다. "나는 잘못이 없습니다. 나는 그 같은 잘못된 행동을 전혀 하지 않았습니다……" 그 다음에는 중요한 반대주장들을 언급하고 이를 반박한다. 이 과정에서 자신의 입장을 옹호하는 논거를 이끌어낸다. 결론은 추론의 형태로 내린다. "지금까지의 주장들을 세심하게 검토해본 결과 모든 것은 나의 입장을 뒷받침하고 있음이 명백해졌습니다……" 이 방식은 토론이나 협상 혹은 갈등상황에 필요한 연설에도 적용된다(7장 참조).

정보연설 혹은 사실연설

이 유형의 목적은 자세한 진술을 통해서 정보를 최대한 효과적으로 전달하는 데 있다. 단 몇 문장으로 설명이 끝나는 설명서나 보안설명서 등에도 똑같이 적용된다. 내용이 지루하고 복잡할수록 설명을 더욱 매력적으로 제시해야 한다. 여기서도 사전에 동기부여 상황을 미리 규명하는 것이 좋다. 그래야만 연설 내용이 청자의 관심에 잘 닿을 수 있다. 이는 박람회나 고객 상담 등 어떤 아이디어나 상품을 홍보하는 경우에 적용된다.

사회연설

이 연설 유형은 행사나 모임을 기념하고 소속감이나 참여를 촉진한다. 사회연설은 사회적·가족적·기업적 의식의 기본적 구성요소다. 여기서는 목표나 내용보다 시스템을 안정시키는 효과가 더 중요하다. 시스템은 이런 형태의 연설을 통해 자기 자신과 구성원에게 경의를 표한다. 사회연설은 보통 다음과 같은 상황을 계기로 이루어진다.

인사/작별_새로운 만남·재회·행사개최에 대한 기쁨을 표현하거나, 좋은 경험과 성취가 함께 했던 모임이 끝났음을 말한다. 작별은 안타까움이나 슬픔을 동반한다. 이때는 대부분 만남을 지속하거나 재회하고픈 소망을 이야기한다.

축하연설_특별한 행사(크리스마스행사, 개업식)·기념일(은혼식, 생일)·공로(위험에 처한 사람 구원)·성취(월드컵우승, 시험통과) 등과 관련된다. 이럴 때는 행사, 사건의 전모, 행위자에 대해서 최대한 좋은 이야기를 전한다.

오락연설_축제나 파티 등의 자리에서 참석자들이 흥겹게 느낄 수 있도록 분위기를 유도한다. 이를 위해서는 청중의 사고방식·취향·감수성 등을 미리 살펴서, 너무 복잡한 지적 유희로 부담을 주거나 반대로 너무 수준 낮은 농담으로 지루하게 만들지 않도록 주의한다.

추도연설_존경하는 인물이나 사랑하는 사람을 잃은 아픔을 표현한다. 먼저 그 사람의 인품이나 업적을 치하하는 게 좋다. 이 연설의 중요한 기능은 가족과 친지들에게 위안과 정서적 도움을 주고 죽은 이에게 작별을 고하는 것이다. 이와 결합된 의식은 정신건강을 위해 매우 중요하다. 슬픔을 적절히 해소하지 못하고 너무 성급하게 억누르면 심리적 혼란과 우울증이 나타날 수 있다(5장6 참조).

사전준비_모든 연설은 내용에 대한 철저한 준비가 선행될 때 빛을 발한다. 연설의 사전준비는 다음과 같은 방식으로 이루어지는 것이 좋다.

목표설정

"나는 여기서 무엇을 얻고자 하는가?"를 묻기 전에 말하려는 주제가 청중이나 대화상대에게 얼마나 공감을 얻을 수 있을지를 살펴야 한다. 청중이 주제에 흥미를 느끼고 충분한 사전지식을 갖고 있느냐 그렇지 않느냐에 따라 접근 방식이 달라지기 때문이다. 상대방이 연설 주제와 어떤 관계를 맺고 있을지를 먼저 숙고한 뒤 관련된 물음으로 연설을 시작하는 것이 좋다. 구성원이 다양할 경우에는 발생할 수 있는 저항감을 최소화하거나 적절히 해소할 수 있도록 준비한다. 많은 저항이 예상된다면 짧은 간격으로 여러 개의 중간목표를 설정하는 것이 좋다.

관심이나 목표가 분명할 때

그것들이 서로 어떤 관계에 있으며, 서로 모순되지 않는지 검토한다. 어떤 우선순위로 목표를 추구할 것인지, 여기서 어떤 중간목표가 생겨날 것인지도 살핀다. 자신이 원하는 바를 정확히 알고 있다면 이제 어떻게 도달할 수 있을지를 고민한다.

그 다음으로 '구성'에 대해서 생각한다. '구성'의 형식은 다음의 요소들로 이루어진다.

도입_참여자들에 맞추어 주제를 소개한다. 이때 참여자에 대한 동기부여에 특히 주의를 기울인다. 자세한 내용 설명은 일단 보류하고 청자의 흥미를 돋우는 데 역점을 둔다. 앞으로 다룰 하위주제에 대해서 전체적으로 조망해보는 것도 좋다.

본론_주제를 본격적으로 다룬다. 이야기 순서를 참여자의 동기부여에 따라 정해서 저항감을 없앤다. 그 외에는 논리적 일치와 정확성을 추구한다. 방법은 두 가지가 있다. 하나는 일반성에서 특수성으로 이야기를 전개하는 방법이다(연역적 접근). 여기서는 주요 원칙에서 출발해서 이들이 구체적 개별사례에 대해 갖는 의미를 밝힌다. 다른 하나는 전형적인 사례에서 출발해서 일반적 결론을 도출하는 방법이다(귀납적 접근).

결말_가장 중요한 내용을 다시 한 번 요약한다. 결론을 이끌어내고 앞으로 해야 할 일을 언급한다.

연설의 '완성'

정해진 순서에 따라 마무리한다. 이때 사고의 명확성과 논리적·심리학적 무모순성이 중요하다. 개별적인 생각들을 카드나 칠판에 적은 뒤 하나씩 정리하는 것도 도움이 된다. 연설의 주제에 생각을 집중시키면 입장의 장단점과 한계 등을 명확히 알 수 있다. 청자를 납득시킬 수 있는 방법은 세 가지다. 윤리적 논거와 함께 도덕적 양심('에토스ethos')에 호소하거나, 감정을 통해 연민('파토스pathos')에 호소하거나, 논리적 증명을 통해 이성('로고스logos')에 호소하는 것이다. 발생 가능한 저항과 반론을 미리 파악할수록 그것을 무력화시키는 일도 수월해진다. 자신의 생각, 참여자들의 동기부여, 주장의 연결고리 등이 선명해지면 적절한 개념과 문장, 언어적 구성 등에 대해서 숙고한다.

프레젠테이션과 시간 관리의 '평가'

프레젠테이션의 핵심은 대상, 특히 청자에게 맞추어진 언어적·문체적 형식이다. 모든 전문분야·업종·환경·가정은 고유한 모델링·개념·언어습관·이미지를 지닌다. 이런 것들은 참여자들이 자신과 동일시하는 요소들이므로 중요하게 다루어야 한다. 단어를 적절하게 선택하고 목소리를 분위기에 맞게 조절하는 것이 중요한 이유도 바로 여기에 있다. 특히 참여자들의 동기부여를 소홀히 취급해서는 안 된다. 어떻게 해야 그들의 주의를 집중시킬 수 있을지 진지하게 고민하도록 한다. 제스처와 목소리는 참여자들이 호감과 신뢰를 느끼도록 하는 데 중요한 역할을 한다(1장10 참조).

청중의 주의를 집중시키려면

연설자는 활기찬 언어와 풍부한 표현, 다양한 예시와 비교를 제시해야 한다(Kürsteiner 1999). 그래야 듣는 사람이 말하는 내용을 눈앞에 구체적으로 그려볼 수 있다. 매력적인 인용구와 농담도 연설을 풍부하게 만들어준다. 이런 요소들은 이해를 도울 뿐만 아니라 다양한 자극을 통해 연설 내용을 청자의 장기기억에 각인시켜준다. 이때의 미덕은 간단명료함이다. 이미지·비유·인용은 짧고 의미심장해야 한다. 하지만 내용에 관한 진술은 자세할수록 좋다. 추상적인 표현은 참여자들을 지치게 만들어 듣고자 하는 의욕을 꺾어버리기 쉽다. 질문도 주의를 집중시키는 데 효과적이다. 전문용어나 외래어는 내부자들의 모임이 아닌 경우 설명을 보충하도록 한다.

낭독, 아니면 즉흥연설?_연설원고를 미리 작성할지 여부도 생각한다. 단어 하나하나에 의미를 두어야 하는 뜻 깊은 행사용이 아니라면 굳이 원고를 작성할 필요가 없다. 미리 써놓은 글을 읽는 것은 대부분 자유로운 즉흥연설보다 못하다. 좋은 효과를 얻으려면 원고를 어떻게 활용할 것인지도 연구해야 한다. 대부분 연설의 각 항목에 대한 기본적인 생각을 메모해놓은 원고가 바람직하다. 중요한 부분은 좀 더 자세히 작성하거나 재미있는 유머 따위를 첨가해 놓아도 좋다. 연설 내용만 머릿속에 잘 정리되어 있다면 즉흥연설도 결코 어렵지 않다. 사전준비가 잘 되어 있거나 연설 경험이 많을수록 메모지에 덜 의존하게 되지만, 적시에 메모한 내용을 참고할 수 있다면 안정감을 확보할 수 있다. 파워포인트 프레젠테이션이나 슬라이드 같은 시각적 기술은 이에 비해 심리학적 의미가 떨어진다. 이런 것들은 내용과 구성이 일치하고, 연설자가 신뢰감을 줄 수 있을 때만 가치가 있다.

다음으로 중요한 것이 바람직한 시간관리time management다. 먼저 연설에 소요되는 전체 시간을 기록하고 각 항목과 개별적 토론에 적절한 시간을 분배한다. 예를 들어 자신에게 1시간이 주어졌다면 도입에 10분, 본론에 20분, 결말에 10분을 배정하고, 15분에서 20분 정도를 토론에 할애한다. 연설할 때는 반드시 배분된 시간을 엄수해야 한다.

훈련_웅변술의 안정성은 무엇보다도 '연습'을 통해서 얻을 수 있다. 그러므로 기회가 있을 때마다 수사적 능력과 발성능력을 향상시키기 위해 노력해야 한다(Heigl 1991). 최선의 훈련법은 '비디오컨트롤'을 통한 연습이다. 연설하는 장면을 비디오카메라로 촬영하고 나중에 이를 보면서 분석하고 평가하는 것으로 가장 명료하고 솔직한 피드백을 구할 수 있는 방법이다. 게다가 자기 자신을 알 수 있는 기회도 제공받는다. 비디오훈련은 전문가의 도움 없이 집에서 혼자 하거나 자조그룹 구성원들과 함께 실시할 수 있다.

연설이나 글은 모든 참여자와 대화를 나누면서 분석하고 규명하는 것이 가장 좋다. 직접 대면한 상태에서는 언어적·비언어적 표현에 대한 반응이 전혀 다르다. 참석자의 질문이나 저항의 수준도 마찬가지다.

대화 중의 행동_우리는 잘 다듬어진 콘셉트와 구성을 통해서 대화를 자신의 의도대로 이끌어나갈 수 있다. 그러기 위해서는 먼저 자신이 얻고자 하는 바가 무엇인지, 관심을 어떻게 표현하려고 하는지부터 생각해야 한다. 사전준비를 충분히 하면 청중의 물음이나 이의제기를 어느 정도 예측할 수 있다. 물론 이것들을 자신의 연설내용에도 반영할 수 있다. 대화에서 자주 사용되는 질문형식은 다음과 같다.

- 정보 질문_"얼마나 시간이 있습니까?"
- 해명 질문_"그 말은 무슨 뜻입니까?"
- 양자택일 질문_"오늘과 내일 중 어느 날이 더 좋습니까?"
- 동기유발 질문_"도대체 그걸 어떻게 해냈습니까?"
- 수사적 질문 또는 암시 질문_"당신도 그렇게 생각합니까?"
- 함정 질문_"우리를 금방 찾을 수 있었습니까?"

　　(질문자는 대화상대의 숙련도나 방향감각을 테스트하고 있다).

대화나 질문을 하는 동안 집중해서 잘 들으면 대화상대를 세심하게 살필 수 있다. 거짓이나 틀린 주장을 찾아내어 적절히 대응하기도 수월해진다. 명확한 언급을 기대한다면 너무 오래 지체하지 말아야 한다. 또 상황에 대한 통제력을 잃지 않도록 주의한다. 때로는 다른 사람들의 관심을 유지하기 위해서 일부러 기대에 어긋나게 행동할 필요도 있다.

도발, 공격, 간섭에 대한 대처_협상파트너·매니저·판매자·경쟁자 등은 자신의 이익을 위해서 우리를 떠보거나 기를 꺾으려 애쓴다.

하지만 다른 사람들의 부적절한 행동은 우리가 책임질 영역이 아니다! 설사 다른 사람이 잘못된 행동을 보이더라도 우리는 공손하고 정중하게 말해야 한다. 그렇게 하지 않는 것이 오히려 부당한 짓이다.

부적절하고 공격적인 행동은 대부분 무력감에서 비롯된다. 무력감은 옛 감정이 현재 상황에 전이된 탓이다. 전이행동이 보일 때에는 적당한 거리를 유지하면서 공격자의 감성에 말을 거는 것이 최선이다. 감성적 접근방식은 상대방에게 지금처럼 행동해도 개의치 않는다는 신호를 보내는 것이다. 이런 전략을 구사하면 좀 더 다양하고 폭넓게 대응할 수 있다(Cicero/Kudernat 2001). 이 전략을 좀 더 정교하게 구사하려면 구체적인 대답을 미리 준비해놓아야 한다. 표현이나 단어는 대화상대에게 맞게 선택한다. 가령 고위 공직자를 만나면 이웃이나 동료를 상대할 때와 다른 식으로 말한다.

질문을 받으면 즉시 대답하지 말고 역질문을 던져보라. 상대방이 놀랄 것이다. 이런 식으로 대응하면 스스로 자신감이 생길 뿐만 아니라 상대방에게 수준 높은 요구를 할 수 있다. 하지만 성공요인을 명심해야 한다. 반어적 표현을 쓰거나 무시하는 태도를 보이는 것은 바람직하지 못하다. 불필요한 도덕적 의심을 사게 될 따름이다. 일단 이런 의심을 받게 되면 앞으로 어떻게 발전하게 될지 아무도 예측할 수 없다.

마지막 손질_끝으로 자신의 콘셉트를 세심하게 검토한다. 완성도·오류·결론에 특히 주의를 기울인다.

도발	대답 가능성	상대방에 대한 효과
일정을 잡기 힘들다	이 문제가 별로 중요하지 않은가보죠?	자신의 행동에 대해 생각하고 변명하게 된다; 행동이 조심스러워진다 (특히 물음이 거듭될 때); 우리가 공격적으로 반응한다는 사실을 알게 된다.
제3자를 통해서 이야기 한다	직접 연락을 하거나, 필요하면 편지를 보낸다: 혹시 저와 접촉을 피하시는 겁니까?	
의도적으로 정보를 감춘다	정보를 다 내주기가 두려우신가요?	자신의 행동을 돌아보게 된다; 우리가 공격적으로 반응한다는 사실을 알게 된다. 말을 다 끝낼 때까지 기다리지 않는다
기다리게 만든다	10분 뒤에 자리를 뜨고 나중에 직접 연락한다: 혹시 저와 만나기 싫으신가요?	
인사를 곧바로 하지 않거나 불친절하게 한다	저와 이야기하기가 불편하신가요? 뭐 언짢은 일이라도 있으셨나요?	
말을 다 끝낼 때까지 기다리지 않는다	당장 말을 중단한다: 무슨 바쁜 일이라도 있습니까?	상대방의 말을 끊고 자신의 생각을 곧장 말하는 것은 상대방의 사고 과정과 정서적 과정에 직접 개입해서 자성을 촉구할 수 있게 해준다. 지루한 표정으로 창밖을 보거나 서류를 뒤적인다
말을 중간에서 자른다	당장 말을 중단한다: 이게 마음에 들지 않습니까?	
거부하는 듯한 제스처나 말을 한다	당장 말을 중단한다: 제 말이 불쾌하신가요?	
자꾸 시간적 압박을 가한다	너무 불안하십니까?	
지루한 표정으로 창밖을 보거나 서류를 뒤적인다	지루하세요? 또는: 제가 귀찮게 굴고 있나요?	자기 생각을 곧장 말하는 것은 상대의 사고 과정과 정서적 과정에 직접 개입해서 자성을 촉구할 수 있게 해준다. 꼬치꼬치 캐묻는다 / 그러는 의도를 묻거나 똑같이 질문을 던지며 꼬치꼬치 캐묻는다
하품을 한다	졸리세요? – 더 낮은 목소리로 말한다	
귀 기울여 듣지 않는다	무슨 중요하게 생각할 일이라도 있으신가요?	
꼬치꼬치 캐묻는다	그러는 의도를 묻거나 똑같이 질문을 던지며 꼬치꼬치 캐묻는다	수세에 몰린다.
무분별한 질문을 던진다	그게 궁금하세요? 무슨 말이 듣고 싶으신데요?	자신을 돌아보게 된다; 우리가 공격적으로 반응한다는 사실을 알게 된다. 모욕을 가한다
모욕을 가한다	제가 우습게 보입니까? 정말 역겨운 사람이군요!	자신을 돌아보게 된다; 우리가 공격적으로 반응한다는 사실을 알게 된다; 공격하고픈 흥미를 잃는다.

그림 30 부적절한 행동에 대한 심리학적으로 노련한 대답 가능성들

프레젠테이션 준비_대화나 연설이 어떤 공간에서 이루어지는지 미리 확인하면 좀 더 쉽게 음향에 적응할 수 있다. 마이크가 있는지, 있다면 어떻게 사용하는지, 음향기기에 문제가 생기면 누구를 찾아야 하는지 등을 꼼꼼히 점검한다(기술자의 휴대폰 번호를 알아둔다). 프로젝터나 비디오기기를 사용해야 할 경우 준비가 가능한지도 미리 확인한다. 조명 상태 점검도 중요하다. 책상이나 음료수가 필요한지, 실내장식이 방해가 되지는 않는지도 확인한다. 복장규정이나 관례에 대해서도 미리 문의해서 자신의 차림새가 튀지 않도록 주의한다.

갈등을 적극적으로 관리하라

사고방식이나 목표는 사람마다 다르다. 참여자들의 입장이 일치하지 않을수록 의사소통에 대한 요구가 더욱 높아진다. 이럴 때는 목표 갈등을 건설적으로 해결하도록 합당한 방안을 찾는다. 아직도 조화로운 관계에서는 갈등 따위가 존재할 수 없다는 잘못된 모델링을 지닌 사람이 의외로 많다('조화의 신화'; Ferreira 1980). 이런 생각은 일치와 조화에 대한 강박이나 이탈행위에 대한 거부감과 결합되어 장애요인으로 발전하기 쉽다. 그러므로 가능한 한 자주 사람들과 함께 대화를 나누고 각종 주제를 체계적으로 다룸으로써 정보와 토론의 수준을 서로 비슷하게 만들어야 한다.

문제는 사람들이 미처 준비가 안 된 상태에서 어떤 주제에 부딪칠 때 발생한다. 특히 전승된 의사소통패턴이나 그와 결합된 모델링과 기대는 골치 아픈 문제를 일으킨다. 인습을 문제 삼는 것이 금기시되는 상황에서는 더욱 그렇다. 이때 의사소통 과정에 대해서 이야기를 나누는 것('메타커뮤니케이션')은 참여자들에게 상처를 주거나 수치심을 안길 위험이 있다. 다른 사람들에게 무엇을 어떻게 말하고 행동하는 게 좋을지 물어본 다음 최선의 만족을 이끌어내는 것이 가장 바람직하다. 이런 물음은 의사소통에 대해 언급하지 않은 모델링과 기대를 찾아내서 확인하게 해준다.

- 참여자들은 각 개인들의 모델링에 대해서 더 많이 알게 된다.
- 물음은 긍정적 관계의 기회를 제공한다.
- 참여자들이 직접 자신의 모델링을 밝히기 때문에 상처 받을 위험이 줄어든다.
- 참여자들은 모델링의 다원주의를 허용하는 건설적인 관계 모델을 체험한다.

기능적 의미_일상의 복잡한 구조 안에서 작동하는 수많은 기능의 관계는 우리의 행동이 미칠 결과나 영향을 가늠하는 것만큼 불확실하고 불명확하다(Grawe 1998). 가령 남의 말을 귀담아 듣지 않거나 호의를 무시하는 것은 상대방을 심하게 모욕하는 행동이다. 상대방이 퉁명스러운 행동을 보일 때는 화를 내지 말고 그들이 어떤 스트레스에 시달리고 있는지 살핀다. 물론 중·장기적 발달도 고려한다. 예를 들어 좋지 않은 식습관과 생활태도는 병에 걸리거나 일찍 죽게 될 위험을 높인다. 그러므로 일상생활에 어떤 기능적 연관성들이 발생하는지, 이것이 우리의 삶의 질에 어떤 영향을 미치는지를 수시로 점검한다. 몇 가지 특별한 발견전략은 가설을 수립하는 데 꽤 유용하다. 가령 시간과 조건의 연관성을 생각해보자. 음식을 먹은 뒤에 속이 거북해졌다면 식중독에 걸렸을 수도 있지만, 이미 어떤 인자에 감염된 탓일 수도 있다. 이처럼 작업가설을 개발한 뒤, 이를 탄력적으로 운용하면서 필요한 경우 변경시키거나 더 나은 가설로 대체하는 요령이 필요하다. 문제나 갈등이 발생했을 때 이것이 지속됨으로써 가장 이득을 얻는 사람이 누구인지, 무언가 바뀔 때 제일 손해를 보는 사람이 누구인지를 묻는 것도 유용한 작업이다. 언뜻 보아서는 잘 알 수 없는 연관관계를 파악할 수 있기 때문이다.

각 조건의 구조를 명확히 들여다볼 수 있다면 공동의 관심사와 서로 다른 관심사를 어떻게 유지할 것인지 고민해본다. 이때 가치관의 차이를 염두에 둔다.

생활세계적 평가 상황·자원·문제에 대한 생활세계적 평가는 크게 엇갈릴 때가 많다. 이것은 다양한 갈등을 발생시키는 요인이 된다 (Grawe 1998). 가령 세계관과 관련된 문제에서 가치와 평가를 공유하는 것은 관계를 쌓고 불안과 갈등에 대처하기 위한 중요한 공동기반이다. 가족의 공동생활, 성실성, 과실과 공로 같은 일상의 문제에 대해서 서로 다른 생활콘셉트를 지향하는 것은 구성원들의 자아상과 밀접한 관련이 있다. 정체성에 근접한 이런 모델링과 그로 인한 기대가 충족되지 못했을 때 우리는 쉽게 자존감에 상처를 입고 다투게 되며, 다툼은 다시 감정폭발로 이어진다.

　양가적 갈등은 모순된 모델링과 자신에 대한 지나친 요구에서 발생한다(Kaiser 2007). 그러면 우리는 불분명하고 예측할 수 없는 방식으로 남을 대하거나 중요한 관심사를 간과하게 된다. 대부분의 사람들은 생활하면서 자신의 소망을 구체적으로 표현하거나 자신에 대한 생각을 명확히 밝히기를 주저한다. 그래서 타인이 그것을 알아차리기란 쉬운 일이 아니다. 자신감이 없는 사람을 대할 때는 정확히 묻는 것이 좋다. 오해를 피하고 확실성과 호감을 얻을 수 있기 때문이다. 자존감이 부족한 사람은 자신을 존중해주는 태도에 반응을 보이지 않거나 심지어 거부반응을 보이기도 한다. 무의식적으로 작용하는 방어도식 때문이다. 상대방의 방어도식을 규명할 때는 조심스럽게 접근해야 한다. 우선 대화의 흐름을 완만하게 이끌어나간다. 그러면 참여자가 특정한 주제에 몰입하려고 할 때 방해하는 것이 무엇인지, 그가 어떤 불안을 느끼는지 예측하고 물을 수 있다. 예를 들어 누군가를 칭찬했는데 당사자가 한사코 받아들이지 않을 경우, 이렇게 물음을 던져보라. "제 찬사가 부담스럽습니까?" 칭찬에 대해 상대방이 "거짓말하지 마세요!"라는 식으로 반응한다면, 그 사람은 자신의 불안정한 애착경험과 자기 자신에 대한 부정적 모델링에 근거하여 우리를 불신할 가능성이 매우 높다. 그래서 우리가 자신을 낮추어보지 않는다는 사실에 불안감을 느낀다. 이럴 때는 계속해서 다음과 같이 직접 질문한다. "제가 솔직하지 못하다고 말하시는 겁니까?" 이런 식으로 상대방이 자신과 상황을 어떻게 평가하는지 캐물어 들어가면, 여기에는 전이행동이 자리 잡고 있으며 문제의 소지가 상대방에게 있다는 사실이 명확해진다.

변화의 차원 어떤 상황에 참여한 사람들의 소망과 목표는 항상 주어진 구도의 변화와 관련이 있다. 그래서 쉽게 저항이 발생한다. 이런 '이해갈등'에 건설적으로 대처하기 위해서는 먼저 참여자들의 목표와 그 배후에 깔린 요구가 무엇인지부터 조사해야 한다. 세부적으로 상황을 분석하여 문제의 구조를 다양한 수준에서 규명해야 한다는 뜻이다. 이때 생활상황뿐만 아니라 모델링, 강화된 흥분반응, 참여자들의 신경심리적 도식도 관찰의 대상이 된다. 이렇게 얻은 정보를 통해서 우리는 모든 일이 지금처럼 진행된다면 앞으로 어떤 일이 벌어질 것인지 좀 더 명확하게 인식할 수 있다. 또 중·장기적 관점에 대해 올바르게 평가할 수 있다. 해결 지향적 접근이란 참여자들이 어떤 목표를 공유하고 있는지 함께 찾아나가는 것을 말한다. 이렇게 접근하다보면 결국에는 해법을 찾게 된다. 그 다음은 출발상황으로 되돌아가서 어떤 자원이 확보되어 있는지, 무엇이 부족하고 어떤 장애물이 제거되어야 하는지 등을 검토한다. 그러고 나서 접근방식에 대한 구체적인 계획을 마련한다. 이때 절차적·시간적 자원과 위험 요인들을 함께 고려한다. 계획을 실행에 옮길 때는 진행과정을 세심하게 관찰하고 목표를 향하여 올바르게 나아가고 있는지를 점검해서 뜻밖의 사태가 발생하지 않도록 한다.

8 지식과 감정을 공유하는 네트워크

자조그룹은 공동의 관심사나 문제를 지닌 사람들이 서로 도움을 주고받기 위해서 결성한 것이다. 만성질병이나 희귀질병 또는 극심한 스트레스 상황은 자조그룹을 결성하는 주된 계기다.

현재 독일에 있는 10만여 자조그룹은 대략 350만 명의 당사자와 가족들이 서로 경험과 정보를 교환하고 실제적, 정서적 도움을 얻어가는 플랫폼 역할을 한다(Kanne 2005). 기본원칙은 "함께 나누면 고통도 절반", "뭉치면 더 강하다"이다. 구성원들이 지식과 감정을 공유하므로 문제 해결에 도움이 많이 된다. 반면에 가족이나 친구, 친지들은 아무런 도움도 주지 못한다. 심지어 매몰차게 외면하는 일도 비일비재하다. 이럴 때 당사자들끼리 만나서 새로운 사회네트워크를 구성하는 일은 대단히 중요하다. 자조그룹의 특징은 전문가의 지도 없이 자발적으로 조직되어 운영된다는 점이다.

자조그룹에서는 의사나 치료사 같은 전문 인력을 대체해서는 안 된다. 하지만 전문가들은 환자의 친구나 친지가 되어 그들의 사적인 욕구를 충족시켜줄 수 없다. 그러기를 원하지도 않는다. 전문가의 기능과 자조그룹의 기능은 부족한 부분을 상호 보완한다.

자조그룹은 누구나 결성할 수 있다. 다만 낯선 사람들과 함께 모여 공동으로 행동하고 참여할 수 있도록 마음의 준비를 해야 한다. 지역의 관련센터나 신문, 인터넷 등의 채널을 통해 자조그룹이나 비슷한 처지의 사람들을 찾을 수 있다. 병원이나 의사, 사회복지 관청과 단

체 등도 자조그룹의 연락처나 주소를 가지고 있으며 모임장소를 제
공하기도 한다. 자조그룹 활동은 임금이 지불되지 않는 무료봉사를
원칙으로 한다.

7장

심리학 지식을 생활에 적용하기

1 건강과 발달촉진을 위한 심리요법

심리요법psychotherapy 그리스어 'psychotherapeia'는 영혼의 치료나 돌봄을 뜻한다이란 과학적 방법으로 인간의 행동이나 경험 및 그 기저에 깔린 신경심리적 구조에 일정한 영향을 미치는 행위를 뜻한다(Norcross et al. 2006). 문제의 종류에 따라 다양한 심리요법이 사용되며, 치료사는 환자의 무의식적인 신경심리적 과정이나 배경을 탐구하거나 생활콘셉트 · 모델링 · 감수성 등을 환자와 더불어 규명해나간다. 이때 개인적 발달과정과 신체적 건강상태, 자동화된 생활습관, 가정이나 직장 같은 주요 생활환경과 시스템을 고려한다. 그럼으로써 질병이나 바람직하지 못한 삶의질과 같은 문제의 원인을 규명하고, 필요한 경우 문제요인들을 변화시킬 수 있다.

심리요법은 효과가 좋은 만큼 위험의 소지도 높으며, 법적으로 치료행위에 속한다. 따라서 관련법규에 의거해 면허를 받은 심리학자나 의사가 시행하는 것이 원칙이다. 강력한 작용력과 폭넓은 치료범위, 법적 규정, 학문적 성격 등은 심리요법을 다른 형태의 전문적 혹은 인간적 도움과 구분 짓는다. 그밖에도 심리요법은 국제적 연구수준에 맞추어 학계가 마련한 공식적 진료규정에 따라 치료행위를 실시한다(AWMF 2006). '진료'는 일부 사설 의료기관이나 비교집단에서 행해지듯이 개인적인, 혹은 전승된 경험만으로 함부로 실행해서는 안 된다. 성직자나 사회복지사 등과의 상담 역시 그것이 심리치료 방법을 적용하는 것이라 해도 제대로 된 심리요법이라고 볼 수 없다. 정신과에서 이루어지는 기초적인 정신신체적 상담과 진료도 환자에게 심리요법에 따른 치료의 필요를 일깨워주거나 보조적 진료수단으로서만 활용될 수 있을 뿐이다. 정신과 상담은 결코 전문적 심리요법을 대체할 수 없다.

심리요법을 받는 이유와 목적

심리요법의 목적은 건강과 발달을 촉진시키고, 정신적으로나 육체적으로 약화되는 것을 예방하고 치료하는 데 있다. 또 심리적 기능과 역량, 기본적 인간관계와 시스템을 개선하여 삶의 질을 더욱 바람직하게 가꾸어준다. 심리요법의 성공 여부를 가늠하는 기준은 다음과 같다.

- 근본적 문제영역에서의 목표달성, 증상제거.
- 치료성과에 대한 환자의 만족.
- 낙관적이고 여유로운 태도의 증가.
- 인간관계에서의 문제발생 빈도 저하.
- 주관적 생활만족도 증가와 삶의 질 향상.

문제해결에 필요한 다양한 접근 방식

심리요법이 '효과적'이며 '무해'하고 '경제적'이라는 증거는 많다. 이것을 최대한 효율적으로 적용하려면 무엇보다도 성공적 대인관계와 결부된 요구들을 충족시켜야 한다(Lambert 2004; 6장6, 그림 32 참조). 이때 관련된 작용요인과 작용차원은 환자를 돌볼 때 심리치료사들이 특히 주의를 기울여야 하는 조건들이다. 이런 조건이 잘 충족되면 환자가 자신이 원하는 대로 생활하고 행동할 수 있으며, 인간

	시스템차원	관계차원	의사소통	의미	평가차원	변화
감정이입						
존중과 격려						
동기부여적 설명						
역량						
성실과 충직						
절제와 불편부당						
자원활용						
문제해결과 역량 전수						

그림 32 성공을 위해 중요한 작용요인과 작용차원

관계나 외적 환경을 스스로 선택하고 가꾸어나갈 능력을 갖게 된다.

관련 연구단체들은 여러 해에 걸쳐 다양한 심리요법들과 치료과정을 조사 · 연구했다. 그 결과 심리치료 과정에서 어떤 작용요인과 작용차원이 환자들의 다양한 요구와 상황에 대해 중 · 장기적인 의미를 획득하는지 상세히 밝혀졌다(Grawe 2004; Norcross et al. 2006; 6장6, 그림 32 참조). 충분히 입증된 작용요인과 작용차원을 활용하는 것은 환자들의 행동을 적절히 억제하고 바람직한 정서적 · 인지적 극복전략을 개발하는 데 도움이 된다. 환자는 새로운 문제해결 방식과 사고유형을 전수받고, 그럼으로써 자기 자신과 주변사람들을 새로운 방식으로 대하는 법을 익힐 수 있다. 또 심리요법을 통해서 자신의 욕구를 충족시키는 경험도 쌓게 된다. 이 모든 것은 뇌에 새로운 신경망을 발생시키고 바람직한 신경심리적 도식을 발달시킴으로써 환자들이 변화된 생활습관과 반응유형을 가질 수 있게 돕는다.

심리요법은 문제를 관계패턴 안에서 분석한다. 따라서 심리치료 작업에서는 환자의 파트너와 가족들, 그리고 사회적 네트워크를 매우 중요하게 여긴다. 이것은 대인관계나 가족들에게서 발생하는 부정적 영향을 해소하고, 관계 자체의 성격을 변화시키는 데 매우 중요하다. 파트너십 · 가정 · 직장 등의 관계에서 환자가 스트레스를 강하게 받는 경우 당사자를 직접 치료에 끌어들이는 것이 좋다. 파트너십이나 가정의 스트레스 구조와 문제가 심리적 장애의 주요 원인일 경우에는 환자 개인에 대한 치료보다 파트너치료나 가족치료가 우선되기도 한다.

치료에 성공하려면 무엇보다도 환자가 이에 적극적으로 참여하고 협조할 수 있도록 유도해야 한다. 환자들은 치료시간에 불편한 주제에 대해서 끊임없이 이야기하고, 힘든 훈련도 받아야 한다. 쉽지 않은 과정임에 틀림없다. 하지만 이를 통해 심신이 건강해지고 삶의 질이 개선된다면 충분한 보상을 받는 셈이다. 환자의 동기부여가 부족하거나 저항감이 강하면 일정한 효과를 기대하기가 힘들다. 이런 경우 환자는 오랜 기간 치료를 받게 되고, 결국 심리적 질환과 그에 따른 육체적 후유증은 만성화된다.

성공적으로 치료하려면 환자의 문제점과 관련된 다양한 차원들을 최대한 고려해야 한다. 정신신체적 건강상태, 가정이나 직장의 영향('시스템 차원'), 증상과 행동방식의 기능적 관련성 등에 관한 전문적 규명이 반드시 함께 이루어져야 한다는 뜻이다. 생활상황에 대한 '총체적' 관찰이 이루어질 때 비로소 환자의 요구에 대한 포괄적인 고려가 가능하다. 증상에만 집중하는 치료는 성공을 거두기 힘들다.

또 다른 주요 작용요인은 치료사의 감정이입적 태도다. 치료사는 문제의 내용에 대한 자기 입장을 유보하고, 모든 참여자에 대해서 중립적인 태도를 취해야 한다.

학파싸움에 휘말리지 않기

심리요법을 둘러싼 논쟁은 오늘날에도 여전히 진행 중이다. 인간에 대한 학파들 간의 견해와 이론적 전제, 방법론 등이 상이한 탓이다(Lambert 2004). 요즘에도 독일의 심리치료사들은 지그문트 프로이트, 칼 구스타프 융, 알프레트 아들러 등으로 소급되는 정신분석학적 · 경험심리학적 연구에 기초한 심리요법을 사용한다. 하지만 이런 학파 지향적 방법은 이제 진부한 것으로 간주된다.

수많은 연구결과에 따르면 어떤 치료법을 사용했는가보다는 그 치료법이 얼마나 세심하고 주의 깊게 적용되었는가가 환자와 증상에 결정적인 역할을 하는 것으로 드러났다. 물론 효과가 입증된 작용요인과 작용차원들을 고려해야 한다. 브루스 웜폴드 Bruce E. Wampold는 그 같은 방식으로 환자의 75퍼센트를 성공적으로 치료했다. 예민한 감수성과 주의력 같은 심리치료사의 태도와 특성이 얼마나 큰 영향을 미치는가를 보여준 결과다. 각 치료사들의 개인적 차이는 치료방법보다 더 강력한 영향을 미친다. 그밖의 다양한 치료법들도 근본적인 작용력보다는 효율성에서 더 많은 차이를 드러낸다. 행동치료와 상담치료는 정신분석학적 치료에 비해 단기간 안에 성과를 거둔다는 장점이 있다. 이는 또한 환자가 고통 받는 시간과 건강보험의 부담을 줄여준다.

심리치료사들은 반드시 경험연구를 통해서 증명된 가장 효과적이고 경제적인 치료법을 사용해야 한다. 이것은 소위 근거중심의학 EBM: evidence based medicine에서 채택한 원칙으로서, '심리요법'의 '보편적' 모델이기도 하다. 이 모델은 경험에 기초한 심리학 이론을 토대로 한 것으로 기존 심리학 학파들의 이론적 편견에서 벗어나 있다. 이 모델의 여러 요소들과 그것이 거둔 학문적 성과에 대해서는 앞에서 이미 설명했다.

왜 근거중심의 치료법인가?

근거중심의 의사소통전략과 훈련법을 통해서 심리치료사는 환자들이 자신의 문제를 더욱 깊이 있고 변화된 시각으로 바라볼 수 있도록 도와준다. 부모로부터 충분히 독립하지 못한 사람들은 부모에 대한 충성심과 파트너에 대한 충성심 사이에 갈등이 발생하면 쉽게 스트레스에 빠진다. 신경심리적 스트레스증후군은 대단히 불편하기 때문에 당사자는 내면적으로 점점 더 움츠러들고 스트레스극복에 소극적이 된다(회피행동). 하지만 이런 행동은 새로운 문제를 발생시켜서 커플관계를 더욱 악화시킬 뿐이다. 신경강화를 통한 자극일반화는 신경심리적 스트레스반응을 점점 빠르게 작동시키기 때문에 파트너 관계 및 그와 결합된 성생활은 갈수록 불편하고 불쾌해진다. 그러면 당사자는 더욱 더 부모에게 의존하게 된다. 이 같은 유아적 도피는 자존감을 약화시켜 다시 새로운 스트레스로 작용하고, 당사자는 점점 더 깊이 문제 속으로 빠져든다. 심리치료사는 바로 이 지점에서 개입한다. 특수한 의사소통전략과 훈련법을 통해서 환자가 자신의 문제를 더욱 깊이 있고 변화된 시각으로 바라볼 수 있도록 도와야 한다. 일단 문제의 내적 맥락과 모순을 발견하고 나면 내적 모델과 신경심리적 도식의 변경을 통해 관계의 변화를 도출할 수 있다. 위의 예에서 볼 수 있듯이 당사자들은 심리요법을 통해서 커플관계에 우선순위를 정하고, 애정·쾌락·자존감·정향성에 대한 욕구를 건설적으로 표현하고 충족시키는 법을 배운다. 자신에 대한 이런 요구를 죄책감이나 양가적 감정에 빠지지 않고 자연스럽게 받아들이는 법을 배우는 것이다. 심리요법을 받는 사람들은 대부분 모순된 기대를 가지고 있다. 부모와 파트너에 대해 동일한 충성심을 보이면서도 한편으로는 자율적이고 독립적인 성인이고자 원한다. 하지만 이 두 가지는 동시에 양립할 수 없다. 그래서 시간이 지날수록 점점 더 많은 스트레스와 불만이 생겨나는 것이다. 치료사의 역할은 환자가 각각의 관계에 대해 좀 더 현실적인 모델링과 기대를 갖도록 돕는 데 있다. 치료가 성공적으로 이루어지면 당사자는 성공체험을 맛보고 자존감을 고양시킬 수 있다.

환자로서 상담을 받는 사람들은 매번 최신 학문에 따른 치료를 기대한다. 하지만 적용될 수 있는 것은 오직 근거중심의 치료법뿐이다. 유감스럽게도 치료사들 중에는 간혹 개인적 선호도를 기준으로 치료에 임하는 사람이 있다. 이런 치료는 위험하고 비효율적일 수 있으므로 치료사를 선택할 때도 신중해야 한다.

약물치료는 위험부담이 크다

심리요법과 약물치료를 병행하면 가장 빨리 목표에 도달할 수 있다. 하지만 약품은 생활의 문제를 근본적으로 해결해주지 못한다. 정신적으로나 육체적으로 의존하게 될 위험도 있다. 약품이 심리요법을 완전히 대체할 수 없기 때문이다. 그럼에도 불구하고 많은 일반의들이 심리요법이 동반되지 않은 상황에서 정신약물을 처방해주는 것은 유감스러운 일이다. 이것은 중독문제를 일으킬 뿐만 아니라 건강보험에도 부담을 준다. 많은 나라에서 정신과 의사만이 정신약물을 처방할 수 있도록 규정한 것은 그 때문이다.

심리요법은 언제 사용하는 것이 좋을까?

사람의 뇌는 구조 상 자기 행동과 경험의 배후를 통찰할 능력이 없다. 결정능력이 제한되고 삶의 질을 향상시킬 기회와 가능성을 방해받는 것은 그 때문이다. 자기 자신과 가족, 그리고 우리를 둘러싼 생활조건을 특징짓는 자원과 취약성에 대해 더 많이 알수록 우리는 무엇이 자신에게 유리하고 무엇을 조심해야할지 파악할 수 있다. 심리학의 도움을 받아 행복을 유지하고 미지의 위험을 피할 수 있다면, 정신적으로 문제가 없는 건강하고 행복한 삶을 사는 사람에게도 큰 이득이다. 심리요법은 어떤 경우에든 '건강과 발달의 촉진'에 유용하다. 인생과 가족에게 중요한 '전환기'가 찾아 왔을 때 전문가의 도움을 받아 위험 발생 요인을 예측하거나 찾아내는 일은 매우 중요하다. 그래야만 위험에 대비하여 삶의 질을 최대한 높게 유지할 수 있다. 아래와 같은 경우들은 모두 심리요법을 사용하기에 적당한 시점이다.

파트너선택_파트너를 선택할 때는 출신가정에서 유래하는 자신의 자원과 취약성을 명확히 인식해야 한다. 그래야만 파트너가 될 사람과 출신가정의 자원과 취약성에, 특히 가족적 기능수행력과 개인적 역량에 세심한 주의를 기울일 수 있다(3장3 참조).

결혼준비_행복한 파트너십을 이루려면 두 사람 모두 관계 초기부터 상대방의 출신가정과 과거에서 유래하는 자원 및 취약성에 대해 이해하고 있어야 한다. 이를 통해서 두 사람은 서로 의사소통을 원활히 하고, 가족의 기능수행력과 경계를 분명히 하여 의존상태에 빠지지 않고 건강한 대화문화를 만들어갈 수 있다.

심리학적 출산준비_중요한 것은 임신기간과 출산 이후에 아기 건강을 촉진시키는 문제다(1장4, 2장1 참조). 아기가 태어난 후 처음 반년은 파트너십에서 발생하는 관계의 불만과 위험을 피하기 어려운 시기다.

시집/처가 갈등의 예방_커플관계와 다세대가족의 시스템적 기능수행력을 촉진시키는 문제가 중요하다. 갈등관리 능력과 같은 역량훈련은 가족의 화합이나 커플관계에 도움을 준다.

- 커플의 성애문화 가꾸기_관계가 오래 지속되다 보면 커플간의 성적 긴장감이 느슨해지거나 아예 소멸될 수 있다. 가끔씩 전문적인 상담을 통해 신선한 활력을 부여할 필요가 있다.
- 세대갈등_상이한 욕구와 생활콘셉트는 종종 세대 간의 교류를 어렵게 만든다. 여기서 발생하는 갈등은 다세대가정의 공동생활과 상호지원을 가로막는다.
- 개인적 애착장애와 성격장애, 이와 연결된 신경심리적

도식은 가족 간의 관계와 삶의 질에 나쁜 영향을 미친
다. 무의식과 관련된 부분을 해결하려면 시간과 비용
이 많이 든다.

- 모든 영역마다 충분한 역량을 갖춘 사람은 극소수에
불과하다. 전문적인 역량훈련은 삶의 질을 향상시키는
데 매우 중요하다.

심리요법은 건강 이상의 '예방'에도 유용하다. 또 '재활치료'의 일
환으로서 환자가 일상생활에 다시 편입할 수 있도록 도와준다. 그밖
에도 후유증을 피하고, 만성질환자·장애인·노인의 삶의 질을 높이
는 데 기여한다.

급성 질환이나 장애로 고통 받는 사람은 하루라도 빨리 전문적인
도움을 요청해야 한다. 그래야만 신경계통의 장애가 더욱 강화되거
나 파트너십·가족·직업관계가 손상되는 것을 피하고, 삶의 질을
향상시킬 수 있다.

위험과 부작용

환자가 심리치료를 받은 뒤 전보다 기분이 더 나빠지거나 일상생
활에 적응하기 힘들어졌다면 이는 환자에게 '피해'가 발생한 것으로
보아야 한다. 때때로 뜻하지 않은 부작용도 발생한다. 환자가 치료를
통해서 전보다 더 강한 자의식과 관철능력을 얻게 된다면, 파트너나
가족들과 전에 없던 갈등을 겪을 수도 있다. 이런 부작용을 피하려면

파트너나 가족을 치료에 끌어들이는 것이 좋다. 개선효과가 없거나 너무 경미하거나 일시적으로만 나타난 경우, 이것이 치료사의 능력 부족에 의한 것으로 입증된다면, 이 역시 치료 피해로 간주된다. 이런 상황은 예를 들어 치료사가 스스로 문제에 대한 경험이나 실력이 부족하다고 느끼면서도 환자를 받아들이거나 치료를 계속 진행시켰을 경우에 발생한다. 그밖에 진단과 치료계획에 결함이 있을 때도 피해가 발생한다. 치료사가 환자의 문제와 고통(작용차원)을 진지하게 받아들이지 않는 경우도 종종 있다. 커플관계·가정·직장생활의 스트레스를 심각하게 고려하지 않는 경우도 많다. 이런 일이 발생하는 이유는 많은 치료사들이 가족이나 다른 보호자를 치료에 개입시키는 방법을 활용하지 못하는 탓이다. 건강보험이 매우 한정된 범위 안에서만 적용된다는 게 가장 큰 문제다.

환자와 치료사 사이에 적절한 관계가 형성되지 못하면 심리요법의 성공확률도 낮아진다. 관계란 항상 상호적인 것이다. 모든 치료사가 모든 환자와 다 잘 맞을 수는 없다. 환자는 자신의 감정을 세심하게 살펴서 현재의 치료사에게 별로 호감이 가지 않을 때는 다른 치료사를 찾는 것이 좋다. 하지만 극도의 스트레스 상황에 있는 환자들에게 이런 선택은 무리다. 게다가 그들 대부분은 상당히 오랜 시간을 기다려서 겨우 진료의 기회를 얻은 사람들이다. 치료사가 치료의 목표나 방법을 환자의 뜻에 반하여 관철시키거나 환자의 저항을 무마시킬 역량이 부족한 경우에도 적절한 치료관계가 형성되기 어렵다.

그밖에도 문제가 또 있다. 심리치료사들은 새 환자보다 익숙한 환자를 선호한다. 대하기 편하고 과정이 수월하기 때문이다. 그래서 많은 치료사들이 환자를 불필요하게 오래 잡아두려고 한다. 이것은 환자의 발달과 독립을 해치며 의존성을 발생시킨다.

심리치료사가 오로지 문제점에만 집중하고 자원에 충분히 주의를 기울이지 않는 것도 환자에게 불리하다(Grawe 2004; 6장6 참조). 심리적 상처를 겪은 사람일수록 성공체험을 통해 자존감을 확보하려는 욕구가 강하기 마련이다. 환자들이 치료사에게 충분히 지원받고 있다고 느끼지 못하거나, 자신에게 건설적이지 못한 비판이 가해진다고 느낄 때 문제는 더욱 악화된다. 실제로 치료사 자신의 미숙한 행동 때문에 문제가 발생하는 경우도 많다. 심지어는 환자를 자신의 자존감 강화에 이용하거나 금전적 혹은 성적으로 착취하는 치료사도 있다. 이런 문제를 방지하려면 경험 많은 치료사와 학자들에 의한 관리 · 감독을 강화하여 심리치료 작업의 질적 수준을 확보해야 한다. 심리치료사들은 정기적으로 자신의 치료사례를 발표하고, 치료의 진행과정이 적절했는지 여부를 동료치료사와 성찰할 필요가 있다. 가장 쉬운 방법은 전체 상담과정을 하나도 빠짐없이 비디오로 촬영하는 것이다. 물론 환자의 동의를 받은 후 실행한다. 비디오촬영은 특정한 부분을 환자나 동료들과 함께 반복해서 보면서 분석하고 학습할 수 있다는 장점(6장6 참조)이 있다. 또 치료의 질적 수준도 높여준다. 치료사는 여기서 얻은 지식을 통해 좀 더 자신감을 갖고서 환자를 대할 수 있다. 치료가 질적으로 향상되기를 원한다면 환자 쪽에서 먼저 비디오촬영을 요구하는 것도 좋다.

2 심리상담의 여러 가지 주제들

심리상담의 주제는 천차만별이다. 상담소를 찾는 사람들 대부분은 비록 심한 스트레스 상태에 있긴 해도 엄격한 의미에서 볼 때 환자는 아니다. 그들이 호소하는 문제는 원칙적으로 해결이 가능한 것들이다. 여기에는 주로 다음과 같은 문제가 속한다.

- 교육과 가족
- 삶의 질과 인생의 의미
- 건강 및 발달 촉진, 건강행위
- 만성질환이나 장애 등에 대한 건강상담
- 청소년상담
- 가족상담, 가족심리교육
- 노화 · 노년생활 · 죽음 등에 대한 노인상담
- 중독상담
- 성상담
- 커플상담, 가족상담
- 좌절이나 슬픔 등 생활문제
- 모든 종류의 위기
- 직업이나 파트너 선택과 같은 중요한 문제의 결정 및 동기부여 문제
- 생활 및 장래 계획
- 개인적 · 직업적 영역에서의 갈등(조정, 갈등관리)

- 학업 및 직업 적성, 또는 자동차나 비행기 운전과 같은 특정한 활동에 대한 적성
- 커리어플랜
- 직장에서의 문제, 예를 들어 모빙
- 학교나 직장에서의 집중력문제, 시간관리
- 타인과의 의사소통
- 직원통솔
- 인력개발, 직원선발, 조직개발
- 자조그룹 상담

심리상담의 주요 목표는 '자조능력 지원'이다. 개인적 영역에서는 여기에 삶의 질 향상이 추가되고, 나머지 영역에서는 가족·기업·단체·자조그룹 등과 같은 사회시스템의 기능수행력을 최적화하는 일이 추가된다.

보건과 사회복지 분야에서는 만성질환자나 생활보호대상자의 가족에 대한 상담이 특히 중요하다. 이들은 가족을 돌보느라(심지어 함께 생활해야 하는 경우도 많다) 매우 심한 스트레스를 받으므로 충분한 지도와 지원을 제공해야 한다. 심리상담은 다른 직업군의 봉사활동과 연계되거나 당사자들의 자조활동을 통해 보완되기도 한다.

상담 방법 선택하기

심리상담은 과학에 기초한 중재조치의 개발·실행·평가를 다룬

다. 이 과정은 심리학 전공과정을 이수한 사람에 의해 이루어진다(대부분 심리학 석사나 박사들이다). 심리상담의 중재방식에는 심리요법과 동일한 작용요인과 작용차원들이 적용된다(그림32 참조). 심리상담은 그밖에 다른 수단들도 사용하기 때문에 심리요법에 비해 작용 범위가 훨씬 더 넓다.

심리상담에서 가장 먼저 해야 할 것은 당사자의 요구와 그들의 목표 실현을 방해하는 동기나 계기가 무엇인가를 규명하는 일이다. 동기부여의 상황은 대부분 매우 복잡해서 당사자 자신도 잘 들여다보지 못할 때가 많다. 여기서도 심리상담을 통해 얻고자 하는 개인적인 목표부터 알아보아야 한다. 그런 다음 필요에 따라 심리진단(인터뷰, 테스트), 역량 조사를 위한 트레이닝, 긴장완화테크닉이나 역할게임 같은 심리훈련, 문제해결전략 등과 같은 심리학적 조치들을 추가한다(Nestmann et al. 2004). 응용영역에 따라 코칭(경영진의 개별적 자질 향상)이나 슈퍼비전(직장이나 팀 문제에 대한 전문적 조언자의 상담)과 같은 방법이 언급될 수 있다.

심리상담의 긍정적 효과는 종종 애당초 상담하고자 했던 문제의 영역을 넘어선다. 심리상담은 삶의 질에 바람직한 영향을 미치는 발달과정을 촉진시키기 때문에 우리의 건강과 안녕에 지속적인 개선효과를 가져다준다. 가령 건강행위와 자기관리를 강화시켜주거나, 분노와 스트레스 취약성을 줄여준다(7장1, 6장 참조). 수많은 경험연구결과에 따르면 심리상담은 건강을 촉진시키고 기대수명을 높여주는 것으로 나타났다. 스트레스 상황에서 일찌감치 위기중재에 나서고 갈등관리를 작동시키는 것은 건강과 기대수명의 저하를 방지하고 삶의 질을 신속하게 회복시키는 데 기여한다(Hurrelmann et al. 2004).

반드시 전문 치료사의 도움을 구하라

심리학적 방법들은 의료시술이나 약물치료와 마찬가지로 무의식적 메커니즘에 기초하여 작용한다. 비전문가들은 그 효과를 제대로 예측할 수 없다. 상담을 원하는 사람들 역시 메커니즘의 진행과정을 전혀 알 수가 없다. 그러므로 전문가를 믿고 맡겨야 한다. 전문가들은 어떤 경우에 어떤 치료법을 사용해야 하고, 예기치 않은 상황이 발생했을 때 어떤 조치를 실행해야 하는지 알고 있다. 예를 들어 최면이나 가족세우기family constellation 등 체험을 활성화시키는 시술방법은 오직 면허가 있는 치료사나 심리학자들만 시행할 수 있다. 이런 종류의 심리학적 훈련이 주말에 열리는 가벼운 세미나나 생활강좌의 형태로 이루어져서는 안 된다. 돌팔이 치료사들은 툭하면 자신의 고객이 자기 행동에 스스로 책임질 수 있는 어른이라고 말한다. 하지만 이런 주장은 전문가로서의 책임을 저버리는 짓이다. 문외한들은 심리치료법의 무의식적 작용기제와 위험을 제대로 인식할 능력이 없기 때문이다.

자격미달의 자칭 '심리상담가'를 함부로 찾아가는 것은 건강이나 관계를 심각하게 손상시킬 위험이 있다. 아마추어는 환자의 정신적 위기를 정확히 분석해낼 능력이 없을 뿐만 아니라 미심쩍은 사이비

치료법으로 환자를 재외상화 위험에 처하게 만든다. 그 결과 환자는 흥분장애에 따른 이상행동을 보이거나 자살충동에 빠질 수 있다. 돌팔이 의료행위의 희생자는 전문 심리치료사에게 장기간 치료를 받은 뒤에야 겨우 회복될 수 있다. 더욱 비극적인 것은 아마추어에게 당한 피해로 불안에 빠진 환자가 전문적인 심리치료까지도 불신하고 거부하게 되어 도움의 기회를 영영 놓친다는 사실이다.

3 심리진단

심리적 특성과 기능은 심리진단을 통해 파악·평가·설명될 수 있다. 결정과 그에 따른 치료방식을 설명하고 통제하고 최적화하기 위해서 심리진단은 관련 정보를 체계적으로 수집하고 평가한다. 또 환자나 연구대상자들에 대한 체계적인 설문조사와 관찰, 심리테스트를 실행한다. 선별작업을 통해 수집된 정보들을 압축하고, 심리학적 연구에서 얻은 '전문지식'과 거기서 도출된 비교치(표준)·법칙·관점의 도움을 받아 진단하거나 예측을 내리기도 한다. 심리진단의 주된 기준은 통계적 규범과 내용적 목표치다. 전체인구 대비 비교값을 알고 싶으면 통계적 평균이나 정규분포를 이용한다.

일례로 '지능지수'(IQ)를 살펴보자. 전체 주민을 대표하는 수천 명의 표본을 대상으로 표본추출 조사를 실시하면 그 중 몇 퍼센트가 지능테스트에서 어떤 방식으로 점수를 얻었는지 알 수 있다. 어떤 사람의 IQ 값이 100이라면 이것은 표본집단 전체와 비교하여 평균 수준의 지능에 해당한다. IQ 값 110은 예를 들면 대학생들의 평균지능에 해당한다. 이런 방식으로 우리는 조사대상자나 환자의 자원과 취약성을 좀 더 정확하게 판단하고, 다른 사람들의 특성과 비교할 수 있다. 이렇게 하면 훨씬 더 합리적인 토대 위에서 학업이나 직업에 대한 결정을 내리게 된다.

특정한 연령집단이나 직업군의 표본추출 조사뿐만 아니라 상황·구조·사회시스템의 주요 특성에 대해서도 이런 식으로 평가를 내릴 수 있다. 예를 들어 초등학교 입학생들의 언어이해력이 어느 정도인지, 비행조종사의 반응속도가 충분한지, 음식점 종업원에게는 얼마나 뛰어난 단기기억능력이 필요한지 등도 확인할 수 있다.

단계별 진단

심리진단은 여러 단계의 과정을 거친다. 진단자는 먼저 문제제기와 추구하는 목표를 분명히 밝혀야 한다.

- 진단자는 해당 문제와 관련된 주요 인식내용들을 조사한다. 상황분석을 통해 어떤 인물과 시스템이 참여하고 있는지, 그들이 어떤 안정적 특성을 보이는지, 그들의 컨디션은 어떤지 규명한다.

- 작업가설을 토대로 진단자는 추가 정보를 수집하고, 테스트 및 기타 진단법을 이용하여 가설을 압축하고 검토한다.
- 주어진 기준에 따라 소견(진단)을 확정하고 조사대상자 또는 환자에게 통보한다.
- 조사대상자 또는 환자의 성격이나 능력의 발달과정을 관찰하여 학업이나 직업 적성에 대한 진단이 얼마나 적절한지, 변경할 필요는 없는지 여부를 검토한다.

자신만의 고유한 방법 개발하기

어떤 결정을 내리기 위해 심리학적 지식을 활용할 경우에는 먼저 심리진단을 통해서 문제를 검증하고 평가해야 한다. 심리학에서는 개별 분야마다 고유한 진단방법을 개발하여 사용한다.

- 발달심리학과 교육심리학에서는 재능과 지능, 발달과 학습능력의 문제를 탐구한다.
- 임상심리학에서는 심리사회적 문제들을 분석하고, 질병분류법(ICD)과 신경심리적 기준과 성격특성에 의거한 정신장애 진단 및 치료와 재활 조치가 이루어진다.
- 노동심리학과 조직심리학에서는 인력의 선발 또는 배치, 책임감당능력 분석, 기업의 건강촉진을 위한 심리학적 연구가 이루어진다.

- 교통심리학에서는 사람들의 운전 및 비행 적성에 대한 연구가 이루어진다.
- 법심리학에서는 범죄자의 책임능력이나 증인진술이 지닌 신뢰성을 판단한다.

치료사의 신뢰도

진단 평가는 다양한 결정이나 연구에 사용된다. 따라서 진단 도구의 품질도 중요하다. 우리는 적절한 방법을 통해서만 신뢰할만한 자료와 성과를 얻을 수 있다. 심리진단 방법의 중요한 품질기준은 타당도 validity와 신뢰도 reliability다.

타당도(유효성)_반응속도 측정은 명확히 확인할 수 있는 방식을 사용한다. 단추를 누르는 행위처럼 관찰 가능한 것이어야 한다는 뜻이다. 조사대상자의 자기평가는 적절하지가 못하다. 객관적으로 검증될 수 없기 때문이다. 다만 자신에 대한 과대/과소평가의 정도를 인식하는 데는 도움이 된다. 진단방법의 타당도는 고유한 과학적 조사를 통해서 검증된다. 진단도구의 성과들을 직접 비교하는 것도 중요하다. 비교는 주요한 특성에 있어서 목표 집단을 대표하는 사람들을 대상으로 이루어진다. 이때 특정한 속도에 필요한 정지거리와 같은 중요한 내용적 기준들이 도입된다. 예를 들어 직업비행사의 반응속도 측정을 위한 테스트를 개발하고자 할 때 우리는 비행사의 반응시간 표본들을 기존의 방법과 새로운 방법을 통해서 조사한다. 그리고 두 방법의 결과가 얼마나 서로 일치하는지 확인한다.

신뢰도(신빙성)_어떤 방법의 신뢰도는 그 방법이 동일한 특성을 상이한 시간에, 혹은 상이한 사람이 사용했을 때도 항상 동일한 결과를 제공하는지에 따라 결정된다. 측정조건이 동일하지 않을 때, 예를 들어 소음 수준이나 스트레스 정도가 다르면 신뢰도가 의심받는다. 그러므로 심리진단을 실시할 때 항상 동일한 조건을 유지하여 결과에 오류가 발생하지 않도록 주의한다. 설문조사에서 조사대상자들은 무언가 당혹스러운 사실을 말해야 하거나 특정한 기대를 품고 있을 때 거짓 대답(사회적으로 바람직한 대답)을 하는 경향이 있다. 그래서 설문조사 과정에 그런 경향을 감지해낼 수 있는 장치들을 곳곳에 배치하기도 한다.

타당도와 신뢰도의 전제는 조사하려는 특성의 '파악가능성' 여부에 달려 있다. 실제로도 온도나 반응시간 같이 정확히 검사할 수 있는 특성만이 측정 가능하다. 직접 관찰할 수 없는 특성, 가령 성격특성 같은 소위 '구성개념^{construct}'은 오직 겉으로 드러난 행동이나 자기진술에 의해서만 추론할 수 있다. 이때 생겨나는 불명료함은 관리와 검증을 통해 보완해야 한다.

직업적성이나 학업적성 같은 복잡한 문제에는 한층 더 다양한 요인들이 작용한다. 여기에 간단히 적용시킬 수 있는 심리진단 도구란 존재하지 않는다. 따라서 전문가들은 온갖 조사방법을 총동원해서 중요하게 여겨지는 모든 특성을 검사해야 한다. 직업 및 학업 적성에서는 지능·관심·집중력 등이 모두 검사 대상이다. 각종 심리진단 방법들도 연구프로젝트 안에서 그 적합성 여부를 검증받아야 한다. 가령 장기실험의 틀 안에서 나중에 직업이나 학업의 실제 성취도를 확인할 수 있고 진단 내용의 사실성 여부도 검사할 수 있다.

구체적 과제를 처리하는 데 필요한 역량을 테스트하는 것은 지능이나 정서불안 같은 추상적 특성보다는 훨씬 수월하다(1장9 참조). 자동차 운전자나 비행사의 실행능력은 운전테스트나 비행테스트를 통해서 검사할 수 있다. 이때 검사대상자는 실제 테스트에서 —예를 들어 운행시뮬레이션에서— 일정한 기준을 충족시켜야 한다. 야간운전이나 산악운전, 안개 속 이착륙, 엔진이 꺼졌을 때의 대처법 등이 여기에 속한다. 이런 종류의 능력검사나 행동테스트는 일반적으로 학교에서 치르는 시험이나 스포츠테스트, 인력선발 등에서도 실행된다.

갈수록 복잡해지는 인력선발 과정

요즈음 기업이나 기관에 지원하려면 예전보다 훨씬 복잡하고 신빙성 있으며 객관적인 심리진단 절차를 준비해야 한다. '평가센터 assessment center'는 이제 구직자들에게 그리 낯선 단어가 아니다. 평가센터에서는 종종 며칠 동안 지속되는 프로그램을 통해 일자리가 요구하는 이력에 필요한 능력과 특성을 검증한다. 이런 프로그램에서는 대개 과거의 직업경력과 장래희망에 대한 체계적 인터뷰, 주요 업무에 대한 능력테스트, 과제처리 유형을 알아보는 소위 '우편함 테스트', 지능 및 인성 테스트, 스트레스 테스트, 역할놀이, 건설적 의사소통 · 협상 · 갈등관리 능력을 알아보기 위한 집단시뮬레이션 등과 같은 다양한 테스트가 이루어진다. 인력선발 과정에서 사람들은 구직자에게 가상의 갈등상담이나 판매상담, 거래협상, 결정시나리오 등을 직접 시현해보게 하고, 이를 비디오로 촬영한다. 이렇게 하면 어떤 지원자가 요구를 가장 잘 충족시키는지 쉽게 알 수 있다. 스트레스 저항능력도 물론 중요하다. 기업가 입장에서는 강한 정신력과 스트레스 관리능력을 지닌 직원을 원하기 때문이다. 스트레스 저항능력만을 특별히 검사하는 테스트도 있다.

취업 준비를 위한 역량 수립

직장생활에서 더 나은 기회를 얻고자 한다면 취업 준비를 철저히 해야 한다. 이는 지원자의 참여와 역량을 드러내주기 때문에 고용자 쪽에서도 원하는 바다. 구직자는 취업 준비에 돌입하기 전에 먼저 전문분야에 대한 역량을 쌓고 해당 분야의 최신 지식을 습득해야 한다. 규칙적으로 전문잡지를 읽고, 관련 세미나나 교육프로그램에 참여하는 것도 좋다. 전문잡지는 대부분 인터넷을 통해서 손쉽게 접할 수 있다. 관련 분야의 단체나 협회를 방문하면 그 분야에서 최근에 거둔 성과들을 알 수 있으며, 해당 직업의 발전전망과 흥미로운 일자리 등에 대한 정보도 충분히 얻을 수 있다.

협회나 세미나에서는 관련 분야의 사람들과 자유롭게 접촉하면서 인적 네트워크를 형성할 수 있다. 이 같은 네트워크는 정보 접근성을 높여주고 새로운 접촉을 수월하게 해준다. 이와 관련된 역량을 기르는 방법은 6장에서 이미 기술했다(Kühnhanss 2005; Duden 2006 참조). 시민대학이나 대학의 교양강좌 등에서 제공하는 전문적 의사소통 훈련과 웅변술도 사회적 역량을 강화시키는 데 도움이 된다. 취업 지원자들을 위한 특별훈련과정에서는 성공적인 취업준비 방법이나 면접관에게 좋은 인상을 주는 방법 등을 구체적으로 배울 수 있다. 인터넷을 활용하는 것도 다양한 정보를 수집하는 데 도움이 된다.

4 갈등을 관리하고 조정하기

갈등이 점점 심해져서 법정다툼으로 발전할 소지가 있을 때는 조정자^{mediator}의 역할이 중요하다. 조정자의 임무는 갈등당사자들이 책임감을 갖고서 모두에게 이득이 되는 적절한 타협점을 찾을 수 있도록 지원하는 것이다. 이때 어느 쪽도 패배자가 되어서는 안 된다('윈윈 전략'). 모두에게 만족스러운 해결책을 찾으려면 —법정에서와는 반대로— 절대로 엄격하게 잘잘못을 가려서는 안 된다. 조정자는 참여자들이 상대방의 입장을 좀 더 정확히 이해하도록 도와주어야 한다. 상대방의 시각과 관점을 정확히 알 때만 차별화된 결정을 내릴 수 있다 (1장2 참조). 조정자의 도움을 활용하면 다음과 같은 장점이 있다.

- 관료주의에서 벗어난 유연한 처리방식
- 협력관계의 유지
- 체면 손상 방지
- 소송 및 변호사 비용의 절감
- 유산상속 또는 이혼 시 재산 문제의 원만하고 저렴한 조정
- 부모의 결별 또는 이혼 시 자녀 문제의 원만한 조정
- 소송이 제대로 돌볼 수 없는 관심사에 대한 고려
- 비밀 엄수

조정에도 전제조건이 있다

조정mediation은 기본적으로 임상심리학·갈등심리학·의사소통심리학 분야의 인식과 전략에 토대를 둔다(Kaiser 2000). 조정자는 관련 작용요인과 작용차원들에 의거하여 갈등당사자들이 문제를 서로에게 이득이 되는 방식으로 해결할 수 있게 지원한다. 조정을 위한 전통과 규칙은 이미 많이 개발되었는데, 특히 '하버드 모델'이 유명하다(Fisher/Ury 1984). 조정을 하려면 먼저 명백한 갈등이 존재해야 한다. 또 갈등당사자들이 문제해결을 위해 중립적 갈등관리자의 도움을 받아들일 자세를 갖추어야 한다. 이때 조정자는 심판이나 중재자 노릇을 해서는 안 된다. 조정자는 가능한 한 적극적 행동을 자제하

며, 스스로 아무런 결정도 내리지 않고, 갈등 내용에 대해 특별한 입장을 취하지 않아야 한다.

판사나 중재자는 다양한 영역에서, 가령 이웃 간에 갈등이 발생했을 때 '중재판결'을 내리는데, 이에 대해서는 나중에 상고심 판결이 가능하다. 반면에 조정자는 당사자들이 스스로 해법을 찾아내도록 도와서 판결에 의한 패배자가 생기지 않도록 한다. 조정자의 역할은 갈등당사자들이 건설적인 방식으로 서로 타협할 수 있도록 돕는 데서 그친다. 법률적 상담이 필요하면 당사자들은 변호사를 찾아야 한다. 조정의 최종 목표는 쌍방이 다 만족할 수 있도록 합의점을 도출해내는 데 있다. 전문적 조정의 토대는 다음과 같다.

- 심리학자나 변호사에게 부과된 것과 똑같은 묵비의무
- 갈등당사자들의 자발적 참여
- 조정 결과에 대해 아무런 조건이나 제한도 부여할 수 없음.
- 모든 참여자들의 관점에 대한 중립성/초당파성. 조정자는 각 당사자들이 모두 자신들의 입장을 명확히 표명할 수 있도록 번갈아가며 도와주므로 초당파적이다.

여러 가지 방법과 전략들

조정은 일종의 상담이다. 여기 사용되는 방법과 전략도 근본적으로 임상심리학이나 심리요법에서 나온다. 사용자들은 대부분 이 같은 방법적 기원을 의식하지 못한다. 하지만 조정자의 고객 역시 가장 최근에 나온 과학적 지식에 근거한 최고 품질의 서비스를 요구한다. 따라서 조정 역시 심리상담과 심리치료 영역의 연구에서 얻은 작용 요인과 작용차원들을 고려하지 않을 수 없다. 갈등당사자들이 다시 대화에 나서도록 만들려면 양측의 의사소통이 최대한 건설적으로 이루어지도록 조절해야 한다. 이때 갈등당사자들이 관련 작용요인과 작용차원들에 집중하도록 만드는 것이 특히 중요하다(6장6, 7장1 참조). 성격과 행동이 서로 분리될 수 있다는 점을 인식하는 것도 좋은 방법이다. 또 갈등당사자들이 상호작용에서 자신이 차지하는 몫(모델링·기대·지각·관점 등)을 정확히 인식하는 것도 도움이 된다(6장6 참조). 잘 알려진 '문제해결 도식'은 대부분 사고심리학에서 나온 것들이다(1장2 참조).

문제 및 과제 규명_먼저 문제가 규명되어야 한다. 이때 갈등당사자들은 조정 절차와 비용, 방식에 대한 정보를 제공받는다. 이 정보를 토대로 조정 계약이 맺어진다. 정서적 스트레스가 강한 갈등의 경우 조정자는 갈등당사자들의 심리상태와 지각능력에 단호하게 개입하여 정신적 부담을 덜어주고 세심하게 문제를 설명해준다(필요하면 각 당사자를 따로 만나서 상담한다). 경우에 따라 심리치료사를 찾아가도록 권하기도 한다. 이것은 오랜 기간 지속적인 스트레스에 짓눌린 갈등당사자의 복수심을 줄이고, 갈등이 더 고조되지 않도록 만드는 데 큰 도움이 된다.

상황분석_조정자는 갈등당사자들과 함께 모든 참여자들의 관점과 입장을 살펴보고, 각자의 위치와 관심을 차별화시킨다. 이때 다툼의 배후에 자리 잡은 관심과 요구를 찾아내는 일이 특히 중요하다. 예를 들어 자녀 양육권 문제로 다투는 이혼부부나 결별한 파트너들의 경우 아이의 안녕이 공동 관심사로서 다루어질 수 있다. 그 모든 대립에도 불구하고 '공동'의 관심사도 있다는 사실을 명확히 인식할 때 비로소 갈등당사자들은 서로 얼굴을 붉히거나 체면을 손상시키지 않고서 문제를 함께 풀어갈 수 있음을 배우게 된다. 상대방의 무분별하고 해체적인 행동에 건설적으로 대응하는 것은 일종의 자기 도전이다.

그렇게 함으로써 참여자들은 상대의 해체적 행동에 침착하게 반응하고 갈등의 고조를 허용하지 않는 것이 불이익이나 불명예가 아님을 알게 된다. 갈등당사자에게는 상대방의 무분별하고 해체적인 행동에 적절히 대응하는 상상력과 사회적 역량이 부족하기 쉽다. 이때 도움을 주는 것이 분석이다. 문제가 해소되지 않는 이유와 기존의 문제 상황이 어떤 이점과 결합되어 있는지 밝혀주고, 새로운 관점과 접근방식을 마련해주기 때문이다. 갈등당사자 중 한 편이 법적으로 불리하다고 느끼는 상황을 피하려면 중요한 문제를 다룰 때 그 편의 변호사가 조정에 참여하는 것도 좋다. 중립성을 해치지 않기 위해서 조정자는 그 자신이 변호사일지라도 세부적인 내용에 대한 법률적 상담은 삼가야 한다.

브레인스토밍(반응 수집)_다양한 해결가능성을 개발하고 수집한다.

예상되는 결과와 결정에 의거한 해결방안 평가_갈등당사자들은 합의에 기초하여 양측에 중·장기적 불이익을 최소화하고 중·장기적 이익을 극대화하는 해법을 받아들인다.

합의 체결_조정자의 안내에 따라 갈등당사자들은 갈등 해결을 위한 조건과 절차에 대해 서면으로 합의한다. 필요한 경우 합의서는 법적 공증을 받는다. 합의서에 '장기적인 성공관리'를 허용하는 내용을 기입하여 합의내용이 실제로 잘 준수되고 있는지 검토한다.

> 조정 모델의 단점은 적용 범위가 협소하다는 것이다(Kaiser 2000). 일상생활에서 갈등이 발생했을 때 쌍방이 모두 조정이 필요하다는 인식에 이르는 경우는 거의 없다. 대개 한쪽 당사자는 완고하게 자기 입장을 고수하며 조정을 거부한다. 한쪽이 —법적 근거 없이— 스스로 정당하다고 느끼거나, 반대로 입지가 취약해서 자기 소유물이나 체면을 잃을까봐 두려워할 때 이런 상황이 벌어진다. 경우에 따라서는 소송물 가격에 비해 소송비용이 더 들어가기도 한다. 하지만 체계적 조정 과정은 우리에게 매우 좋은 경험을 제공한다.

윈윈전략

개별조정을 통해서 갈등당사자는 작용요인과 작용차원에 의거한 전문적 심리요법의 도움을 받아 불리한 입장에서 벗어나고, 해결에 대한 내면의 저항을 스스로 포기한다. 또 상대방이 완강히 조정을 거부할 때 이를 심리학적 노하우를 통해서 평화적으로 해결할 줄도 알게 된다. 조정의 목적은 윈윈전략에 따라 모든 참여자에게 유리하도록 문제를 해결하는 것이다.

상대가 자신이 억울한 입장이라고 느껴 고집을 꺾으려 하지 않을 때는 싸우지 말고 오히려 다른 측면에서 상대를 지원함으로써 태도의 변화를 이끌어내는 것이 좋다. 그렇게 하면 상대도 자존심을 상하거나 체면을 잃는 일 없이 자기 뜻을 굽힐 수 있다. 이런 해결은 상대를 존중하고 공감하는 태도를 통해서 서로 신뢰를 쌓을 때 가능하다. 그러면 갈등당사자들은 자신에게 어떤 문제가 있는지도 발견하게 된다. 당사자에게 자존감 손상의 두려움이 사라지면 상황은 더욱 빠르게 진전된다. 이때 상대방이 합의를 자신의 공로라고 내세운다면 그냥 받아들이는 편이 현명하다. 대부분의 갈등당사자들은 체면 때문에 상대의 주장을 쉽사리 받아들이지 못한다. 그러므로 상호 간에 원만한 방식으로 약속 내용을 준수하고 감독할 줄 아는 역량을 길러야 한다. 적절한 시점의 선택, 이의가 제기 되었을 때 자신과 상대의 관심을 적절히 조화시키는 감성적 접근방식, 상대의 비판에 건설적으로 대응하는 능력 등이 그런 역량에 속한다.

조정이 필요한 다양한 상황들

1980년 이후로 이혼이 급증하면서 법적 이혼소송을 대신할 수 있는 갈등조정 방안에 대한 요구도 늘어났다(3장6 참조). 이와 비슷한 다른 활동분야들, 예를 들면 유산다툼 해결을 위한 가족조정, 학교폭력 방지를 위한 학교조정, 기업 간 분쟁 해결을 위한 경제조정, 시민단체와 정부의 다툼을 조정하는 환경조정 등도 모두 이때 생겨났다. 조정 절차는 이제 기업의 승진 규정, 모빙, 이웃갈등, 가해자-피해자 조정 등 다른 많은 갈등분야에도 적용된다.

　기업이나 가족의 갈등에서 조정은 법정다툼을 피할 수 있는 유일한 대안인 경우가 많다. 법정에서도 건설적인 해법(타협)을 빨리 찾아내기 위한 방편으로 조정을 자주 권한다.

꼼꼼히 따진 후 비용 지출하기

　일상생활의 문제들에 대한 조정은 복잡성에 따라 한 번에서 열 번 정도의 상담이 요구된다. 시간 단위로 상담료를 받는 전문 조정자들을 통한 조정은, 소송물 가격에 비례해서 비용이 높아지는 변호사와 법원을 통한 분쟁해결보다 대체로 저렴하다. 하지만 소송물 가격이 낮거나 갈등당사자들의 개인적 관계가 별로 중요치 않을 때는 소송비용이 더 저렴할 수도 있다. 조정이 갈등을 해결하지 못하면 추가로 소송비용이 들어갈 수 있다는 것도 고려해야 한다. 그러므로 사전에 조정의 성공전망을 신중하게 검토하기를 권한다.

개
인
의 역
량
이

삶
의 품
질
을 좌
우
한
다

　　지금까지 우리는 심리학의 다양한 영역들을 관찰하면서 심리적 메커니즘들
이 서로 어떤 영향을 주고받는지, 의식적으로 조절 가능한 것은 무엇인지, 사회
적 시스템이나 관계 같은 환경요인이 개인의 상황과 행동에 어떤 의미를 갖는
지 살펴보았다. 심신의 건강과 삶 전반의 품질에 대한 심리적 요인의 작용도 확
인했다. 심리학이 생활에서 발생하는 여러 가지 상황에 직접적인 영향을 미칠
수는 없다. 그런 상황에 어떻게 대처하는가는 여전히 우리 자신의 몫이다.

　　이 책에 기술된 분석전략들은 우리가 사생활이나 직장생활에서 마주치는
조건들의 구조와 특성을 알려준다. 이를 통해서 우리는 상황을 자신에게 유리
한 방향으로 이끌어가는 접근방식과 변화의 단초를 찾을 수 있다. 나아가 자신
을 보호하는 법을 터득할 수도 있다. 여기서는 특히 우리의 행위와 체험에 각

인된 내적 모델과 신경심리적 도식이 갖는 의미를 거듭 강조하고 있다. '보통' 사람들에게 쉽게 인식되지 않는 이런 심리적 조절요소들은 앞에서 다룬 심리학적 전략들을 통해서 더욱 바람직한 방향으로 개선된다. 그 결과 우리는 자신을 둘러싼 상황과 관계와 구조를 변화시켜 감각적 경험들을 더욱 쾌적하고 건강하게 가꾸고 기본욕구들을 더욱 잘 충족시킬 수 있게 된다.

자신이 지닌 자원들을 잘 활용하여 삶의 질을 향상시키는 것은 전적으로 우리 자신에게 달린 문제다. 하지만 독자적인 노력과 시도가 충분한 진전을 가져오지 못할 때는 전문가에게 도움을 구하는 것이 바람직하다.

참고문헌

Ainsworth, M. D. S., Blehar, M.S., Water, S. k Wall,5. (1978): Patterns of attachment: A Psychological study of strange situation. Hillsdale: N.J. Erlbaum

Albertz, H. (1986). Auf der Flucht. Zeitmagazin, 2, 4-13.

Amato, P. R. (2000): The consequences of divorce for adults and children. Journal of Marriage and the Family, 62, 1269-1287

Amato, P. R.; Rogers, S. J. (1997): A Longitudinal Study of Marital Problems and Subsequent Divorce. Journal of Marriage and the Familiy, 59, 612-624.

Ambady, N.; Rosenthal, R. (1992): Thin slices of expressive behavior as predictors of interpersonal consequences: A meta-analysis. Psychological Bulletin, 111, 256-274.

Amelang, M. (Hg.) (1995): Partnerwahl und Partnerschaft: Formen und Grundlagen partnerschaftlicher Beziehungen. Göttingen.

Amelang, M., Schmidt-Atzert, L. (2006): Psychologische Diagnostik und Intervention. Heidelberg.

Amelang, M.; Bartussek, D. (2006): Differentielle Psychologie und Persönlichkeitsforschung. Stuttgart.

Amendt, G. (2005): Scheidungsväter. Bremen.

Andorka, R. (2001): Einführung in die soziologische Gesellschaftsanalyse. Opladen.

Antonovsky, A. (1987): Unraveling the mystery of health. How People manage stress and stay well. San Francisco.

Antonovsky, h. (1993): Gesundheitsforschung vs. Krankheitsforschung. In: Franke, A.; Broda, M. (Hg.): Psychosomatische Gesundheit. Tübingen, 3-14.

Antonovsky, A. (1997): Salutogenese. Zur Entmystifizierung der Gesundheit. Tübingen.

Argyle, M. (1979): Körpersprache und Kommunikation. Paderborn.

Argyle, M.; Henderson, M. (1986): Die Anatomie menschlicher Beziehungen: Spielregeln des Zusammenlebens. Paderborn.

Asendorpf, J. B. (2004): Psychologie der Persönlichkeit. 3., überarbeitete und aktualisierte Auflage, Berlin.

Atkins, D. C.; Yi, J.; Baucom, D. H.; Christensen, A. (2005): Infidelity in Couples Seeking Marital Therapy. Journal of Family Psychology. 2005 Sep Vol 19 (3), 470-473.

Auhagen, A. E. (1993) Freundschaft unter Erwachsenen. In: Auhagen, A. E., von Salisch, M. (Hg.): Zwischenmenschliche Beziehungen. Göttingen, 215-234.

AWMF - Arbeitsgemeinschaft der Wissenschaftlichen Medizinischen Fachgesellschaften (2006): Leitlinien der Deutschen Gesellschaft für Psychiatrie, Psychotherapie und Nervenheilkunde (DGPPN): www.uni-duesseldorf.de/WWW/AWMF/ll-na/038-012.htm.) 5.5.2007.

AWMF - Arbeitsgemeinschaft der Wissenschaftlichen Medizinischen Fachgesellschaften (2006): Leitlinien der Deutschen Gesellschaft für Kinder- und Jugendpsychiatrie und -psycho- therapie zu Vernachlässigung, Misshandlung, sexuellem Missbrauch. www.uni-duesseldorf.de/AWMF/ll/028-034.htm.) 5.5.2007

Baadte, C. (2006): Bindung und Impression-Management: Beeinflusst der individuelle Bindungsstil das Selbstdarstellungsverhalten in sozialen Situationen? Gruppendynamik und Organisationsberatung, 2006, 37 (2), 139-154.

Backhaus, K. (2004): Persönlichkeit als Forschungsgegenstand der Psychologie. Eine Einführung in das Big Five-Persönlichkeitsrmodell . www.psyreon.de/content/e479/ e480/pu-blikationenipersönlichkeit.pdf) 27.6.2007

Baltes, M.; Montada, L. (Hg.) (1996): Produktives Leben im Alter. Frankfurt/Main.

Baltes, P. B. (2003): Das hohe Alter - Mehr Bürde als Würde? MaxPlanckForschung, 2/2003, 14-19.

Baltes, P. B.; Staudinger, U. (1996): Weisheit als Gegenstand psychologischer Forschung. Psychologische Rundschau, 47, 57-77.

Bandura, A. (1977): Self-efficacy: Toward a unifying theory of behavioral change. Psychological Review, 84, 191-215.

Bauer, J. (2002): Das Gedächtnis des Körpers. Wie Beziehungen und Lebensstile unsere Gene steuern. Frankfurt/Main.

Baumann, U.; Hecht, C.; Baumeister, R. (1991): Meanings of life. New York.

Baumeister, R. (1991): Meanings of life. New York: Guilford Publications.

Bäuml, J., Pitschel-Walz, G. (2002): Psychoedukative Gruppen für Angehörige bei Schizophrenen Psychosen. In: Sulz, S. K. D.; Heekerens, H. -P. (Hg.): Familien in Therapie. München, CIP-Medien, 335-380.

BDY - Berufsverband der Yogalehrenden in Deutschland (Hg.) (2006): Der Weg des Yoga. Petersberg.

Becker, K.; Schmidt, M. H. (2003): Bedingen abnorme psychosoziale Umstände längere Verweildauern in einer kinder- und jugendpsychiatrischen Klinik? Kindheit und Entwicklung, 12, 3, 175-183.

Bec ker, P.; Bös, K.; Mohr, A.; Tittlbach, S.; Woll, A. (2000): Eine Längsschnittstudie zur überprüfung biopsychosozialer Modellvorstellungen zur habituellen Gesundheit. Zeitschrift für Gesundheitspsychologie, 3, 94-110.

Beier, K. M.; Bosinski, H. A. G.; Hartmann, U.; Loewit, E (2001): Sexualmedizin. München.

Bell, P. A.; Greene, T. C.: Fisher, J. D; Baum, A. (1996): Environmental Psychology. Fort Worth.

Belschner, W.; Kaiser, P. (1991): Darstellung eines Mehrebenenmodells primärer Prävention. In: Filipp, S.-H. (Hg.): Kritische Lebensereignisse. München, 174, 197.

Berendt, U.; Höbel, R.; Kloth, M. (2006): Gemeinsam für den Stadtteil. Kooperation von Freier Wohlfahrtspflege und Kommunen zur Stabilisierung benachteiligter Quartiere. Landesarbeitsgemeinschaft der Öffentlichen und Freien Wohlfahrtspflege in Nordrhein-Westfalen. Bochum. www.inwis.do/htm/start/images/gomeinsam-stadtteil.pdf.) 7.5.2007

Bergmann, J. (1998): Geheimhaltung und Verrat in der Klatschkommunikation. In: Spitznagel, A. (Hg.): Geheimnisse und Geheimhaltung. Göttingen, 139-148.

Bierhoff, H.-W.; Grau, I. (1996): Zur Vorhersage der Trennung in romantischen Beziehungen. Zeitschrift für Differentielle und Diagnostische Psychologie, 1996, 17 (4), 251-261.

Bleske, h. L.; Shackelford, T. K. (2001) Poaching, promiscuity, and deceit: Combatting mating rivalry in same-sex friendships. In: Personal Relationships, 8, 132-143.

Bodenmann, G. (2004): Verhaltenstherapie mit Paaren. Ein modernes Handbuch für die psychologische Beratung und Behandlung, Bern.

Bcjanovsky, J. J. (1986): Verwitwete: Ihre gesundheitlichen und sozialen Probleme. Weinheim.

Borgetto, B. (2004): Selbsthilfe und Gesundheit. Analysen, Forschungsergebnisse und Perspektiven in der Schweiz und in Deutschland. Bern.

Boszormenyi-Nagy, I.; Spark, G. M. (1982): Unsichtbare Bindungen. Stuttgart.

Botwin, M. D.: Buss, D. M.; Shackelford, T. K. (1997): Personality and mate preferences; Five factors in mate selection and marital satisfaction. Journal of Personality,65,107-136.

Bowlby,f. (1991): Das Glück und die Trauer. Herstellung und Lösung affektiver Bindungen. Stuttgart.

Brennan, K. A., Clark, C. L., Shaver, p. R. (1998): Self-report measurement of adult attachment: An integrative overview In: Rholes, W. S.: Simpson, J. A. (Hg.) . Attachment theory and close relationships. New York,46-76.

Brenner, H.; Weyerer, 5.: Steinhagen-Thiessen, E. (2002):Epidemiologie der Erkrankungen und Funktionseinschränkungen im hohen Alter. In: Deutscher Bundestag (Hg.):Vierter Bericht zur Lage der älteren Generation in der Bundesrepublik Deutschland: Risiken, Lebensqualität und Versorgung Hochaltriger - unter besonderer Berücksichtigung demenzieller Erkrankungen und Stellungnahme der Bundesregierung. Bundestagsdrucksache 14/8822.18.4.2002. Berlin,130-158.Brisch, K.-H.; Hellbrügge, T. (Hg.) (2005): Kinder ohne Bindung: Deprivation, Adoption und Psychotherapie. Stuttgart.

Brown, J. D. (1993): Motivational conflict and the self: The double-bind of low self-esteem. In: Baumeister, R. E. (Hg.):Self-esteem: The puzzle of low self-regard. New York,117-130.

Brüggemann, E (2006): Feinfähligkeitstraining und interaktionsorientierte Eltern-Kind-Interventionen in der Frühgeborenen-Nachsorge. Frühförderung interdisziplinär,25,92-99.

Buber, M. (1979a): Das dialogische Prinzip. Heidelberg.

Buber, M. (1979b): Ich und Du. Heidelberg.

Bühler-Ilieva, E. (2006): Einen Mausklick von mir entfernt. Auf der Suche nach Liebesbeziehungen im Internet.

Marburg.

Bundesanstalt für Arbeitsschutz und Arbeitsmedizin BAA (Hg.) (2005): Wenn aus Kollegen Feinde werden · · · · Der Ratgeber zum Umgang mit Mobbing. Dortmund: Bundesanstalt für Arbeitsschutz und Arbeitsmedizin. http://www. ergo-online.de/site.aspx?url=html/service/buecher_broschueren/psychische_belastungen_stres.htm)3.5.2007

Bundesinstitut für Bevölkerungsforschung BIB (2005): Europäische Bevölkerungsstudie. www.bib-demographie. de/pressemitt_ppasbrosch.pdf 〉 3.5.2007

Bundesministerium für Familie, Senioren, Frauen und Jugend (BMFSPr) (2001): Elfter Kinder-und Jugendbericht. Bericht über die Lebenssituation junger Menschen und die Leistungen der Kinder- und Jugendhilfe in Deutschland. www.bmfs-0.do)7.5.2007

Bundesministerium für soziale Sicherheit und Generationen (BMSSG) (Hg.) (2001): Die Patchwork-Familie oder Der Die Das Stief · · · ·? Ein Ratgeber für Familien und solche, die es noch werden wollen. Wien.

Busch, F. W.: Scholz, W.-D. (Hg.) (2006) , Familienvorstellungen zwischen Fortschrittlichkeit und Beharrung. Ergebnisse einer empirischen Untersuchung von Ehe- und Familienvorstellungen Jugendlicher im internationalen Vergleich.Würzburg.

Buss, D. (2004): Evolutionäre Psychologie. München.

Bussfeld, p. (2006): Alzheimer - Demenz -Ursachen. www.net-doktor.de/krankheiten/fakta/demenz.htm〉 7.5.2007.

Cicero, A., Kuderna,J. (2001): Clevere Antworten auf dumme Sprüche. Killerphrasen kunstvoll kontern. Junfermann.

Cohn, D. h.: Silver, D. H.: Cowan, C. P.; et al. (1992): Working models of childhood attachment and couple relationships.Journal of Family Issues,13,432-449

Davies, W. (2002): Nur nicht aufregen! Über Ärger, Wut und Reizbarkeit. Bern.

Der Mobbing-Report - Eine Repräsentativstudie für die Bundesrepublik Deutschland. Hg. Bundesanstalt für Arbeitsschutz und Arbeitsmedizin BAA(2002). Berlin.

DESIATIS - Statistisches Bundesamt(2003): Statistischesjahrbuch für die Bundesrepublik Deutschland 2002. Wiesbaden.

DESIAfIS - Statistisches Bundesamt (2005) Ehescheidungen 1985 bis 2004.

DESTATIS - Statistisches Bundesamt (2005): Leben in Deutschland - Ergebnisse des Mikrozensus 2005 www.desta-tis.de.) 7.5.2007

DESTATIS - Statistisches Bundesamt (2006a) Anteil von Frühgeborenen an den Geburten. www.destatis.de.)7.5.2007

DESTATIS - Statistisches Bundesamt (2006b): Ehescheidun-gen: Deutschland, Jahr, Ehedauer. Statistik rechtkräftiger Urteile in Ehesachen. www.genesis.destatis.de/genesis/online/dErgebnisstabe11e_vo1,jsessio-nid=11399BACC48-91F9267920c.tc1?operation=ergebnisTabe11e_Down1oad&option:htm1&dialogl e-vel=08. 〉 7.05.2007

DESTATIS - Statistisches Bundesamt (2006c): Höchste Lebenserwartung in Baden-Württemberg. Pressemitteilung vom 15.2.2006. www.destatis.de/presse/deutsch/pm2006/p0610022.htm.) 7.5.2007

Deutsche Gesellschaft für Suizidprävention (2006): Informationen.www.suizidprephylaxe.de/0hne%-20Java/Infos_Suizidalitaet/informationen_ueber_den_suizidohne.htm) 7.5.2007

Deutsches Zentrum für Altersfragen (DZA) (2002): Alterssurvey, www. dza.de / down1oad / Taetigkeiten. pdf#search=%22Alterssurvey%22.)7.5.2007

Die Zeit (2006): Lebenserwartung. Was zählen schon die paar Jahre · · · · Ausgabe 16 vom 12.4.2006, www.zeit.de/2006/16/Kasten-Sterbetafel. 〉 7.5.2007

Diewald, M. (1986): Sozialkontakte und Hilfeleistungen in informellen Netzwerken. In: Glatzer, W. ; Berger-Schmitt, R.(Hg.): Haushaltsproduktion und Netzwerkhilfe. Die alltäglichen Leistungen der familien und Haushalte. Frankfurt/Main,51-84.

Donabedian, h. (1980): Explorations in quality assessment and monitoring. Vol. 1 : The definition of quality approaches to its assessment. Ann Arbor.

Dfrner, D. (1989): Die Logik des Misslingens: Strategisches Denken in komplexen Situationen. Reinbek.

Dreher, E.; Dreher, M. (1985): Entwicklungsaufgaben im Jugendalter: Bedeutsamkeit und Bewältigungskonzepte. In:Liepmann, D.; Stiksrud, A. (Hg.): Entwicklungsaufgaben und Bewältigungsprobleme in der Adoleszenz. Göttingen, 56-70.

Eilles-Matthiessen, C.; el Hage, W.: Janssen, 5.; Osterholz, A (2002): Schlüsselqualifikationen in Personalauswahl und

Personalentwicklung. Ein Arbeitsbuch für die Praxis. Bern.Eitmann,5. (2002): Netzwerkanalyse im Wohnbereich. Egozentrierte Netzwerkkarten als umweltpsychologisches Erhebungsinstrument. Forschungsbericht aus der Abteilung Psychologie im Institut für Sozialwissenschaften der Technischen Universität Berlin, Nr. 2002-1. www.psydok.sulb.uni-saarland. de/volltexte/2004/334/ pdf/ber200201.pdf.〉7.5.2007.

Engel, G. L. (1976): Psychisches Verhalten in Gesundheit und Krankheit. Bern: Huber.

Epstein, 5. (1993): Implications of cognitive-experiential self theory for personality and developmental psychology. In:Funder, D. C.; Parke, R. C.: Tomlinson-Keasey, C.; Widaman, K.:Studying lives through time: Personality and development. Washington D. C.,399-438.

Erikson, E, H. (1973): Identität und Lebenszyklus. Frankfurt/Main.

Essler, W. K., Mamat, U. (2005): Die Philosophie des Buddhismus. Darmstadt.

Esslinger, A.S., Heppner, H.J. (2006): Lebensqualität im Alter vor dem Hintergrund knapper Ressourcen im Gesundheitswesen. Zeitschrift für Gerontopsychologie &-psychiatrie 19, No.1,39-44.

Faust, V. (2006): Schizoaffektive Störungen. www.psychosoziale-gesundheit. net/psychiatrie/schizo_aff. html.〉 7.5.2007

Fehr, B. (1996): Friendship Processes. Sage Series on Close Relationships. New York.

Ferreira, A. (1980): Familienmythen. In: Watzlawick, p.: Weakland, J. H. (Hg.): Interaktion. Bern,85-93.

Fiedler, P. (2003): Integrative Psychotherapie bei Persönlichkeitsstörungen. Göttingen: Hogrefe

Fisher, R.: Ury, W. (1984): Das Harvard-Konzept: Sachgerecht verhandeln - erfolgreich verhandeln. Frankfurt/Main.

Fooken,I. (2006): Späte (Ent-)Scheidung -vermeidbare Krise oder Chance auf Weiterentwicklung? In: BAGSO: BAGSO-Nachrichten 1/2006. Unter: www.bagso.de/fleadmin/Aktuell/BN2006Heft1.pdf. 〉 7.5.2007

Franz, M.: Lieberz, K.: Schepank, n.: Schmitz, N. (1999): Wenn der Vater fehlt. Epidemiologische Befunde zur Bedeutung früher Abwesenheit für die psychische Gesundheit im späteren Leben. Zeitschrift für psychosomatische Medizin und Psychotherapie,45,113-127.

Freund, A. M. & Baltes, P. B. (2002): Life-management strategies of selection, optimization, and compensation: Measurement by self-report and construct validity. Journal of Personality k Social Psychology,82,642-662

Frey, K.: Hojjat, M. (1998): Are love styles related to sexual styles? The Journal of Sex Research, 35,265-271.

Friese, K.: Plath, C.: Briese, V. (Hg.) (2000): Frühgeburt und Frühgeborenes. Eine interdisziplinäre Aufgabe. Berlin.

Fthenakis, W. 2. (1998): Intergenerative familiale Beziehungen nach Scheidung und Wiederheirat aus der Sicht der Grosseltern. Zeitschrift für Soziologie der Erziehung und Sozialisation, 18,2, 152-167.

Funke.J. (Hg.) (2006): Denken und Problemlösen. Enzyklopädie der Psychologie: Kognition, Band 8. Göttingen.Gendlin, E. T. (1998a): Focusing. Technik der Selbsthilfe bei der Lösung persönlicher Probleme. Reinbek.

Gendlin,2. T. (1998b): Focusing-orientierte Psychotherapie Ein Handbuch der erlebensbezogenen Methode. München.

Gendlin, E. T. (2004): Introduction to Thinking At the Edge The Folio, Vol. 19, No. 1, 2004 www.focusing.org/tae-infro.html) 7.5.2007

Gerris, R. M.: Semon Dubas,J.;Jannsens,J. M. A. M.: Vermulst, A. A. (2000): Dynamische Beziehungen zwischen der Persönlichkeit von Eltern und Jugendlichen und ihren Familiensubsystemen. In: Schneewind, K. A. (Hg.): Familienpsychologie im Aufwind. Göttingen,151-176.

Gilmartin, B. (1977): Jealousy among the swingers. In: Clanton, G.; Smith, L. G. (Hg ·):Jealousy. Englewood Cliffs, 152-158.

Givens, D. B. (1978): The non-verbal basis of attraction:Flirtation, courtship and seduction. Psychiatry,41,346-351.

Glatzer, W.; Zapf, W. (Hg.) (1984): Lebensqualität in der Bundesrepublik:objektive Lebensbedingungen und subjektives Wohlbefinden. Frankfurt/Main.

Gloger-Tippelt, G. (2002) Der Beitrag der Bindungsforschung zur Klinischen Entwicklungspsychologie der Familie. In:Rollett, B., Werneck, H. (Hg.): Klinische Entwicklungspsychologie der Familie. Göttingen,118-141.

Goffman, E. (2003): Wir alle spielen Theater. Die Selbstdarstellung im Alltag. München.

Goia, Silvia (2005): Gebildete Eltern - aufgeschlossene Kinder? Soziale Integration von Kindern in ihrem Freundeskreis. In: Aht, C. (Hg.):Kinderleben - Aufwachsen zwischen Familie, Freunden und Institutionen, Band 1 : Aufwachsen in Familien. Wiesbaden,99-122.

Goldfried, M, R., D' Zurilla, T.J. (1969): A behavioral-analytical model for assessing competence. In: Spielberger, C. D.(Hg.): Current topics in clinical and community psychology, 1. New York,181-196.

Goldstein, B. (2002): Wahrnehmungspsychologie. Heidelberg.

Gottman, J. M. (1994): What Predicts Divorce? The Relationship Between Marital Process and Marital Outcomes. New Jersey.

Gottman, J. M. (1998): Psychology and the study of marital processes. Annual Review of Psychology,49,169-197.

Gottman, J. M.: Silver, N. (2002): Die 7 Geheimnisse der glücklichen Ehe. München.

Could, T, (2000) The Lifestyle: A Look at the Erotic Rites of Swingers. Richmond Hill, Ontario.

Gracian, B. (1601-1658; dt. 1978): Handorakel und Kunst der Weltklugheit. Stuttgart.

Crammer, K. (1993): Signale der Liebe. Die biologischen Gesetze der Partnerschaft. Hamburg.

Grave, K. (1994): Psychotherapie ohne Grenzen - von den Therapieschulen zur Allgemeinen Psychotherapie. Verhaltenstherapie und Psychosoziale Praxis,26,3,357-370.

Grave, K. (1998): Psychologische Therapie. Göttingen.

Grawe, K. (2004): Neuropsychotherapie. Göttingen.

Greber, A. (2004): Persönlichkeitsfaktoren und Soziale Kompetenzen als Pradiktoren für die Qualität und Anzahl von Freundschaften im Erwachsenenalter. Dissertation . Innsbruck.

Gutbeistimme (2005) . Sprechen ist tönendes Ausatmen www. pltbeistimme.de/stimmtontagenondihrewirkung.htm⟩ 20.03.07

Hacker, W. (2005): Allgemeine Arbeitspsychologie: Psychische Regulation von Arbeitstätigkeiten. Bern.

Hahlweg, K.; Dürr, H.; Dose, M.: Müller, U. (2006): Familienbetreuung schizophrener Patienten. Göttingen.

Harloff, H. J.; Hinding, B. (1993): Interaktionsmöglichkeiten in der Wohnsiedlung. Die freie Wohnungswirtschaft,6,172-177.

Harloff, H. J.; Christiaanse, K. W.; Zillich, K.; Wendorf, G, (1998): Die Bedeutung von Wohngruppen für die Bildung nachhaltiger Konsummuster. Forschungsantrag. Berlin.

Hauch, M. (2000): Intimität wagen. Paartherapie bei sexuellen Problemen. In: Kaiser, p. (Hg.): Partnerschaft und Paarthe-rapie. Göttingen, 305-322.

Havighurst, R. J. (1982): Developmental tasks and education New York.

Heekerens, H.-P.; Ohling, M. (2006): Familien-Psychoedukati-on als Rückfallprophylaxe bei Schizophrenie: Wirkung und Wirkungsweise. Psychotherapie,11,1,26-37.

Hehl, F.-J. (2002): Von der Herkunftsfamilie zur Paartherapie Heidelberg.

Hehl, F.-J.; Priester, G. (1998): Trennt sich eine Frau vom Mann wegen ihrer früheren Beziehungen in der Herkunftsfamilie? System Familie,11,80-86.

Heigl, P. R. (1991): Sprechen Sie sicher. Sprechtechnik und aktives Redetraining (mit Kassetten), Offenbach:Jünger

Heim, C., Newport, D. J.; Heit, S.; Graham, J.; Wilcox, M.; Bonsai, R. (2000): Pituitary-adrenal and automatic responses to stress in women after sexual and phvsical abuse in childhood. Journal of the American Medical Association, 284,592-597.

Helmert, U.; Voges, W.; Sommer, T. (2002): Soziale Einflussfaktoren für die Mortalität von männlichen Krankenversicherten in den Jahren 1989 bis 2000. Gesundheitswesen 64: 3-10.

Hendrick, S. S.; Hendrick, C. H. (1995): Gender differences and similarities in sex and love. Personal Relationships, 2, 55-65.

Heyl, V. (2004): Freundschaften im mittleren und höheren Erwachsenenalter: Der lange Arm frühkindlicher Erfahrungen. Zeitschrift für Gerontologie und Geriatrie, 2004, 37 (5) ,357-359.

Hinsch, R., Pfingsten, U. (1998): Gruppentraining sozialer Kompetenzen, Weinheim.

Hochschild, A. R. (8006): Keine Zeit. Wenn die Firma zum Zuhause wird und zu Hause nur Arbeit wartet, 2. Auflage. Wiesbaden.

Hochschild, A. R.: Machung, A. (1989): The second shift. New York.

Hoff, E.-H. (2002): Frühes Erwachsenenalter: Arbeiobiogra-phie und Persönlichkeitsentwicklung. In : Oerter, R.; Montada, L. (Hg.): Entwicklungspsychologie. Weinheim,423-438.

Hofmann, A. (2006): EMDR. Therapie posttraumatischer Belastungssyndrome. Stuttgart.

Hollingshead, A. B. (1950): Cultural factors in the selection of marriage mates. American Sociological Review,15,619-627.

Höpflinger, F.: Perrig-Chiello, p. (2001): Mittleres Erwachsenenalter im gesellschaftlichen Wandel.

www.mypage.bluewin.ch/hoepf/fhtop/fhmidage1. html. 〉 7.5.2007

Horwitz, A. V,; White, H. R.: Howell-White, 5. (1996): Becoming married and mental health: A longitudinal study of a cohort of young adults. Journal of Marriage and the Family, 58,895-907.

Howes, C. (1999): Attachment relationships in the context of multiple caregivers. In: Cassidy, J.; Shaver, P. (Hg.): Hand book of attachment. Theory, research, and clinical adaptations. New York, 671-687.

Hurrelmann, K.: KlotB, T.; Haisch, J · (Hg.) (2004): Lehrbuch Prävention und Gesundheitsförderung. Bern.

International Classification of Diseases (ICD) (2006): http://www.who .in t/ tlassificationsi icd/ en/index. html.) 4.5.2007

Jacobi, f.: Hoyer, J.: Wittchen, H.-U. (2004): Seelische Gesundheit in Ost und West: Analysen auf der Grundlage des Bundesgesundheitssurveys. Zeitschrift für Klinische Psychologie und Psychotherapie, 33,4,251-260.

Jager, R. S., Petermann, F. (Hg.) (1999): Psychologische Diagnostik - ein Lehrbuch. Weinheim.

John,0. (2005): Big Five-based studies from Dr. Oliver John' s group at UC Berkeley. www.personalitylab.erg, 〉 7.5.2007

Joswig, H. (2006): Phasen und Stufen in der kindlichen Entwicklung.www. familienhandbuch.de/cmain /f_Aktuelles/a_Kindliche_Entwicklung/s_910.html) 7.5.2007

Jungmann,J. (2000): Geschwisterbeziehungen bei Adoptivkin-dern. In: Klosinski, G. (Hg.): Verschwistert mit Leib und Seele. Geschwisterbeziehungen gestern - heute - morgen.Tübingen, 195-208.

Kaiser, P. (1982): Kompetenz als erlernbare Fähigkeit zur Analyse und Bewältigung von Lebenssituationen auf mehreren Ebenen. Oldenburg,

Kaiser, P. (1989): Familienerinnerungen. Zur Psychologie der Mehrgenerationenfamilie. Heidelberg.

Kaiser, P. (1992): Gesundheit im Systemkontext. Forum Gesundheitswissenschaften, Supplement 1,9B-123.

Kaiser, P. (1993): Systemische Mehrebenenanalysen im Sozialund Gesundheitswesen. In: Kaiser, P. (Hg.): Psychologik helfender Institutionen. Zu einer besseren Nutzerfreundlichkeit der Organisationen im Sozial- und Gesundheitswesen. Heidelberg.

Kaiser, P. (1995): Strukturelle Besonderheiten und Probleme von Pflegefamilien. In: Textor, M. R.: Warndorf, P. (Hg.): Familienpflege. Forschung, Vermittlung, Beratung. Freiburg,67-78.

Kaiser, P. (1996): Familiale Gesundheits- und Entwicklungsförderung. In: Busch, F. W.: Nave-Herz, R. (Hg.): Ehe und Familie in Krisensituationen. Oldenburg,137-172.

Kaiser, P. (Hg.) (2000): Partnerschaft und Paartherapie. Göttingen.

Kaiser, P. (2002): Einführung in die Paar- und Familienpsychologie. In: Sulz, S. K. D.; Heekerens, H.-P. (Hg.): Familien in Therapie. München, 5-38.

Kaiser, P. (2003) Transgenerationale Interaktionen und Partnerschaft. In: Grau, 1.; Bierhoff, H.-W. (Hg.): Sozialpsychologie der Partnerschaft. Berlin, 111-136.

Kaiser, P. (2003a): Paartherapie in der psychotherapeutischen Praxis. Psychotherapeuten FORUM, Praxis und Wissenschaft,6,5-11.

Kaiser, P. (2006): Mehrgenerationen-Familie und neuropsychische Schemata. Therapeutische Dimensionen und Wirkfaktoren. Göttingen.

Kalicki, B. (2003): Attribution in Partnerschaften. In: Grau,1. ;Bierhoff, H.-W. (Hg.): Sozialpsychologie der Partnerschaft. Berlin, 377-404.

Kanne, V. (2005): Gemeinsam sind wir stark. In Selbsthilfegruppen Unterstützung finden. www. zdf.de/ZDFde/inhalt/10/0,1872,2296s86,00.html) 20.03.07

Katz, A. M.: Hill, R. (1958): Residential propinquity and marital selection: A review of theory, method and fact.Marriage and the Family Living,20,386-401.

Katz, D.: Kahn, R. L. (1978): The social psychology of organizations. New York.

Kelly, G. A. (1986): Die Psychologie der persönlichen Konstrukte. Frankfurt/Main.

Kemmler-Drews, R.; Sewerin, C. (1989): Familiale Hintergrüdnde von Ehescheidungen - eine empirische Untersuchung.Diplomarbeit, Oldenburg.

Kirchler, E.; Rodler, C.; Hölzl, E., Meier, K. (2000): Liebe, Geld und Alltag. Göttingen.

Klages, H. (1985): Wertorientierungen im Wandel - Rückblick, Gegenwartanalyse, Prognose. Frankfurt/Main.

Klein, T. (1996): Mortalität in Deutschland -Aktuelle Entwicklungen und soziale Unterschiede. In: Zapf, W.: Schupp, J.; Habich, R. (Hg.): Lebenslagen im Wandel: Sozialberichterstattung im Längsschnitt. Frankfurt/Main, New York, 366-377.

Knoll, M. (1997): Sporttreiben und Gesundheit - Eine kritische Analyse vorliegender Befunde. Schorndorf.

Koch, R. (1998): Das 80/20-Prinzip. Mehr Erfolg mit wenigerAufwand. Frankfurt/Main, New York.

König, R. (1976): Handbuch der empirischen Sozialforschung. Frankfurt/Main.

Kowner, R. (1995): The effect of physical attractiveness comparison on choice of partners. Journal of Social Psychology, 135,153-165.

Krähenbühl, V.; Jellouschek, H.; Kohaus-Jellouschek, M.(2001): Stief-Familien. Freiburg.

Kraml,5. (2004): Zusammenhang zwischen Freundschaft und Vertrauen, Bindung, Selbstkonzept, Selbstöffnung und Austauschorientierung. Wien.

Kranz, F.: Ishai, A. (2006): Face Perception Is Modulated by Sexual Preference. Current Biology 16,63-68. www.current-biology.com /search/ results?year-from=1974&hi ts=10&TOC=curbio&sort=date&hitsfrom=1&titleabstract=&author1=Kranz&vo1ume=16&firstpage =63&sendit=Quick+search.〉 7.5.2007

Kreppner, K. (1989): Linking infant development in context research to the investigation of life span family development. In: Kreppner, K.: Lerner, R. (Hg.): Family systems and life span development. Hillsdale,33-64.

Kühnhanss, C. (2005): BeWerben ist Werben. Frankfurt.

Künemund, H.: Motel, A. (2000): Verbreitung, Motivation und Entwicklungsperspektiven privater intergenerationeller Hilfeleistungen und Transfers. In: Kohli, M. : Szydlik, M. (Hg.):Generationen in Familie und Gesellschaft,122-137.

Kdrsteiner, p. (1999): Reden, vortragen, überzeugen. Weinheim.

Laireiter, A.-R., Lager, C. (2006): Soziales Netzwerk, soziale Unterstützung und soziale Kompetenz bei Kindern. Zeitschrift für Entwicklungspsychologie und Pädagogische Psychologie Vol.38, No.2,69-78.

Lambert, M. J, (Hg.) (2004): Bergin and Garfield' s handbook of psychotherapy and behavior change. New York.

Lamprecht, F. (Hg.) (2006): Praxisbuch EMDR. Stuttgart.

Lasalle, E. (1995): Zen-Meditation für Christen. 2. Auflage, Bern.

Lawlor, D. A.; Taylor, M., Bedford, C.: Ebrahim, S. (2002): Is housewark good for health? Levels of physical activity and factors associated with activity in elderly women. Results from the British Women' s Heart and Health Study. Journal of Epidemiology and Community Health,56,473-478.

Lazarus, R. S. (1991): Stress und Stressbewältigung Paradigma. In: Filipp,5.-H. (Hg.): Kritische Lebensereignisse. München,198-232.

LeDoux,1. (2003): Das Netz der Persönlichkeit. Wie unser Selbst entsteht. Düsseldorf.

Lee, J. A. (1976): The colors of love. Englewood Cliffs.

Lee, N.O. (2005): Transgenerationale Beziehungsmuster in Familien. Dissertation. Oldenburg.

Lesch, C. p.; Bengel, D., Heils, A. M. ; Sabol,5. Z.; Greenberg, B. D.; Petri,5. (1996): Association of anxiety-related traits with a polymorphism in the serotonin transporter gene regulatory region. Science,274,1627-1531.

LMZ (Landesmedienzentrum Baden-Württemberg) (2004) .Medi@Culture-Online. Now how. www.mediaculture-online.de/sprechen.326.0.html〉20.03.07

Luhmann, N. (2006): Soziale Systeme. Grundriss einer a11gemeinen Theorie, 12. Aufl., Frankfurt/Main.

Mackenbach, J. P.; Bos, V., Andersen,O.et al. (2003): Widening socioeconomic inequalities in mortality in six Western European countries. Intern Journal of Epidemiology, 32, 830-837.

Märtens, M.; Petzold, H. (Hg.) (2002): Therapieschäden Risiken und Nebenwirkungen von Psychotherapie. Mainz: Matthias-Grünewald-Verlag,40-59.

Markowioch, H. (2002). Dem Gedächtnis auf der Spur. Darmstadt.

Mayer, K. C. (2006): Panikstörungen und andere Angststörungen. www.neuro24.de/angstst_rungen.htm.〉7.5.2007

Mayer, K. U., P. B. Baltes (Hg.) (1996): Die Berliner Altersstudie. Berlin: Akademie Verlag.

McCrae, R. R., Costa, P. T. (1999): A five factor theory of personality. In: Pervin, L.: John,0. p. (Hg.): Handbook of personality. New York,139-153.

McGoldrick, M.: Gerson, R. (2002): Genogramme in der Familienberatung. Bern.

Mckenna, K. Y A.: Buffardi, L.: Seidman, G. (2005): Selbstdarstellung gegenüber Freunden und Fremden im Netz. In: Renner, K.-H.; Schütz, A.: Machilek, F, (Hg.): Internet und Persönlichkeit. Differentiell-psychologische und diagnosti- sche Aspekte der Internetnutzung. Göttingen,175-188.

Mees, U.: Rohde-Höft, C. (2000): Liebe, Verliebtsein und Zuneigung: Gemeinsamkeiten und Unterschiede. In: Otto, 1. H.;

Euler, H. A.: Mandl, H. (Hg.): Emotionspsychologie. Ein Handbuch in Schlüsselbegriffen. München.

Mees, U.: Schmitt, A. (2000): Liebe, Sexualität und Eifersucht. In: Kaiser, P. (Hg.): Partnerschaft und Paartherapie, Göttingen,53-75.

Merod, R. (2005): Psychische Gesundheit, Persönlichkeitsstil und Persönlichkeitsstörung. In: Merod, R. (Hg.): Behandlung von Persönlichkeitsstörungen. Ein schulenübergreifendes Handbuch. Tübingen,21-52.

Molten, J. (1996): Affekte und die Regulation nonverbalen interaktiven Verhaltens. Bern.

Meyer,S.: Schulze, E. (1992): Von Liebe sprach damals keiner: Familienalltag in der Nachkriegszeit. München.

Meyer, B.; Pilkonis, P. A.; Proietti, J. M.; Heape, C. L.; Egan, M (2001): Attachment styles, personality disorders, and response to treatment. Journal of Personality Disorders, 15 371-389.

Miller,J. G. (1995): Living systems. New York.

Montada, L., Kals, E. (2001): Mediation. Weinheim.

Morris, J.S.: Frith, C. D.: Perret,I. D.; Rowland, D.; Young, W.; Calder, A. J. et at. (1996): A differential neural response in the human amygdala to fearful and happy facial expressions. Nature,383,812-815.

Morris, J. S.: Öhmann, A.; Dolan, R. J. (1999): Conscious and unconscious emotional learning in the human amygdala. Nature,393,467-470.

Murdock, G. P. (1949): Social Structure. New York.

Murstein, B.I.: Tuerkheimer, A. (1998): Gender differences in love, sex, and motivation for sex. Psychological Reports,82, 435-450.

Nave-Herz, R. (2004): Ehe- und Familiensoziologie. Weinheim.

Nave-Herz, R. (Hg.) (2002): Familie und Gesellschaft. Würzburg.

Nave-Herz, R., Onnen-Isemann, C. (2007): Die Familie. In: Joas, H. (Hg.): Textbuch Soziologie. 4. überarb. Auflage, Frankfurt/Main.

Nestmann, F. (2005): Haarige Heifer, gefiederte Gefährten und schuppige Freunde. In: Gruppendynamik und Organisationsberatung, 36 (4),443-469.

Nestmann, F., Engel, F., Sickendiek, U. (Hg.) (2004): Das Handbuch der Beratung. Band 1 und 2. Tübingen.

Neuberger, O. (1999): Miteinander arbeiten, miteinander reden! München.

Neyer, F. J.: Asendorpf, J. B. (2001): Personality-relationship transaction in young adulthood. Journal of Personality and Social Psychology, 81,1190-1204.

Norcross, J. C. (Hg.) (2002): Psychotherapy relationships that work. New York.

Norcross, J. C.; Beutler, L. E., Levant, R. F. (Eds.) (2006): Evidence-based practices in mental health: Debate and dialogue on the fundamental questions. Washington D. C. American Psychological Association.

Norcross, J. C.; Beutler, L. E.; Levant, R. F. (Hg.) (2006): Evidence-based practices in mental health: Debate and dialogue on the fundamental questions. Washington D. C.

Oerter, R.: Montada, L. (Hg.) (2008): Entwicklungspsychologie. Weinheim.

Oeter, K.: Wilken, M. (1981): Psychosoziale Entstehungsbedin- gungen unerwünschter Schwangerschaften. Stuttgart.

Onnen-Isemann, C. (2000) „Wenn der Familienbildungsprozess stockt ···· Eine empirische Studie über Stress und Coping-Strategien reproduktionsmedizinisch behandelter Partner", Heidelberg.

Onnen-Isemann, C. (2000a): Kinderlosigkeit früher und heute: Moderne Lösung durch Reproduktionsmedizin? In: Kaiser, P. (Hg.): Partnerschaft und Paartherapie. Göttingen, 219-254.

Onnen-Isemann, C.: Rösch, G. M. (Hg.) (2005): SchwesternZur Dynamik einer lebenslangen Beziehung. Frankfurt/Main.

Onnen-Isemann, C. (2006): Deutsche Perspektive: Kinderlosigkeit - französische Perspektive: Elternschaft? Familienpolitik und Fertilitätsunterschiede in Frankreich und Deutschland. In: Auth, D.; Holland-Cunz, B. (Hg.): Grenzen der Bevölkerungspolitik. Opladen,161-176.

Onnen-Isemann, C.: Rösch, G. M. (2006): "Schwesterherz Schwesterschmerz", Heidelberg.

Oswald, W. D. (Hg.) (1998): Gedächtnistraining. Ein Programm für Seniorengruppen, Göttingen.

Papastefanou, C. (2002):Die Erweiterung der Familienbeziehungen und die Geschwisterbeziehung. In: Hofer, M.; Klein-Allermann,E.; Noack, p. (Hg.): Familienbeziehungen. Eltern und Kinder in der Entwicklung. Göttingen, 192-215.

Parsons, T. (1960): Structure and Process in Modern Societies. Glencoe.

Payk, T. (2003): Ich-Störungen. übersicht der Grundbegriffe.www. thieme.de/viameillci/1ernen/spickzettel/psy_ichstoerung.html.〉 7.5.2007

Payk, T. (2003a): Checkliste Psychiatrie und Psychotherapie. Stuttgart.

Pearlin, L.I.: Lieberman, M. A. (1979): Social sources of emotional distress, Community Mental Health,1,217-248.

Perper, T, (1985): Sex signals: The biology of love. Philadelphia.

Petermann, F.; Niebank, K.; Scheithauer, H. (2004): Entwicklungswissenschaft. Entwicklungspsychologie - Genetik Neuropsychologie. Berlin.

Petermann, U.: Petermann, F. (2002): Biopsychosoziale Perspektiven der Entwicklungspsychopathologie. In:Rollett, B.; Werneck, H. (Hg.): Klinische Entwicklungspsychologie der Familie. Göttingen, 46-68.

Piaget, J. (1969): Das Erwachen der Intelligenz beim Kinde. Stuttgart.

Pikler,E. (1997): Lasst mir Zeit. Die selbstständige Bewegungsentwicklung des Kindes bis zum freien Gehen. München.

Pines, A.: Friedman, A. (1998): Gender differences in romantic jealousy · Journal of Social Psychology,138,54-71.

Pöhm, M. (2000): Nicht auf den Mund gefallen. So werden Sie schlagfertig und erfolgreicher. Frankfurt.

Prenzel, M. (2005): „Nicht schlauer, nur älter". Warum Sitzenbleiben nicht hilft. Und was die Schulen besser macht. Ein Gespräch mit dem Leiter der deutschen Pisa-Studie. Die Zeit vom 10.11.2005, Nr.46.

Rahn, E.: Mahnkopf, A. (2005): Lehrbuch Psychiatrie für Studium und Beruf.3. Auflage, Bonn.

Rathsmann-Sponsel,I.; Sponsel, R. (2004): Gibt es diese Krise in der Lebensmitte des Mannes? Internet-Publikation für Allgemeine und Integrative Psychotherapie. www.sgipt.org/gip/entw/midlc0.htm.〉 7.5.2007

Reinders, H. (2005): Jugend. Werte. Zukunft. Wertvorstellungen, Zukunftsperspektiven und soziales Engagement im Jugendalter. Schriftenreihe der Landesstiftung BadenWürttemberg, Nr.14. Stuttgart. www.ew2.uni-mannheim.de/reinders/pdf/Reindors-2005-Jugend-Werte-Zukunft.pdf〉 20.03.07

Reinshagen, A. (2006): Demenz. www.netdoktor.de/krankhei ten/fakta/demenz.htm.〉 7.5.2007

Retzer, A. (2006): Freundschaft - Der dritte Weg zwischen Liebe und Partnerschaft? Parniliendynamik, 31(2), 130-151.

Reuber, D. (2004): Selbsthilfe in Deutschland. www.zdf.de/ZDFde/inhalt/11/0,1872,2197163,00.html 〉 7.5.2007

Rheinberg, F. (2004): Motivation. Stuttgart.

Robert Koch-Institut (Hg.) (2006a): Sterblichkeit nach ausgewählten Todesursachen. www.gbe-bund. de/gbe10/ergebnisse .prc_tab ? fi d : 825 ac s u c hs tri ng: kq u e ry_i d: & sp ra c h e : D afu n d_typ =TXT &m e th o d e : avt= Scve wan d to : 18c p age_re t: 0 ks e i to : 1 Sc p_s p rac h k: B h p_ui d: gas t&p-lfd_n r: 7 & p-n ews : &p_ai d =87693308&hip_nr=1 &p=ianeinf ·〉 7.5.2007

Robert Koch-Institut (Hg.) (2006b): Gesundheit in Deutschland. Gesundheitsberichterstattung des Bundes. Berlin. www.gbebund.de/gbe10/owards.prc_show_pilfp-id: 9965&p_splache=D&p_uid=gastscp_aid=814794349cp_lfd_nr= 4. 7.5.2007

Roney, J. R.: Hanson, K. N.: Durante, K. M.: Maestripieri, D. (2006) . Reading men' s faces: women' s mate attractiveness Judgments track men' s testosterone and interest in infants. Proceedings of the Royal Society of London B, 273, 2169- 2175.

Rosenstiel, L. v.; Regnet, E.; Dombusch, M. (Hg.) . (1998): führung von Mitarbeitern. Handbuch für erfolgreiches Personalmanagement. Stuttgart: Schäffer.

Rowe, D. (1997): Genetik und Sozialisation. Weinheim.

Rotter, M. (1987): Psychosocial resilience and protective mechanisms. American Journal of Orthopsychiatry, 57, 316-331.

Saarni, C. (2002): Die Entwicklung von emotionaler Kompe-tenz in Beziehungen. In: von Salisch, M. (Hg.): Emotionale Kompetenz entwickeln. Grundlagen in Kindheit und Ju gend. Stuttgart,3-30.

Sachse, R. (2002): Klärungsorientierte Psychotherapie. Göttingen.

Sareen,J.;Jacobi, F. et al. (2006): Disability and Poor Quality of Life Associated With Comorbid Anxiety Disorders and Physical Conditions. Archives of Internal Medicin, 166, 2109-2116.

Schäfer, H. (2003): Vom Symptom zum Dialog - Mehrgenerationenperspektive und Umgang mit übertragung und Gegenübertragung in der psychoanalytischen Familientherapie. In: Gerlach, A.; Sch13sser, A.-M., Springer, A. (Hg.): Psychoanalyse mit und ohne Couch: Haltung und Methode. Giessen, 32-47.

Schaie, K. W. (1995) Adult intellectual development: The Seattle Longitudinal Study. New York.

Scheithauer, H.; Petermann, F.; Niebank, K. (2002): Frühkindliche Risiko- und Schutzbedingungen: Der familiäre

Kontext aus entwicklungspsychopathologischer Sicht. In: Rollett, B.; Werneck, H. (Hg.): Klinische Entwicklungspsychologie der Familie. Göttingen,69-97.

Schepank, H. (1987): Psychogene Erkrankungen der Stadtbevölkerung. Berlin.

Schepank, H. (1996): Zwillingsschicksale. Stuttgart.

Schinkel, A. (2004): Verlust der Freiheit. Die Entzauberung des romantischen Freundschaftsbegriffs in den modernen Sozialwissenschaften. Beitrag zur Tagung "Verwandtschaft und Freundschaft. Begriffsbildung und methodische Zu- gange in den verschiedenen Wissenschaften" des Prcjekoerbundes "Freundschaft und Verwandtschaft" 12. bis 14.2.2004 in Berlin. www. google. com/search?q=cache:iokl cbTbAtMl : www. eth.mpg.de/events/archive /pdf/1076500213-04. p df# Preundschaftlpsychologieschl=dekgl=do&ct=clnksccd=5.〉7.5.2007

Schipperges, H.; Vescovi, G.: Geue, B.; Schlemmer, J. (1988): Die Regelkreise der Lebensführung. Köln.

Schmidt, G. (1996): Paartherapie bei sexuellen funktionsstfrungen. In: Sigusch, V. (Hrsg.). Sexuelle Störungen und ihre Behandlung. Stuttgart,139-163.

Schmidt, K.-H. (1996): Wahrgenommenes Vorgesetztenverhalten, Fehlzeiten und Fluktuation. Zeitschrift für Arbeits- und Organisationspsychologie,2,54-62.

Schmidt-Denter, U. (2005): Soziale Beziehungen im Lebenslauf. Lehrbuch der sozialen Entwicklung. Weinheim.

Schmidt-Denter, U.; Beelmann, W. (1995): Familiäre Beziehungen nach der Trennung und Scheidung: Veränderungsprozesse bei Müttern, Vätern und Kindern. Forschungsbericht. Köln.

Schneewind, K. A. (2002): Familienentwicklung. In: Oerter, R., Montada, L. (Hg.): Entwicklungspsychologie. Weinheim, 128-166.

Schneewind, K. A. (2005): Family Life and Professional Work: Conflict and Synergy. Abschlussbericht. München. www.euproj ect-famwork. org/〉7.5.2007

Schneewind, K. A. (2006): Familienpsychologie. Stuttgart.

Schraeder-Naef, R. (1994): Rationeller Lernen lernen. Weinheim.

Schreyögg, A. (2005): Work-life-balance. www.schreyoegg.dei content/view/88/33/〉7.5.2007

Schuchard, M.; Speck, A. (1997) Mutterbilder - Ansichtssache. Heidelberg.

Schuler, H. (1996): Psychologische Personalauswahl. Einführung in die Berufseignungsdiagnostik. Göttingen.

Schuler, H. (Hg.) (2004): Organisationspsychologie 1 und 2(Enzyklopädie der Psychologie Band 3 und 4). Göttingen.

Schultz, J. H. (1936): Das Autogene Training (konzentrative Selbstentspannung): Versuch einer klinisch-praktischen Darstellung. Stuttgart.

Schulz von Thun, F. (2005): Miteinander reden, 3 Bände. Reinbek.

Schütz, A. (2000) . Psychologie des Selbstwertgefühls: Selbstakzeptanz bis Arroganz. Stuttgart.

Schütz, A. (2003):Selbstwertgefühl - je mehr, desto besser? Weinheim.

Schwarzer, R. (2004): Psychologie des Gesundheitsverhaltens. Eine Einführung in die Gesundheitspsychologie Göttingen.

Scott, W. A.; Scott, R.; McCabe, M. (1991): Family relationships and children's personality: A cross-cultural, cross- source comparison, British Journal of Social Psychology,30,1-20.

Seiwert, L. J. (2006): Das neue Einmaleins des Zeitmanage ment. München .

Solga, H.; Wimbauer, C. (Hg.) (2005): "Wenn zwei das Gleiche tun ." Ideal und Realität sozialer (Un-) Gleichheit in Dual Career Couples. Leverkusen.

Sommerkorn, I. N.: Liebsch, K. (2002): Erwerbstätige Mütter zwischen Beruf und Familie: Mehr Kontinuität als Wandel. In: Nave-Herz, R. (Hg.): Kontinuität und Wandel der Familie in Deutschland. Stuttgart,99-130.

Spitzer, M. (2002): Lernen. Gehirnforschung und die Schule des Lebens. Heidelberg.

Stiehler,S. (2005): Der Freund als Helfer - eine vernach1ässigte Ressource. Gruppendynamik und Organisations- beratung,36 (4),385-408.

Stöckli, G. (2005): Beliebtheitjenseits der Geschlechtergrenze. Ein Vergleich zwischen ausschliesslich gleichgeschlechtlich beliebten und gleich- und andersgeschlechtlich beliebten zehnjährigen Kindern. Zeitschrift für Soziologie der Erziehung und Sozialisation,2005,25 (3) ,297-314.

Strauss, B.; Geyer, M. (Hg.) (2006): Grenzen psychotherapeutischen Handelns. Göttingen.

Straun, B.; Hohagen, F.; Caspar, E. (Hg.) (2006): LehrbuchPsychotherapie. Göttingen .

Suzuki, 5. (2002): Zen-Geist, Anfänger-Geist. 11. Auflage, Berlin.

Swann, W. B. (1990): To be adored or to be known. The interplay of self-enhancement and self · verification. In: Sorrentino, R. M.; Higgins,E. T. (Hg.): Motivation and cogniti on. New York,408-448.

Swann, W. B.; Hixon, J. G.; Stein-Serroussi, h.; Gilbert, D. T. (1990): The fleeting gleam of praise: Cognitive processes underlying behavioral reactions to self-relevant feedback. Journal of Personality and Social Psychology,59,17-26.

Szydlik, M. (2000): Lebenslange Solidarität? Opladen.

Szydlik, M. (2002): Wenn sich Generationen auseinanderleben. Zeitschrift für Soziologie der Erziehung und Sozialisation, 22,4,362-373.

Tausch, R. (1998): Erziehungspsychologie. Göttingen.

Techniker Krankenkasse (TKK) (2004): Gesundheitsreport 2004. Hamburg.

Tellegen, A.; Lyken, D. T. ; Bouchard, T. J.; Wilcox, K.J.; Segal, N. L.; Rich,S. (1988): Personality similarity in twins reared apart and together. Journal of Personality and Social Psychology,54,1031-1039.

Textor, M. R. (2004): Stieffamilien. www.familienhandbuch. de / cmain /f_Aktuelles/ a_Teilfamilien /s_286.html . ⟩7.5.2007

Textor, M. R. (2006): Phasen des Familienzyklus nach Auszug der Kinder. www. familienhandbuch. de/cmain/f_Aktue11es/a_Elternschaft/s_277.html.⟩ 7.5.2007

Textor, M. R. (2006a): Stieffamilie leben. www.familienhandbuch.de/cmain/f_Aktuelles/a_Teilfamilien/s_674. html . ⟩7.5.2007

Therborn, G. (2004): Between Sex and Power. Family in the world,1900-2000. London/NewYork.

Thomä, H.: Kächele, H. (2006): Lehrbuch der psychoanalytischen Therapie,3 Bände. Berlin.

Toman, W. (1979): Familienkonstellationen. Ihr Einfluss aufden Menschen . München.

Tramitz, C. (2002): Irren ist männlich. Weibliche Körpersprache und ihre Wirkung auf Männer. München.

Ulich, D.; Kienbaum, J.; Volland, C. (2002): Empathie mit anderen entwickeln. Wie entwickelt sich Mitgefühl? In: von Salisch, M. (Hg.): Emotionale Kompetenz entwickeln. Grundlagen in Kindheit und Jugend. Stuttgart,111-134.

Ulrich, R.S.; Simmons, R. F.; Losito, B. D.; Fiorito, E.; Miles, M. A.; Zelson, M. (1991): Stress recovery during exposure to natural and urban environments. Journal of Environmental Psychology,11,202-230.

United Nations Organization (UNO) (1948): Allgemeine Erklärung der Menschenrechte der Vereinten Nationen vom 10.12.1948. www.unhchr.ch/udhr/lang/ger.htm. ⟩ 7.5.2007

Vaitl, D.; Petermann, E. (1994): Handbuch der Entspannungsverfahren,2 Bände. Weinheim.

van Ijzendoorn, M. H. (1995): Adult attachment representations, parental responsiveness, and infant attachment: Ameta-analysis on the predicting validity of the Adult Attachment Interview. Psychological Bulletin,117,387-403.

von Rosenstiel, L.; Regnet,E.; Dombusch, M. (Hg.) (1998): Führung von Mitarbeitern. Handbuch für erfolgreiches Personalmanagement. Stuttgart.

von Salisch, M. (2005): Streit unter Freunden. Was tun Schulkinder, wenn sie sich über andere ärgern? In: Alt, C. (Hg.): Kinderleben - Aufwachsen zwischen Familie, Freunden und Institutionen, Band 2. Wiesbaden,63-82.

von Sydow, K.; Ullmeyer, M. (2001): Paarbeziehung und Bindung: Eine Meta-Inhaltsanalyse von 63 Studien. Psychotherapie, Psychosomatik und Medizinische Psychologie,51,186-188.

von Sydow, K.; Ullmeyer, M.; Happ, N. (2001): Sexual activity during pregnancy and after childbirth: Results from the Sexual Preferences Questionnaire (SPQ).Journal of Psycho- somatic Obstetrics and Gynecology,22,29-40.

von Weizsäcker, V. (1968): Der Gestaltkreis. Stuttgart.

Wagner, P.; Brehm, W. (2004): Körperlich-sportliche Aktivität und Gesundheit. In: Beckmann, J.; Kellmann, M. (Hg.): Enzyklopädie der Psychologie, Band D/V/2. Anwendungen der Sportpsychologie. Göttingen.

Wagner, P.; Singer, R.; Woll, A.; Tittlbach, S.: Bös, K. (2004): Der Zusammenhang von habitueller körperlicher Aktivität und Gesundheit: Dargestellt an zwei Feldstudien. Zeitschrift für Gesundheitspsychologie,12,4,139-147.

Waltz, M. (1985): Die Bedeutung der Familie für die Bewältigung des Myokardinfarktes. In: Badura, B. ; Bauer, J.; Kaufhold, G.; Lehmann, H.; Pfaff, H.; Schott, T.; Waltz, M. (Hg.):Leben mit dem Herzinfarkt - eine sozialepidemiologische Studie. Oldenburg,315-368.

Wampold, B. E. (2001): The great psychotherapy debate models, methods and findings. Mahwah.

Watzlawick, P.; Weakland, J. H.; Fish, R. (1974): Lösungen. Bern.

Wehner, K. (2005): Wozu Kinder Freunde brauchen. Gruppendynamik und Organisationsberatung,36 (4) ,409-426.

Weinert, A. (2004): Lehrbuch der Organisationspsychologie. München.

Weiser Cornell, A. (1999): Der Stimme des Körpers folgen Anleitungen und Übungen zur Selbsterfahrung. Reinbek.

Wendler,J.; Seidner, W.; Eysholdt U. (2005): Lehrbuch der Phoniatrie und Padaudiologie. 4., völlig überarbeitete Auflage. Stuttgart, New York 2005.

Werner, E. E. (2000): Protective factors and individual resilience. In: Shonkoff, J. P; Meisels, S.J.(Hg.): Handbook of early childhood intervention. Cambridge, 115-132.

White, R. (1978): The enterprise of living. A view of personal growth. New York.

WHO (1986): Ottawa Charter for Health Promotion. International Conference on Health Promotion. The move towards a new public health. Ottawa, Ontario, Canada,517-21.

WHO (2002): The World Health Report 2002. Reducing Risk, Promoting Healthy Life. Genf.

WHO (2005): Europäischer Gesundheitsbericht 2005. www.who.dk.〉 7.5.2007

WHO (2006): International Classification of Deseases (ICD-10): DIMDI - lCD-10 - WHO-husgabe, Version 2006. www. dimdi . do / dynamic/de/ suche . html. 〉 7.5.2007

Wieland, R.: Krajewski; J.; Memmou, M. (2004): Arbeitsgestaltung, Persönlichkeit und Arbeitszufriedenheit. www.komfor. uni-wuppertal.de / D o c s /Fischer_AZ_Wie1and_202004_24_06_Korr.pdf 〉 7.5.2007

Williams, M. A.; Mattingley,J. B. (2006): Do angry men get noticed? Current Biology,16, R402-R404. www.current-biology. com / search / results?ye arfrom= 1974&hi ts: 10 &TO C=curbio&sort:date&hitsfrom=1&titleabs tract=&author1=Wi11iams&volume=16&firstpage=402&sendit= Quick+search.)7.5.2007

Willis, J.;Todorov, A. (2006): First Impressions: Making Up Your Mind After a 100-Ms Exposure to a Face. Psychological Science17 (7) ,592-598.

Wilson, K. L.; Charker, J.; Lizzio, A.; Halford, K.; Kimlin, S. (2005): Assessing How Much Couples Work at Their Relationship: The Behavioral Self-Regulation for Effective Relationships Scale. Journal of Family Psychology, 19(3), 385-393.

Wolmerath, M. (2000): Mobbing im Betrieb. Rechtsansprüche und deren Durchsetzbarkeit. Baden-Baden: Nomos.

Wustmann, C. (2006): Resilienz. www.ifp-bayern.de/cmain/a_Bildungsplan_Materialien/s_140.) 7.5.2007

www. destatis.de/themen/d/thm_bevoelk.php .) 7.5.2007

Yager, J. (2002): When Friendship Hurts- How to Deal with Friends Who Betray, Abandon, or Wound You. New York.

Zapf, D. (1999): Mobbing in Organisationen. Zeitschrift für Arbeits- und Organisationspsychologie, 43, 1-25.

Zapf, W. (1984): Individuelle Wohlfahrt: Lebensbedingungen und wahrgenommene Lebensqualität. In: Glatzer, W.;Zapf, W. (Hg.): Lebensqualität in der Bundesrepublik: Objektive Lebensbedingungen und sutjektives Wohlbefinden. Berlin, 13-26.

찾아보기

ㄱ

가정생활　30, 96, 119, 174, 224, 226, 228, 242
가정환경　51, 108, 249, 275
가족관계　6, 96, 144
가족구조　140, 156
가족규모　148
가족사　168~169, 174~176, 306
가족세우기　386
가족의 기능수행력　143~144, 301, 379
가치관　84, 60, 168, 365
가치평가　24, 337
가해자~피해자 관계　221
간섭　129, 230, 360
갈등관리　221, 379, 383, 393, 395
갈등회피　84
감수성훈련　260
감정이입　69, 256, 335, 341, 374
강요된 친척관계　205
강화　35, 43, 56
개별조정　399
개인적 영역　133, 384
개인-환경 적합모델　52
거시 수준　27,240,242
건강 동기부여　132,242
건강 및 발달 촉진　383
결과품질　230,236
결별의 위험　191
경계성 유형　293
경영과제　218
경쟁관계　145, 181
계부모 가정　156, 344
공격성　180, 296, 299, 341
공평성　85
공포장애　92, 282
공황장애　92, 281, 282~284
과잉행동　93, 193, 278, 286
과정 피드백　308

과정품질　230, 235
관계장부　60
관계진술　75
관찰을 통한 학습　37
광장공포증　282
구조품질　230~231
국제질병분류　261
귀납적 사고　126, 136
귀인　79
규범적 변화　88
근거중심의 심리치료　376
글루타민산염　62, 265
금단증후군　269
기대수명　121, 124~125, 141, 153, 196, 242, 246
~247, 254, 270, 385
기반시설　149
기억 훈련　38,131
기질　66, 68, 94, 99, 182
긴장완화 테크닉　276, 324~325

ㄴ

내재적 동기부여　41, 99
내적 모델　54, 309, 316, 319, 345, 376
내적 은퇴　46
노동구조　226
논쟁적 연설　353
뉴런　42, 62, 93
능률곡선　313

ㄷ

다세대가족　123,156,181,379
다수준모델　211,240
단기기억　31,270,388
대용 파트너　178
대칭적 행동　78~79
도구적 동기　41
도구적 학습　34~35,40
도발　112,360

도파민 38~39, 42, 99, 250, 275
도피반사 62
동기부여 15, 41, 47, 99, 115, 119, 132, 135, 139, 213, 215, 218~219, 229, 241, 247, 254, 310, 340, 343, 354, 356~357, 374, 383, 385
디스트레스 249,253

ㄹ

로고스 357

ㅁ

마니아 165, 186
만성질병 367
망상장애 266, 271
메타커뮤니케이션 75, 144, 363
명상 321, 326
모델링 57~60, 67, 71, 73, 77, 106~107, 114, 144, 157, 168, 187, 206, 211~212, 218, 231, 252~253, 258, 261, 309, 316~317, 319, 334, 336, 339, 342, 346, 352, 357, 363~366, 370, 377, 397
모빙 219~222, 384, 401
모태 36, 44, 93
목표의 우선순위 29~30, 310
무기력 27, 99, 199, 271, 278~279
무의식적 기억 36, 40
무정념 316
문제해결도식 319
미래의 비전 28, 305
미시 수준 240, 242

ㅂ

반대동기 41
발견전략 364
발달과제 88, 105, 110, 113

발달단계 94, 98, 112
발달위기 250, 255
발달장애 91, 92, 94, 111, 247, 277, 295~296
발달촉진 258~259, 297, 370
방어기제 251
방어도식 366
방향물질 21,81
번식 40, 80~81, 140, 157, 163~164
보상 35, 39, 84, 98, 208, 374
보완적 행동 78~79
부동심 315~317
분열정동장애 274
불안도 347
불일치 67, 77, 111, 340
불쾌회피 42, 46, 319
브레인스토밍 29, 398
비디오 피드백 333, 341
비언어적 신호 63, 72, 77, 81~82, 336

ㅅ

사랑의 유형 164~165
사춘기 108~109, 250
사회경제적 취약성 245, 247
사회공포증 262, 282
사회규범 142
사회도 140, 235~236
사회적 기술 71
사회적 네트워크 192, 201~202, 204, 208, 373
사회적 지원 145, 182~183, 188, 204, 240, 252, 254, 256
산술능력 장애 296
상담치료 375
상징적 동기 41
색정증 291
생산적 사고 30
생태계 27
생활만족도 131, 372
생활콘셉트 57~60, 71, 144, 252, 309, 316, 345, 365, 370, 379
선택적 지각 74,159
섬망 265, 268~269

섭식장애 289, 296
성격특성 51, 52, 66, 69, 100, 103, 176, 198, 200, 205, 389, 391
성공요인 362
성공전망 401
성애 단계 163
성역할 96, 191~192
성욕 단계 163
세로토닌 91~92, 95, 275, 285
소아기 297, 301
수용체 20~21, 265
순차적 지각 22
순환성 기분장애 280
슈퍼비전 320, 324, 385
스트레스 유전자 45,62
스트레스 취약성 385
스트레스 호르몬 64
시간 지각 21
시스템적 기능수행력 195, 254, 258, 275, 345, 379
시스템적 다수준분석 28, 222, 230, 236, 242, 343
시스템적 문제해결 70
시스템적 사고 30, 242
신경구조 31, 61
신경망 94, 103, 252, 373
신경성 병적과식 290
신경성 식욕부진 290
신경심리적 도식 253, 309, 316, 318, 320, 332, 337~338, 343, 345, 367, 373, 376, 379
신경심리적 흥분 93
신경이완 275
신경장애 246, 281
신경전달물질 42, 91, 265
신경증 44, 49, 146, 282, 284
신체형 장애 288
심리상담 324, 382, 384~386, 396
심리요법 54, 268, 276, 320, 329, 344, 370
심리진단 384, 387
심리치료 270, 281~282, 289, 294, 297, 371

ㅇ

아날로그적(비언어적) 과정 77
아동기 88, 104, 109, 110, 196, 275, 282, 292, 294
안구운동요법 318
알츠하이머병 263~265
암시 질문 360
애착관계 102~103, 142, 152, 170, 186, 188, 204, 256
애착욕구 56, 100~101, 103, 195,
애착장애 43, 67, 92, 100, 103, 115~116, 168, 178, 182, 298, 379
양극성 정동장애 278, 280
언어적 역량 52
에토스 356
에피소드 기억 34
여가 스트레스 315
역량 30, 52, 68~73, 88, 89, 94, 179, 213, 233, 371~372
역량손실 176
역량의식 254~256
역할 284, 286, 315, 332, 343, 357, 368, 375, 377, 394, 396
역할모델 226
열등감 294
예방학 260
외상후 스트레스장애 329
외향성 49, 51~52, 91, 100
요구수준 132
요구이력 213, 231~232, 234
욕구 14,104
우선순위 307
우울증 102, 131, 135, 178, 188, 193, 196, 214, 243, 261, 263, 266, 268, 273~274, 276, 278~280, 282~284, 355
위기개입 88
위험요인 30, 35, 52, 64, 199, 367
유뇨증 300
유분증 300
유스트레스 253
유전 22
유전자발현 91, 95
유전정보 104

음란증 291
응종 133
응집력 체험 254
의미 기억 34
의미론 74
의미원천 121, 129, 228, 230
의사소통 52, 71, 73~74, 78~79, 81~84, 114, 131, 143~144, 168, 178, 181, 372
의존성 179, 269, 294, 382
이상행동 387
이해갈등 366
이혼의 사슬구조 190
인격장애 267, 280, 292, 272
인권 143
인력경영 221
인지훈련 126
일과 생활의 균형 7, 222, 224, 229
일부다처제 140
일치 17, 42, 47, 51~52, 64, 73~74, 77, 80~81
읽기와 쓰기 장애 296

ㅈ

자극-반응 학습 34~35, 40
자극전달 62, 99, 263, 265
자기관리 7, 69, 72, 253, 308, 310, 385
자기보존 210
자기중심적 태도 105
자기지각 22
자기평가 338~339, 390
자기표현 75
자살 95, 112, 189, 273~274, 280
자살기도 113, 280
자아 272
자아개념 52
자아상 17, 52, 54~57, 67, 100, 103, 110, 128, 144, 162, 197, 293, 338, 365
자아인식 54
자아장애 272
자원 306~308, 342~343, 365, 367~379, 382, 388
자율훈련법 325~326

자조그룹 265, 359, 367~368, 384
자폐증 92, 296, 300
작용요인 344, 372~375, 385, 395, 397, 399
작용차원 344, 372~373, 375, 381, 385, 395, 397, 399
장기기억 32, 39, 64~65, 72, 270, 357
재정 27, 148, 153, 229
재정상태 153
재혼 123, 154~155, 192
재활 257, 275
저항 317, 324, 331
저항력 91, 95, 254, 260, 268
적극성 198, 345, 348
전이 78, 325, 350, 360
절제 146, 256, 341, 372
절차 기억 40
점진적 근육이완법 326~327
점화 33~34, 40
접근도식 345
접촉빈도 156, 202
정동장애 261~262, 276~277
정서의 자기역동성 62
정신병성 장애 262, 269, 272, 274~275
정신분열증 92, 271~276
정신생리학적 증후군 250, 253
정신신체의학 239
정신약물 377~378
정향과 통제의 욕구
조건화 34~35, 40, 64
조루증 291
조산 95, 247
조절구조 144, 212
조절능력 93, 300
조직도 214, 216, 230~231, 236
좌절감 280, 293, 298
주말아버지 194
주산기 45, 94
주의력 훈련 318
중립성 396, 398
중위 수준 27
중재자 180, 395, 396
지각필터 16, 24
지시자극 35, 36, 63, 65, 67
지식기억 34

직무만족 215, 217
직장문화 220
진단 261~262, 301, 381, 387, 389
진화 127, 145, 157, 159, 164

ㅊ

청소년기 51, 89, 109~112, 168, 274, 282, 285,
292, 297~298, 301
최면 386
출가 122, 175~176
출생 전 시기 91
출신가정 114, 116, 157, 169~170, 174~176,
178~179, 182, 195, 306, 378~379
충성심 153, 166, 376~377
취업노동 222~223, 229
취학 초기 88, 105~106, 109
치매 135, 261, 263~265

ㅋ

코칭 320, 385
쾌락추구와 불쾌회피의 욕구 42

ㅌ

타자지각 2, 23
탈부모기 118, 121, 175
태연함 347
통제가능성 240
통제욕구 42, 56, 100
통제의 확신 256
투사 18, 272
틱 장애 299~300

ㅍ

파레토의 원칙 311
파토스 357
파트너선택 6, 89, 113~114, 157, 167~171, 174
페로몬 21, 81
포커싱 11, 318~329, 331
품질기준 390
피드백 22~23, 30, 40, 54, 56~57, 65, 72, 74,
83, 100, 107, 217, 333, 338, 359

ㅎ

하버드 모델 395
하위시스템 143, 145~146, 211, 213, 345
학대 94, 188, 281, 285, 298~299, 301
학습재료 38, 40
한부모 가정 146, 152~153, 156
함정 질문 360
해마 62, 64, 93~94
핵가족 141, 152, 156, 181
행동공간 215, 217~219
행동장애 180~181, 268, 274, 292, 294, 300
행동치료 285, 375
행위역량 105, 139
혈통선 141, 156
호감 21, 76, 161~162, 179, 185, 197, 200, 203,
298, 337, 339~340, 357, 365, 386
호소 62, 76, 187, 282, 288~289, 298, 348,
357, 383
호의 208, 321, 336, 341, 364
호혜주의 145
호흡이완법 326
화용론 75
확대가족 141
회복력 69, 255~256, 259, 286
회피 학습 44
회피도식 42, 44
흥분 22~23, 36~37, 44~45, 62, 65, 75, 82,
90~93, 99, 102, 165, 250, 266, 269, 273,
277~278, 318, 324~325, 327